COLLECTED WRITINGS OF
ASIA-PACIFIC STUDIES

Volume 13

亚太研究论丛

第十三辑

北京大学亚洲-太平洋研究院 编

图书在版编目(CIP)数据

亚太研究论丛. 第十三辑/北京大学亚洲-太平洋研究院编. —北京:北京大学出版社,2016.12

ISBN 978-7-301-27878-9

Ⅰ. ①亚… Ⅱ. ①北… Ⅲ. ①亚太地区—研究—文集 Ⅳ. ①D730.0-53

中国版本图书馆 CIP 数据核字(2016)第 321555 号

书　　　名	亚太研究论丛·第十三辑 YA-TAI YANJIU LUNCONG
著作责任者	北京大学亚洲-太平洋研究院　编　李谋　吴杰伟　执行主编
责任编辑	胡利国
标准书号	ISBN 978-7-301-27878-9
出版发行	北京大学出版社
地　　　址	北京市海淀区成府路 205 号　100871
网　　　址	http://www.pup.cn
电子信箱	ss@pup.pku.edu.cn
新浪微博	@北京大学出版社
电　　　话	邮购部 62752015　发行部 62750672　编辑部 62753121
印刷者	北京大学印刷厂
经销者	新华书店
	730 毫米×980 毫米　16 开本　23 印张　350 千字 2016 年 12 月第 1 版　2016 年 12 月第 1 次印刷
定　　　价	48.00 元

未经许可,不得以任何方式复制或抄袭本书之部分或全部内容。

版权所有,侵权必究

举报电话: 010-62752024　电子信箱: fd@pup.pku.edu.cn

图书如有印装质量问题,请与出版部联系,电话: 010-62756370

亚太研究论丛
第十三辑

北京大学亚洲-太平洋研究院　编

执行主编　李　谋　吴杰伟

北京大学出版社
PEKING UNIVERSITY PRESS

目 录

专论

以学生发展为中心是中国大学改革的重要原则 ………………… 吴志攀（3）
北京大学与日本樱美林大学的学术交流（1998—2015年）
　…………………………………………………… 李　玉　张　平（12）

东北亚研究

"一带一路"战略与东北亚 …………………………………… 宋成有（29）
日本汉字、汉语的现状与将来 ………………………〔日〕寺井泰明（54）
日本版古籍与北京大学图书馆 ……………………………… 王燕均（71）
美韩联合军演与朝鲜半岛 …………………………………… 沈定昌（81）
从地理、历史、宗教、文学诸维度看韩国与汉中的联系
　——兼论汉中与韩国建立经济合作关系的可能性 ………… 姚诗聪（95）
蒙古国"草原之路"倡议解析 ……………………………… 王　浩（110）

东南亚研究

"一带一路"战略背景下中国企业走向东南亚的风险与对策
　………………………………………… 翟　崑　潘　强　王维伟（123）
2015年大选后的缅甸政治形势及其发展趋势 …… 李晨阳　宋少军（135）
菲律宾有机农业的兴起与发展 ……………………………… 包茂红（155）
一场财权博弈：海峡殖民地建立的必然与偶然 …………… 李婉珺（169）
略论九隆传说与佬族的起源 ………………………………… 卢建家（195）

南亚研究

试析巴基斯坦俾路支分离主义势力的群际偏见
——兼论对建设中巴经济走廊的建议 ………………… 张　元（207）

中亚研究

阿富汗政府权力分配：普什图人与
　　其他民族的政治关系研究 ………………… 才仁卓玛（225）
塔吉克斯坦伊斯兰复兴党的合法化 ………………… 戴元杰（248）
2008年土耳其头巾运动始末初探 ………………… 周冰鸿（263）

拉丁美洲研究

中国与委内瑞拉能源合作：现状、模式与风险 …… 崔守军　张子阳（277）
独立战争期间墨西哥农民运动的根源探讨 ………………… 董经胜（293）

妇女问题研究

东亚式女性学方法论的实践性转换
——以韩国为中心的考察 ………………… 〔韩〕曹珠铉（313）
中国特色社会主义男女平等观的理论基础
　　………… 魏国英　仝　华　王成英　史春风　冯雅新（331）

北京大学亚太研究院2015年活动简报 ………………… （348）
编后语 ………………… （352）
稿约 ………………… （361）

Contents

Special Report

Focusing on the Development of Students Is an Important Principle
 for the Reform of Chinese Universities ………… Wu Zhipan (3)
Academic Exchanges Between Peking University and
 J. F. Oberlin University(1998—2015) … Li Yu, Zhang Ping (12)

Studies on North East Asia

The Belt and Road Initiative and Northeast Asia
 …………………………………………… Song Chengyou (29)
The Status Quo and Future of Chinese Characters and
 Language in Japan ………………………… Terai Yasuaki (54)
The Japanese Version of Ancient Books and the Peking University
 Library ……………………………………… Wang Yanjun (71)
US-ROK Joint Military Exercises and the Situation on the Korean
 Peninsula ………………………………… Shen Dingchang (81)
Ties Between the ROK and Hanzhong from the Perspectives of
 Geography, History, Religion and Literature
 —Discussion on the Possibility of Economic Cooperation
 Between Hanzhong and the ROK ………… Yao Shicong (95)
Analysis of Mongolia's Steppe Road Program
 ………………………………………………… Wang Hao (110)

Studies on Southeast Asia

Analysis on the Risks and Solutions of Chinese Enterprises
　　Investing in Southeast Asia in the Strategic Context
　　of the Belt and Road Initiative
　　　　·················· Zhai Kun, Pan Qiang, Wang Weiwei (123)
The Political Landscape in Myanmar after the 2015 General
　　Election and Its Future Development
　　　　························ Li Chenyang, Song Shaojun (135)
Rise and Development of Organic Agriculture in the
　　Philippines ······················· Bao Maohong (155)
A Game of Fortune and Power: Contingencies and Inevitability
　　of the Establishment of Straits Settlements ······ Li Wanjun (169)
A Brief Review of the Legend of Jiulong and the Origin of the
　　Lao Ethnic Group ························ Lu Jianjia (195)

Studies on South Asia

Intergroup Prejudice of Balochistan Separatists in Pakistan
　　—Suggestions for the Development of the China-Pakistan
　　Economic Corridor ······················ Zhang Yuan (207)

Studies on Central Asia

Separation of Power in the Afghan Government: A Study on the Political
　　Relations Between Pashtuns and Other Ethnic Groups
　　　　······························ Cairen Zhuoma (225)
Legalization of the Tajikistan Islamic Renaissance Party
　　　　································ Dai Yuanjie (248)
A Probe into the 2008 Headscarf Movement in Turkey
　　　　······························ Zhou Binghong (263)

Studies on Latin America

China-Venezuela Energy Cooperation: Status Quo,
  Model and Risks ················ Cui Shoujun, Zhang Ziyang (277)
Discussion on the Origin of the Peasant Movement during the
  Mexican War of Independence ················ Dong Jingsheng (293)

Studies on Women

Toward a Practical Turn of the East Asian Feminist Methodology:
  The Case of Korea ···························· Cho Joo-hyun (313)
Theoretical Basis of the Conception of Gender Equality under Socialism
  with Chinese Characteristics ········ Wei Guoying, Tong Hua,
        Wang Chengying, Shi Chunfeng, Feng Yaxin (331)

Annual Report of Asia-Pacific Research Institute of Peking University
  (2015) ··· (348)
Postscript ··· (352)
Notice for Authors ···································· (361)

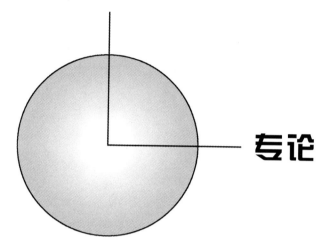

以学生发展为中心是中国大学改革的重要原则

吴志攀

【内容提要】 20世纪80年代以来,我国高校的改革已持续了三十余年,从大学的体制机制改革到大学治理模式的改革,从校内的管理结构到校外的社会参与,改革涉及高等教育的方方面面。但可以看到,无论改革的领域和内容如何,有一个重要的原则日益凸显,即我国高等教育的改革和发展始终坚持以人为本,始终以更好地服务学生发展为基本出发点。本文重点包括四个部分:第一,对比国内和国外高等教育中学生的基本情况,分析传统意义上的国内教学模式与国外现代大学制度下对学生关注的差别;第二,重点分析当前以互联网为主的信息科技革命对高校师生关系带来的影响和冲击;第三,分析我国高校当前培养模式可能存在的问题;第四,对大学改革的方向提出几点思考。

【关键词】 大学改革;学生发展;管理模式

改革开放以来,伴随着国家改革的进程,中国的高校也展开了全方位的深刻改革,涉及体制机制、管理架构、培养模式、人事体系等多个方面,这一改革的力度近几年进一步加大,2010年国家出台了《国家中长期教育改革和发展规划纲要(2010—2020)》,其中提出"落实和扩大高校办学自主权""完善中国特色现代大学制度"等现代大学建设的重要路径[1];2012年出台了《高等学校创新能力提升计划》,即《2011计划》,该计划从"全面提升创新能力""建立健全协同创新机制"以及"不断深化体制改革"等多个方面为高校的创新发展提供了重要的政策支持和机制保障[2];2015年国务院出台的《统筹推进世界一流大学和一流学科建设总体方案》中明确提出了建设

---

[1] 《国家中长期教育改革和发展规划纲要(2010—2020)》,《人民日报》2010年3月1日。
[2] 教育部、财政部:《关于实施高等学校创新能力提升计划的意见》,《中国高等教育》2012年第11期。

世界一流大学的"三步走战略",并提出了10项重点任务,为高等教育的改革确立了明确的目标和发展路径。

这些重要政策的出台充分说明,最近几年我国高校的改革力度持续加大,具体来看,其改革的推动力量来自几个方面:第一,高等教育的改革是当前国家改革进程中的重要一环,也是国家和政府强力推动的改革领域,尤其是本届政府执政以来的几年,对教育改革、大学改革的关注程度前所未有;第二,社会公众的压力也是重要的推动力,普通民众对高校的期望值不断增加,但同时也认为中国当前的大学发展还不能完全满足这些期望;第三,国际高等教育界的发展变化日益加快,对我国高校的发展产生了突出的外部压力,在某种意义上,诞生于近代的中国大学,本来就是向西方学习的产物,近年来,美国、欧洲、日本等发达国家和地区的大学都在不断变革,这就要求中国的大学也必须不断调整改革自己的发展模式;第四,改革是中国大学自身发展的内在要求,过去的二十年里,中国高等教育发生了巨大变化,迅速进入了高等教育大众化的阶段,但是大众化之后,如何提高质量还是关键性的难题,这使得改革成为势在必行的重要举措。

总结当前的研究来看,关于我国大学改革的目标、理念与逻辑,已经有了相当丰富的讨论。但关于"服务学生发展"这一大学改革中的重要核心问题和基本原则的讨论相对较少。因此,本文重点从大学改革中"服务学生发展"这一个切入点出发,重点讨论我国大学改革中可能存在的问题及改革的基本路径。

一、中美高校发展模式对比:教师为中心与学生为中心

清代末年,以京师大学堂为代表的一批中国近代新式学堂的建立,标志着我国近代高校的诞生,这些学堂虽然在教学内容、授课方式上开始仿照西方高等教育的基本模式,但其仍然有突出的中国传统色彩,如京师大学堂"不仅是中央官办的最高学府,也是全国最高教育、行政管理机关"①。具体来说,这些带有传统色彩的大学中,实际上仍然是以教师为中心的,即

---

① 王晓秋:《戊戌维新与京师大学堂》,《北京大学学报(哲学社会科学版)》1998年第2期。

大学里面的教学内容、教学方法以及研究的方向等主要决定于教师,学生的决定权和发言权很少。这种模式与中国自古以来的儒家传统有关,千百年来中国社会确立的"天地君亲师"的正统思想中,给予了教师很高的社会地位,他们代表着权威,尤其是在大学里。

尊师重道、提高教师的尊严和地位固然重要,但也有可能造成负面影响,教师的权威地位,有时可能会限制学生的想象力和创造力。比如对比中美两国近代以来的大学教育,美国青年的创造力就相对出色,比如,越战纪念碑设计者林璎(Maya)的故事,动漫情景剧《辛普森一家》(*The Simpsons*)的原画马特·格朗宁(Matther Abran Groening)的故事等,都充分证明了一个道理:学生所创作的艺术品,因其创作者的学生身份,在当时都并未被老师给予突出的分数,但后来被证明是天才之作。又比如近几十年来,美国哈佛的高才生比尔·盖茨中途辍学创立微软公司,一举改变了我们这个时代的生活方式;以及与比尔·盖茨同时期的苹果电脑公司创立者史蒂夫·乔布斯、甲骨文公司创立者劳伦斯·埃里森等一批天才人物,大多都在大学毕业之前就离开校园开始创业,并且都取得了成功,深刻地改变了今天的世界,这也正是今天美国继续保持领先地位的重要原因。

而这样自由的教学模式、宽松的创造氛围与美国自身的文化有密切的关系,从而使美国的大学生能够保持强大的创新活力,这种以学生为中心的美国大学培养文化是其保持不竭创新动力的源泉之一。有研究者曾指出:"长期来看,一个国家创新能力的提高有赖于包含制度建设在内的优良创新文化的形成"①,美国经过数百年的发展,已经基本形成了成熟的体系化创新文化。而相比之下,中国学生中途创业的案例就很少,一般学生考上大学尤其是名牌大学,则代表着身份的改变和阶层的提升,鲜有选择退学而创业者,这充分说明我们目前的创新文化和创造性的发展氛围还有待进一步完善,也说明我们的教育模式需要做出变革。因此,中国曾提出要在未来的几十年中,树立"增强自主创新能力、全面提升国家竞争力、创建创新型国家"的核心战略②,这一战略也向我国大学的管理层发出了改革的信号,我们的大学必须全面展开以学生为中心的深刻改革才能从根本上培

---

① 吴金希:《创新文化:国际比较与启示意义》,《清华大学学报(哲学与社会科学版)》2012年第5期。
② 《中共中央国务院关于实施科技规划纲要增强自主创新能力的决定(中发[2006]4号)》,2006年1月26日。

养更多的创新型人才,才能真正建设创新型国家。

二、信息科技革命对传统高校师生关系模式的冲击

回顾最近几十年的世界高等教育史,可以发现,比尔·盖茨等一批大学精英在三十年前的选择就已经预示了高等教育的一个重要转折点:年轻人利用计算机和互联网可以不再按部就班地读完大学,完全可能自学成才,还可能做出来超越大学教育与训练的科研成果,这是信息科技革命对高等教育带来的巨大冲击,同样也为高等教育模式的改革和创新提供了重要机遇。

可以认为,互联网和计算机等新的科技革命带来重要机遇更有利于青年人获得优势,他们在互联网思维、网络操作能力、资源整合能力等方面往往具有更为出色的表现[①],甚至可以认为在信息技术面前,学习者越是年轻,学习的效果越好。因此,在信息科技方面,年轻人不再是老师的学生,反过来,年轻学生有可能成为老师。如同在家里青年人教大人学习手机使用新功能一样,可以说,这就是过去三十多年来,信息技术的发展带给人类社会的新变化。

在这种前所未有的时代变迁中,青年人最为集中的高校受到的影响最为突出,比如计算机专业学生利用业余时间在软件市场写程序的收入,甚至高过他们老师的工资;而计算机专业教师的收入,又高于其他文科专业教师的收入;计算机专业老师评高级职称的年龄,甚至会比其他文科院系的教师平均年轻十岁以上;并且计算机专业教师流动的频率比其他文科院系更高。这都充分说明,信息科技革命时代强烈冲击着高校常规的内部结构和管理模式。

此外,当计算机和信息技术作为辅助手段在高校学生中普及之后,学生们学习效率普遍提高。互联网极大地提升了学生收集和整理资料的效率,并使学生通过这些信息熟悉知识,进一步促使研究的深化。在这样的影响下,教师除了在工作和社会经验上比学生有更多积累外,在收集和整理资料方面,在学习新知识获得最新信息方面,已经没有优势。所以说,教

---

① 黄敬宝:《"互联网+"时代的青年就业与思维》,《中国青年社会科学》2015 年第 5 期。

师与学生在越来越多的方面将没有差异,越来越多的时候,学生还可能超过老师。因此,学生与老师的关系正在发生着新变化。

在这样的背景下,如果高校原来的教育模式不改革,学生可能会自己寻找适合自己发展的道路,比尔·盖茨当年退学的做法也证明了这一点。有数据表明,美国研究型大学的博士有相当一部分选择中途退学,并非学生不聪明和不努力,而是他们感到继续学下去耽误时间而主动放弃,除非他们想在研究型大学任教,因为大多数学校的入职条件要求有 6 年以上的博士学历和学位。

三、中国高校学生培养中存在的问题分析

1. 大学资源相对较少地分配在学生发展方面

目前来看,中国大学的资源能够分配在学生发展领域的比例仍然相对较低,有研究者曾指出有的大学"仅重点学科建设经费一项每年逾千万,而教学业务费年生均不过 500 元,万人学校每年不超过 500 万元。为博士点、硕士点审批,为科研项目立项,学校还设立专项公关经费"①。这说明中国高校往往存在"重科研、轻教学"的现象,因此高校的资源更多地会向项目申请、科研开发方面倾斜,而对于学生教学和科研能力的培养相对较为轻视。

与此同时,中国大学的资源又常常集中在学生生活方面,如宿舍、食堂、浴室等基础建设上;还要花费相当大的资源在学生体育设施和休闲娱乐活动场所上,并且还要付出维持上述设施运转的基本成本;此外,中国的大学还有相当大的资源要花在退休职工养老和医疗方面;相比之下,这些花费在国外的高校中并不常见。所以,中国的大学能真正直接花费在学生身上的科研经费就相对更有限了。更为重要的是有限的科研经费和资源又不能根据学生的兴趣爱好与特长来花费,而是无差别地平均使用。相比之下,"比尔·盖茨们"离开校园独立门户时,他所能整合的外部资源绝大多数都集中在他身上,他可以支配自己所有的时间,其科研效果也会显著不同。

---

① 解飞厚:《非研究型大学科研与教学关系的思考》,《高等教育研究》2004 年第 1 期。

以上主要是从资源分配的角度来看问题,但这并非问题的本质,更为本质的问题还在于,大学计算机专业当时的研究领域和工作方向,多数是教授感兴趣的方向,并非学生感兴趣的问题。当年哈佛大学计算机学科所教所学,也不会是比尔·盖茨感兴趣的方向和他想研究的课题,也不是他想要做的工作,如果他要做自己喜欢的事业,就只有退学。

曾有高校的管理者认为,大学四年中,有两年用在专业知识的训练上已经足够了,另外两年可以让学生做与专业无关的事。从这个角度看,当年比尔·盖茨提前脱离了哈佛大学的四年学制,确实没有浪费时间,他也因此能在全球率先做出 DOS 操作系统,才有今天的微软公司。这说明,虽然目前世界上大多数大学仍然保持着四年的学制,但是对于一些具有创造性的学生而言,存在着一定的改革空间和可能性。

2. 研究生"科研助理化"的倾向日益明显

中国研究型大学中研究生招生规模相对较大,甚至超过了学校学生宿舍、食堂、教室和操场的承载能力。而这种规模扩大的冲动在很大程度上来自于教授,因为在当前以项目管理为主的国家治理体系之下,高校的主要经费往往来源于众多的科研项目[①],教授在申请到科研经费之后,自身难以完成名目繁多的科研项目,因而其研究生日渐成为重要的科研力量。

而从目前的科研评价体系来看,教授申请到的科研经费越多,学校的科研评价指标越好,因此会反过来使所需要的研究生规模越来越大。同时,由于教授并不负责研究生科研之外的其他方面,所以每个院系每年都在争取多招研究生,这种扩张进而对大学的基本资源产生了巨大的压力。

除此之外,更需要考虑的问题是,在研究的问题兴趣上,教授与学生之间往往会存在偏差,但是当前整齐划一的科研模式,在很大程度上压抑了研究生科研兴趣的多样化探索,也会影响研究生毕业之后的发展方向。就目前来看,中国培养全球规模最大的研究生,但毕业后转行从事其他工作的人数也是最多的。中国高校这种高学历人才与时间的浪费,是中国高等教育发展阶段最大的浪费。

---

① 姚荣:《大学治理的"项目制":成效、限度及其反思》,《江苏高教》2014 年第 3 期。

四、对中国大学改革方向的几点思考

通过以上分析可以发现,随着现代化进程的不断加快,现代的高等教育已经被赋予了更多的社会功能,面对当前国际国内迅速变化的形势,我国高等教育面临着巨大的改革压力。但是,大学的改革永远不能放弃"教育"本身的意义,在肩负这些时代要求的社会功能之外,主要的精力仍旧应当保持在人才培养方面,即大学改革的方向和原则必须要坚持以人为本,以学生为中心,要更加尊重学生,为学生的发展和创造提供更多社会资源,进而激发出他们的创新活力。因此,本文认为目前中国大学的改革应该从以下几个方面展开。

第一,大学课堂的教学内容应以存在的问题为主。要努力改变过去以单纯完整的专业知识为主的教学模式,同时改变以教授兴趣为主的培养方式,更多地兼顾学生兴趣。同时,要在一定程度上打破传统知识上的完整性和保守性,更多地关注知识的时效性,尤其是在信息科技时代,知识的更新速度加快了,许多技术知识在课堂上还没有讲完,在现实中就已经更新换代了,这对时效性提出了很高的要求。

第二,大学在科研过程中应该更多地整合外部资源,积极跟上技术迅速换代的速度。例如,全球联合进行人类基因组测序、天文观测数据共享、开放性原代码共享、维基百科式知识分享与共建等重要的科研项目,这些科学工作的开放与分享,改变了人类对知识的态度和发展方式,节省了学习时间,提高了学习效率,进而可以加快知识发展速度。

第三,大学从本科到博士不应再固定学制。中国的教育部已经开始着手做这方面的工作,在一定范围内开始根据学生就业方向的不同,缩短或延长学制,并在毕业证书上注明学制年限。例如,毕业从事企业管理工作,博士学制可以 2—3 年毕业。如从事高校教学科研工作,博士学制可以延长到 6—7 年或更长的时间毕业。这样一来,一方面节省了学生们的时间,发挥了学生的聪明才智,让学生更有效地做他们喜欢的科研工作;另一方面也可以改变当前博士延期对导师惩罚的机制。目前,教育部已经开始从事这方面的改革,并开始落实到了高校之中。以北京大学为例,现在学校允许学生灵活学制,本科生在校期间,可以休学出去创业,只要每年回来注册,就可以保留学籍,将来回来继续完成学位即可。同时在大学生的户口上,学校也作出相对宽松的规定,如果学生毕业选择在京创业的话,学校在一定期间内,保留毕业生的户口。

第四,高校进一步推动网上开放课堂(慕课)的发展,学生可以在网上上课。因此,学生在野外实习或调研,只要有通信信号,用手机就能上课。学生在出国进修时,也可以通过"慕课"回到国内校园的课堂。

第五,为学生提供免费使用的带有孵化器功能的科研平台,一方面提供办公空间等硬性条件,另一方面还引进外部天使投资或风险投资,对学生的科技开发项目给予资金扶持。例如,北京大学校友会创办的中关村创业人学北人创业训练营、北人校友采用"众筹"方式创办的1898咖啡馆等,以及在全国多个省区开设的分支机构。

第六,积极在中国其他省区与各级地方政府及企业合作,开办科技创业平台,将校内外人才、金融、实验空间及市场推广等资源进行整合,形成了单独依赖校内资源难以完成的科技平台。在这些平台上,人才、科技与金融及市场充分结合,形成一个比较完整的闭环链条。

(本文作者系北京大学常务副校长、北京大学亚太研究院院长)

Focusing on the Development of Students Is an Important Principle for the Reform of Chinese Universities
Wu Zhipan

Abstract: It has been over thirty years since China initiated the reform on institutions of higher learning in the 1980s. The reform touches every aspect of higher education, ranging from overarching systems and management patterns to internal organization and social engagement. Among these various reform measures, one principle is of growing significance: the reform and development of China's higher education are always people-oriented and target at providing better service to students. This article consists of four parts. Firstly, it compares the attention placed on students under the traditional Chinese educational system with that of the modern university system abroad by surveying the status quo of students in Chinese and foreign universities. Secondly, it elucidates the impacts of the revolution of information technology, especially the Internet, on the relationship between university faculty and students. Thirdly, it pinpoints the problems inherent in the current educational patterns of Chinese universities. Fourthly, it lays out suggestions for the reform of Chinese universities.

Key words: university reform, students' development, management pattern

北京大学与日本樱美林大学的学术交流
(1998—2015 年)

李 玉 张 平

【内容提要】 北京大学与日本樱美林大学的学术交流始于1998年,当年12月10—11日举行了首届樱美林大学·北京大学学术会议,此后几乎每年都要举办两校学术会议,至2015年已举办了15届。这些学术会议的总主题是"中日关系的现状与展望"。这个总主题具有共同性和连贯性,而维系这个共同的、连贯的主题的就是"新人文主义""共生"和"环境"三个主题词。学者们在学术会议上发表的论文按研究领域可区分为"中日关系与共生""中日的环境保护""中日教育的发展与作用""新时代的新人文主义"和"中日文化交流"等几类。

【关键词】 学术交流;新人文主义;共生;环境

北京大学与樱美林大学的学术交流始于1998年,当年12月10—11日举行了首届樱美林大学·北京大学学术会议,此后几乎每年都要举办两校学术会议,至2015年已举办了15届。

从1998年至2015年间两校的学术交流主要体现在学术会议上。在已召开的15届学术会议上,学者们共发表论文120篇,这些论文按研究领域区分,"中日关系与共生"23篇、"中日的环境保护"35篇、"中日教育"19篇、"新时代的新人文主义"7篇、"中日文化交流"29篇、"其他"7篇。发表这些论文的学者有66位,其中樱美林大学教授30位,北京大学教授27位,东京大学教授4位、庆应大学教授1位、筑波大学教授1位、拓殖大学教授1位、同志社女子大学教授1位、东京水道局管理者1位。

这一期间内出版了三辑会议的论文集,即《建立新的日中关系的建言》(2004年3月)、《思考日本与中国的三个视点:环境·共生·新人文主义》(2009年9月)和《从教育、环境、文化思考日本与中国》(2014年12月),这三辑论文集共收入论文 90 篇。

已举办的 15 届学术会议的总主题是"中日关系的现状与展望"。这个总主题具有共同性和连贯性,而维系这个共同的、连贯的主题的就是"新人文主义""共生"和"环境"三个主题词。

第一个主题词"新人文主义"是由时任北京大学副校长、现已去世的何芳川教授倡议的。何芳川教授指出,伴随着科学技术,特别是信息技术的迅速发展,过去的人文主义逐渐衰退,人们的精神生活变得贫乏。与此同时,拜金主义与道德颓废等各种问题日趋表面化。这些由科学技术发展带来的新问题,只能从道德、伦理、人文等方面加以解决。为此,他认为,大学必须追求和树立与科学精神相协调的新人文主义,并使其成为向社会输送有关信息的基地。同时,必须努力培养这样的人才。

何芳川教授说:"人们的生活物质上可能变得富裕,但精神生活可能变得贫穷。人们可能很方便地周游世界,却同自己的近邻形同陌路。人们可能到达月球,却到达不了亲友的内心世界。可能更加在熙熙攘攘的人生旅途上感到空前的孤独与寂寞,就像离群索居的鲁滨孙一样在荒无人烟的孤岛上望尽天涯……"由此,他指出,相对于物质丰富的精神贫乏现象倘若长此下去,其危险是令人担忧的。

第二个主题词"共生"是由樱美林大学佐藤东洋士校长提出的。与何芳川教授一样,对于丰富的物质文明的负面影响所造成的问题,佐藤校长的视线聚焦于人们之间的争论。他指出,20 世纪科学的进步,始于莱特兄弟飞行试验的成功,直至发展到人类可以到宇宙里建设居住空间。生活物资变得富足,人们可以享受空前的消费生活。但是另一方面,人类不仅经历了两次世界大战,而且不时地面对局部战争和严重的经济危机,自然环境的破坏导致人类生存状况的日趋恶化。"共生"一词本来是指各种生物共居一所、彼此分享利益而生存。如今,它在人与自然、人与人、民族与民族、国家与国家相互尊重、彼此互补以及利益分配等方面被赋予了更重要的含义,它必将成为推进何芳川教授倡议的"新人文主义"的确立和巩固的原动力。佐藤校长提出的"共生"的倡议对于解决人权与民族问题、政治问题以及环境问题等广泛存在的诸多问题来说是至关重要的,同时也是教育者时刻牢记中日关系的未来而向肩负下一代使命的年轻人提出的努力方向。

第三个主题词"环境"是由东京大学名誉教授卫藤沈吉先生提出的,卫藤教授一直认为环境问题十分重要,他指出,环境破坏是片面追求物质丰富的结果,也是实现"共生"过程中必须要解决的诸多问题中具体的、最重要的问题。探求直接的、科学的解决方法是必要的。但是,寻求文化考察、人文主义的解决方法也是不可忽视的。文化的发展需要充足的物质基础,而进一步支撑经济活动的自然环境也必须完备充分。如果空气不新鲜,水源不充足,就无法期望文化获得进步。因水源干涸、森林破坏造成的城市荒废在历史上屡见不鲜。环境恶化已超越国界成为人类共同面临的威胁,中日两国必须携起手来面对这一危机。

1998—2015 年的 15 届两校学术会议可以分为两个阶段。

第一阶段:第 1 届至第 8 届(1998—2007 年),这 8 届会议都是围绕上述三个主题词而展开的。会议的具体内容可以分为五个部分。

第一部分"中日关系与共生"共有 21 篇论文。这些论文大致有如下几方面的内容。

(1) 中日关系综论。卫藤沈吉的《21 世纪的中日关系——三层体系的中日协力构想》认为中日关系分为三层结构,即政治文化为上层结构,经济为下层结构,环境为最下层即第三层结构。立足于这一角度,他指出,进入 21 世纪后,中日两国面对着共同的敌人——"环境问题"应加强合作,并提出了合作的构想。佐藤东洋士的《新的日中关系的出发点:共生》论述了"新人文主义"与"共生"的理念,指出确立新的互依、互补、互利合作的中日关系,其支撑点就是"新人文主义"。

(2) 中日邦交正常化以来的中日关系及其未来的走向。方连庆的《邦交正常化以来的中日关系》回顾了中日邦交正常化 26 年来的发展历程,指出中日双方要相互尊重,求同存异,立足当前,着眼未来,把握两国关系发展的方向与大局。

猪口孝的《日中和平友好条约签订后的日中关系》回顾了自 1978 年以来日中关系中发生的重大事件,指出今后日中两国关系可能会出现更大的曲折,或许应建立一个遵循更高的共同价值观或规范的邻居关系。卫藤沈吉的《日中关系的现状与将来》从民族主义问题与文化的交流、交换、传播等角度阐述了日中关系的现状与未来。何芳川的《试论 21 世纪的中日文化交流的走向》则从自然经济时代——产业经济时代——知识经济时代这一视角,探讨了 21 世纪中日文化交流的走向,指出未来经济时代的中日文化交流无疑会在世界和平与密切合作两大潮流下展开。猪口孝的《21 世纪日中关系的展开》和方连庆的《构筑面向 21 世纪的中日友好合作关系》都论述了 21 世纪的中日关系的走向和面临的问题。此外,方连庆的《全球化与中美、中日关系》和何芳川的《太平洋贸易圈与中日关系》均从不同的视角阐述了中日关系。

(3) 日本的中国观与中国的日本观。寺井泰明的《从植物名称看古代日本人的中国观》通过植物名称的考证,论述了古代日本对汉语的接受方法与汉语崇拜以及从中展现的中国观。小松出的《日资企业对中国的认识》通过对在华日企的问卷调查,探讨了日企对中国的认识及"中国风险"。山田辰雄的《橘朴的中国观——军阀与中国革命》着重分析了橘朴(1881—1945)的中国军阀论。

王晓秋的《古代中国人日本观的演变》概述了古代中国人日本观的演变历程以及对日本认识的多元和多层面等特点。李玉的《加强交流,增进了解——从近两年中国公众对日舆论调查谈起》以 2005—2006 年中日关系舆论调查为例,阐述了这一期间中日的相互认识以及两国公众舆论的状况及原因。

(4) 日本的中国研究和中国的日本研究。丸山升的《日本的中国研究》着重论述了第二次世界大战前和战争期间以及战后日本中国研究的主要课题及特点。山田辰雄的《日本的中国近代史研究》从近代化的视角出发,提出了日本的中国近代史研究的方向与课题。李玉的《中国的日本研究:回顾与展望》与《中国的中日关系史研究》分别按五个时期(明代以前、明代、清代、中华民国时期和中华人民共和国时期)介绍了各个历史时期中国的日本研究及中日关系研究的概况及特点。

此外,李玉的《北京大学的日本研究》和胡恒霞的《北京大学社会科学研究与中日学术交流的回顾与展望》介绍了北京大学的日本研究以及与日本的学术交流。

第二部分"中日教育"共有论文 5 篇,探讨了中日教育的发展与作用。

何芳川的《新经济时代与大学教育的人文精神》提出了"新千年新人文主义"问题,指出在高科技发达的 21 世纪大学应首倡人文主义的复兴,培养和造就人文知识分子队伍。光田明正的《超越国界的人才培养》从教育改革的推进、教育的目标、教育合作、现代文明的特点等方面论述了超越国界的人才培养问题。佐藤东洋士的《日本人口动态变化对大学教育的影响》依据以往和现在的数据分析了日本人口老龄化和少子化的趋向,指出这些变化要求日本的大学教育要从根本上进行变革。远藤誉的《日本接受留学生政策及中国留学生的现状和对今后发展的考察》探讨了日本接受外国留学生的现状、政策，存在的问题并对今后日本在接受留学生及留学生教育等方面提出了建议。彭家声的《中日留学生的交流》概述了中日留学生的交流历程，介绍了近代以来以及当前中国派遣留学生的有关情况。

第三部分"中日的环境保护"共有19篇论文。这些论文从理论与实践上探讨了环境保护和能源问题，主要有下述几方面的内容。

（1）环境问题综论。何芳川的《环境保护与人文关怀》阐述了人类与自然、环境保护意识与实践之间的关系，阐明了环境保护理念与意识当中的人文关怀的内涵，将环境保护提高到人文关怀的高度加以认识。藤田庆喜的《环境问题和技术转让》则从技术角度谈环境问题。三岛次郎的《我们要重新考虑"大自然"——朱鹮、江豚的呼声》通过朱鹮、江豚等濒临灭绝的危机，指出如何利用地球、如何理解生活是人类需要考虑的紧迫的课题。高桥勐的《气候变化与渔业的连动关系》指出大海污染极其严重，为寻求安全的食品鱼，海洋的纯净化已是当务之急。

（2）环境问题与中日关系。何芳川的《环境保护与中日合作》指出了中国在环境保护上出现的种种问题，提出中日应在环境保护方面进行合作。藤田庆喜的《从环境问题的视角看日本与中国的共生》则从地球环境、中国环境以及国际环境合作等方面论述了日中共同探讨与环境协调的"共生"模式。大喜多敏一的《日中两国对环境问题的应对之比较以及基于此的建言》通过日中在解决环境问题中的法律、大气污染、水与土壤流失、对健康和生态体系等方面的对策的比较，指出日中两国在环境保护方面的合作是不可欠缺的。张海滨的《环境问题与中日关系》论述了中日的环境问题缘起于发展、中日环境合作及合作关系发展的原因，指出中日环境合作是一种良好的模式。而他在《中日环境合作的展望——以本溪中日环境合作为例》中以本溪环境的治理及对策为例，展望了中日环境合作的前景。

（3）日本的环境保护。小矶明的《东京都〈环境保障条例/汽车公害对策〉的施行及事后评估——柴油机车管制和审核》阐述了日本东京都限制汽车排放的SPM（浮游粒子状物质）的历程及效果，指出汽车交通排放废气仍面临更严峻的问题。坪田幸政的《根据道路环境模型制作推算引进高速道路交通系统的效果》指出今后为了解决城市交通拥堵问题应开发新的方法测定因道路交通产生的环境负荷。土屋晋的《环境催化剂——避免"受害者＝加害者"现象的贤者之石》指出将汽油机动车的废气里的硫化物等分解除掉就是机动车的催化剂,并针对环境对策中出现的问题对机动车的催化剂问题进行了论述。

(4)中国环境保护。张海滨的《中国的环境外交:世纪末的回顾与展望》从总体上阐述了中国的环境问题;曾辉的《中国环境保护工作的回顾与展望》阐述了中国环境工作面临的形势和存在的主要问题以及今后中国环保合作应注意的问题。包茂红的《解放后西安水问题的形成及其初步解决》阐述了1949年新中国成立后西安水问题的形成及初步解决的历程。吴为中的《土壤渗滤系统在绿色公厕的水污染控制与绿化景观建设中的示范工程研究》以公厕的排水作为研究处理对象,通过实验数据,对土壤渗滤系统在绿色公厕的水污染控制与绿化景观建设中的示范工程进行了研究。他还在《中国的汽车产业发展、私人汽车拥有增加等带来的环境问题及其控制对策》中阐述了中国汽车产业的发展历程、汽车带来的环境污染问题。高桥劭的《梅雨季节末期的暴雨——上海和鹿儿岛》介绍了上海和鹿儿岛的暴雨形成、类型和造成的灾害,并对此进行了比较研究。

第四部分"新时代的新人文主义"共有7篇论文。这些论文探讨了"新人文主义"及其相关的问题。

佐藤东洋士的《新人文主义,以及日中共生的瞻望》指出在今天实现"共同思考、共同生存的时代",要切实地提倡"新人文主义",以我们的智慧培养出能够肩负今后的"共生时代"的人才。坂部惠的《处于危机中的人文主义——近现代日本的精神状况》论述了人文科学和人文主义面临的危机及其解决之策,指出进一步结合人文科学和艺术的力量,提高人性的涵养是必要的。刘金才的《新人文主义精神的建构与对传统伦理的扬弃——基于二宫尊德思想的启示》通过对日本德川时代的思想家二宫尊德思想的分析,论述了新人文主义的建构等问题。丰子义的《发展的功利价值与人文价值》从功利价值和人文价值的角度论述了人文精神与市场经济的关系、人文精神与传统文化的关系以及再现人文精神的现实途径。为田英一郎的《让东亚因"文化力"而闪光》和《再论让东亚因"文化力"而闪光》探讨了具有普遍性的"文化力",指出东亚共同体的最理想的光源是"文化力"。李玉的《何芳川教授关于"文化建设与文化自觉"的论述》介绍了何芳川在文化建设问题上的独特的见解。

第五部分"中日文化交流"共有18篇论文。这些论文探讨了不同领域的中日两国文化及其相互交流的问题,主要有下述几方面的内容。

（1）樱美林大学创始人清水安三在中国的活动。清水畏三的《樱美林创始人清水安三在北京》介绍了清水安三自 1921 年创建崇贞学园至 1946 年在中国从事的教育活动以及同中国知识界人士的交往。卫藤沈吉的《清水安三的年轻时代——崇贞学园和樱美林学园的创始人》介绍了清水安三年轻时代在中国从事教育活动的情况。丸山升的《创始人——清水安三和现代中国研究》介绍了清水安三在中国的活动及他的"文学革命和五四运动观"。

（2）中国古代戏曲与诗歌。程郁缀的《中国传统戏剧的诗化问题论要》和《古代诗歌中的友情》探讨了中国戏曲和诗歌问题：前者论述了中国戏曲艺术的起源和形成以及它是如何受诗歌艺术影响,后者通过古代著名诗人的诗句阐明了中国文学和文化中存在的崇尚友道、珍惜友情的传统。

（3）中国古代思想家及其思想。楼宇烈的《老子"道"的原义及其理论和实践》论述了老子的"道""因循为用""柔弱随时"思想的理论和实践意义。植田渥雄的《〈老子〉的"无为自然"及其现代意义》围绕老子的"为"和"自然",论述了老子的自然观及其现代意义。他在《为了人类的持续发展与共生——中国古代思想阴阳五行循环论的意义》中论述了易学中的循环论与调和论及天人合一的思想、阴阳五行说、相生与相克、中国医学的再生和阴阳五行理论的可能性。仓泽幸久的《道元思想的现代意义》通过道元（1200—1253）的言行,论述了道元的思想及其现代意义。

（4）中日佛教。楼宇烈的《佛教与现代人的精神修养》论述了现代人精神上的自我丧失和自我扩张及其根源,并阐述和分析了佛教在现代人精神修养方面的作用。魏常海的《日本近现代佛教的发展与演变》概述了近现代日本佛教的发展与演变,并从对传统佛教的批判、重视现世利益、强调生命的价值、重视人格的提升与完善等方面论述了中日近现代佛教的异同。

（5）中日的文学交流。太田哲男的《关于 20 世纪 30 年代日中文学家的交流——以杂志〈文艺〉为中心》介绍了 20 世纪 30 年代日中文学家相互交流的有关情况。于荣胜的《中日近、现代小说中的"家"——以巴金与藤村的同名小说〈家〉为中心》对中国巴金的《家》与日本藤村的《家》两部作品的相同与相异之处进行了比较研究。

（6）其他。小崎真的《和谐社会与基督教思想的可能性——近现代新教·基督教女子教育之片断》通过对 20 世纪二三十年代在中国从事教育的基督教徒清水美穗的思想(自我无化性、自由性)的概述,论述了基督教思想在今天的意义。卫藤沈吉的《过去的日本人和未来的日本人》从征服、人民与从政者的区别、亚洲的解放殖民地时代的终结与贫困的斗争、信赖等方面论述了过去的日本人与未来的日本人。严绍璗的《日本古代文明的历史考察——与"海洋的日本文明"史观的商讨》指出"海洋的日本文明史观"正在毒害着日本国民的正常的文化心理,毒害着东亚地区和中日间从政治到文化的各个层面的关系。石川忠久的《日本的汉文教育和斯文会的活动》概述了斯文会的发展历程及其在儒学、汉文、汉诗、汉文等教育方面的活动及作用。南条克己的《我的寿司观》介绍了日本寿司的原材料及做法,并就此与中华料理做了一些比较。

　　有6篇论文因难以归入上述几个部分,故单列入"其他"部分。这些论文论述的题目各不相同。饭岛健的《新时代的东亚经济》对东亚恢复经济景气的因素,以GDP成长率的各项作用分类进行分析实证,展望东亚经济,并论述了在全球化中地区性合作的重要性。刘敬文的《东亚的经济发展模型与成长的持续性——兼论韩国、马来西亚以及中国台湾模型与中国的比较》阐述和分析了经济发展的东亚模式。包茂红的《东北亚的能源问题与能源合作》通过对东北亚能源合作的必要性、进展以及存在的问题的论述,指出需建立中日韩三国能源合作体,进行竞争性合作,以此推进东北亚区域化和世界文明的转型。尚会鹏的《"全球化""'9·11'恐怖事件"及"文化相对主义"》和为田英一郎的《无国界化的加深与高度信息化社会的发展——亚洲视角的确立》从不同角度论述了文化问题。李玉的《追思何芳川教授》介绍了何芳川教授的生平及对他的思念。

　　第二阶段:第9届至第15届(2009—2015年),这7届会议是围绕"教育·环境·文化"主题进行的。应该说,这一主题是"中日关系的现状与展望"这个总主题的延续,也是"环境·新人文主义·共生"关键词的延续。它更具体,更深入,因为文化和教育是重要的研究课题,内涵极其丰富,而教育和文化交流对推进中日关系的作用不可小视;环境保护是人类当前面临的严峻的问题,保护环境已成为中日交流中的重要课题。从这个意义上说,"教育、文化、环境"这三个议题为今后两校的学术交流提供了广阔的空间,它是具有生命力的。

　　这7届会议的具体内容可以分为四个部分。

　　第一部分"中日关系与共生"有两篇论文。李玉的《近代以来中日关系相互认识的变化》阐述了明治维新后中日相互认识演变的几个阶段及各个阶段的特点以及促成中日相互认识变化的根本原因。高原明生的《中日关系与国民感情》概述了日中邦交正常化后40年间的日中关系的变迁及两国国民间感情的变化,分析了两国关系的坚韧性与脆弱性,指出为推进两国关系,应开展真正的日中民间交流。

第二部分"中日教育"共有14篇论文,探讨了中日大学教育的有关问题。其中有11篇是活跃在大学管理工作第一线的教育工作者佐藤东洋士教授和吴志攀教授立足于各自关心的事项而发表的论文,有下述几方面内容。

(1)大学教育综论。吴志攀的4篇论文探讨了大学的制度、质量、发展模式等问题。《语言的跨国扩张与亚洲研究的前景展望》通过对语言的跨国扩张的分析,指出未来的亚洲研究,首先应有更坚实的语言基础,并提出一个设想,即建立起亚洲大学的语言联盟,共同推动亚洲研究和亚洲语言走向世界。《大学发展史上的三种模式与未来的大学》论述了大学历史上出现的三种重要的模式,指出未来大学将更大限度地超越国家、政治、文化、种族和宗教等的限制,在全球范围内获得资源、培养人才、研究高深学问,探究人类文明共同繁荣之道。《现代大学制度的"本土资源"》论述了建立"现代大学制度"的必要性及其内涵,指出除了学习与借鉴发达国家一流大学的经验,还要特别注意中国大学制度的"本土资源",这些"本土资源"才是建立现代大学制度的最重要的基础。《素质教育与大学的社会责任》论述了开展大学素质教育,应该与大学承担的社会责任相结合,要主动适应科技发展带来的教育环境的变化和应用新技术,并与社会经济发展状况紧密结合,要与全球化的进程相适应。

佐藤东洋士的《大学的质量保障与全球化》论述了大学设立审查和评价、环境变化和灵活应对等问题,指出在全球化时代重要的是要使国际标准中的课程教学计划、科目、学分、评价等更加周密,提高国际性的学习交流和流动性。

佐藤东洋士的《历史与大学教育》介绍了50年来日本高等教育的变化,指出"日本变了,世界变了,科学技术使得人们的生活更加舒适,大学提供的科目也发生了变化,科学技术发生进步,大学教育也随之改变","我们向过去学习,获益甚多,作为一名教育工作者应该思考什么需要改变,什么不能改变"。

(2) 中国的大学教育。吴志攀的《关于中国大陆文科博士生教育的一些思考》和《从北京大学创新创业扶持计划谈大学新型创业服务模式》论述了中国的大学教育。前者着重分析了中国大陆文科博士教育在研究方法、文献获得、语言能力、经费投入等方面的差距和问题,并指出了今后努力的方向。后者通过对北京大学创新创业扶持计划、"创业基础"全校公选课、创业训练营、新型校地产学研创新孵化平台等的介绍,论述了大学如何服务于创业等课题。吴志攀的《中国大学的教育:以学生发展为中心》指出"不管大学如何改革,都只能有一个中心,那就是更好地服务于学生发展","今后大学改革的方向必须以人为本,以学生为中心,要尊重年轻人,使他们获得更多的资源与机会,让他们的创新活力被激发出来,这就是我们改革的目的"。

(3) 日本的大学教育。阐述这一问题的有佐藤东洋士的《战后日本研究生院教育的历程》和《远程/e-Learning MOOC(Massive Open Online Courses)国内外的动向与樱美林大学的实践》两篇论文。前者概述了日本战后研究生院"制度的变迁""学位制度的变迁"和"研究生院的课题",提出能否为全球化做贡献以及能否更多地培养出适应社会变化、充分发挥自身作用的人才是最重要的课题。后者介绍了远程教育的概况、大规模公开网络讲座(MOOC)的发展及其理念以及樱美林大学在开展远程教育方面所做的努力及面临的课题,即积极与海外大学建立合作关系,推进远程教育化。小池一夫的《樱美林大学研究生院的教育实践与改革》通过日本大学研究生院的发展趋势、樱美林大学研究生院的特色,阐明了今后樱大研究生院的发展方向,即为保证教育质量,积极致力于组织、体制改进工作。

(4) 中日教育交流。佐藤东洋士的《日中关系40年与大学教育的交流——以樱美林大学的历程为中心》和《中日大学间的学生留学走向与教学计划的完善》论述了中日大学教育交流。前一篇介绍了中日邦交正常化以前和以后日中两国的文化交流、樱美林大学与中国大学间的交流,指出过去和未来樱美林大学创始人清水安三的理想与精神都是樱美林大学实施与中国开展交流的国际战略的支柱。后一篇通过对日本接受留学生政策的变化和日中留学生的交流的论述,指出完善国际上通用的教学计划的重要性以及对留学生进行生活援助的必要性。

第三部分"中日的环境保护",共有16篇论文,有下述几个方面内容。

(1) 环境保护的社会意义与法律规范。宋豫秦的《朴素生态文明元素的当代价值》指出中国传统生态文化中蕴藏着丰富多样的生态文化精华,具有"知行合一"的特点,有着很强的应用价值。我们应认真汲取朴素生态文化元素之精华,使其在当代的生态文明建设中发挥其独特而积极的作用。普鲁斯·巴顿(Batten,Bruce)的《前近代日本自然环境与人类社会:从历史学以及相关领域的探讨》概述了日本环境史及其研究史、日本社会与自然界的关系以及日本人的自然观,提出如果江户时代曾经是一个可持续发展的社会体系,那么今天我们如何利用这些经验。程郁缀的《中国古代诗歌中的自然观浅探》和《中国古代生态文化浅谈》两篇论文从文化角度论述了环保问题。前一篇探讨了中国古代诗歌中所体现的人对客观自然的认识和审美情趣,并从中获得有益的借鉴,即呼唤人和自然要友好相处美好情景的回归。后一篇从"天人合一"的伟大思想、"民胞物与"的慈悲情怀、欣赏自然的审美乐趣三个方面,分析中国古代文化中生态意识的普遍性、深刻性和丰富性。

汪劲的《论有限修改〈环境保护法〉的有效方法》就"有限"与"有效"的关系,结合中国环保法律实施的现状与问题,论述了修法工作涉及的十大课题及其有效方法。

(2) 环境保护在日本的实践。秀岛武敏的《日本治理大气污染的历史》通过九州对大气污染的治理阐述了日本治理大气污染的历程及对策,指出今后更加复杂的光化学二噁英等已成为大气污染中的重要课题。藤仓真奈美的《日本为实现可持续发展社会的举措——以非法扔弃的对应为例》阐述了日本治理废弃物的非法扔弃中的立法及行政管理等措施,指出建立促使支付处理费用的制度对于治理非法扔弃废物至关重要。小矶明的《首都东京的绿色创造与自然环境的保护——墙面绿化、屋顶绿化的推进与里山的保护》阐述了东京绿化的现状、新的绿色创造、地区的自然环境保护、地区的指定与管理等情况,指出绿色的创新和自然环境的保护最为重要的是要让城市居民广泛地理解、赞同、参加这种机制的运作。伊藤章治的《樱美林大学的环保型校园建设实践》介绍了在迎接环保时代到来中樱美林大学"樱花风车1号"的建造及其对外赠送的情况,并介绍了该校环保型校园建设的进展情况。

小矶明的《高校与东京都携手环保事业、合作培养环保人才》提出了环保人才培养的问题。论文介绍了东京的自然环境保护、守护自然的"保全地域"制度、"绿色校园行动"等举措,并由此提出了培养担负环保重任的人才的重要性,指出大学与东京都合作培养环保人才的事业更为重要。

(3) 环境保护在中国的实践。包茂红的《企业的环境责任与中国的环境治理》列举了中国企业在履行环境责任方面仍然存在的严重问题,指出中国的环境治理必须在法制建设、市场完善、绿色经营等方面继续做出努力。谢绍东的《中国大气污染的现状特征》指出中国大气污染呈现出煤烟型和机动车尾气型的复合型污染特征,大气氧化剂和气溶胶细粒子成为大气污染的主要污染物,并以城市为中心形成区域性大气污染,并就此提出了对策。籍国东的《中国农村水环境问题及治理技术》分析了中国农村水环境问题,重点阐述了种植业、养殖业、农村废弃物和农村生活污水等不同类型水环境污染源的构成及成因,介绍了中国农村水环境治理技术模式及对策措施。刘阳生的《中国城市生活垃圾焚烧技术发展历程及前景分析》阐述了中国由引进日本、德国炉排炉烧技术到自主研发机械往复式炉排炉烧技术及硫化床技术设备的国产化,把垃圾焚烧发电和节约能源有机结合起来,有着广阔的开发潜力和发展前景。

(4) 全球气候变化及水资源的管理等问题。坪田幸政的《全球变暖与气候变动——对其的理解以及共识的推进》通过北京与东京气候变化和降水量的变化数据的分析,指出对数据分布(出现频率)及变化模式(季节转换)等变化应更多地予以关注。强调"全球变暖这样气候变化的问题,需要世界各国合作解决"。因此,"为构筑全球规模的对环境问题的共识,增进理解,普及教育等活动必不可少"。温东辉的《城市水资源管理与污水回用发展》介绍了世界、日本和中国的水资源及水环境污染的严峻状况,并对比了东京与北京水资源的管理与污水回用的历程与状况,指出随着经济发展与社会进步,对水资源的需求愈呈多元化,而排水和回收模式将是"以人为本"的未来工程发展的方向,"未来城市污水处理厂将不再是高能耗、低产出的,而有可能成为水资源和清洁能源和结构能源的生产了"。

第四部分"中日文化交流"共有11篇文章,发表者在各自不同的领域论述了中日文化交流的实际事例。

程郁缀的《中日填词唱和交流研究》通过古代中日作家填词唱和的多首作品,阐述了中日作家在彼此的唱和中增进了解和友谊,弘扬才华,推进了两国文化的交融和发展。藤泽太郎的《中国近现代文学在日本的传播与吸纳——明治时代以后的走向与现在的动向》论述了明治维新(1868年)以后至20世纪90年代这一时期日本人(主要是日本文学家)同中国关系的演变以及同时代中国文学在日本传播与吸纳的概况、背景等。商金林的《扶桑艺道润华年——鲁迅与日本关系之研究》提出东京和绍兴同属鲁迅思想与文学事业的起点,鲁迅的知识、学问、思想、人格都是在日本形成的。袁英明的《简析民国时期梅兰芳访日公演成功之外在因素》指出1919年和1924年梅兰芳两次访日公演是中日民间交流的范例;而大正时期日本经济的繁荣、承办者的社会影响、周密的运作以及财界要人的支持则是访问成功的外在因素。佐藤保的《驻日清国公使馆与〈养浩堂诗集〉》概述了《养浩堂诗集》的编辑情况以及宫岛诚一郎等日本人与中国(清朝)驻日公使馆的交往,指出《养浩堂诗集》的价值在于其评语、识语的多样性。藤井省三的《村上春树与中国:从〈挪威的森林〉到〈1984〉》从汉语圈村上春树的传播与吸纳四大法则、各地区见到的特色、中国对村上春树传播与吸纳的变迁、村上本人怎样看中国论述了村上春树在中国的影响。滕军的《论中国茶文化的精神起源》论述了茶在中国哲学、医学、养生学思想的背景下,经过漫长的岁月,由中国古人选育成中国的饮品之王,茶在促进人体健康和人体与自然的交流中做出了巨大贡献。高桥静豪的《日本的茶文化》概述了日本饮茶史、日本茶道及其茶道礼仪等,指出茶道已经成为日本传统文化的重要组成部分,但今天它在日本人精神生活中的地位日益下降。尚会鹏的《"个人"与"间人","伦人"与"缘人"——基本人际状态的几个概念辨析》探讨了"基本人际状态",指出这一概念是对人与人相互认识和交流系统的统称。基本人际关系可分两类:一类是以"强调人的个性,弱化人的相互性"为特点的"个人"形态;第二类是以强调人的相互性为特点。论文认为中国社会的基本人际状态是"伦人",日本社会的基本人际状态是"缘人"。"伦人"和"缘人"是"间人"的两种亚类型。

寺井泰明的《日本汉字及汉语的现状与未来》阐述了日本汉字融入日本的历史与现状以及日本的教育政策和汉字教育政策,分析了汉字的魅力,从对同文同种的错误认识及其变化、计算机时代的汉字字体、汉字文化圈的人口、汉语圈的经济力和政治活力以及汉字生命力等角度探讨了汉字与汉语的未来。

王燕均的《日本版古籍与北京大学图书馆》介绍了中国古籍东传日本以及西渐中国的历程,概述了中国日本版古籍研究的现状以及北京大学图书馆所藏日本版古籍的概况,并阐述了馆藏日本版古籍的学术地位及价值。

此外，早野透的《日本东北大地震与日本政治》介绍了2011年3月日本东北大地震后亲访海啸与核辐射灾区的经历及发现的问题，提出了核电站的安全问题，并论述了危机中的日本政局及政权的攻防。

在两校学术交流走过的十多年间，世界上发生了很大变化，中日关系也发生了明显的变化。但是，我们坚持加强中日的学术交流、推进两国民众的相互了解和理解的信念始终未变，这是两校学术交流一直坚持下来，并将继续走下去的原动力。当然，从两校的交流来看，这一期间内何芳川教授和卫藤沈吉教授先后去世，对我们来说无疑是重大的损失。在此，我们对两位教授为两校交流所作的贡献深表谢意，同时也表达对他们深切的怀念。

最后要提到的是已经出版的三辑《论文集》。应该说，三辑《论文集》是中日文化交流的结晶，尽管在中日文化交流的巨流中也许是微不足道的，但它是两校学者为推进中日文化交流所做的努力的一种体现。诚如樱美林学园理事长、樱美林大学校长佐藤东洋士教授所说的"樱美林学园的教育研究，以中日关系的综合性研究与共存为目标，举办了各种各样的活动，为中日关系尽了些绵薄之力"，两校学者都为促进中日文化交流尽了"绵薄之力"，我们为此感到欣慰，也为此感到自豪。

通过十多年的两校学术交流，我们深知两校学者从事的学术交流在中日关系中是不可缺少的，因为多层次、多领域的民间交流是维系中日关系的坚实基础和推动力。这当中文化交流至关重要，只有通过面对面的交流，相互探讨和切磋，才能增进了解和互相理解，才能求同存异、共谋发展。应该说，两校的学术交流在这方面已经做出了力所能及的努力。

今天，当我们回顾以往的交流历程，展望未来的发展时，我们更加坚定了将两校交流继续下去的信念。我们要脚踏实地将两校的学术交流做好、做实，继续为中日文化交流尽自己的"绵薄之力"。

（本文作者：李玉，北京大学国际关系学院教授；张平，日本樱美林大学教授）

Academic Exchanges Between Peking University and J. F. Oberlin University (1998—2015)

Li Yu, Zhang Ping

Abstract: Academic exchanges between Peking University and J. F. Oberlin University of Japan date back to 1998, when the first academic conference between Peking University and J. F. Oberlin University was held on 10—11 December that year. From then till 2015, 15 such conferences had been held almost on an annual basis. The conferences had an umbrella theme: the status quo and prospects of China-Japan relations, which was all-encompassing and consistent. The theme was underlined by New Humanism, symbiosis and environment. Topics covered by scholars at the conferences could be summarized, according to areas of research, as: China-Japan relations and symbiosis, environmental protection by China and Japan, development and functions of Chinese and Japanese education, New Humanism in the new age, China-Japan cultural exchanges, etc.

Key words: academic exchange, New Humanism, symbiosis, environment

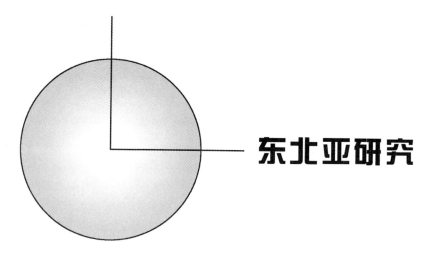
东北亚研究

"一带一路"战略与东北亚

宋成有

【内容提要】 在1978年改革开放以来连续30年经济高速发展的基础上,21世纪的中国正以全新的姿态出现在国际舞台。2013年"一带一路"经济开发战略的提出和2015年亚洲基础设施投资银行的设立,成为展现中国风采的两个显著标志。面对中国"一带一路"的新倡议和创设"亚投行"的新举措,东南亚、中亚和南亚、西亚乃至西欧、非洲均作出积极的反应,但与中国经济关系最密切的东北亚却出现了极为复杂的局面。除蒙古国反应迅速之外,朝鲜反应迟缓,俄罗斯、韩国在英国、法国、德国和意大利等西欧国家宣布加入"亚投行"之后,才作出成为该行意向创始成员国的表态;对美实施追随外交的日本与美国保持一致立场,对中国的"一带一路"新倡议和设立"亚投行"极尽讥讽、阻挠、反对之能事。"一带一路"经济开发战略及设立"亚投行"在东北亚居然面对如此复杂的局面并非偶然。从根本上说,中国的发展状态直接决定东北亚全局和"一带一路"经济开发战略的命运。

【关键词】 一带一路;经济发展;东北亚

进入新世纪,世界诸国继续提出各自的国际经济开发战略。其中,近两年中国提出的经济开发战略"丝绸之路经济开发带和21世纪海上丝绸之路"("the Silk Road Economic Belt and the 21st-Century Maritime Silk Road"),简称为"一带一路"("One Belt and One Road",英文缩写为"OBOR"),因创设亚洲基础设施投资银行("Asian Infrastructure Investment Bank",简称"亚投行""AIIB")而引起国际社会的高度关注。值得注意的是,"亚投行"在地缘政治特色最繁杂的东北亚地区的反应最复杂,表现了东北亚地区国际关系的特殊性。

一、"一带一路"战略的提出:中国不再对区域合作构想被动表态

20世纪90年代,马来西亚总理马哈蒂尔率先提出建立"东亚共同体"的主张。1990年12月,马哈蒂尔在与来访的中国总理李鹏会谈时,对关贸总协定乌拉圭回合贸易谈判的失败表示失望,主张建立东亚贸易集团,以制衡西方。李鹏对马哈蒂尔的倡议表示"原则上支持"。马哈蒂尔主张建立的东亚贸易集团只是东亚国家,不包括美国、加拿大、澳大利亚、新西兰和南美各国,其倡议引起强烈反响,东南亚国家担忧被误解,美国坚决抵制,日本疑虑重重,要求马来西亚予以"澄清"。

李鹏之所以表示"原则上支持",自然有其理由:(1)"韬光养晦"策略使然。为应对欧美制裁和东欧剧变、苏联崩溃在即的国际形势,中国必须提出新的外交策略。1989年9月4日,邓小平在对新一届领导核心谈话时,提出应对国际形势的"冷静观察""稳住阵脚""沉着应付"三点主张,"要冷静、冷静、再冷静,埋头实干,做好一件事,我们自己的事"。[1] 1990年12月24日,邓小平叮嘱说,"中国永远不称霸,中国也永远不当头"。之所以"当不起",是因为中国自身力量不够,"当了绝无好处,许多主动都失掉了",所以"千万不要当头,这是一个根本国策"。[2] (2)中国的国际地位使然。中国毕竟是政治大国、联合国常任理事国,不可能置身国际社会之外,即邓小平所说"在国际问题上无所作为不可能,还是要有所作为","积极推动建立国际政治经济新秩序","按和平共处五项原则办事"。[3] 上述以韬光养晦为主、以有所作为为辅的方针,为以江泽民、胡锦涛为总书记的领导班子所奉行,"原则上支持"就成为中国政府应对有关东亚共同体构想的经常性用语。

在马哈蒂尔呼吁建立"东亚贸易集团"12年之后,2002年1月,日本首相小泉纯一郎深受2001年11月中国与东盟达成10年内建成自由贸易区共识的刺激,在访问新加坡的演讲中,主张建立东亚国家"一同迈步、共同

---

[1] 中共中央文献研究室编:《邓小平年谱》下,中央文献出版社2004年版,第1288页。
[2] 同上书,第1323页。
[3] 同上。

前进的共同体"。小泉式的"东亚共同体"的要点包括:(1)"首先应该最大限度地发挥东盟＋3(日中韩)框架的作用",但"决不排外";(2)"日本、东盟、中国、韩国、澳大利亚和新西兰成为共同体的中心成员",将"10＋3"框架扩大为"10＋5"框架;(3)"鉴于美国对该地区安全保障的贡献和与该地区经济的相互依存关系,需要美国发挥作用"。① 可见,小泉式的"东亚共同体"的潜台词是:日美澳新合作以制衡中国,在奢谈日中合作的同时,对中国展开敌对性竞争。

中国政府对小泉的"东亚共同体"主张姑妄听之,未作表态。实际上,早在小泉宣示东亚共同体之前,在经济全球化和区域化时代潮流的推动下,中国政府已将东北亚经济区域化等课题提上工作日程并采取了相应的行动。1997年东亚金融危机促成中韩日三国与东盟十国之间关系的紧密化,形成"10＋3"区域合作机制。1999年,中国总理朱镕基、韩国总统金大中和日本首相小渊惠三在菲律宾首都马尼拉参加"10＋3"会议期间举行早餐聚会,启动了三国之间合作的进程。2003年中国总理温家宝、韩国总统卢武铉和日本首相小泉纯一郎在印尼的巴厘岛签署了《中日韩推进三方合作联合宣言》(《巴厘宣言》),形成三国全面合作的基本方针。2004年,温家宝、卢武铉和小泉纯一郎在老挝首都万象发表《中日韩三国行动战略》《中日韩合作进展报告》,将三国合作进一步具体化。中国政府关注的是在"10＋3"框架下,逐步密切中日韩三国经济合作。然而,因小泉一意孤行地参拜靖国神社,致使2005年"10＋3"框架下的中日韩三国峰会中断。

2006年9月,安倍晋三首次入主永田町,10月对中韩两国展开"破冰之旅",修复因小泉参拜靖国神社而遭受重创的政治关系。2008年12月,面对汹汹而来的世界金融危机,温家宝、李明博、麻生太郎等中韩日三国领导人在日本福冈举行首次峰会,签署了《三国伙伴关系联合声明》,公布了三国《合作行动计划》,发表了三国《国际金融和经济问题联合声明》等文件。三国首脑终于在非东盟国家的某地举行首次峰会,增添中韩日三国"1＋1＋1"的新机制,三国合作进入新阶段。

2009年8月30日,日本民主党在众议院选举中获胜。8月26日,即将入主永田町首相官邸的鸠山由纪夫在《纽约时报》发表一篇题为《日本的新道路》的文章,直抒外交抱负。在肯定《日美安保条约》是外交的关键"的

---

① 小泉纯一郎:《东亚中的日本与东盟》,日本《每日新闻》2002年1月15日。

同时,鸠山强调日本外交必须重视亚洲,特别是东亚。理由是:(1)"我们不能忘记自己的身份:我们是个位于亚洲的国家。我认为,正在日益显现活力的东亚地区必须被确认为日本的基本生存范围";(2)"由于伊拉克战争的失败和金融危机的发生,美国主导全球的时代正走向终结,世界正迈向一个多极化的时代";(3)"中国将成为世界上主要的经济体之一,在不太遥远的未来,中国经济的规模将超过日本"。在这种情况下,鸠山将"地区一体化和集体安全"视为日本应该遵循的新道路,唯有如此才能"实现日本宪法和平主义和多边合作原则","保护日本的政治和经济独立",在"身处美中之间"追求日本的利益。因此,鸠山主张在"友爱"的理念下,建立"类似欧盟那样的区域一体化机构"——东亚共同体,创建东亚单一货币的永久安全架构。鸠山认为,日韩、日中之间的增强军备和领土争端无法通过双边谈判来解决,"欧盟的经历告诉我们,地区一体化能够化解领土争端"。①同年10月,鸠山在国会进行的新内阁施政演说中,强调日本与中、韩、东南亚国家应"相互尊重多样的价值观,构筑真正的信赖关系","推进实现向其他地区开放的'东亚共同体'构想"。②

中国政府对鸠山建立"东亚共同体"的主张反应积极。2009年9月17日,外交部发言人姜瑜说,"中方致力于同包括日本在内的东亚各国进一步深化东亚合作,朝着东亚共同体的目标不断迈进"。③ 9月21日,出席20国峰会(G20)的胡锦涛在纽约会见鸠山时表示:"中方将继续奉行中日友好政策,同日方一道致力于实现两国和平共处、世代友好、互利合作、共同发展的大目标。"④10月10日,胡锦涛在北京会见参加三国峰会的李明博、鸠山时强调:"要进一步推动东亚区域合作","努力开创东亚地区和平、合作与发展的新局面"。⑤10月25日,温家宝在第四届东亚峰会上表示,中国"遵循开放包容、循序渐进的原则,凝聚共识,深化合作,朝着建立东亚共同体

---

① Yukio Hatoyama, "A New Path for Japan," *New York Times* online edition, August 26, 2009.
② 《鸠山发表首次施政演说 要让日本做东西方沟通桥梁》,http://world.huanqiu.com/roll/2009-10/613978.html.
③ 《外交部:中方愿与各国朝着东亚共同体方向迈进》,http://www.chinanews.com/gn/news/2009/09-17/1872524.shtml.
④ 《胡锦涛会见日本首相鸠山由纪夫》,http://www.chinanews.com/gn/news/2009/09-17/1872524.shtml.
⑤ 《胡锦涛主席会见韩国总统李明博和日本首相鸠山由纪夫》,https://www.baidu.com/s?ie=utf-8&f=8&rsv_bp=1&tn=monline_3_dg&wd=.

的长远目标不断迈进"。①

自20世纪90年代以来的20年间,吉隆坡或东京先后提出建立"东亚共同体",北京并未提出相关主张。最近两年情况变化明显,中国开始主动提出区域合作战略。2013年9月,国家主席习近平访问哈萨克斯坦,在纳扎尔巴耶夫大学所作题为《弘扬人民友谊 共创美好未来》的讲演中,首次提出共建"丝绸之路经济带"的倡议,即"为了使我们欧亚各国经济联系更加紧密、相互合作更加深入、发展空间更加广阔,我们可以用创新的合作模式,共同建设'丝绸之路经济带'"。② 10月,习近平访问印度尼西亚,在印尼国会所作题为《携手建设中国——东盟命运共同体》的演讲中呼吁共建"海上丝绸之路"。他说:"东南亚地区自古以来就是'海上丝绸之路'的重要枢纽,中国愿同东盟国家加强海上合作,使用好中国政府设立的中国—东盟海上合作基金,发展好海洋合作伙伴关系,共同建设21世纪'海上丝绸之路'。"③至此,中国向世界宣示了欧亚经济区域合作的总体思路,即"一带一路"构想。2014年4月,中国国务院总理李克强在博鳌论坛年会的主题演讲中,呼吁建立亚洲"利益共同体""命运共同体""责任共同体",推进"区域全面经济伙伴关系协定"(RCEP)谈判,加快"一带一路"区域合作进程。④

"一带一路"战略的提出,标志着中国不再被动地应对他国提出的地区经济开发战略,转而主动倡导具有中国特色的国际经济开发战略,外交格局展现巨大拐点。2015年10月21日,国家主席习近平在对英国事访问期间,同英国首相卡梅伦共同出席在伦敦金融城举行的中英工商峰会。习近平在致辞中强调,"一带一路"建设将为中国和沿线国家共同发展带来巨大机遇;强调"一带一路"战略的开放、多元、共赢性,认为这条长达9000公里的经济带,是穿越非洲、环连亚欧的广阔"朋友圈",涵盖各个合作领域,合作形式也可以多种多样,各国共同参与,遵循共商共建共享原则,实现共同发展繁荣。习近平强调,"一带一路"不是某一方的私家小路,而是大家携

---

① 《温家宝出席第4届东亚峰会 提出建立东亚共同体原则》,https://www.baidu.com/s?ie=utf-8&f=8&rsv_bp=1&tn=monline_3_dg&wd.
② 《习近平:创新合作模式 共同建设"丝绸之路经济带"》,http://politics.people.com.cn/n/2013/0907/c1024-22840801.html。
③ 《习近平:中国愿同东盟国家共建21世纪"海上丝绸之路"》,https://www.baidu.com/s?ie=utf-8&f=8&rsv_bp=1&tn=monline_3_dg&wd。
④ 《博鳌论坛开幕式:李克强总理发表主题演讲》,央广网 2014-04-10 12:22,http://finance.cnr.cn/zt/boaolive/zhaiyao/201404/t20140410_515265373.shtml。

手前进的阳光大道。①

二、中国的"一带一路"与日本的"现代版丝绸之路"

中国在 2013 年提出"一带一路"经济开发战略并非偶然。第一,改革开放 30 年间经济连续高速增长,经济实力和国际地位大幅度提升。在 21 世纪头十年经济持续开发过程中,中国不断攀登新台阶,接连赶超西欧和日本。自 20 世纪 90 年代以来,年均 9% 的经济增长率推进着中国经济总量的连续积累。2000 年中国 GDP 达 1.08 万亿美元,超过意大利(1.07 万亿美元),居世界第六位;2005 年中国 GDP 达 2.05 万亿美元,超过法国(1.97 万亿美元),居世界第五位;2006 年中国 GDP 为 2.68 万亿美元,超过英国(2.29 万亿美元),居世界第四位。② 2007 年,中国 GDP 达到 3.38 万亿美元,超过德国(3.28 万亿美元),居世界第三位。③ 2010 年中国 GDP 为 5.88 万亿美元,超过日本(5.47 万亿美元)。④ 2011 年国内生产总值达到 47.3 万亿元,经济总量从世界第六位跃升到第二位。⑤ 在承认实力、经贸关系彼此交错的国际社会,自然要倾听坐上经济总量第二把交椅的中国的声音,即使有些人不那么情愿,不那么舒服。

在新世纪的第二个 10 年,2012 年 11 月举行的中共"十八大"提出今后的任务是不断实现科学发展、和谐发展、和平发展,确保到 2020 年实现全面建成小康社会宏伟目标,为此需要加快转变经济发展方式,推进经济结构战略性调整,加快传统产业转型升级。⑥ 紧接着,中共十八届一中全会强调深化经济体制改革,加快转变经济发展方式,加快建设创新型国家;创新社会治理,让权力在阳光下运行,把权力关进制度的笼子,强调经济发展模

---

① 《习近平会晤英国首相卡梅伦 "一带一路"是可添加进入的广阔"朋友圈"》,http://news.nen.com.cn/system/2015/10/22/018544080.shtml。
② World Development Indicators database, World Bank,相关年份统计。
③ 《中国 GDP 已经超过德国》,http://news.tom.com/2008-01-24/OI27/10434166.html。
④ World Development Indicators database, World Bank, 7 October 2009。
⑤ 胡锦涛:《中共十八大政治报告》,http://www.xj.xinhuanet.com/2012-11/19/c_113722546.htm。
⑥ 同上。

式的转型、创新和从严治党、清除腐败。① 经济模式转型与创新构成第二个10年中国经济发展的显著特点：由"GDP至上主义"转向注重效益和环境保护，由低附加值的"世界工厂"转向金融大国，由投资拉动粗放型产业转向立足创新。提出与此相适应的新的经济开发大战略，随之提出日程表。

第二，2008年美国的次贷危机引起的世界金融动荡冲击国际社会，中国稳住了阵脚并进一步部署新的经济开发格局，在国际经济社会的分量明显加重。2010年10月，G20财长会议决定IMF将向新兴大国转让6%的投票权，中国的份额将由3.72%跃升至6.39%，投票权也将从目前的3.65%升至6.07%，一举超过英、法、德成为IMF第三大股东。② 至2013年，中国GDP为56.8万亿元，是1990年1.8万亿元的30倍。中国经济实力猛烈增长，具备了在积极推动建立国际政治经济新秩序中"有所作为"的底气。与此同时，对海外开拓的需求空前高涨，为过剩产能和庞大的资本找出路、遏制经济下行的势头等多重因素综合作用，提出保障中国经济持续发展的国际开发大战略势在必行。

第三，中国在世纪交替的千禧年与周边国家以及美国、欧盟建立各种伙伴关系，国际环境不可与20世纪80年代末期同日而语。继1993年中国和巴西建立"长期、稳定、互利的战略伙伴关系"之后，1994年，中国和俄罗斯建立了"建设性伙伴关系"，1996年升格为"战略协作伙伴关系"。1996年，中国与巴基斯坦建立"面向21世纪的全面合作伙伴关系"，与印度建立"面向21世纪的建设性合作伙伴关系"。1997年，中国和法国、墨西哥、加拿大建立"全面伙伴关系"，与美国"致力于建立面向21世纪的建设性战略伙伴关系"，与东盟国家建立"睦邻互信伙伴关系"。1998年，中国与英国建立"全面伙伴关系"，与日本建立"致力于和平与发展的友好合作伙伴关系"。2001年，中国与欧盟建立"全面伙伴关系"。2003年，中国与欧盟升格为"全面战略伙伴关系"，与东盟升格为"面向和平与繁荣的战略伙伴关系"，与蒙古国建立"睦邻互信伙伴关系"，与韩国建立"全面合作伙伴关系"。2004年，中国和波兰、罗马尼亚、匈牙利、乌兹别克斯坦、智利、阿根廷等国建立"友好合作伙伴关系"等。20世纪60年代中国期待"我们的朋友

---

① 《中国共产党十八届三中全会公报发布》，http://news.xinhuanet.com/house/tj/2013-11-14/c_118121513.htm。

② 《2010年中国GDP超过日本成为世界第二大经济体》，http://politics.people.com.cn/GB/1026/13594169.html。

遍天下"的愿望在40年后成为现实。以上内因和外因互动，中国终于在2013年发声"一带一路"，首次提出颇具前瞻性的国际经济开发战略。

此前4年，2009年6月30日，日本首相麻生太郎在日本国际问题研究所发表题为《确保安全与繁荣的日本外交》的演讲，提出日本新的世界外交构想。麻生强调日美同盟是日本防卫和远东和平稳定的基础，确保日美同盟的有效性对确保日本安全和繁荣必不可少，日美两国应不断努力确保日美安保体制的稳固"万全"。与此同时，日本将以"看得见的形式"承担国际责任。① 麻生强调说，日本外交应在"自由与繁荣之弧"的基础上，关注位于这条弧正中央、资源丰富的中亚和高加索地区，从整备公路和铁路入手，在纵向上建立从中亚经阿富汗到阿拉伯海的"南北物流通道"；同时从整备里海沿岸的海港起步，从横向上建构从中亚经高加索至欧洲的"东西走廊"，纵横两线交错，形成"亚欧十字路"。麻生强调说，这一构想与德里—孟买产业大动脉和印支半岛湄公河流域经济开发相结合，将形成贯通从太平洋到欧洲的亚欧大陆人员、物资和资金的自由流通渠道，构成"现代版的丝绸之路"。② 中国、印度和俄罗斯将成为实现这一构想的重要伙伴。对于麻生建立在"自由与繁荣之弧"基础上的"现代版丝绸之路"构想，中国政府依然姑妄听之，未作表态。环球网、中新网、铁血网等网络平台和各大报纸杂志亦均未加评论。

若将麻生2009年提出的"现代版丝绸之路"经济开发构想与2013年习近平提出的"一带一路"开发战略加以比较，会发现诸多有趣的思考点。两者的相似之处主要是：

（1）国际开发战略均聚焦于横跨欧亚大陆与海洋的陆海现代丝绸之路。在日本，称为"现代丝绸版之路"；在中国，称为"一带一路"。中日两国之所以向西、向南地聚焦欧亚大陆和亚洲海洋，与中日两国均地处东亚，即欧亚大陆的东部，均与东南亚、中亚、西亚、南亚和欧洲保持着密切的经贸关系之外，多年的积累已打下了相当牢靠的基础。与此同时，亚洲经济的兴旺势头和欧洲稳健的发展，均被中日两国的决策高层所看好。

（2）历史的记忆对中日两国现代国家战略的影响深远。众所周知，"丝

---

① 《麻生太郎阐述日本政府对外政策》，http://news.xinhuanet.com/world/2009-06/30/content_11628956.htm.

② 麻生太郎：《确保安全与繁荣的日本外交》，http://www.kantei.go.jp/jp/asospeech/2009/06/30speech.html.

绸之路"始于中国的两汉,成长于魏晋南北朝,兴盛于唐宋,终结于明清。近两千年间,它一直是古代中国经河西走廊联通中亚、西亚、欧洲,或者沿海路,与东南亚、东部亚洲开展商业贸易的路线。曾经在1868—1872年来华考察的德国地理学家斐迪南·弗赖赫尔·冯·李希霍芬(Ferdinand Freiherr von Richthofen),在1877年出版的专著《中国》中,率先使用"丝绸之路"(die seidenstrasse)一词,随即得到学术界普遍采用,尤其风行于日本学术界。

对中国来说,建立横跨欧亚大陆海域的"一带一路",是曾经的东亚经济中心区域、主导国重现古代丝绸之路的现代价值。日本曾经是古代丝绸之路的东部最边缘部分,强调"欧亚十字路",自谓古代丝绸之路贸易圈不可缺少的成员。

在世界上,并非所有的国家都欢迎中国的新战略或者对中国的快速发展处之泰然,怀疑者、反对者不乏其人。尤其是备感中国和平崛起压力的美国和日本,演起叫板中国的双簧戏。这样,就产生了"一带一路"与"现代丝绸之路"开发战略的差异,表现为:

(1)出台的时间先后不同。由于历史和现实的多重原因,日本先于中国成为世界经济大国并提出"环太平洋经济合作圈"开发战略或组建"东亚共同体"的主张;在经贸、投资、市场、战略构想、国际交往经验、国家形象等方面,较之中国,日本更具优势。2009年,日本提出"现代丝绸之路"开发战略,先于中国4年提出涵括欧亚大陆的开发战略构想。这样,就产生了一个问题,日本的"现代版丝绸之路"构想是否刺激中国去构思"一带一路"开发战略?尽管在近代史历史认识、首相参拜靖国神社、钓鱼岛归属、东海油气田开发、南海局势等方面中日之间摩擦不断,但中国始终关注日本的发展动向。麻生的"欧亚十字路""现代版丝绸之路"的构想引起中国智库关注不足为奇,即使对"一带一路"战略具有启发作用,也不值得大惊小怪。

(2)政治因素的角色作用不同。在中国,毛泽东时代为打破美国封锁和对抗苏联霸权主义的压力,1973年提出北半球大致同一纬度的美、日、西欧与土耳其、伊朗和中国等国家形成对抗苏联霸权主义的联合阵线"一条线"构想。1974年毛泽东又提出"三个世界"理论,主张第三世界国家联合起来,共同反对帝国主义、霸权主义和新殖民主义。上述国际外交战略以反帝反霸、维护国家安全为第一要务,政治属性一清二楚。在改革开放过程中,韬光养晦与"和谐世界"成为中国奉行的外交方针,同样具有很明显的政治属性。"一带一路"战略在本质上是经济开发战略,突出的是经济要素和经贸关系,强调与相关国家组成命运共同体或利益共同体,实现互利共赢,并不具备政治属性。

"现代版丝绸之路"开发构想内含着日本的政治意图。麻生的"欧亚十字路"构想虽然关注中亚的资源和开发红利,但强调前提是推进"自由与繁荣之弧"。众所周知,2006年11月,身为外相的麻生已经在题为《建立"自由与繁荣之弧"——拓宽的日本外交地平面》的演讲中奢谈"自由与繁荣之弧"的新概念。麻生在重申日本外交的重点在于"强化日美同盟,而后加强与中国、韩国、俄罗斯等邻国的关系"后,特别突出地强调了日本外交的两点"新基轴":第一,"民主""人权""法治""市场经济",强调开展必须重视上述"普遍价值"的"价值观外交";第二,将欧亚大陆外沿地区出现的新兴民主国家连接起来,组合成"自由与繁荣之弧"。麻生宣称日本是"普世价值"的"老铺子",具备推行"价值观外交"的资格;强调"今后,日本将在自东北亚、中亚和高加索、土耳其,并由此延伸到中欧和东欧的波罗的海国家的'自由与繁荣之弧'中,担当民主国家起跑的永无止境的马拉松的护跑手"。① 由于当时中日双方正在展开"破冰""融冰"之旅,修复因小泉执意参拜靖国神社而遭到破坏的国家关系,外相麻生口头上不得不对中国表示善意。中国舆论认为麻生的"价值观外交"的要害在于依靠美国,联合印度和澳大利亚排斥中国,确保日本在东亚国际秩序中的主导地位,日本外交日益政治化等看法并不为过。以麻生亮明"价值观外交"旗号为标志,日本争当政治大国的外交博弈有了新筹码。

(3)战略底线不同。进入新世纪,欧美和日本的某些媒体继续热衷宣扬"中国威胁论""中国崩溃论",中国主流舆论以"中国和平崛起论"应对。2004年9月,中共十六届四中全会在确定加强党的执政能力和建设的主要任务时,强调"要坚持最广泛最充分地调动一切积极因素,不断提高构建社会主义和谐社会的能力",②首提"和谐社会"的新理念。2005年4月,中国将"和谐社会"的理念从内政延伸到外交,形成"和谐世界"理念。当时,国家主席胡锦涛在亚非峰会的演讲中,倡导"推动不同文明友好相处、平等对

---

① 麻生太郎:《建立"自由与繁荣之弧"——拓宽的日本外交地平面》,http://www.mofa.go.jp/mofaj/press/enzetsu/18/easo_1130.html。
② 《中国共产党第十六届中央委员会第四次全体会议公报》,http://news.xinhuanet.com/politics/2014-10/23/c_1112953884.htm。

话、发展繁荣,共同构建一个和谐世界"。① 9月,在出席联合国成立60周年首脑会议的演说中,胡锦涛呼吁"坚持包容精神,共建和谐世界",在更大的范围内,强调共建"和谐世界"。胡锦涛说,"文明多样性是人类社会的基本特征",各种文明"相互借鉴",才能"共同提高";强调"各种文明有历史长短之分,无高低优劣之别"。因此,"历史文化、社会制度和发展模式的差异不应成为各国交流的障碍,更不应成为相互对抗的理由"。② 此后,在各种国际场合,"和谐世界"成为中国外交屡屡强调的理念。

反观日本,进入新世纪以来的日本首相,除自民党首相福田康夫和民主党首相鸠山由纪夫之外,其余的小泉纯一郎、安倍晋三、麻生太郎、菅直人、野田佳彦等在靖国神社参拜、历史认识、钓鱼岛归属、东海油气田开发和南海问题上,或就其中的多个问题或集中于某一个问题,与中国摩擦、对抗,导致两国关系不断滑坡。其中,湄公河次区域开发的过程最具有典型性。1992年,在亚洲开发银行的参与和援助下,中国与柬埔寨、老挝、泰国、越南和缅甸等印支澜沧江—湄公河流域国家,就六国组建大湄公河次区域经济合作(GMS)达成一致意见,形成合作互赢的良好局面。深感在东南亚优势地位受到"威胁"的日本坐立不安。2003年12月,日本与东盟国家举行东京特别首脑会议,故意将中国排斥在外,与柬老泰越缅五国举行有关湄公河次区域开发会议。日本许诺三年内提供15亿美元的贷款,培养人才,推进开发,愣是搞出一个日本与印支五国的东京版GMS,构成打造日式"现代丝绸之路"的一大重点。

2007年8月,日本首相安倍晋三访问印度,在国会发表的题为《两洋交汇》的演说中,安倍以太平洋的代表国家自居,强调要与印度洋的代表国家印度展开"自由之海与繁荣之海"的"动态结合",强调日印"全球战略伙伴关系",是"自由与民主、尊重基本人权的价值观与战略利益的结合",在构筑欧亚大陆外沿地带"自由与繁荣之弧"的过程中,日印关系乃"重中之重"。③ 曾经在北京启动"破冰之旅"的安倍,在新德里露出了排斥中国的真面目。

2009年6月,麻生太郎以首相的身份发表关于"现代丝绸之路"构想的

---

① 《国家主席胡锦涛在2005年亚非峰会上的讲话》,http://www.huaxia.com/zt/tbgz/2005-027/513750.html。
② 《胡锦涛在联合国成立60周年首脑会议上的讲话》,http://news.xinhuanet.com/world/2005-09/16/content_3496858.htm。
③ 安倍晋三:《两洋交汇》,http://www.mofa.go.jp/mofaj/pres。

讲演,重提以意识形态划线的"自由与繁荣之弧",强调日美同盟关系是"日本防卫和远东和平稳定的基础"。① 在此前提之下,麻生将日本的"现代丝绸之路"构想的重点,分为中亚至中东的纵线、中亚至欧洲的横线和印度、湄公河次区域四处区域,均内含排斥中国的战略意图。

三、东北亚国家或势力对"亚投行"的态度

2013年10月3日,习近平在印尼国会发表建立"21世纪海上丝绸之路"的演说中,首次谈及设立亚洲基础设施投资银行的倡议,"支持本地区发展中国家包括东盟国家开展基础设施互联互通建设"。② 10月9日,李克强在文莱出席第16次中国—东盟领导人会议上,阐述有关中国与东盟深化战略互信、经济发展的两点共识和7个合作领域,强调设立"亚投行"的倡议。③

2014年10月24日,21个意向创始成员国在北京签署《筹建亚投行备忘录》,同意"亚投行"的法定资本为1000亿美元,总部设在北京。④ 中国财政部长楼继伟在签字仪式的致辞中强调"亚投行建成一个公平公正、开放包容的多边金融机构",强调"亚投行"愿意"与现有的多边开发银行相互补充",以利"推动本地区基础设施建设和可持续发展"。⑤ 首批创始成员国均为亚洲国家,包括南亚的印度、巴基斯坦、孟加拉国、尼泊尔、斯里兰卡五国;东南亚十国除印尼之外的文莱、柬埔寨、老挝、马来西亚、缅甸、新加坡、泰国、菲律宾、越南九国;中亚的哈萨克斯坦、乌兹别克斯坦和中东地区的阿曼、科威特、卡塔尔。东北亚地区的国家缺席最多,除中国和蒙古国两国之外,日本、韩国、朝鲜、俄罗斯等四国尚在观望或纠结之中。11月25日,

---

① 麻生太郎:《确保安全与繁荣的日本外交》,http://www.kantei.go.jp/jp/asospeech/2009/06/30speech.html。
② 《国家主席习近平在印度尼西亚国会发表演讲》,http://www.chinanews.com/gn/2013/10-03/5344133.shtml。
③ 《李克强阐述"2+7合作框架"绘就"钻石十年"路线图》,http://www.chinanews.com/gn/2013/10-10/5357211.shtml。
④ 《21国在京签约决定成立亚洲基础设施投资银行》,http://news.xinhuanet.com/world/2014-10/24/c_1112965880.htm。
⑤ 《筹建亚投行备忘录在北京签署》,http://www.chinanews.com/gn/2014/10-24/6713714.shtml。

印尼政府在雅加达签署《筹建亚投行备忘录》,成为亚投行第 22 个意向创始成员国。12 月 31 日,马尔代夫正式成为"亚投行"第 23 个意向创始成员国。备忘录签署是创建"亚投行"迈出了里程碑意义的关键一步,但继续推进尚需中国继续付出巨大努力。中国的外交因此而增加了推广"亚投行"创始成员国的新内容,成为首脑会谈的新话题。

2015 年 1 月 13 日,塔吉克斯坦、沙特阿拉伯正式成为"亚投行"意向创始成员国。虽然"亚投行"已有 26 个国家加入,但只能称为亚洲国家的国际金融机构。进入 3 月,为捕捉商机、争取董事会成员的名额,欧洲出现新动向。11 日卢森堡、12 日英国、13 日瑞士政府不顾美国的阻挠,宣布申请加入"亚投行"。16 日,法国、意大利和德国三国表示愿意成为亚投行创始成员国。24 日,奥地利宣布加入"亚投行"。欧洲国家的大举入行,特别是英法德三国的加入令世界竞相关注。26 日,韩国、土耳其宣布加入"亚投行"。27 日,巴西宣布加入"亚投行"。28 日,俄罗斯、丹麦、荷兰、格鲁吉亚等国宣布加入"亚投行"。29 日,澳大利亚正式宣布加入"亚投行"。30 日,埃及和芬兰宣布加入"亚投行"。31 日,瑞典、吉尔吉斯斯坦申请加入"亚投行"。在短短的一个月期间,"亚投行"迅速从亚洲国家的多边金融机构,扩大为遍及亚洲、欧洲、非洲和拉丁美洲的全球性的多边金融机构,策动抵制"亚投行"的美国陷入尴尬的境地。

5 月 22 日,中国财政部宣布总共 57 个创始成员国各方就《亚投行协定》文本达成一致。6 月 15 日,新西兰政府正式宣布该国决定加入"亚投行",成为创始成员国之一。6 月 29 日,除因为未完成国内批准程序的菲律宾、丹麦、科威特、马来西亚、波兰、南非、泰国七国当天没有签署《亚投行协定》外,其他通过国内审批程序的 50 个创始成员国在北京签署《亚洲基础设施投资银行协定》。协定共 11 章 60 条,规定:亚投行法定股本 1000 亿美元,域内外成员出资比例为 75∶25;中国认缴股本占总认缴股本的 30.34%,为亚投行现阶段第一大股东,占总投票权的 26.06%;经理事会多数同意后,亚投行可增加法定股本及下调域内成员出资比例,但域内成员出资比例不得低于 70%。① 目前,中国、印度、俄罗斯、韩国、澳大利亚为域内前五大出资国,德国、法国、巴西、英国、意大利为域外前五大出资国。中国财政部长楼继伟在致辞中指出,筹建亚投行是 2013 年 10 月中国领导人

---

① 《〈亚洲基础设施投资银行协定〉在京签署》,《金融时报》2015 年 6 月 30 日。

在出访东南亚时提出的重要倡议,这是中国为亚洲和全球经济发展承担更多国际责任、促进各方实现互利共赢和共同发展的重要举措,对于不同发展阶段的国家而言是多赢选择,得到了各方广泛积极的响应。①

一个在全球引起关注并竞相参加的国际金融机构,在东北亚引起的反应最复杂,远超世界其他地区。围绕着是否加入"亚投行"、成为创始成员国问题,出现了下述几种态度和立场:

1. 美国并用两手政策

美国的国土不在东北亚,但作为世界性的主导国家,借助政治、经济和军事关联,二战后即成为东北亚的巨大势力存在。面对迅速崛起并坐上世界经济总量第二把交椅的中国,美国采取惯用的两手政策,力保"老大"的独尊地位。在华盛顿看来,中国提出设立"亚投行",不仅是对布雷顿森林体系的挑战,构成以美元为中心的国际金融货币体系的威胁,而且是对美国"重返亚洲""亚太再平衡"战略的有力回应。出于"老大"的独尊本能,2014年10月21个意向创始成员国在北京签署《筹建亚投行备忘录》,美国立即表态反对,理由是担忧中国是否有能力确保对银行的治理水平达到国际标准。透过冠冕堂皇的表面理由,美国的潜台词是担忧中国借助"亚投行"的平台,以金融力量削弱实际由美国控制的世界银行、国际货币基金组织,影响亚洲乃至世界经济的发展,致使"亚太再平衡"战略受挫。在亚洲国家竞相加入"亚投行"情况下,美国劝说韩国、澳大利亚等盟国少安毋躁。日本闻风而动,不仅表态抵制"亚投行",而且游说澳大利亚、印度。与此同时,中美经贸关系密切、中国为美国的第一大债权国、多个地区或全球性问题需要中国的合作等原因,又迫使美国不得不适度调整其反对的立场。

除了日本,美国的劝阻在欧亚国家的现实需求面前碰壁。2014年11月至2015年1月,印度尼西亚、沙特阿拉伯、塔吉克斯坦等亚洲国家宣布参加"亚投行",亚洲国家增加至26国。3月12日至16日,英国、法国、意大利和德国等西欧主要国家不顾美国的阻挠,宣布申请加入"亚投行",开始了新一轮加入"亚投行"的热潮,美国与日本成为世界舆论讥讽的对象,十分孤立。在这种情况下,美国的表态出现变化,4月15日,美国副国务卿布林肯在出席由日美友好基金会主办的研讨会上,重提31日说过的话题,表

---

① 《50国政府代表签署〈亚洲基础设施投资银行协定〉》,http://world.people.com.cn/n/2015/0629/c1002-27223486.html。

示美国不反对"亚投行"。他说,美国"非常支持"对亚洲基础设施进行更多的投资,并不反对成立"亚投行"。布林肯强调,新成立的机构与现有机构之间应该是补充而非竞争关系、新机构应该执行现有的高标准是美国的"两点关注",但对美国是否加入"亚投行"不予回答。① 4月29日,美国总统奥巴马在与来访的日本首相安倍晋三举行联合新闻发布会回答记者提问时说,有关美国反对其他国家加入"亚投行"的媒体报道是"不实"的,美国的观点是,新的多边开发机构的运营应该遵循一些原则。奥巴马表示,美国期待与"亚投行"进行合作。② 记者注意到,此时的安倍一脸失落。

与此同时,美国加紧用多种手段应对中国。9月22日至25日,在习近平应邀访美期间,奥巴马给予不冷不热的接待,让同时访美的教皇方济各占据了媒体报道。在首脑会谈中,双方在继续努力建构新型大国关系、基础设施融资、IMF改革和人民币国际化、深化经贸合作、文化教育合作、防务沟通与合作、应对气候变化合作、亚太事务、跨国反腐败合作、网络安全合作等方面达成广泛共识。其中,美国对"亚投行"的表态是"欢迎中方不断增加对亚洲及域外地区发展事业和基础设施的融资支持;多边开发融资新机构以及未来将成立的机构,要成为国际金融框架的重要贡献者"。③ 此次中美首脑会谈,强调了多领域的合作愿望,在缓和两国网络安全、危机掌控、防务摩擦等方面取得积极成果,一定程度上令美国智库对华强硬派的噪音强度有所降低。

然而,10天之后的一个新事态,表明了美国对华政策的另一面。10月5日,跨太平洋伙伴关系协定(TPP)12个谈判国经过多年的博弈,终于在美国佐治亚州亚特兰大举行的部长会议上达成基本协议,原则上实施取消所有产品关税的自由贸易,形成投资、知识产权、劳动者和环境保护以及国有企业优惠限制等广泛领域的统一规范。这个经济圈横跨太平洋,其成员国的经济规模占全球的40%。④ 待成员国的国会批准后生效。在TPP达成协议的当天,奥巴马发表声明,宣称"95%的美国产品的可能消费者不在

---

① 《美副国务卿:美国不反对亚投行》,http://news.sina.com.cn/w/2015-04-15/053631718607.shtml。
② 《奥巴马表态称美国不反对亚投行》,http://news.163.com/15/0430/01/AODPFMF400014AED.html。
③ 《10个关键词,让你读懂习近平访美成果》,http://politics.people.com.cn/n/2015/0927/c1001-27639536.html。
④ 《TPP协议达成 巨大经济圈将应运而生》,《文汇报》2015年10月5日。

美国,美方不能让中国等国写下全球经济规则,美国应该制定这些规则,在坚持保护劳工与环境的高原则下,为美国商品开发新市场。"奥巴马说,这项伙伴协定为美国农民、畜牧业与制造业者撤除各国设下的1.8万项关税,也是经贸史上最坚定承诺劳工与环境保障的协定,TPP这些保障必须强制执行。为此,呼吁国会予以通过。① 奥巴马的声明,印证了《环球时报》的观点,即"由美国主导的TPP",不邀请中国参加,成了与"一带一路"战略"相抗衡的经济圈"。② 美国为继续坚持世界经济龙头老大的特权地位,历来是不择手段的,包括派出军舰挑衅性地巡航中国南海岛礁。

2. 日本持反对立场

曾经的"经济动物"日本,随着其国家发展战略的政治化,日益热衷构筑反华的"自由与繁荣之弧"包围圈。在主观上,这个无意充当"亚洲老二"的国家,对中国发起建立亚洲开发银行("亚开行"ADB)之外的"亚投行"本能地表现出警惕、嫉妒、反对的立场。此外,由于美国从维护世界金融霸权、打压中国和地缘政治权力角逐的谋略出发,反对中国倡导的"亚投行",国务卿克里四处游说其盟友不要加入"亚投行"。美国的立场对奉行对美追随外交立场的安倍内阁划出了外交半径,唯华盛顿马首是瞻的东京,摆出反对"亚投行"的架势。尽管事出有因,但日本自身的利益诉求,使安倍内阁陷入难以自拔的纠结之中。

2014年10月23日,即21个"亚投行"创始成员国代表将在北京签署《筹建亚投行备忘录》的前一天,"亚开行"总裁中尾武彦五味杂陈,在表示"不欢迎成立一家目的基本相同、由中国牵头成立的另一家区域性银行"的同时,强调"不太担心竞争问题",因为成立于1966年的"亚开行"已经有很多员工和经验。③ 2015年3月22日,在距离"亚投行"创始成员国加入截止期的9天前,"亚投行"多边临时秘书处秘书长金立群在钓鱼台国宾馆会见"亚开行"行长中尾武彦。《日经新闻》的消息称,金立群暗示中尾:日本如果以创始国成员加入"亚投行",可以获得包括在"亚投行"管理层给予日方一个高级别的副总裁位置,以及一个专门给日本的独董席位等一系列"优

---

① 《奥巴马称不能让中国书写全球贸易规则 呼吁国会支持TPP》,http://world.huanqiu.com/exclusive/2015-10/7694138.html。
② 《媒体:TPP或建经济圈对抗中国》,《环球时报》2015年10月6日。
③ 《亚开行总裁:不欢迎成立亚洲基础设施投资银行》,http://wallstreetcn.com/node/209818。

待"。优待条件尽管诱人,然而日本还是拒绝加入"亚投行"。①

2015年3月31日,安倍晋三借口在组织运营及融资审查体制等方面仍存有疑虑,表示"没必要急着加入"中国主导的"亚投行"。在七国集团中已有英德等国表态加入"亚投行"的情况下,安倍作如此表示,希望"美国应该了解日本是可信赖的国家"。② 同日上午的众议院财务金融委员会上,日本副首相兼财政大臣麻生太郎回答议员质询时称:"日本有可能会被要求出很多资金,考虑到融资可能无法收回的担忧,不得不采取极其慎重的态度。"在当天内阁会议结束后,官房长官菅义伟对记者们说:"日本在今天这个时间点上参加是不可能的。"③

安倍内阁的言行受到舆论,包括日本舆论的强烈质疑,致使高官们心神不宁乃至失态出丑。4月3日,副首相兼财政大臣麻生太郎在记者招待会上,先是对香港凤凰卫视驻东京记者李淼就日本加入"亚投行"的相关提问故作听不懂,连续三次用英语质疑"What"?当麻生听到AIIB("亚投行")这个词时,突然咧开大嘴莫名其妙地笑起来。在回答如何看待日本在野党批评日本政府对"亚投行"表态的提问时,麻生表现得很不耐烦,竟然当场攻击中国政治制度。麻生的失态引起日本舆论的批评,认为其举动"成了世界的笑柄"。④

5月21日,在中国财政部宣布总共57个创始成员国各方就《亚投行协定》文本达成一致的前一天,安倍晋三在东京举办的一个国际会议上讲话时表示,日本将加大对于亚洲地区的基础设施投资,未来5年投资总额将达到约1100亿美元。安倍称将通过政府开发援助(ODA)项目扩大对于亚洲地区的日元贷款和技术支援等,同时扩大日本主导的亚洲开发银行(ADB)以及日本国营国际协力银行(JBIC)的融资能力,以通过这些银行机构开展基础设施投资,"让技术革新遍及亚洲各地",影射"亚投行"的项目"廉价""恶质"。⑤ 日本媒体称,安倍此番言论意在对抗中国。日本政府对"亚投行"的反对立场,不乏舆论支持。2015年7月美国皮尤研究中心最新

---

① 《中国给出亚投行第二把交椅 日本惧美不敢坐》,http://bbs.tianya.cn/post-1089-28262-1.shtml。
② 《安倍:不急于入亚投行 美国应了解日本可信赖》,http://world.huanqiu.com/exclusive/2015-03/6060165.html。
③ 同上。
④ 《麻生真让人羞愧》,《东京新闻》2015年4月22日。
⑤ 《日本提出1100亿美元亚洲基建投资计划》,http://japan.people.com.cn/n/2015/0522/c35463-27041849.html。

一份民调显示,67%的中国人和66%的法国人认为中国终将超过美国。而77%的日本人认为中国永远不会超过美国。① 可见,尚有相当多的日本人的思维依然兼受"中国威胁论"和"中国崩溃论"的挟持。其中,"中国崩溃论"满足了一些人心理阴暗的期待。

为搅局"亚投行"和"一带一路"战略的落实,安倍不遗余力。10月22日,安倍访问蒙古国,随后访问土库曼斯坦、塔吉克斯坦、乌兹别克斯坦、吉尔吉斯斯坦,最后一站访问哈萨克斯坦,27日在哈首都阿斯塔纳发表有关日本政府中亚政策演讲。日媒透露,这是自2006年小泉纯一郎以来,日本首相再次出访中亚地区,首访土库曼斯坦、塔吉克斯坦和吉尔吉斯斯坦。日本政府智囊认为,安倍之所以进入中亚五国等"俄罗斯的后院",是因为感到"日本在与中亚地区的关系构建方面明显落后"。鉴于这些国家在地缘政治上十分重要,日本希望借助首相出访来提升在中亚的"存在感"。② 实际上,安倍上台推行的"俯瞰地球仪"的外交战略的一个显著特点,就是经常尾随中国领导人出访的足迹,在到访国与中国展开竞争,兜售私货。此次安倍的蒙古国和东亚五国之行,同样是"尾随外交"的一次新表演。

3. 韩国和俄罗斯并非无缘故的滞后

2013年中韩双边贸易总额为2742.5亿美元,同比增长7%。其中,中国对韩出口911.8亿美元,同比增长4%;自韩国进口1830.7亿美元,同比增长8.5%,中国贸易逆差818.9亿美元。③ 据韩国产业通商资源部资料统计,2014年韩国外贸总额达10988亿美元。其中,进口5257亿美元,同比增长2.0%;出口5761亿美元,同比增长2.4%,贸易顺差474亿美元,均创历史最高。据12月20日的统计,中韩贸易规模达2279.04亿美元,占韩整体贸易额的20.74%。其中,自华进口872.18亿美元,同比增长7.9%;对华出口1406.86亿美元,同比减少0.5%,贸易顺差534.68亿美元。韩方预测,2015年韩外贸进口额、出口额和贸易顺差分别将有3.2%、3.7%和

---

① 《日本网民叫嚣:"中国"接下来只会没落和灭亡》,http://help.3g.163.com/15/0709/09/AU2R8KHO00964KIH.html。
② 《日媒:安倍出访中亚五国 意在提升在中亚"存在感"》,《环球时报》2015年10月27日。
③ 《2013年中韩双边贸易总额为2742.5亿美元 同比增7%》,前瞻网,2014-11-12,http://www.qianzhan.com/qzdata/detail/149/141112-77cfe254.html。

3.5%的增长。①

在国家发展战略上,紧接着中国提出"一带一路"战略,韩国提出"欧亚合作构想"。2013年11月19日,朴槿惠总统在吉尔吉斯斯坦与阿坦巴耶夫总统举行首脑会谈时,公布了"欧亚合作构想"。她说,韩国将"积极推进共存互助的中亚外交",强调"吉尔吉斯斯坦是中亚的主要国家,期待未来我的欧亚合作构想和总统阁下对韩国的关注协调一致",开创"欧亚地区的新未来"。②朴槿惠构想的目的有三。其一,通过与欧亚地区国家,特别是朝鲜半岛和俄罗斯远东地区之间的经济合作,扩大韩国对外贸易额度,获取石油、天然气等能源的新的进口渠道;其二,通过密切韩俄关系,从背后包抄平壤,加紧施加影响,推进朝鲜改革开放的进程;其三,通过打经济牌,磨钝好斗的朝鲜对外方针锐角,消除朝鲜半岛紧张局势。

2014年2月,韩国外交通商部在欧洲局下设由5人组成的"韩朝俄三方合作工作小组",研究三方合作项目,全面推进"欧亚合作构想"。③ 10月,朴槿惠在出席第10届亚欧首脑会议的演讲中,阐述了韩国的"欧亚合作构想"(也称"欧亚倡议")。《韩国经济》载文认为,中国已成为韩国的最大贸易伙伴、最大出口市场、最大进口国和最大海外投资国,韩中自贸区的谈判已结束,韩国正努力着手建立人民币离岸交易中心。这些优势可为韩国企业在中国"一带一路"战略中物色到无限商机,也将为韩国的"欧亚合作构想"提供无缝对接的机会,从而实现双赢发展。④

与日本的"自由与繁荣之弧"对抗中国不同,韩国的"欧亚合作构想"和中国的"一带一路"存在若干契合点。2014年7月3日至4日,习近平访问韩国,与朴槿惠展开两次会谈,加速中韩达成FTA的谈判步伐。韩方对两国成为"实现共同发展的伙伴""致力地区和平的伙伴""携手振兴亚洲的伙伴""促进世界繁荣的伙伴"等"四个伙伴"的倡议反应积极,⑤但对中方提出加入"亚投行"的邀请则顾左右而言他,并未明确表态支持。这种态度与中

---

① 《2014年韩国外贸规模、出口额和贸易顺差创历史最高》,环球网2015-01-06,http://china.huanqiu.com/News/mofcom/2015-01/5347926.html。
② 《朴总统积极向吉尔吉斯斯坦总统说明"欧亚倡议"》,韩国《中央日报》2013年11月20日。
③ 《韩外交部新设韩朝俄工作小组 推进"欧亚倡议"》,http://www.chinanews.com/gj/2014/01-16/5744560.shtml。
④ 《韩国加入亚投行,听听韩媒怎么说》,http://news.xinhuanet.com/world/2015-04/15/c_127693271.htm。
⑤ 《新华国际时评:邻居加朋友的战略互信旅程》,http://news.xinhuanet.com/world/2014-07/06/c_1111477830.htm。

韩全面合作的战略伙伴关系形成不合逻辑的悖论,究其因,与美国反对设立"亚投行"的立场对韩国决策产生强有力牵制不无关系。

2015年3月12日,英国宣布加入"亚投行"产生了雪崩式的效应。3月26日,韩国企划财政部发表声明宣布,"韩国政府经过紧密磋商后,正式决定27日加入亚投行成为意向创始成员国",理由是"韩国需要在国际社会积极发挥与本国经济地位相应的作用,而亚投行将成为韩国拓展金融外交领域的重要手段"。当天,韩国KBS电视台发表评论,认为此前韩国政府因考虑美国的反对意见而对加入"亚投行"持消极态度,但随着英法德等欧洲国家大举加入,韩国的外交负担变小了很多。韩联社称,随着加入"亚投行"最后期限的临近,韩国政府通过与中方的最后谈判确认其利益能够得到保障,在"绊脚石"都已清除的情况下,最终做出决定加入亚投行。①

面对"亚投行",俄罗斯也并非偶然地推迟加入。直到"亚投行"意向创始国登录即将截止的前三天,2015年3月28日,俄罗斯第一副总理伊戈尔·舒瓦洛夫才在2015年博鳌亚洲论坛现场宣布,俄罗斯总统普京决定,俄罗斯将加入亚洲基础设施投资银行。② 中国在俄罗斯面临欧美和日本的经济制裁、国际石油价格下跌削弱能源出口优势地位、乌克兰东部地区武力冲突持久化等困难时,给予了力所能及的支撑,体现了中俄"全面战略协作伙伴关系"。但一是由于中国的和平崛起改变了中俄除军事之外的实力对比,俄罗斯在极不情愿接受此一现实的同时,对近代沙皇时代从中国割取的远东领土的未来走向心存疑虑。二是俄罗斯的国家发展战略需求与中国的"一带一路"战略存在重叠与可能的竞争。2006年1月,俄罗斯和哈萨克斯坦分别注资10亿美元和5亿美元,设立了由俄罗斯主导的欧亚发展银行,着手开发电力、水和能源、运输、高科技及创新科技等领域。2009年4月,亚美尼亚正式加入。由于注资不充分,俄罗斯一直期待中国加入,以扩大融资规模。对此,中国表态积极但未付诸行动。2010年11月,中国建议设立上海合作组织开发银行。俄罗斯对此颇感失望,在有关银行总部设置、行长人选等问题上态度消极,以示不快。2011年11月,俄罗斯与白俄罗斯、哈萨克斯坦签署了建立欧亚联盟的协议,计划在2015年建立类似欧盟的经济、政治区域化组织,但由俄罗斯为主导。基于以上原因,俄罗斯几乎在最后时刻,才对中国首倡设立的"亚投行"作出了正面回应,搭上了"末

---

① 《韩国决定加入亚投行 外媒:美国已经被孤立》,《环球时报》2015年3月27日。
② 《俄罗斯宣布加入亚投行》,http://finance.qq.com/a/20150328/022949.htm。

班车"。

4. 蒙古国和朝鲜的境遇迥异

在东北亚六国七方中,蒙古国对中国倡议设立的"亚投行"最早作出积极响应。2014 年 10 月 24 日,蒙古国作为 21 个首批创始成员国,参加签署了《创立亚投行谅解备忘录》。2015 年 4 月 28 日,蒙古国财政部长乌兰在乌兰巴托与中国财政部长楼继伟举行了工作会谈,双方就中蒙经济形势、多边开发银行等财经合作问题展开坦诚友好的交流,签署了两国《财政合作谅解备忘录》。29 日,蒙古国总理阿勒坦呼亚格会晤到访的楼继伟,双方就中蒙两国经贸关系和推进金融合作等问题达成广泛共识。6 月 29 日,蒙古国财政部长乌兰在北京出席了 57 个国家共同参加的《亚洲基础设施投资银行协定》签字仪式。① 按照协定对各国出资比例的规定,蒙古国将出资 4100 万美元,拥有"亚投行"0.3013% 表决权。② 8 月 18 日,蒙古国政府向议会国家大呼拉尔正式提交了加入"亚投行"的法律草案。10 月,蒙古国议会最终予以审议,完成所有程序,成为最早一批"亚投行"创始成员国之一。

相对于蒙古国态度积极地按部就班加入"亚投行",朝鲜反应迟缓,直到 2015 年 2 月,平壤表示愿意加入"亚投行",比蒙古国晚了 4 个月。3 月,因朝鲜无法提供其经济和金融市场状况的详细信息,未能满足入行申请国必须具备的必要条件,要求遭拒。莫斯科和东京迅速报道了中国外交人士透露的朝鲜遭拒消息,引起国际舆论的关注。3 月 31 日,外交部发言人华春莹对外国记者关于"有报道称,朝鲜申请加入亚投行但被中方拒绝,你能否证实?"的提问,表示"不了解情况",重申"亚投行是一个开放、包容的多边开发机构,欢迎各方参与"。③ 发言人并未明确证实中国拒绝朝鲜入行,也未断然加以否认,而是以"不了解情况"的含混表述和一句"欢迎各方参与"的期许,给关注者留下无限想象的空间。

7 月 2 日,朝鲜智库"社会科学院经济研究所"所长金哲在平壤接受共同社采访时表示,朝鲜对加入由中国主导的亚洲基础设施投资银行"抱有

---

① 《蒙古国总理会见楼继伟》,http://news.xinhuanet.com/world/2014-04-29/c_1110466685.htm。
② 《蒙古国政府将加入亚投行法案提交议会审议》,http://mn.mofcom.gov.cn/article/jmxw/201508/20150801088258.shtml。
③ 《外交部回应"朝鲜申请加入亚投行被中国拒绝"》,http://news.xinhuanet.com/mil/2015-04-01/c_127643603.htm。

兴趣"。表面上的个人看法实际上反映了朝鲜政府的立场,即国际社会对"亚投行"的关注"显示出了由美国主导的国际金融体系的脆弱性";希望"亚投行"能够"真正为亚洲经济发展做出贡献",期待"亚投行"能有助于促进朝鲜的基建投资、解除由美国主导的对朝金融制裁。①

结论

1. "一带一路"经济开发战略在东北亚面对如此复杂的局面并非偶然。二战后东北亚成为国际政治各种矛盾汇集敏感地区,日益具备全球政治的色彩,这是"一带一路"经济开发战略引起相关国家不同反应的基本原因。冷战时期,东北亚地区受制于东西方两大阵营的对立或反霸权主义的抗争,成为战争或武力威胁行为的高发地区,特别是朝鲜半岛的局势经常处于战争的临界状态,牵一发而动全身。

冷战结束后,国际形势巨变,东北亚国际格局愈加复杂多样。参与博弈的六国七方有美国、日本、韩国等资本主义发达国家,也有俄罗斯、蒙古国等国,还有改革开放起步较早、和平崛起的中国,以及朝鲜等社会主义国家。在东北亚,意识形态问题、国家战略、国家利益和民族主义的诉求交织在一起,事件的突发性和爆炸性、行动的超常规性、结局的难以预测性相互混杂,局面错综复杂。在国际社会的发声和影响力方面,参与博弈的既有日、蒙、韩、朝等联合国一般会员国,也有中、美、俄等联合国安理会的常任理事国,还有争当安理会常任理事国的日本。总之,国际社会"东"与"西"、"南"与"北"的划分,在东北亚均可对号入座。在世界其他地区,很难找到类似东北亚这样汇总全球国际政治和经济关系的地区。有关"一带一路"战略和"亚投行"的不同反应,正是各种矛盾或诉求汇合交织的表现。特别是对东北亚独特文化因素的分析,应该成为观察地区国际关系、分析东北亚诸国对中国"一带一路"经济开发战略、对"亚投行"态度各异的一个切入点。国家体制差异导致的政治文化博弈,包括历史认识问题的对立、一强主导还是双强并立的选择等问题,将使东北亚多赢合作或零和游戏的走马灯轮转持续下去。

---

① 《朝鲜智库负责人:朝方对加入亚投行抱有兴趣》,http://news.xinhuanet.com/world/2015-07/04/c_127982321.htm。

2. 在"一带一路"经济开发战略中,东北亚的定位微妙。在中国,关于"一带一路"经济开发战略的图解中,其陆路起点在北京或西安等地,经中亚、西亚抵达欧洲,分支前往中南半岛;海路起点在福州、泉州、广州等沿海港口,途经东南亚、南亚抵达西亚、非洲。东北亚地区与中国经济关系密切、双边贸易额度名列前茅的韩国和日本不在其内,俄罗斯远东部分和朝鲜也未在图示之中。换言之,"一带一路"经济开发战略形象化的图示强调的是"向西看"或"向南看",而未"向东看"。

改革开放以来,中国经济高速发展进程伴随着不间断地"向东看"。"一衣带水"的日本、大洋彼岸的美国和千里同风的韩国先后成为中国的经济开发合作伙伴,成为民用先进技术、企业经营、投资和外贸加工的提供者。经过 30 年的经济连续高速增长,至 2010 年,中国的国民生产总值超过日本,成为世界第二大经济体。此时的中国已经今非昔比,对寻找新的投资场所、商品市场和能源开发地来说,在中国经济的布局中,西向和南向具有更大的开发价值和目标,可提供新一轮的开发推动力。因此,"一带一路"突出了"向西看"和"向南看",即面向广阔的发展中国家的方向选择。但仅此还不够,"向东看"也应该予以重视。从历史的关联上看,朝鲜半岛和日本列岛曾经是古代海上或陆上丝绸之路的重要成员;从现实的经济合作的稳定性来看,美国、日本和韩国的靠谱程度显然远高于西向或南向途经的国家群。恰恰是"向东看"的缺失,导致"一带一路"经济开发战略中的日韩等东北亚国家处于微妙的地位,并在"亚投行"的设置过程中得到表现。

3. 中国的发展状态直接决定东北亚全局和"一带一路"经济开发战略的命运。美国《时代周刊》的一篇题为《不要搞错:"中国十年"才刚开始》的文章认为,2015 年 6 月以来,中国经济出现股市下跌、货币贬值、经济数据疲软消极动向,各种负面和悲观的言论泛滥。文章认为,从经济数据来看,中国目前的状况谈不上有多么悲观。根据购买力平价(PPP)计算,2014 年中国占全球 GDP 比例为 16.32%,已经超过了美国的 16.14%。在趋势判断上,与此前 IMF 以购买力平价计算的美国 2014 年经济规模为 17.4 万亿美元,而中国则达到了 17.6 万亿美元的报告一致,至 2019 年,中国的 PPP 经济规模将是美国的 1.2 倍。国际贸易的统计数字表明,2000 年,中国进出口仅占到全球贸易的 3%,至 2014 年已上升到 10%。2006 年,美国是世界上 127 个国家和地区的主要贸易伙伴,中国是 70 个国家和地区的主要贸易伙伴。至 2011 年情况发生了颠倒性的逆转,中国成为 124 个国家和地区的主要贸易伙伴,美国则是 76 个国家和地区的主要贸易伙伴。虽然近期中国的资本外流明显,但最新数据显示,中国外储的规模依然接近 3.7 万亿美元,居全球之首。中国的政治稳定和反腐大动作,都将重塑市场信心。①

另外,中国过去 20 年的"走出去"战略,效果明显。2008 年,中国在非洲的投资规模为 70 亿美元,至 2013 年飙升至 260 亿美元,有利于中国获得资源,增强影响。在拉丁美洲,公路、铁路和机场将给中国带来大量的就业机会,以利解决产能过剩问题,带来了新的市场需求。未来中国将在拉美投资 2500 亿美元。"亚投行"的建立预示着中国构建全球新金融体系的决心,虽然美国及其"盟友"日本并未加入,但成员国依然达到了 57 个,并覆盖了全球大多数主要经济体,与中国的战略吻合。②

当然,中国经济发展也面临短期或长期挑战。前者如外资撤出、股票下跌、人民币贬值、GDP 增长速度回落、环境污染、就业压力加大、社会稳定等诸多问题,正通过经济结构调整及转型,开展"双创"活动,突出重围。后者如劳动力数量下降、老龄化和少子化速度同时加快,导致生产力下滑,以及环境污染治理的长期投入、能源和资源的保障问题等。尽管如此,中国力量的增强已经对整个世界产生深远的影响,今后东北亚国际格局的建构与发展,依然取决于中国的发展状况,不管是对此是忧是喜,是关注还是冷漠。

(本文作者系北京大学历史学系教授)

The Belt and Road Initiative and Northeast Asia
Song Chengyou

Abstract:Thanks to continuous and high-speed economic growth over the last three decades since the reform and opening-up in 1978,China has emerged anew on the international stage in the 21st century. The

---

① 《不要搞错:"中国十年"才刚开始》,《时代周刊》,http://news. hexun. com/2015-08-23/178539093. html。

② 同上。

two hallmarks of China's prominent rise are the Belt and Road Initiatives, an economic development strategy put forward in 2013, and the Asian Infrastructure Investment Bank (AIIB) set up in 2015. Southeast Asia, Central Asia, South Asia, West Asia and even West Europe and Africa reacted actively to the new initiatives. Yet, reactions in Northeast Asia, which has the closest economic ties with China, were fairly mixed and complex. Only Mongolia responded swiftly. The DPRK reacted slowly; Russia and the ROK only voiced their intention to join the AIIB as a prospective founding member following announcements of accession by some western European countries such as the United Kingdom, France, Germany and Italy. Japan, a follower of the United States in diplomacy, kept the same stance as the United States and went all out to ridicule, obstruct and oppose China's initiatives. The complexity of reactions in Northeast Asian is not accidental. In essence, it is because China's development has a direct bearing on the landscape of Northeast Asia and the destiny of the Belt and Road Initiatives.

Key words: the Belt and Road Initiative, economic development, Northeast Asia

日本汉字、汉语的现状与将来[①]

[日] 寺井泰明

【内容提要】 本文阐述了日本接受汉字、汉语的历史和接受方法以及西方文明的传入与汉字、汉语的关系,并从音、形、义等角度概述了日本研究汉字的情况,还谈及日本有关汉字、汉语的教育政策。由于种种原因虽然目前日本的汉字、汉语教育有所衰退,但是汉字的魅力使其仍具生命力。作者也表达了对"日本汉文教育的低潮有可能带来文化整体的变质"的"忧虑"。

【关键词】 日文中的汉字;现状;将来

一、日本古代汉字、汉语的接受与其历史研究的现状

日本列岛与中国大陆、朝鲜半岛之间仅有一海之隔,在尚不存在如今的国境管理之前,相互之间人与物的往来十分频繁。

在中国,汉字的存在可以上溯到公元前 1300 年,而日本并没有独自的文字。因此,日本列岛的居民应该是通过汉字的传播而得知了文字的存在。公元 1 世纪王莽的新政权发行的印有"货泉"二字的货币在日本西部各地都有出土。而同在 1 世纪,东汉的光武帝授予的金印在福冈县志贺岛出土,上有"汉委奴国王"五个字。但能够见到这些文字的日本人当时还应该是少数,而见到的人中也无法确认有多少真正能够理解。

19 世纪末,从熊本县江田船山古坟出土的铁剑上用银镶嵌着"治天下

[①] 本文是在 2015 年 11 月 7 日于北京大学召开的第十五届樱美林大学·北京大学学术交流会口头发言的基础上修改增补而成。研究成果的介绍仅限于我记忆中的内容,如有偏差,还请海涵。

<u>获</u>□□□卤大王世奉事典曹人名<u>无利弖</u> 八月中用大铁釜并四尺廷刀八十练九十振三寸上好刊刀 服此刀者长寿 子孙洋々得□恩也不失其所统 作刀者名<u>伊太和</u>书者<u>张安</u>也"等文字。画线部分是音译为汉字的日本人的名字。1968 年埼玉县的稻荷山古坟也出土了大约 5 世纪的铁剑,因为有同样的人名使得研究取得了进展,知道了当时汉字及汉文已经在一个相对广泛的范围内被使用。但是上面汉文末尾有"书者张安"字样,应该是从中国大陆去的渡来人,由此我们也能够推测,日本人当时或许还未能熟练掌握使用汉字、书写汉文的能力。

但在此应该重视的是研究史上的成果。从锈迹斑斑的铁剑上读出文字的科学技术,为我们了解当时的文化状况做出了巨大的贡献。利用 X 光、红外线的透视技术,利用放射性碳元素浓度测定出土文物年代的方法取得重大进步,被广泛利用到历史研究的各个领域,在木简的解读方面也发挥了其威力,使得当时汉字、汉文的实际情况变得日益清晰。例如平川南编、稻冈耕二、犬饲隆、水野正好、和田萃著的《古代日本的文字世界》(大修馆书店 2000 年版),通过大量的图版,展示了从卑弥呼时代到《万叶集》的文字世界。而以国立历史民俗博物馆平川南馆长为中心,与韩国国立中央博物馆等机构共同开展的古代文字研究,通过对大量木简的解读,揭示了列岛与半岛间人与文物交流的具体状态,展示了当时丰富的汉字使用实例[①]。

回到历史,进入 7 世纪后,大陆、半岛与列岛间的交流更加活跃,这在历史记述中可以找到明确的印证。遣隋使和遣唐使通过汉字、汉文吸收了大量的先进文化,并带回日本为国家建设做出了贡献。另一方面,日本人依靠自己的力量,在较广的范围内使用汉字来记录和表现,不仅限于固有名词。比较正规的汉文有圣德太子的《十七条宪法》《三经义疏》等,而《法隆寺金堂药师佛造像铭》则部分使用了日本化的变体汉文[②]。

汉字及汉语在日本有着"音(字音)"和"训(字训)"两种读法。模仿汉字中国发音的是"音",例如"山"读"san"、"药"读"yaku"之类。而将汉字的

---

① 其成果通过展览和研讨会向社会公开。国际企画展示"文字连接"图录(国立历史民俗博物馆 2014)。

② 例如写作"召於大王天皇与太子而誓愿赐",而读作"大王天皇(おほきみのすめらぎ)と太子(ひつぎのみこ)とを召して誓願(こひちかひ)賜(たま)ひ",或是写作"将造寺药师像作仕奉诏"而读作"寺を造り薬師の像を作り仕へまつらむと詔(の)りたまひき",这样经过日本式样改变的特殊汉文称作"变体汉文"。

意思置换（翻译）为日本古来的说法（和语）的是"训"，例如"山"读"yama"、"药"读"kusuri"之类。

"音（字音）"因为来自中国不同的地方和时代而分为吴音、汉音和唐宋音等。"极乐"读作"gokuraku"是吴音（主要在奈良时代从中国南方传入）；"自然"则有吴音"jinen"和汉音（主要反映了平安时代长安一带的发音）"shizen"两种发音；而"椅子"读作"isu"是唐宋音（主要在镰仓、室町时代传入的音）。如此这般，因为何时由何种途径传入日本，字音有着较大的变化。有不少原来被认为是"训（和语）"的词，实际上也是音（中国音的借用）。

根据最近的研究，は有一些音比吴音还早，经过朝鲜半岛经历了较大的语音变化传入日本（一般称之为"古韩音"），而一直被认为是自古以来就存在于列岛的和语中，有不少实际都属于此类。梅（ume）、马（uma）、钱（zeni）、文（fumi）、纸（kami）等一直以来都被视为"字训"，现在也有很多辞典这样记述，但今天我们已经知道例如"文"是其"字音 bun"变为了 fumi，而"纸 kami"则是は"简 kan"的讹音。

7 世纪至 8 世纪是汉字、汉语的"音""训"逐步固定的时期，也是利用这些汉字的音与训来表记和语的所谓"万叶假名"形成、确定的时期。

接下来是 8 世纪所谓"记纪万叶"的时代。《万叶集》中四千多首和歌（和语创作的诗歌）以汉字（万叶假名）表记，开拓了通向正式假名（平假名、片假名）的道路。但当时和歌以外的记述一般采用"汉文"。《古事记》的序文以及作为正史的《日本书纪》是日本人以正规的汉文书写的。而另一方面，日本人也努力将其作为日语加以消化，这为日语的表记方法带来了巨大的进步。《古事记》的正文以变体汉文写成，《日本书纪》也对汉字、汉语加以了详细的训读记音。

从这一时期到 9、10 世纪，诸多包括佛典、经典的汉籍也被带至日本，用日语来读（训读）这些汉文也取得了进步。当时在汉文的行间，以较小的字体记录以日语阅读时所需的汉字的训或送假名（"训点"），以后发展成为日语现在的汉字假名混交的形式。标记"训点"时，为了不弄脏汉文的正文，用尖端削尖的木棍等（称作"角笔"）在纸上做记号。利用角笔的痕迹进行的训点研究，近年在小林芳规等人的推进下取得了长足的进步。小林不但凭借《角笔文献的国语学研究》（汲古书院 1987）等著作获得诸多学术奖项，也通过《角笔展示的世界：聚光日本的古代、中世》（中公新书 1989）等书籍，向社会广泛介绍了其研究成果。此外，近年刊行的筑岛裕《训点语汇集成》(汲古书院)也广泛收集了训点的用法。我期待训点的研究以及日语史的研究能够在以上研究的基础上,取得更大的成果。

9世纪以后是假名出现并逐步稳定的时期。从汉字的草体向平假名过渡阶段的书体称为"草假名",我们能够通过最近的出土文物了解这一时代草假名的使用情况(参照图1)①。10世纪初出现了《古今和歌集》《土佐日记》等以假名为中心的作品。

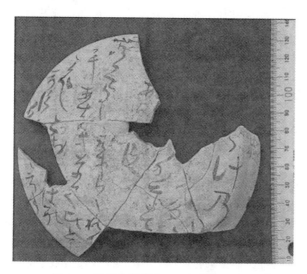

图1　9世纪的草假名、平安京遗址出土

这一时期不仅是文字,在词汇方面也出现了对汉语的日本式消化。前面提到的"ume(梅)""fumi(文)""kami(纸)"等在人们的意识中不再是汉语;而和语中本来只有"抓挠"之意的"かく kaku"增添了"书写"的意思,只有"交汇、交错"之意的"かう kau"也广泛被用来表示"购买"。还出现了"榊 sakaki"等"国字"(日本独创的汉字),"椿 tsubaki"等字的"国训"(误训)也变得普及②。但是史书及法律文书依然采用正规的汉文,皇室、贵族的日记

---

① 朝日新闻(2012.11.29)《最古级别的平假名》中报道在平安京遗址发现了带有草假名的9世纪的陶器,从中能够看到从"计"到平假名的"け",从"乃"到"の",从"比"到"ひ"等汉字向平假名转变时的过渡性字形。
② 关于"椿(つばき tsubaki)""萩(はぎ hagi)""柏(かしわ kashiwa)"等"国训"(误训)请参考敝稿《椿与 tsubaki》(樱美林大学《中国文学论丛》23、1998)、《萩与 hagi》(樱美林大学《中国文学论丛》27、2002)、《柏与 kashiwa》(《千叶工业大学研究报告 人文篇》27、1990)。以上均收录于敝著《植物的文化与其和名、汉名》(日本评论社,预计2016年出版)。

多使用变体汉文,9 世纪的《东大寺讽诵文稿》等则采用了汉字假名混交的形式。

关于以上日本对汉字、汉语的接受史、接收方法等,有着以山田孝雄《国语中汉语的研究》(宝文馆出版 1978 年、初版 1940 年、修订版 1958 年)为首的诸多研究。而概论性的书籍也为数甚多,如佐藤喜代治编《汉字讲座》[明治书院 1997 年再版(初版 1988)],中田祝夫、林史典《日本的汉字》(中公文库 2000),犬饲隆《驯养汉字》(人文书馆 2008)等。此外《国语词汇史研究》(和泉书院,1980 年以来刊行 34 集)、《国语文字史研究》(和泉书院,1992 年以来刊行 14 集)等研究杂志,《日本古典汉语词汇集成》(勉诚出版 2015)等基本资料也相继出版,相关研究盛况空前①。

二、西欧近代文明的接受与汉字、汉语

汉字、汉语在古代日本文化的形成上起到的作用之大,范围之广,可以说难以尽述,正是因为其影响深远,所以相关研究至今依然盛况不减,社会上也是非常关注。这一状况历经中世到近世并无二致,即使是在接受西欧近代文明之际,汉字、汉语也可谓功不可没。

锁国中的 19 世纪,日本主要以"兰学"的形式吸收西欧的近代科学知识,但各种用语是翻译为汉语的②。因此兰学学者无论是自己翻译,还是理解翻译后的文字,汉字、汉语的知识都必不可少。18 世纪末的兰学学者大槻玄泽令其子磐溪学习汉学,后来担任兰学学者的翻译顾问的逸事,通过磐溪之子即日本首部近代国语辞典《言海》的编撰者大槻文彦之口为人们所知。

这些翻译汉语回流中国,被广泛接受,如今已经扎根于中文之中,广为人知。对于这一汉语的回流现象,近年研究也呈现出盛况。中国的研究在此不加赘述,在日本出版的相关研究有荒川清秀《近代日中学术用语的形成与传播》(白帝社 1997)、朱京伟《近代日中新语的创造与交流》(白帝社

---

① 笔者藏书中就有水口干起《日本古代汉语受容的历史研究》、松本光隆《平安镰仓时代汉文训读语史料论》、笹原宏之《国字的位相与发展》、杉本勤《日本文字史的研究》、林忠鹏《和名类聚抄的文献学研究》、贞苅伊德《新撰字镜的研究》等多种。

② 锁国期间,长崎的出岛是与外国之间的唯一窗口,被批准的只限于与荷兰的交易,西欧学术在"兰学"的名下被接受。

2003)、陈力卫《和制汉语的形成与发展》(汲古书院 2001)、沈国威《近代日中词汇交流史》(笠间书院 2008)等。笔者最近在调查常绿树 Daphniphyllum macropodum 的文化及名称时发现了日本命名的汉文名"交让木"在中国被接受的事实。"交让木"原是出现于中国古代典籍中赴日的一种奇树,属于楠木科,其东西方向的树枝隔年交替生长。而在日本误将其作为了 Daphniphyllum macropodum 的汉文名称。现在,中国的植物辞典里采用了这一名称。虽然并非西欧语的翻译,但也是近代日本植物学用语通过植物辞典的翻译为中国接受的一例。

三、现代日本的汉字、汉语研究

除了关于古代以来汉字、汉语接受的研究,纯粹从音、形、义等角度研究汉字的所谓"文字学"如今也依然盛行。藤堂明保继承高田忠周《古籀篇》(古籀篇刊行会 1925)、岛邦夫《殷墟卜辞研究》(汲古书院 1958)、加藤常贤《汉字的起源》(角川书店 1970)、《赤塚忠著作集 7》《甲骨金文研究》(研文社 1986—1989)等以东京大学为中心的研究传统,从古音及字形两方面对汉字展开探讨,从"单词家族(word family)"的角度展开研究,大众能够通过《汉字语源辞典》(学灯社 1964)、《学研汉和大字典》(学习研究社,1978年)等了解并利用其他研究成果。松丸道雄、高岛谦一《甲骨文字字释综览》(东京大学,1994 年)凝聚了以松丸为中心的研究者们长年的研究成果,是甲骨文研究的宝贵资料。此外,三根谷彻、河野六郎、赖惟勤、平山久雄等包括音韵研究的众多研究者取得了大量的研究成果。而关西方面,白川静从古代的巫术信仰出发探讨汉字,通过《字统》(平凡社 1984)、《文字逍遥》(平凡社 1987)等大量著作唤起了社会对汉字的关注。

以上日本的汉字研究(文字学),就其分量而言当然比不上本家中国,但有着较高的研究水平,也为《古文字诂林》等中国重要的工具书所引用,成为各种研究的重要资料①。

而通过向社会广泛地展示研究取得的成果,也提高了人们对于汉字、

---

① 笔者在发表《槐的文化与语源》一文时,除藤堂明保《汉字语源辞典》、白川静《字统》等外,也参考了朱祖延主编《尔雅诂林》(湖北教育出版社 1996)、李圃主编《古文字诂林》(上海教育出版社 1999)等中国代表性的工具书,其中《古文字诂林》"鬼"字下引用的高田忠周的学说启发甚大。

汉语的知识水平。1967 年《中国文化丛书》全 10 卷由大修馆书店刊行,其第 1 卷是《语言》、第 9 卷是《日本汉学》。关于汉字史,有藤枝晃《文字的文化史》(岩波书店 1991)、阿辻哲次《图说汉字的历史》(大修馆书店 1989);关于汉字在日本,有高岛俊男《汉字与日本人》(文艺春秋社 2001)、大岛正二《汉字传来》(岩波书店 2006)、笹原宏之《日本的汉字》(岩波书店 2006)等,不仅刊行的著作数量众多,而且《朝日新闻》周日版还开辟有关于汉字字形及字义的专栏连载①,从中可以看出社会对此的强烈兴趣。

中国研究代表性的学会是日本中国学会、东方学会,目前其会员分别达到 1700 名和 1500 名(均为概数),而研究汉字、汉语的研究者仅占极少的一部分,可以说对应这一社会需要的研究者数还远远不够。

日本汉字、汉语研究的所谓"和刻本"以及汉籍的旧钞本流传甚多,一部分流传到中国,保存在图书馆等地,对现代日本的研究也很有帮助。而也有流传至日本的汉籍在日本得到保存,但在中国本土却已经亡佚的例子。关于前者,近年刊行了其目录②;关于后者,也有着像《玉篇》残卷那样,保存于日本的文献在中国得到刊行的例子。此外,空海的《篆隶万象名义》是日本的国宝,在中国刊行的其影印本,也成为日本学者研究时的资料。这些研究上跨越国境的交流着实让人欢喜,我期待今后能够进一步发展。

四、日本的教育政策、汉字政策——汉字、汉语文化的支撑力量

正如上面所看到的,自古以来,日本人通过汉字、汉语学习中国文化并吸收消化,与日本的传统文化相融合,确立了自己独特的文化,同时也一直持续着对汉字、汉语的研究。无论是在古代创设国家、制度之际、还是接受佛教文化之时,以及在近世的统治思想之中,汉学(依托汉字、汉语、汉文的学问研究)都起到了主要的作用。其成果并不仅停留于一部分统治阶层或知识分子,而是广泛渗透到了一般民众之间。近世寺子屋的民众子弟教育

---

① 前田安正还主持了《汉字闲话》的连载,后集一册,由三省堂书店刊行。
② 例如李玉《北京大学图书馆日本版古籍目录》(北京大学出版社 1995 年版)、王宝平《中国馆藏和刻本汉籍书目》(杭州大学出版社 1995 年版)、沈津等《日本汉书籍图录 1~9》(广西师范大学出版社 2014 年版)等。

中,熟练的"读、写、算盘"能力是主要教育内容,而《千字文》《二十四孝》,以至于四书五经、十八史略、唐诗选等,与日本的往来物、百人一首等"国文"都是"读写"训练教材的中心内容。这在明治以后的学校教育中,作为汉文教育而得到继承,以《论语》、唐诗选,或是十八史略为题材的史传等内容,也成为日本人国民素养的一部分。正是这种基层的教育水平,支撑并促进着研究水平的提高。

但是在第二次世界大战日本战败之后,一些人批判说汉字、汉文支持了军国主义思想,也有人认为学习汉字需要很大的精力,以减轻孩子们的负担为理由提出应该废除汉字。当时因为有识之士据理力争使得汉字摆脱了被废除的命运,而其背后的基础则是在漫长的历史中培养出来的国民对汉字、汉文的深厚感情。

于是国家对汉字的政策从废除转向限制。中间的过程在此就不详述了,其结果是1946年公布了"当用汉字"1850字,作为义务教育阶段教授的范围,报纸、杂志等对汉字的使用也基本遵循这一规定。之后,根据新的用字倾向进行了文字的取舍,1981年公布了"常用汉字"1945字,代替原来的"当用汉字",而2010年进一步修改为"改定常用汉字"2136字,直到今天①。

汉语从其历史来看,原本起源相同,但语义随着时代而逐步细分,汉字也随之细分,在汉字总数增加的同时,其字形也日益复杂。对于过分细分的情况进行整理,对使用的汉字加以限制,实现字形的简略化,是一项有意义的工作。但另一方面,这当然会产生阻碍正确表达的情况②,要求放松限制的压力经常存在。而随着电脑、文字处理软件等信息机器的进化与普及,用笔写字变成了在键盘上打字,复杂的字形变得可以简单地再现了。于是,汉字政策也缓缓向着缓和限制的方向变化。这就是上面提到的常用汉字字数增加的背景。

因为信息机器的进化,记忆字形的精力大大减少的同时,汉字的教授法也有了较大的进步。从基本结构去理解汉字的字形,带着亲近感与记忆相结合的方法逐步普及。即对象形字、指事字的原形产生亲切感,通过感受其组合的趣味发展到对会意字、形声字的理解。小学低年级阶段理解会

---

① 《改定常用汉字表》反映了时代变化中的文字使用倾向,删除了"勺""夂"等表示一般已不再使用的单位的字,增加了"鬱""闇""蔑""骂""嫉""溃"……反映了如今时世惨淡的汉字。

② 例如在日本"豆豉"不是作为调料而是作为健康食品出售,其销售公司(日本 supplement 公司)因为"豉"并非常用汉字,不为大家所知,所以在宣传中用"鼓"字代替,标上了"トウチ touchi"的读音。此外,例如将"迂回"写作"う回","彗星"写作"すい星",难读难认,也造成诸多不便。

意字的结构,初中教授汉字的六书。以这样对汉字的理解为基础,在初高中推进汉文的学习。内容是故事成语、《论语》、唐诗等保留于现代日本语中训读的汉文,在高中要求能够阅读标有训点的汉文。从这些教材中,不但能够学到宝贵的人生教训以及思想的精髓,还可以培养对自然的感情。虽然这一部分在国语教育整体中所占的时间不多,但对于日本人的感性、思想的形成有着巨大影响,提高了国民的素养。离开学校之后,也有着良好的环境,书店里摆放着《汉文名作选》(大修馆书店)之类的书,《三国演义》一再重印,《孙子兵法》成为工薪族最喜爱的读物。正是由于有着社会整体的基础,才诞生了无数汉字、汉语以及汉文(中国文学、中国思想、中国史)的研究者,推进着相关的研究。

但是汉字、汉语以及汉文教育在总量上趋于缩小,作为其当然结果的水平也在下滑,这一事实很早就有人指出,而近年情况尤其显著。最大的原因,当然是不得不听从"时代的召唤",即顺应面向信息化、全球化的教育,英语教育需求高涨的形势。但日中关系的降温以及年轻人的"厌中"这一要素也不能忽视。无论如何,这是不仅关系到日本人的思想、思考方法、国语能力等个人教养层面,也关系到日本文化整体的重大问题。

五、国际形势与汉字、汉语

为了减少学习汉字需要的精力,日本的政策是以限制汉字字数为中心的。而中国正处于提高识字率是紧要任务的年代,当时的方针是普及简化字,到今天已取得了很大的成果。但中国的简化字与原来的繁体字之间字形差异较大,在国际上增加了阅读的不便。当然,说日中间"同文同种"是错误的,可是访问中国的日本人看到"书店""大街"等牌匾或标识,即使没有学过中文也能够理解其意思。但换成简体字就困难了。不仅是日中之间,中国大陆(内地)与台湾、香港的繁体字之间的交流,也会随着时间的推移变得更加困难。而这一困难,也在频繁的经济交流及各方面的国际交流(全球化)下出现了缓解的现象。

在韩国汉字早已退出了正面舞台,但有意见指出从汉语而来的词汇数量巨大①,排除汉字使得表记上十分不便。而古典文献中汉字较多,完全用汉文书写的古典也为数不少。一个统计指出,韩国图书馆中以韩语书写的书籍只占整体的5%以下。② 因此,在韩国国内也有着应该加强从低年级开始汉字教育的意见③,近年由于推进中日韩经济交流的需要,经济界要求学习汉字的动向也有所高涨④。韩国国内报考 HSK 考试的人数增加,也可以视作这一动向的反映。

  日本汉字、汉语教育的衰退,以及日中关系走入低谷,前面已经有所论述,但推进友好关系的努力在两国民间一直持续着。关于如何认识过去历史的中方的批评,日本人应该谦虚地接受,也要防止爱国、强调民族尊严蜕变为狭隘、自我中心的排外主义。中国的"反日"行动由于日本媒体的过度渲染,加速了日本年轻人"厌中"的倾向,这一情况值得忧虑。但不应忘记的是,在日中邦交正常化之前,两国就有着以民间为中心的友好运动。在日本经常举办中国物产展或中国电影节,杂志《中国》《中国语》、竹内好著《为了了解中国》成为受广大学生及社会人士喜爱的畅销书。在这些动向的背后,有着从汉字、汉语到汉文的教育成果,也有着日本人对《三国演义》《水浒传》,以及李白、杜甫、白居易等中国文化的深厚感情。

  上面是稍早一些时候的情况,那么现状如何呢?不知道是否意识到了竹内好的《为了了解中国》,我听说在中国由苏静编辑的月刊《知日》获得了众多的读者。不是从政治而是从文化角度去理解对方,这一点与《为了了解中国》有着相同的方向。那么日本的情况如何?虽然关于中国的出版或报道很多,但对于中国的政治、经济状况持否定态度的比例,尽管无法举出具体的数字,但个人感觉是在增加。就大学里的汉语学习者来看,汉语是除英语外人数最多,或者人数处于第一梯队的外语。例如在樱美林大学,除必修的英语以外,近几年汉语与韩语是选课人数最多的外语,其后是西班牙语、法语、意大利语、德语。这是文科学生占大多数的大学的情况,而

---

  ① 根据人民网日语版(2009 年 1 月 15 日),韩字学会的"大辞典"中收录了约 16.4 万个单词,但其中占 52%的 8.5 万多个单词都来自汉语。
  ② 上一条人民网日语版所引韩国"全国汉字教育推进总联合会"陈泰夏理事长的发言。
  ③ 前面人民网日语版的报道中提到,韩国"全国汉字教育推进总联合会"最近向总统府提交了由历任总理联署的《在小学教育过程中实施汉字教育的建议书》,要求韩国政府在小学实施早期的汉字教育。
  ④ 较早以前,《朝日新闻》2005 年 1 月 11 日第 4 版报道了韩国的 5 个经济团体于前一年 3 月对企业提出了在录用时考察汉字能力的建议,而很多企业早在这一建议之前就已经实施了该项考察。

东京大学理科Ⅰ类的情况是，按选课人数排序为西班牙语、法语、汉语、德语，其中西班牙语为28％，德语为19％，相互之间的差距较小。这是因为虽然对中国文化的亲近感有所减弱，但同时也强烈认识到中国对于日本的现在和将来是十分重要的国家之故。但这并不能使得他们选择中文或中国文化为专业。樱美林大学教养学群的学生可以自由选择专业，今年对其意向进行的调查结果显示，与英语、交际学、心理学相比，志愿学习中文、中国文学的学生数是少数，只占全体的1/7—1/5左右（参照图2）。

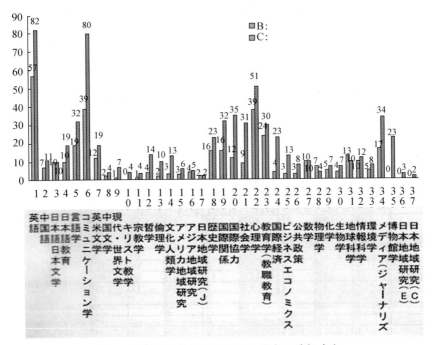

图2　樱美林大学LA学群学生的专业选择意向

根据最新的民间舆论调查，日中国民对对象国持有不好印象的比例都非常高，在日本为88.8％，在中国为78.3％，而认为日中关系非常重要的比例也都很高，在日本为74.4％，在中国为70.1％[①]（图3）。无需讳言，认识到两国关系重要，但却没有好感，这是现在的现实。而这会对日本汉字、汉语的将来、日本文化的将来产生怎样的影响，值得我们关注。

---

① 日本的言论NPO与中国国际出版集团于2015年8月—9月实施的"第11次日中共同舆论调查"的结果（http://www.genron-npo.net/world/archives/6011.html 2016.03.17阅读）。

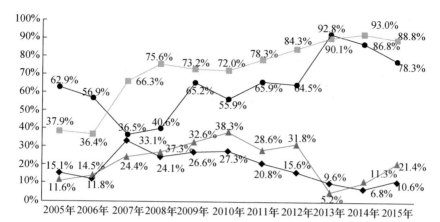

图 3　日中国民对对象国印象

六、汉字的魅力/对汉字的亲近感

　　对中国缺乏好感，汉文教育的衰退不可遏制，但即使在这样的消极条件下，日本人喜爱汉字的性格依然存在。当然，英语与欧美文化似乎随着全球化的发展变得更加强势，但在漫长历史之中通过汉字、汉语的力量而成熟起来的日语，已经无法舍弃汉字。汉字、汉语已经成为日语的血肉与骨骼。现在的日本，片假名泛滥。例如"ウエアラブルのデバイス（可穿戴设备）"，"ビジネス、サービス中のシステムソリューション（商务及服务中的系统解决方案）"等，这些完全不像日语的例子数不胜数。而另一方面，给孩子起名时汉字占了压倒性的多数。最近男孩名字中最常见的"はると（haruto）"会写成"大翔""晴人"之类，而女孩中最常见的"はな（hana）"则会写成"初菜""春渚"等。太郎、花子这样传统的命名已经销声匿迹，人气较高的汉字中有一些颇为难读，但不难看出家长们最大限度地利用汉字表意性的意图。

　　前面我提到过对会意字的理解，是日本汉字早期教育中非常重要的内容,通过将字形与字义都不相同的单字进行组合,形成第三个字时的趣味性,已经超越了识字教育的范围,成为一种知识的娱乐。把"食"解释成让"人"更"良"的东西,或者即使是"辛"苦的事情,加上"一"点就可以变为"幸"福这样从会意角度解释汉字的"知性游戏"如今十分盛行。从文字学角度而言是错误的"俗解",但是日本人喜爱,甚至相信,因此称赞汉字的含义深远。这种"遊び"也发展成为创造新汉字的动向。比如将"手"和"风"组成一个字,读作"うちわ(uchiwa 扇子)",去掉"的"字中间的一点"、"叫做"まとはずれ(matohazure 没射中目标)"、将"父"字上面的两点重复一次,读作"じいじ(jiiji 爷爷、老头儿)"(参照图4)。产经新闻社举办的"汉字创作大赛"每年都会收到一万多封来信,2015年已经是第六届了。这也是日本人喜爱汉字的一例吧。

颪 的 爻

图 4　创作汉字:由左至右"うちわuchiwa(扇子)"、"まとはずれmatohazure(没射中目标)"、"じいじjiiji(爷爷、老头儿)"

此外,每年的年终都会评"今年的汉字"。每年由日本汉字能力检测协会通过公募选取能够反映当年社会状况的字,京都清水寺的住持挥毫写出这个字的情景通过电视新闻向全国播送,国民也由此回顾过去的一年。始自1995年的这一活动,也是汉字融入国民生活、为国民所喜爱的一个绝佳的例子。日本汉字能力检测协会主办的"汉字检测考试"每年由两百多万人参加。

电视节目的黄金档,是晚饭及晚饭后的时间,这段时间有很多智力游戏节目,可以看出很多日本人喜爱"知性游戏",而在节目中有很多关于汉字的题目。例如题目是"将下面4个汉字两两组合成字,构成一个两个字的熟语",而给出的汉字是"王、皿、成、日"4个字,组合后的答案是"旺盛"。利用了汉字的结构(造字法)这一点,与让字形更加容易记忆的教育法有一脉相承之处。图5是日报上的讽刺漫画,巧妙地利用了汉字一字一义的特点①。还有利用汉字字形的绘画性与表意性,来设计具有个性的 T 恤的②(参照图 6),可以说日本人喜爱汉字的例子是不胜枚举。

图 5　朝日新闻"心中所想用贴纸贴出来"

图 6　T 恤衫上的汉字

---

①　《朝日新闻》2015 年 6 月 25 日。
②　https://www.google.co.jp/search?"汉字 T 恤"画像检索结果(2016.03.17 阅读、http://www.amazon.co.jp http://www.ttrinity.jp/product/1632790 http://28-t.com)。

七、汉字、汉语的将来

　　大部头的汉字辞典中收录了 5 万多字的条目。汉字既是文字，也是单词，一种语言中有 5 万单词其实并不奇怪。英语、法语等一些其他语言中的单词，也是数以万计。但作为文字，汉字的数量远远超过了 26 个字母。因为如此，有人批评记忆汉字需要耗费太大的精力，提出有这样的精力应该用到别的方面，甚至也有极端到主张废除汉字的人。但其实记忆 5000 个汉字的字形，与记忆 5000 个英文单词的排列相比，并不需要耗费更大的精力。

　　手工书写需要精力较大，制作索引不方便，搜索也不方便，但这些在电脑和文字处理机面前已经不是问题。利用东京大学正在开发之中的大规模字库"Tfont"，已经可以让中国的简体字与繁体字、日本使用的字体，甚至甲骨文这样历史上的书体等种种不同的字体、书体在同一篇文章中同时存在，可以说使用汉字写文章时曾经存在的种种障碍都正在被清除。

　　此外，语义较为模糊的"汉字文化圈"，其包括的人口，仅日本与中国就将近 15 亿人，而散布于全世界的华侨、华人也使用汉字。这一人数超过了欧洲与美国的人口的合计。随着中国的经济力量、政治力量的增强，汉字的存在感也日益增大。（当然，刚才已经指出，虽然如此，赞美"同文同种"、认为汉字可以增强日本与中国的亲密感的想法是错误的。）

　　在我们思考汉字的将来时，以上围绕汉字的环境固然重要，但更重要的是汉字本身的特点和生命力。首先是汉字作为表意文字（表语文字、单词文字）的特点。汉字既是文字也是单词。虽然有着字形过于复杂的批评，但一个文字表示一个意思的节省空间的简洁性，以及利用这种简洁性造词的造词能力，是汉字的优秀之处。从"活动"一词生发出"就活、婚活、终活"等简洁的熟语，从"补"的意思生发出"补充、补缺、补写（补画）、补

---

①　东京大学研究生院情报学环·学际情报学府的坂村、越塚研究室正在研发中的大规模汉字字库，总数约 12 万字。从诸桥辙次著《大汉和辞典》及《康熙字典》中提取包含姓名、地名在内的约 8 万字，从宋明文献中提取宋明异体字约 3.5 万字，还包括古典使用的金文释文中的文字。期待该项目在解决东亚地区文字信息处理中存在的汉字字库不足问题、现代日本异体字问题，以及通过汉籍（中国的古典文献）的数码化促进东洋文化研究等方面做出贡献（http://charcenter.t-engine.org/tfont/about.html 2016.03.23 阅读）。

课……",从"省"生发出"省略、省力、省心、省时……",从"表"生发出"表情、表敬、表音、表语……"等,可以说无穷无尽。

第二是汉字字形的魅力、艺术性。英文字母或阿拉伯文字有着追求字形之美的艺术字,但远远比不上汉字的书法。作为T恤的装饰,或是使用更接近原初的甲骨文或金文的象形字来欣赏其绘画性,在汉字书法中都是被允许的。与当初的字形相比略有变化,但能够保持基本的意思而与现代的字形相连,这是恐怕只有汉字才具有的特色。

世界上的文字,包括英文字母或阿拉伯文字,大都从象形文字、指事文字的表意文字出发。但如同表示中文的汉字变为表示日文的假名这样,通过在体系不同的语言中使用,几乎所有的文字都变为了表音文字。而汉字却作为表意文字一直到了今天。三千年前的意义与字形流传到今天,显示出了强大的生命力。只是凭借象形字或指事字,无法完全表记出伴随文明发展所必需的更为复杂、更为精细的意思。转变为表音文字的其他文字,可以表记任何音声语言。汉字也需要这样的表音性。由此而产生的是形声字与假借字。会意字也在表记复杂、精确的意思上做出了自己的贡献,但尤其是表音性的获得,为汉字赋予了强大的生命力。于是,汉字能够凭借自身的生命力来保证将来的生命力。

除了以上汉字自身的特点与生命力之外,也具备了简化、字数限制、使用机器带来的省力化等外在条件,再加上在漫长的历史过程中孕育出的人们对汉字的喜爱,以及汉字和汉语的文化,我认为只要人类历史没有终结,无论在日本还是在中国,汉字与汉语的生命都不会衰竭。但是,日本汉文教育的低潮有可能带来文化整体的质变,对此我也甚为忧虑。

(本文作者系日本樱美林大学教授,译者系北京大学现代日本研究中心曹宝萍女士)

The Status Quo and Future of Chinese Characters and Language in Japan
Terai Yasuaki

Abstract: This article explains the history of Japan's reception of Chinese characters and language and the way of reception, as well as the role of western civilization in this process. It reviews Japan's studies on Chinese characters in terms of sound, form and meaning and discusses its educational policies on Chinese characters and language. Although Chinese teaching has recently declined in Japan due to various reasons, the charm of Chinese characters remains vigorous. However, one is also worried about the overall cultural deterioration occasioned by the decline of Chinese teaching in Japan.

Key words: Chinese characters in Japanese, status quo, future

日本版古籍与北京大学图书馆

王燕均

【内容提要】 本文介绍了日本版古籍的由来及其西渐中土概况,并对馆藏日本版古籍高居全国之首的北京大学图书馆收藏来源、沿革与地位、价值进行了分析与评估。

【关键词】 日本版古籍;北京大学图书馆;价值

北京大学图书馆作为全国范围内藏书规模名列前茅的大型综合图书馆,在日本版古籍收藏方面具有良好的历史传统,通过一百多年来的不断搜求和持续积累,其日本版古籍的收藏数量已高居全国各馆之首。对北京大学图书馆日本版古籍的收藏来源和沿革加以梳理总结,并对其收藏地位与价值进行分析评估,无疑可为学术界研究日本版古籍西渐中土的整个大历史提供一个具有代表性的珍贵范例。

本文拟从三个方面加以论述和分析。

一、日本版古籍的由来及其西渐中土的概况

日本版古籍是指日本刊印的或抄写的汉文和日文典籍,它包括:(1)由日本翻刻的中国汉籍,即和刻汉籍(含日本人的增注本);(2)日本人用汉文撰写的著作;(3)日本人用假名或主要用汉文撰写间有假名的著作;日本版古籍可下迄到1911年。也就是说,日本明治及明治以前的在日本刊印或抄写的汉文或日文典籍均属日本版古籍。北京大学图书馆所藏日本版古籍主要包括日本版中国古籍和日本版本土古籍两大部分。另外,也有少量日本版的朝鲜等其他国家的古籍。

"日本版中国古籍",是指古代所有日本版本的中国古籍而言,这其中

包括了所有在日本由日本人刊刻、抄录的中国古籍。因此,"日本版中国古籍"的概念与日本学术界常用的"和刻本"概念是相似相近的。但对于"和刻本"的概念,日本学术界又有多种不同的界定。一般说来,通常的"和刻本"概念即是指日本刻印的中国汉籍,其中多数系中国历代古籍的日本翻刻本,也有一些初刻于日本的汉籍,同时或亦可包括日本人传抄的汉籍钞本。而广义的"和刻本"不仅包括日本刊刻的中国典籍,还包括日本人对中国汉籍的评注本,甚至包括日本刊刻的日本人用汉字撰著的书籍;狭义的"和刻本"则只取日本原刻的中国典籍,而把日本翻刻的中国古籍排除在外。因此,关于"和刻本"这一概念,还有待于学术界进一步研究界定。大致说来,日本版中国古籍与通常概念的和刻本范围大体相当,而广义的和刻本概念比日本版中国古籍范围要更大,而狭义的和刻本概念则比日本版中国古籍的范围要小。

(一) 日本版中国古籍的由来

日本版中国古籍是中国文献在日本流传的一种特殊形式。它始于公元 8 世纪,于今已有一千二百多年的历史。最早的日本版中国古籍为内典即佛教典籍。

公元 8 世纪的《百万塔陀罗经》是日本保存至今的最早的雕版印刷品,也是日本古代版刻印刷史的起点。由于印刷的四种"陀罗尼"都是采用的汉字译文,因此也可以说是和刻汉籍的起始。《百万塔陀罗经》摺本刊印后约五百年,1247 年(日本宝治元年,宋淳祐七年)有"陋巷子"覆刻宋刊《论语集注》十卷问世,世人称为"宝治本论语",此为和刻外典汉籍(佛教以外之典籍)之始,也是古代日本文化人刊印宋学著作之始。

覆刻汉籍的隆盛局面与"五山版"密不可分。所谓"五山版"指 13 世纪中后期的镰仓时代(1192—1333)至 16 世纪室町时代(1336—1573)后期,以镰仓五山(建长、园觉、寿福、净智、净妙五寺)和京都五山(南禅、元龙、建仁、东福、相国五寺)为中心的刻版印本。它包括日本典籍,也包括中国典籍。在中国典籍中,既有内典,也有外典,而外典绝大部分是宋元刻本的覆刻。

此后,和刻汉籍特别是汉籍外典的和刻日趋发展,出现了"博多版""俞氏版"等刻本。博多版是指 16 世纪日本后奈良天皇时代以博多的阿佐井野家的刻版为中心的刻本。俞氏版是指元末明初(1350—1400)在日本从事刻版业的俞良甫覆刻的汉籍。

日本版刻16世纪以前一直以宗教为中心，自1603年江户幕府建立后，官版迭起，先有后阳成天皇与后水尾天皇的敕版，世称"庆长、元和敕版"，后有德川将军家刻本，世称"伏见版""骏河版"，是为近世三大官版。在三大官版的刺激下江户时代（1603—1867）的印刷事业勃兴，特别是私家开版隆盛。不管是官版还是私版，都刊印了大量的汉籍。但是与虔诚地以传播文化为宗旨的中世时代和刻家们不同，江户时代的和刻籍随着商业的发达与町人的崛起而带有经营的性质。

中国古籍向日本的外播，就其种类之多，数量之大，影响之深，都是世界文化史上所罕见的。就其内容而言，除了在中国历史上占主导地位的儒家经典以外，还包括了史籍、诸子、小说、杂著、方志、历算、医典以及佛经道藏等四十类左右。就其数量而言，这里仅举一例：根据日本著名学者大庭修先生统计，通过中国船只向日本输入的汉籍，仅长崎港在宝历四年（1754年，清乾隆十九年）就达441种、495部；而文化二年（1805年，清嘉庆十年）则达到313种、19798部之多。而整个江户时代传入日本的中国古籍，竟达万卷以上。

这些日本版中国古籍的大量出现是古代日本人热心吸收和学习优秀中国传统文化的最好见证，它给日本文化史的发展增添了新的内容，促进了中国与日本的文化交流，加深了两国文化的相互理解。这些日本版中国古籍对于中国人来说，具有重要的特殊价值，即保存了一些在中国本土散佚的稀世古籍、翻存了一些在中国本土失传的珍贵版本、承载了一些中日文化交流的历史信息等。因此，这些日本版中国古籍和一些日本版本土古籍一起，也逐渐引起中国人的注意，并被收存，有些还随着中日两国人员的往来，通过各种形式流播到了中土。这样，中国文化发展中的某些片断依赖这些日本版中国古籍传之后世，保存至今。因此，日本版中国古籍的出现及其发展是中日文化交流史上的重要篇章，具有特殊的意义。

（二）日本版古籍西渐中土

据中国学者研究，早在公元8世纪的唐代，圣德太子的《法华经义疏》等日本版古籍就已由遣唐使及入唐僧携入中土并得到中土人士的激赏。故而可以说，唐代乃是日本版古籍西渐中土的肇始期，其品种主要以佛书为主。而到了五代时期，日僧宽建则携带菅原道真等的诗集入华，经此过渡,时至宋代,日本典籍的西传已逐渐浮现到历史的表层,出现了以天台宗佛书为代表的较大规模的典籍流入。元明时期,又有不少日本禅僧入华,携入大批日本僧人著述。

到了清代,日本版古籍的传入无论在数量上还是在质量上都远远超过了以往任何时代,从而进入了一个日本版古籍西渐的全盛期。此时的典籍品种也出现了由中世佛学典籍为主,转为以近世儒学典籍为主的新的历史趋势。此时的日本汉学水平之高已被越来越多的中土人士所认知,如山井鼎所著《七经孟子考文》一书在传入中国后便引起了文人士大夫的轰动,清儒多用以校勘经书,并被著录在《四库全书》之中。当时,中国知识界的许多著名学者,如朱彝尊、王鸣盛、鲍廷博、卢文弨、翁广平、阮元、俞樾等对传入的日本版古籍都十分青睐并加以研究,许多人还多次亲赴进口日本版古籍最多的乍浦港(嘉兴港)访书探奇。特别是明治维新之后,中日之间的人员往来更加频繁,日本版古籍传入中国的数量也急剧增加。其时,日本由于时尚西学而轻视汉学,汉籍的身价也随之骤降,在日的中国人因而得以大量廉价搜购。据载,清末民国以来,大批中国学者抱着"访书"的愿望东渡扶桑,购回大量流日汉籍和日本版古籍,其著名者,就有黄遵宪、黎庶昌、杨守敬、傅云龙、缪荃孙、姚文栋、董康、罗振玉、张元济、盛宣怀、李盛铎、傅增湘、孙楷弟、王古鲁等。20世纪30年代日本全面侵华以后,为了文化统治的需要,也向中国输入了一些日本版古籍。

(三) 中国日本版古籍研究概况

中国所藏的这些日本版古籍,与日本所藏中国版古籍一样,都是今人研究中日文化交流史最好的实物见证,急待中日两国学者进行系统的著录与研究。可喜的是,从上个世纪末开始,在中日两国专家学者的共同推动与合作下,这项工作得到了长足的进展。其代表性成果,主要有,王宝平主编的《中国馆藏和刻本汉籍目录》(杭州大学出版社,1995年)及《中国馆藏日人汉文目》(同上,1997年)、李玉编著的《北京大学图书馆日本版古籍目录》(北京大学出版社,1995年)及天津图书馆编著的《天津图书馆藏日本刻汉籍书目》(天津社会科学出版社,1996年)等。

据初步调查,中国六十多家图书馆共藏有日版古籍三四千种,说明其在大陆的分布比较广泛,几乎中级规模的图书馆都有庋藏。其中,国家图书馆、北京大学图书馆、辽宁省图书馆、上海市图书馆、大连市图书馆等馆藏最多。而这些优势藏馆，除了北京大学图书馆外，其他一些藏馆的相关馆藏目录也正在加紧编制中。如辽宁省图书馆，已计划编辑出版《辽宁省图书馆馆藏日文文献目录》《辽宁省图书馆馆藏日本刻汉籍书目》《辽宁省图书馆馆藏重要日文文献摘要》等相关书目多种。

二、北京大学图书馆所藏日本版古籍的来源与沿革

  1898年，京师大学堂藏书楼建立，是中国最早的现代新型图书馆之一。据查，作为北京大学图书馆的前身，当时的大学堂藏书楼已开始关注对日本版古籍的收藏，从现在在库收藏的北京大学图书馆日本版古籍中就可以发现诸多大学堂时代遗留下来的藏品。这些日本版古籍的最显著的特征就是它们都钤有"大学堂藏书楼之章"和"大学堂图书馆收藏记"等收藏印记。

  辛亥革命后，京师大学堂藏书楼改名为北京大学图书馆。百余年来，北京大学图书馆经历了初创时期、传播新思想的新文化运动时期、建成独立现代馆舍的发展时期、艰苦卓绝的西南联大时期、面向现代化的开放时期。作为一所中国最著名的综合性高等院校的图书馆，为了更好地服务于日本文化及中日文化交流的深入研究，一直致力于日本版古籍的搜求和采购。而在这其中最值得一提的，就是大藏书家李盛铎"李氏藏书"的并入和接收一事。因为，对于北京大学图书馆所藏日本版古籍来说，"李氏藏书"实堪称具有主体地位的核心馆藏。

  李盛铎（1858—1937），江西德化人。清光绪十五年（1889）进士，历任翰林院编修、国史馆协修、京都大学堂京办、山西布政使等职。民国后又曾担任大总统顾问、农商总长、参政院议长等职。

  李盛铎在二十岁时结识了在上海经商的岸田吟香，日本明治维新之后，古籍在日本开始受到冷落，岸田回国搜罗古书运到沪上售卖，李盛铎便从中购买了不少日本古刻、活字及古抄本典籍。清光绪年间他又出使日本，在日本友人的帮助下购买了许多流散在日本的汉籍善本书，不少是国内久佚之书，由此形成了收藏有大量日本版古籍的"李氏藏书"，藏书中经、史、子、集均备，其中以子部医家类和释家类居多。根据1956年北京大学图书馆所编《北京大学图书馆李氏书目》统计，"李氏藏书"所藏和刻本共计

621种，其中经部113种，史部69种，子部360种，集部79种。

"李氏藏书"中日本版古籍的收藏占据了北京大学图书馆现有日本版古籍馆藏的绝大部分。李氏藏书版本类型全，几乎涵盖了和刻本古籍发展史上各个主要阶段的代表性版本。如"春日版""五山版""俞氏版""博多版""庆长、元和敕版""伏见版""骏河版"等。同时，版本年代久，价值高，早期珍善本多，其中有些还是日本平安时代（794—1192）后期、镰仓时代（1192—1333）和室町时代（1336—1573）初期，即相当于中国宋元时期的善本书。比如《成唯识论述记》古刻古抄配本二十卷（存七卷），有日本应德三年（1086）和元久元年（1204）的僧人题记，是形成于日本平安时代后期和镰仓时代初期的珍贵古籍版本。

据载，"李氏藏书"是1940年由当时的北平日伪临时政府从李盛铎之子李滂手中以40万元收购，并划拨给当时沦陷区的"北京大学"的。1945年抗战胜利后，才归入了复校的原北京大学。

此外，北京大学图书馆所藏日本版古籍还有多种来源，如采购、捐赠和接收等。如民国初年，日本阪谷男爵曾向北京大学图书馆捐赠东西文图书数百册；抗战结束后，接收了一批日伪时期"北京大学"的日本版古籍藏书和新中国成立以后在院系调整时接收了一批其他院校和收藏单位的日本版古籍藏书等。近年来，北京大学图书馆在国家的支持下，购入了一整批日本大仓文化财团大仓集古馆原藏的"大仓藏书"。这批藏书是以20世纪初中国藏书家董康与日本大仓文化财团创始人大仓喜八郎的一大宗古籍图书为核心组成的，共有古籍图书931部、28143册。而在这其中也包括了和刻本190部、2576册。如其中的日本元禄间抄本《诚斋集》中还附有日本著名版本目录学家岛田翰写给董康的信札，具有很高的学术研究价值。这次入藏进一步充实了北京大学图书馆日本版古籍的馆藏规模及馆藏质量。

三、北京大学图书馆所藏日本版古籍的地位与价值

书目著录的统计比较表明，北京大学图书馆是日本版古籍在中国最大的收藏重镇，在业界占据着举足轻重的地位。比如1995年杭州大学出版社出版的由王宝平先生主编的《中国馆藏和刻本汉籍目录》一书，共收录了中国68家图书馆所藏日本明治年间及以前的和刻本3063种，其中经部

592种,史部352种,子部1516种,集部598种,丛书5种,堪称国内和刻本汉籍之总汇。书中将各馆所藏和刻本汉籍的数量作了列表和排序,其中北京大学图书馆共收藏和刻本679种,计经部152种,史部64种,子部385种,集部78种,在国内各馆中高居榜首。据此,有的专家称"北京大学图书馆藏品多来自李盛铎旧藏,庋藏善本之富,令各家不能望其项背,其中尤以早期版刻称最"。

北京大学图书馆所藏日本版古籍不但品种数量多,而且质量价值高。下面拟从五个方面阐明其学术文献价值。

(一) 在北大馆藏日本版古籍中有一些相当于宋元时期的早期版本,其中有的还是中土久已失传的佚本典籍,它们均是极其珍贵的稀世珍品。

例如,日本平安时代到镰仓时代早期的《成唯识论述记》古刻古抄配本二十卷(存七卷)。此书为唐释窥基撰,是《成唯识论》的注释书。全书共分辨教时机、明论宗体、藏乘所摄、说教年主及判释本文五门,对《成唯识论》进行详尽释解。原书共二十卷,此本仅存七卷(卷二至五、七至八、十),且每卷分本、末两部。其中古刻不到三卷,余皆古抄。在卷三本部末有日本古僧人荣辨训点此本的墨笔题字"元久元年元月八日移点毕"云云。此本的形成年代应系日本平安时代后期到镰仓时代早期,刻本部分当属著名的春日版系统。无论是抄本部分还是刻本部分,都是馆藏现存最早的日本版中国古籍。据载,是书在中土至元代就已失传,而在日本却多有古刻古抄本流传。其现存较早者,如栃木县日光市轮王寺藏平安时期《刊本成唯识论述记》十三卷等,均是日本的重要文化财富。可见,此本确实具有很高的版本研究价值和历史文物价值。

(二) 在北大馆藏日本版古籍中有一些中国宋、元版古籍的日本覆刻本,其中有的中国原本今已不传或已残,因此日本覆刻本在很大程度上保存了这些中国原本的全貌。

例如日本室町时代覆宋兴国军学刻本《春秋经传集解》三十卷、日本文化十四年(1817)覆宋宝祐衡阳陈兰孙刻本。由于国内已无宋兴国军学刻本《春秋经传集解》的全本,所以借此本可以在很大程度上窥见是书的宋代名刻原貌。此书为晋杜预撰,是《左传》注解流传至今最早的一种,收入《十三经注疏》中。据杨守敬的研究,此本应系日本室町时代(1338—1573)覆宋兴国军学刻本。而此本在很大程度上保存了宋兴国军学刻本的全貌,且杨守敬将之与现存宋代诸本校勘后认为,"今世所存宋本《左传》无有善于此者"；另外，此本还迭经日中两国著名藏书家市野光彦、涩江道纯、森立之、杨守敬及李盛铎等人的收藏，故名家藏印琳琅满目，使得此本具有很高的版本研究价值乃至历史文物价值。

（三）在北大馆藏日本版古籍中有一些日本版中国古代传统名著的珍稀版本，有助于对这些名著在日本的流布传播情况进行更深入的研究。

例如，日本天文二年（1533）刊本《论语》十卷，此刊本是日本现存最早的和刻本《论语》之一，连日本国内都少有收藏。此本为日本后奈良天皇天文二年八月由泉州堺的阿佐井野氏根据博士家清原氏的传本出版刊行的《论语》单经本。此本出于菅公手写本，即日本右大臣菅公于醍醐天皇昌泰二年（899）据唐石经抄录的《论语》白文本，也是后代日本流传《论语》经文的祖本。此本为日本历史上著名的《论语》精写刻本，因为刻于天文二年，故又简称为"天文本"或"天文版"，其年代对应于中国明朝嘉靖十二年（1533）。此本系由杨守敬从东瀛购回，后又归入李盛铎之木犀轩藏书的。此本开本宏阔，版式疏朗，字大如钱，品相完好，且有名人题跋，故价值极高。据查，天文本《论语》除北大馆有藏外，日本也仅有东洋文库、东京大学东洋文化研究所、庆应义塾大学图书馆等有藏。

（四）在北大馆藏日本版古籍中数量最多的是医家、释家（包括释家诗文集）等普通民间常备的典籍，这一特色也体现了其在这些特殊领域的特殊价值。

例如，日本宽文四年（1664）饭留氏忠兵卫刊本《澹居稿》在中国国内已无古刻本传世，而日本却有"五山版"和此本两种古代和刻本存世，因此十分珍贵。此书为元释至仁撰，皇甫琮辑。据载，释至仁生前曾有诗文四十余卷，然到元末至正二十四年（1364）皇甫琮为其编辑《澹居稿》时，已大多湮灭于兵厄，是书即是释至仁劫后幸存的诗文结集。不过此本仅存其诗作部分，共录诗作一百〇二首，其题材则多为友朋之间的唱和之作。唱和的对方，既有诗声远播的僧人，亦有虞集、张翥、贡师泰等名重一时的诗家。此外，题画诗在集中也占了一定比重。此本除北京大学图书馆入藏外，日本也仅有国立公文书馆、关西大学图书馆和东京文化财研究所等有藏，故具有较高的版本研究价值。

（五）在北大馆藏日本版古籍中还有一些古代民间类书及日用类全书，这些书在古代均不被上层社会重视，故流散十分严重，但其中一些由于流传到了日本并出现了和刻本版本，才得以更好地保存并传世至今。

例如,日本宽文二年(1662)雨花斋刊本《增补较正赞延李先生雁鱼锦笺》一书《中国古籍善本书目》未见著录,可见已十分稀见。此书为明李赞延编,是一部明代民间常见的函牍类日用全书。此书分类整齐有序,前八卷为正编,共分通问类、起居类、造谒类、感谢类、求荐类、自叙类、书翰类、借贷类、取索类等二十余类分类,介绍了适用于当时社会各界的书翰尺牍的体式样例。每类之下还多又分"奉书"和"答书"两类,分别介绍书信往还的两种不同样式,而用"碎锦"介绍每类书翰常用的函简用句用语等。

日本宽文二年即对应于中国清康熙元年,故此本应为清康熙间日本重刻明雨花斋刻本。查《中国古籍善本书目》,是书未见著录,可见国内是书古本已较难觅见。而此日本宽文二年田九左卫门刻本乃是是书现存最早的和刻本,除北京大学图书馆外,日本也仅有东京大学东洋文化研究所等单位有藏,故此本有较高的版本研究价值。

结语

目前,有关北京大学图书馆馆藏日本版中国古籍的研究整理情况是:
1995年出版了《北京大学图书馆日本版古籍目录》(李玉编)。
2014年出版了《北京大学图书馆藏日本版中国古籍善本萃编》(朱强主编)。该书共遴选北京大学图书馆所藏具有代表性和特殊价值的日本版汉籍28种,并将其影印出版。其书22册,颇见规模。

近年来的新编馆藏日本版古籍及"大仓文库"中的日本版古籍,使其总数已达到两千种左右。新版的《北京大学图书馆日本版中国古籍目录》正在编纂中。

北京大学图书馆所藏日本版古籍具有多方面的历史文化价值。因此,以书本式目录和影印丛书等出版形式对这些日本版古籍进行揭示和介绍,具有重要的意义,它将这些典籍的价值回馈于社会,以此推进中日文化交流研究深入地开展。

(本文作者系北京大学图书馆副研究馆员)

The Japanese Version of Ancient Books and the Peking University Library

Wang Yanjun

Abstract: This article deals with the origin of the Japanese version of ancient books and its gradual introduction to China. It also analyzes and evaluates the origin, history, status and value of these collections, in terms of which the Peking University Library tops China.

Key words: Japanese version of ancient books, Peking University Library, value

美韩联合军演与朝鲜半岛

沈定昌

【内容提要】 文章首先回顾了美韩联合军演的历史与现状,随后分析了美韩的联合军演激化了朝鲜半岛南北双方的矛盾,引发了半岛的军备竞赛,造成了地区紧张局势。

【关键词】 美韩联合军演;朝鲜半岛;南北矛盾

第二次世界大战结束后,曾沦陷为日本殖民地的朝鲜半岛被人为地分割成南北两个部分。根据美苏达成的协议,以北纬38度线为界,美国在朝鲜半岛的南半部实施军政统治,苏联则对半岛的北半部进行管理。1948年秋,朝鲜半岛的南北双方分别建立了大韩民国和朝鲜民主主义人民共和国。双方建国以来,韩国与朝鲜的关系(以下简称南北关系)曾长期处于敌对、中断往来的状态。

20世纪70年代,随着冷战的缓和,韩朝开始接触。1972年7月4日,经过多次协商,韩朝双方就消除南北之间的误解和不信任、缓和极度紧张的局势、促进南北统一等问题达成共识,发表了《南北联合声明》。[①] 进入90

[①] 《南北联合声明》内容如下:一、双方对如下的统一原则达成了协议:(1)应当在不依靠外来势力和没有外来势力干涉的情况下,自主实现统一。(2)不应当以互相反对对方的武装行为,而应当以和平的方法实现统一。应超越思想、理念和制度的差别,首先作为一个民族,谋求民族大团结。二、双方达成协议:为了缓和南北之间的紧张局势,创造信任的气氛,互不中伤和诽谤对方,不进行任何形式的武装挑衅,采取积极措施,防止突发军事冲突事件。三、双方达成协议:为了恢复被隔绝的民族联系,加深相互谅解,促进自主和平统一,南北之间进行多方面的各种交流。四、双方达成协议:积极协助正在全民族迫切期待中举行的南北红十字会会谈早日取得成功。五、双方达成协议:为了防止偶发的军事事件,直接、迅速而正确地处理南北之间发生的问题,平壤和首尔之间架设常设性直通电话。六、双方达成协议:在推进这些协议事项的同时,改善和解决南北之间的各种问题,并根据已达成的协议的统一原则解决统一问题,成立以金英柱部长和李厚洛部长为两主席的南北协调委员会并开展工作。七、双方坚信,上述协议事项符合一日千秋地渴望统一的全民族的一致愿望,并在全民族面前庄严地保证诚实地履行这些协议事项。

年代,韩朝高层领导的接触和会谈明显增多,高级会谈轮流在平壤和首尔举行。1991年12月13日,双方在第五次南北高级会谈中,就关于和解、互不侵犯和交流与合作等问题上达成共识,签署了《南北和解、互不侵犯和交流与合作协议》①(简称《基本协议》)。不久,双方又在1992年2月18—21日举行的第六次南北高级会谈中,正式签署了《朝鲜半岛无核化共同宣言》。1992年5月18日,双方经过协商,宣布成立南北军事委员会、南北经济交流与合作委员会、南北社会和文化交流与合作委员会和在板门店设立南北联络处。②

进入21世纪,韩朝的两次首脑会晤③改善了南北关系,促进了南北交流与合作,带动了一批重大合作项目的实施,其中包括离散家属会面、④金刚山旅游合作、⑤开城工业园区、连接南北铁路、轻工业与地下资源开发合作等,韩朝合作交流出现了令人欣喜的局面。此后,由于朝核问题、"天安舰"事件以及"炮击延坪岛"事件等,使朝鲜半岛的局势不断紧张,几度处于"一触即发"的战争边缘。

朝鲜半岛问题错综复杂,半岛形势的发展与变化,必将受到多种因素的制约。其中,美韩联合军演就是影响朝鲜半岛局势的主要因素之一。近年来,美韩联合军演不断升级,导致半岛局势不断紧张、恶化。2015年1月10日,朝鲜中央通讯社发表新闻公报指出,"在韩国每年持续不断的大规模战争演习,是加剧朝鲜半岛紧张局势、给朝鲜民族带来核战争危险的主要祸根。在进行针对对方的战争演习的杀气腾腾的气氛中,不可能有讲信义

---

① 《南北和解、互不侵犯和交流与合作协议》的基本内容包含:(1)相互承认,互不干涉内政;(2)禁止诽谤中伤和破坏、颠覆行为;(3)遵守政府间签署的协定;(4)禁止使用武力或武力侵略;(5)开展经济交流与合作等。

② 韩国海外公报馆编:《韩国手册》(中文版),韩国三和印刷公司1992年12月,第341—342页。

③ 2000年6月,韩国总统金大中应朝鲜最高领导人金正日的邀请,对朝鲜进行了为期3天的访问。访问期间,南北首脑举行了3次会谈,双方就朝鲜半岛的统一问题和南北合作交流等问题充分交换了意见,并在许多问题上取得了共识。会谈结束后,双方签署了《南北共同宣言》。2007年10月2日至4日,韩国总统卢武铉访问了平壤,同朝鲜最高领导人金正日举行了会见和会谈,实现了朝鲜半岛分裂以来的第二次南北峰会。

④ 2000—2007年,韩朝共举行了16次离散家属相逢会面活动、7次视频会面活动和1次书信交换活动。通过这些活动,南北共有48333名离散家属确认了亲属的生存情况。

⑤ 2003年9月至2008年7月,共有192万多名韩国游客到金刚山旅游。2008年7月,因韩国游客被误杀事件,韩国终止了金刚山旅游。

美韩联合军演与朝鲜半岛 83

的对话,朝鲜半岛的紧张缓和与稳定也无从谈起……"①

一、美韩联合军演的历史与现状

朝鲜战争结束后,美国与韩国签署了《美韩相互防卫条约》,使美韩两国结成了军事同盟,形成了特殊的关系。从此,韩国被置于美国的"核保护伞"之下,正式被纳入美国的亚太战略体系。美韩同盟体制在过去半个多世纪中,对韩国安全体系的构筑起到了中枢作用。冷战时期,两国以美国的对苏封锁战略和在朝鲜半岛遏制朝鲜军事挑衅的共同战略目标和利益为基础,巩固、发展了同盟关系。冷战结束后,美韩同盟体制继续得以维系,其原因是韩国和朝鲜的关系依旧是"冷战的残余"。尤其是因核问题而引起的朝鲜半岛紧张局势,使朝鲜核问题成为美韩两国的共同议题,两国更深刻地意识到同盟的重要性而共同探索加强同盟的方案。

从朝鲜战争停战后不久的 1954 年的"焦点凸镜"开始,到"阿尔索伊鹞鹰""协作精神"②"关键决心"与"鹞鹰"③"乙支自由卫士"④"超级雷霆"⑤"不屈的意志"和"双龙训练"⑥等,美国通过更换名称,每年都要多次举行美韩联合军事演习,且规模越来越大。据不完全统计,自朝鲜战争停战至今,美韩在韩国及周边地区共进行了 18000 多次军事演习。⑦ 美韩联合军事演习的种类繁多。例如:海域联合军演、海军陆战队联合反恐训练、海军陆战队

---

① 朝鲜中央通讯社 2015 年 1 月 10 日电。http://www.kcna.kp/kcna.user.article.retrieveNewsViewInfoList.kcmsf.
② "协作精神"军演规模大,以陆上部队为军演主体,自 1997 年后该军演实际上就不再举行,取而代之的是"关键决心"联合军演。
③ "关键决心与鹞鹰"演习由指挥所演习和野外实战机动演习合并实施而来,原名"阿尔索伊鹞鹰"演习,2008 年改为现名。"鹞鹰"(亦有翻译成"秃鹫"的)演习始于 1961 年的小规模后方地域防御演习。
④ "乙支自由卫士"演习原名"乙支焦点凸镜",由始于 1954 年的"焦点凸镜"演习和始于 1968 年的"乙支"政府支援演习发展而来,2008 年改为现名。
⑤ 自 2008 年开始,美韩每年定期举行两次代号为"超级雷霆"的空中作战演习,该演习效仿了美军主导的代号为"红旗"的多国联合空中军事演习。
⑥ 双龙训练是代号为"鹞鹰"的韩美联合野外机动演习的一部分。
⑦ 朝鲜中央通讯社 2015 年 11 月 26 日电。http://www.kcna.kp/kcna.user.article.retrieveNewsViewInfoList.kcmsf.

指挥所联合演习、联合登陆训练、联合反潜演习、①联合海上机动演习、空中作战联合演习、空军战斗控制组（CCT）联合演习、空中交通管制演练、模拟轰炸训练、延伸威慑手段运用演习、②联合战时增援演习、实弹演练、综合火力剿敌演习③等。

  自"天安舰"事件和"炮击延坪岛"事件以来，美韩联合军演越来越频繁，规模也不断扩大。美韩两军除了每年例行举行的"关键决心与鹞鹰"和"乙支自由卫士"演习之外，还要举行各种类型的联合军演。根据韩国《联合新闻》的报道所进行的不完全统计，美韩两军近几年的联合军演大致为：2010年6次，共41天；2011年4次，共37天；2012年6次，共93天；2013年8次，共43天；2014年5次，共94天；2015年8次，共67天（详情参见表一）。这期间，参与美韩联合军演的有F—15K、KF—16、A—18A/C、F/A—18E/F和F—22"猛禽"战斗机；E—737型"和平之眼"空中预警机、T/A—50型轻型攻击机、"阿帕奇"武装直升机以及KC—135空中加油机等；9200吨级的宙斯盾驱逐舰"麦克坎贝尔"号、"约翰·麦凯恩"号、"拉岑"号和韩国型驱逐舰等；9600吨级巡洋舰、号称亚洲最大登陆舰"独岛"号（1.4万吨）及多艘潜艇等。美国的乔治·华盛顿号核动力航母曾多次参加演习，"尼米兹号"核动力航空母舰也曾参加联合军演。

  尤其是2016年朝鲜第4次核试验和发射"远程导弹"后，美韩进行了密集的联合军事演习。2月13—15日，联合潜艇演习；2月19日，联合战时增援演习；④2月24—26日，延伸威慑手段运用演习；3月3—18日，空军战斗控制组联合演习；3月7日—4月30日，"关键决心与鹞鹰"演习等。参加2016年"关键决心与鹞鹰"演习的有17000名美军和30余万名韩军，美军出动了战斗航空旅团和海军陆战队机动旅团等精锐部队。自朝鲜1月6日宣布成功试爆"氢弹"之后，美国的B—52战略轰炸机、"斯坦尼斯号"核动

---

  ① 美韩两国一般在进行"关键决心与鹞鹰""乙支自由卫士"联合军演期间进行大规模的联合反潜演习。若包括非定期进行的小规模训练，每年约实施十多次反潜演习。
  ② 该演习将假定朝鲜利用核与导弹等挑衅手段进行威胁的一系列情况，从政治、军事层面评估威胁，并商应对方案。
  ③ 综合火力剿敌演习始于1977年6月，美韩两军至今共实施了7次。
  ④ 美韩联合战时增援演习始于1994年，演习最初多为电脑模拟演习，2014年后采取实战演习。

力航空母舰、①"北卡罗来纳号"核动力潜艇、F—22"猛禽"隐形战斗机、B—2"幽灵"隐形战略轰炸机、"捕食者"无人机、"巴里"号最新型驱逐舰、"夏洛特"号第五代攻击核潜艇、"好人理查德号"两栖攻击舰、"阿什兰号"两栖船坞登陆舰等海陆空顶尖装备就开始陆续汇集韩国和朝鲜半岛周边，准备参加"关键决心与鹞鹰"联合军演。美军战略武器纷纷抵近朝鲜极为罕见，参加此次联合军演的美军战斗力量在质与量方面都创下了自1976年以来的最大规模。②

表一 美韩联合军演粗略统计（2010—2016）

年度	军演名称	军演时间	参加人数
2010	1）关键决心与鹞鹰 2）海域联合军演（乔治·华盛顿号核航母参演） 3）乙支自由卫士 4）格裂飞列岛附近的西海演习 5）联合空中演习 6）黄海超大规模联合军事演习	3月8—18日 7月25—28日 8月16—26日 9月27日—8月1日 10月15—20日 11月28日—12月1日	美18000，韩20000 共计38000
2011	1）关键决心与鹞鹰 2）联合大队战术演习 3）海军陆战队联合反恐训练 4）乙支自由卫士	2月28日—3月10日 6月7—10日 8月15—25日 8月16—26日	
2012	1）关键决心与鹞鹰 2）联合登陆训练（双龙训练） 3）空中战斗演习 4）实弹演练 5）美日韩联合海上军演（乔治·华盛顿号核航母参演） 6）乙支自由卫士	2月27日—4月30日 3月份 5月7—18日 6月22日 6月21—22日 8月20—31日	2000

---

① 据韩联社报道，由约翰·C.斯坦尼斯号核动力航空母舰、斯托克戴尔号、钟云号、威廉·P.劳伦斯号驱逐舰、莫比尔湾号巡洋舰、第9舰载机联队、第21驱逐舰中队等组成美国海军约翰·C.斯坦尼斯号航母战斗群于2016年3月13日驶入韩国釜山作战基地。韩国《联合新闻》2016年3月13日电。http://chinese.yonhapnews.co.kr/newpgm/9908000000.html?cid=ACK20160313000200881。

② 韩国《联合新闻》2016年3月6日 http://chinese.yonhapnews.co.kr/newpgm/9908000000.html?cid=ACK20160306000200881。

续表

年度	军演名称	军演时间	参加人数
2013	1）海上综合演习 2）空军联合演习 3）联合反潜训练 4）关键决心与鹞鹰 5）模拟轰炸训练(B—52) 6）海军陆战队联合演练 7）海上联合演习（尼米兹号核动力航空母舰参加） 8）乙支自由卫士	2月4—6日 2月14日 2月19—24日 3月11—21日 3月份共3次 4月份共4次 5月13—14日 8月19—30日	
2014	1）关键决心与鹞鹰 2）海军陆战队指挥所联合演习 3）"超级雷霆"空中作战联合演习 4）海上联合军演（乔治·华盛顿号核动力航空母舰参加） 5）乙支自由卫士	2月24—4月18日 3月15—23日 4月11—25日 7月16—20日 8月18—29日	
2015	1）海上联合军演 2）关键决心与鹞鹰 3）海军陆战队指挥所联合演习 4）联合海上机动演习 5）"决定性行动"的登陆演习 6）综合火力剿敌演习 7）乙支自由卫士（全国范围） 8）海上联合军演（罗纳德·里根号核动力航母、"世宗大王"号驱逐舰参加）	2月13—14日 3月2日开始 3月18—22日 3月27—4月1日 3月30日 8月12—31日 8月17—28日 10月26—29日	美8600，韩1万 美3700，韩20万 2200 2000 共有48万人参与
2016（截止到4月底）	1）联合潜艇演习 2）联合战时增援演习 3）延伸威慑手段运用演习 4）空军战斗控制组联合演习 5）关键决心与鹞鹰 6）"双龙训练"（实施模拟在朝鲜内陆作战训练）	2月13—15日 2月19日 2月24—26日 3月3—18日 3月7—4月30日 3月7—18日	第一次适用"作战计划5015"① 澳大利亚130名军人和新西兰60名军人也参加了演习

- 资料来源：根据韩国《联合新闻》刊载的新闻内容归纳。

---

① 根据"作战计划5015"，如果半岛出现紧急情况，美韩将对朝鲜进行先发制人攻击。

二、美韩联合军演激化南北矛盾

军事演习本来就是向对方展示军事实力、保持高压态势的军事威胁，更何况美韩举行大规模联合演习，明确将朝鲜作为"假想敌"，无疑将激化南北矛盾，造成朝鲜半岛局势的恶化。每当美韩举行联合军事演习，朝鲜就会宣布全国进入"准战备"或"战备状态"，韩朝之间的对话和协商都会遭遇曲折，朝鲜半岛的局势都会加剧紧张。

2015年8月17—28日美韩举行"乙支自由卫士"联合军演期间，20日下午韩国军方监测发现朝军向韩国京畿道涟川郡发射了一枚疑似火箭炮的炮弹，韩军随即发射二十余枚155毫米口径炮弹进行还击。炮击事发当天，朝鲜最高领导人金正恩紧急召开劳动党中央军事委员会扩大会议，宣布朝鲜人民军前线联合部队进入"准战时状态"，同时还命令人民军全副武装，从21日17时起进入"战时状态"。21日，韩国总统朴槿惠前往位于京畿道龙仁市的第三野战军司令部检查对朝警备状态，下令对朝鲜发起的任何挑衅都要果断应对。22日，美国空军所属4架F—16战斗机和韩国空军所属4架F—15K战斗机在朝鲜半岛上空针对朝鲜进行了"示威飞行"。同时，美军还准备将在关岛安德森空军基地的B—52轰炸机和在日本横须贺港海军基地的核动力潜艇等调遣至朝鲜半岛。在南北关系高度紧张的情况下，韩国总统府青瓦台22日下午发布消息称，韩朝商定当天下午6时在韩朝边界板门店举行高级别对话，就当前的半岛局势等事宜进行磋商。8月25日，韩朝高级别对话达成协议，朝鲜半岛一触即发的紧张局面得到缓解，但因演习仍在进行，半岛局势仍处于比往常更为紧张的状态。而后随着演习结束，韩朝在西部边界地区的局势得到恢复。2015年8月30日的《民主朝鲜》以个人名义发表评论指出："此次北南之间形成的严重军事对抗状态，其根源是美国与南朝鲜当局每年举行的联合军事演习。"①

酿成南北关系紧张的因素很多，其中美韩联合军演是一个重要原因。长期以来，美国一直奉行敌视、威胁和遏制朝鲜的政策，美韩每年通过大量的军事演习，不断深化作战准备，保持随时可战之态势，甚至刻意制造半岛

---

① 朝鲜中央通讯社2015年8月30日电, http://www.kcna.kp/kcna.user.article.retrieve-NewsViewInfoList.kcmsf.

紧张局势。① 朝鲜进行第 4 次核试验和发射"远程导弹"后，美国为了威慑朝鲜和准备"关键决心与鹞鹰"美韩联合军事演习，自 1 月 10 日起就开始陆续将 B—52 战略轰炸机、斯坦尼斯号核动力航空母舰、北卡罗来纳号核动力潜艇和 F—22 猛禽隐形战斗机等汇集在韩国和朝鲜半岛周边。针对美韩即将举行的联合军演，朝鲜声称为了应对来自美国及其追随势力的核战争挑衅，将进入"总攻态势"。② 连日来，朝鲜政府、政党、团体纷纷发表特别声明，谴责美韩联合军演。3 月 6 日，朝鲜外务省发言人发表谈话指出，一旦在朝鲜半岛爆发战争，其责任应由美国承担；同日，朝鲜国防委员会也发表声明，警告将进行先发制人且具有进攻性的核打击。③ 3 月 23 日，朝鲜对韩机构祖国和平统一委员会发布"重大报道"称，将采取铲除朴槿惠政权的军事行动；3 月 26 日，朝鲜人民军前线大联合部队远程炮兵队向韩国发出最后通牒，就韩军启动重点打击朝鲜核心设施的"精密打击训练"表示，朴槿惠若不公开道歉将立即向青瓦台发起攻击。④ 美韩联合军演开始后，朝鲜《劳动新闻》和朝鲜中央通讯社也连续发表评论或文章，谴责美韩联合军演。⑤

与此同时，朝鲜还进行了针锋相对的作战准备。3 月 3 日，金正恩现场指导了新型大口径火箭炮试射；3 月 9 日，金正恩会见核武器研究部门科技工作者，并指导核武器兵器化工作；3 月 11 日，金正恩观摩朝鲜人民军战略军弹道火箭发射训练；同日，金正恩观摩了"朝鲜人民军坦克兵大赛—2016"；3 月 15 日，金正恩亲临现场指导弹道火箭重返大气层环境模拟试验；3 月 18 日，朝鲜军队实施了针对美韩联合军演的登陆及反登陆防御演习，金正恩观摩了演习；4 月 9 日，朝鲜新型洲际弹道导弹大推力发动机试验成功，金正恩亲临卫星发射场指导试验……另外，针对美韩联合军演，朝

---

① 谢苏明：《美韩联合军演对东亚局势的牵制与影响》，《现代军事》2015 年第 12 期，第 48 页。
② 韩国《联合新闻》2016 年 3 月 6 日电，http://chinese.yonhapnews.co.kr/newpgm/9908000000.html?cid=ACK20160306000200881。
③ 朝鲜中央通讯社 2015 年 8 月 30 日电，http://www.kcna.kp/kcna.user.article.retrieveNewsViewInfoList.kcmsf。
④ 参见朝鲜中央通讯社 2016 年 3 月 23、26 日的报道，http://www.kcna.kp/kcna.user.article.retrieveNewsViewInfoList.kcmsf。
⑤ 3 月 9 日，朝中社评论《勿错判朝鲜警告》；3 月 15 日，《劳动新闻》发表署名文章称，针对美国和南朝鲜傀儡集团侵朝战争挑衅活动的朝鲜式先发制人应对作战方式是正当的自卫选择；3 月 15 日，《劳动新闻》评论称美国是世界和平破坏者；3 月 16 日，《劳动新闻》刊登题为《核犯人裸露丑态》的署名文章；3 月 16 日，《劳动新闻》发表署名评论员文章，警告好战狂切勿轻举妄动；3 月 19 日，朝中社发表题为《必须看清当前朝鲜半岛事态实质》的评论。

美韩联合军演与朝鲜半岛 89

军还在朝鲜西部频繁进行小型、攻击型等多种无人机的起降训练,并多次发射导弹和火箭弹……①

值得警惕的是,围绕着此次美韩联合军事演习,韩朝双方均表示要"先发制人"。韩联社援引一名不愿公开姓名的韩国军方官员说,从 3 月 7 日开始进行的韩美联合演习将第一次适用"作战计划 5015",一旦半岛出现"紧急状况",韩美将先发制人。② 就美韩举行联合军演一事,朝鲜外务省发言人 6 日发表谈话指出,鉴于局势已达到再也不可放任的危险地步,朝鲜对敌人的一切军事回应方式将转变成为先发制人的打击方式。③ 就当前局势而言,朝鲜半岛这种"超强"对"超强"的态势,至少将持续到本次美韩联合军演的结束。④ 朝鲜半岛战争阴云密布,一旦擦枪走火,很有可能会演变成一场真正的战争。

三、美韩联合军演引发半岛军备竞赛

这些年来,美国露骨的对朝敌视政策、持续不断的大规模美韩联合军演以及运进韩国的核打击手段等,都带来对抗和紧张,激化了在朝鲜半岛的恶性循环,以此为契机,朝鲜半岛的军备竞赛也不断升温。综合韩联社等媒体的报道,韩朝近几年加强军备的情况大致如下。

1. 韩国方面

2011 年,韩国国防科学研究院研制成功"天弓"新型地对空导弹,用于取代韩国空军老旧的"雄鹰"导弹;

2012 年 9 月 26 日,韩国政府与美国签署了购买 36 架大型攻击型直升机的意向书;

---

① 截止到 2016 年 3 月 29 日,朝军发射导弹、火箭弹情况大致如下:3 月 3 日,向东部海域用 300 毫米多管火箭炮发射 6 枚火箭弹;3 月 10 日,向东部海域发射飞毛腿系列导弹;3 月 18 日,向东部海域发射芦洞系列中程导弹 2 枚;3 月 21 日,向东部海域用 300 毫米多管火箭炮发射 5 枚火箭弹;3 月 29 日,从江原道元山地区用 300 毫米火箭炮发射 1 枚火箭弹。

② 《京华时报》(微博)2016 年 3 月 7 日 http://news.qq.com/a/20160307/008356.htm。

③ 朝鲜中央通讯社 2016 年 3 月 6 日电,http://www.kcna.kp/kcna.user.article.retrieveNewsViewInfoList.kcmsf。

④ 作者于 2016 年 4 月 12 日提交论文时,美韩 2016 年度的"关键决心与鹞鹰"演习正在进行。

2013年,最大射程超80公里的韩国新一代多管火箭系统(MLRS)"天舞"正式投入实战部署;

2014年,韩国海军第六艘新一代护卫舰"光州号"(2300吨级)下水,其他五艘护卫舰分别为"仁川号""京畿号""全北号""江原号""忠北号",韩国计划在本世纪20年代中期之前建造二十多艘新一代护卫舰;

2014年11月,美国国务院批准向韩国出售136枚"爱国者—3型"拦截导弹(PAC-3)及相关配件;

2014年11月,为增强KF—16战斗机的远程打击能力,韩国与以色列签订关于韩国从以色列引进SPICE—2000(斯拜斯)炸弹的合同;

2015年,韩国研发成功800公里射程的弹道导弹;

2015年11月18日,美国务院批准向韩国出售价值288亿韩元的新型鱼叉号舰对舰导弹;

2015年11月18日,美国军火巨头洛克希德·马丁公司一位董事访韩,与韩国新型战斗机(KF-X)项目组就研制战机所需21项非核心技术的转让事宜进行磋商(美国政府已于2015年4月拒绝向韩方转让有源相控阵雷达等4项韩国新型战机所需核心技术);

2015年12月6日,韩国军方有关人士表示,将在2016年完成高空续航型隐形无人机战术打击系统和军事设施无人机监控系统等的国防创新课题;

2015年12月9日,美国批准向韩国出口建造新型战斗机项目(KF-X)的21大项非核心技术。12月21日,韩国新型战斗机(KF-X)开发项目全面启动。按照计划,韩国将于2021年生产6架原型机,用4年的时间进行试飞后,力争2026年最终研发出KF-X,2032年实现批量生产。据韩国防卫事业厅介绍,KF-X新型战斗机实现批量生产后,将在空军基地部署120架;①

2016年3月30日,韩国国防部一官员表示,韩军将在2022年以前部署5颗监视朝鲜全境的侦察卫星(2020年、2021年和2022年将分别有1颗、2颗和2颗卫星被送上太空)。②

---

① 韩国《联合新闻》2016年1月21日电,http://chinese.yonhapnews.co.kr/newpgm/9908000000.html? cid=ACK20160121002000881。

② 韩国《联合新闻》2016年3月30日电,http://chinese.yonhapnews.co.kr/newpgm/9908000000.html? cid=ACK20160330004700881。

为了增加平时联合演习的次数,加强联合防卫力量,进而有效遏制来自朝鲜的威胁,美韩双方达成协议,于 2015 年 6 月 3 日建立了美韩联合师团。该师团由驻韩美军第二师团和韩军的一个旅团组成,平时以联合参谋部的形式运转,发生紧急情况时,驻韩美军第二师团旗下部队和韩军第 8 机械化步兵旅团调入美韩联合师团。美韩联合师团是世界上第一个由两个国家军队组成的师团。①

2. 朝鲜方面

(1) 庆祝建党 65 周年(2010 年 10 月 10 日)的阅兵式上展示的主要武器:KN—02 型短程弹道导弹(射程在 110—130 公里左右);飞毛腿导弹(射程可涵盖韩国全境);芦洞导弹(能够直接威胁驻日美军);舞水端新型中程导弹(射程为 3000 公里)等。

(2) 庆祝建党 70 周年(2015 年 10 月 10 日)的阅兵式上展示的主要武器:300 毫米大口径火箭炮(射程 150 公里以上);KN—02 型短程弹道导弹(向机动型发展);北极星—1 集束式多弹头导弹;KN—08 远程弹道导弹(具备搭载多弹头能力)等。此前,朝鲜在 2015 年 5 月试射了潜射导弹。

据韩国政府多位知情人士披露,朝军已在统辖导弹部队的战略军之下组建装备移动式洲际弹道导弹的"KN—08 旅",这意味着 KN—08 洲际导弹已进入实战部署阶段。KN—08 旅编入后,战略军下辖四个战略或战术导弹旅,分别是 KN—08、舞水端、芦洞和飞毛腿导弹旅。虽然朝鲜从未试射过 KN—08 导弹,但外界估测其最大射程超过 1 万公里。② 另据韩联社报道,朝军在军事分界线附近部署 300 毫米火箭炮,射程能覆盖韩军和驻韩美军核心设施,包括位于京畿道平泽的驻韩美军基地在内的首都圈地区、位于全罗北道群山的驻韩美军基地,以及忠清南道鸡龙台的韩国三军总部。③

尤其是朝鲜不顾国际社会的强烈反对,公然违反联合国相关规定,自 2006 年以来进行了 4 次核试验(第 4 次核试验朝鲜称为"氢弹试验"),而且

---

① 韩国《联合新闻》2015 年 5 月 21 日电,http://chinese.yonhapnews.co.kr/newpgm/9908000000.html? cid=ACK20150521001200881。
② 韩国《联合新闻》2016 年 2 月 14 日电,http://chinese.yonhapnews.co.kr/newpgm/9908000000.html? cid=ACK20160214000300881。
③ 韩国《联合新闻》2016 年 4 月 6 日电,http://chinese.yonhapnews.co.kr/newpgm/9908000000.html? cid=ACK20160406002000881。

还有继续进行核试验的迹象。朝鲜国防委员会第一委员长金正恩日前在会见核武器研发领域的科学家和技术人员时强调,朝鲜应不断发展核武相关技术,制作更具威力、更加小型轻量的核武器和运载手段。朝鲜成功实现核弹头小型化、标准化和系列化,便于弹道火箭携带,这才是真正的核遏制力。① 金正恩还表示,为了提升核攻击能力的可靠性,将尽早实施核弹头爆炸试验和试射可搭载核弹头的弹道导弹。②

四、美韩联合军演造成地区紧张

朝鲜半岛形势不仅事关半岛两国,作为历史恩怨与现实博弈交杂的传统国际热点区域,这里积聚着涉及全球主要大国的重大地缘利益。若半岛形势恶化,必然会引发东北亚地区的局势紧张。东北亚地区一直以来就是大国力量交汇、冲突之地。特别是冷战之后苏联解体、中国崛起、日本走向"正常国家"的努力,再加上在该地区有着广泛利益的美国,使东北亚地区的大国关系变得愈加复杂,难以把握。美韩联合军演不仅造成南北关系紧张,还导致东北亚局势恶化,使中韩、中美等国的关系趋于复杂化。美国派航母到黄海来,在一定程度上也是在给中国施压。宣称是为"震慑朝鲜"的韩美黄海联合军演,由于距离中国山东半岛仅 170 公里,受到中国各方的强烈关注。有军事专家表示,美韩对朝鲜进行威慑和侦察的同时,实际上也离不开对中国情报的掌握。

2010 年 11 月,美韩海军在中国黄海海域附近举行了联合军事演习,美军派出了乔治·华盛顿号核动力航空母舰,其作战半径覆盖了中国的"心脏地区"。当韩国方面将美韩欲在黄海举行联合军事演习的消息放出来后,即在中国引发强烈反应。中国外交部发言人在半个月内连续 4 次阐明中方立场,"坚决反对外国军用舰机到黄海及其他中国近海从事影响中国安全利益的活动"。③ 有专家指出,此举表明美国在"高调介入南海事务,引发南海形势动荡的情况下,表现出军事上的后续跟进动作,严重威胁到中

---

① 韩国《联合新闻》2016 年 3 月 9 日电,http://chinese.yonhapnews.co.kr/newpgm/9908000000.html? cid=ACK20160309000200881。
② 韩国《联合新闻》2016 年 3 月 15 日电,http://chinese.yonhapnews.co.kr/newpgm/9908000000.html? cid=ACK20160315000300881。
③ 唐璐:《韩美军演背后的海权较量》,《中国新闻周刊》2010 年第 28 期,第 22 页。

国的安全。"①2016年3月7日起,美韩举行为期近两个月的史无前例的超大规模联合军事演习,朝方反应极为强烈。对此,中国外交部发言人强调,朝鲜半岛与中国山水相连,中方在半岛保持稳定方面拥有重大关切,中方坚决反对任何在半岛挑事惹事之举,决不允许家门口生战生乱,强烈希望有关各方务必保持克制,不要相互刺激和加剧紧张。

而日本则对美韩联合军演期间朝鲜发射导弹反应激烈。日本认为,朝鲜发射导弹落入日本防空识别区,严重影响过往船只和飞机的安全航行,且朝鲜导弹射程覆盖了日本绝大部分国土,是一种巨大的潜在威胁。2016年3月25日,就朝鲜最高领导人金正恩宣布固体燃料弹道导弹的发动机燃烧试验获得成功一事,日本防相中谷元在记者会上强调:"为应对所有可能出现的事态,将保持警戒监视以确保万无一失。"②针对所谓的导弹威胁,日本早就开始建设弹道导弹防御系统,朝鲜的导弹发射正好给了日本最佳的现实威胁借口,进一步加大了导弹防御系统的投入。

五、结语

美韩联合军演的目的并非是单纯的威慑朝鲜几乎是公开秘密,它不仅有防范、威慑朝鲜的目的,也有遏制中国的企图。美韩联合军演期间的朝鲜半岛剑拔弩张的局势,引起东北亚各国的关注甚至担忧,对朝鲜半岛乃至东北亚地区形势产生了深远影响。美韩联合军演不仅激化了韩朝之间矛盾、引发朝鲜半岛军备竞赛、造成地区局势紧张,也影响了朝核问题的顺利解决。朝鲜半岛自朝鲜战争以来一直存在着军事对峙,朝核问题实际上是冷战对抗的延续。朝鲜认为,朝鲜核问题是由美国敌视朝鲜政策造成的,要解决核问题首先需美国转变对朝政策。2015年1月10日,朝鲜中央通讯社发表《新闻公报》指出:"在南朝鲜每年持续不断的大规模战争演习,是加剧朝鲜半岛紧张局势、给朝鲜民族带来核战争危险的主要祸根。"《公报》称朝鲜政府已于1月9日通过有关渠道向美国转达了有关提议,如果美

---

① 杨毅:《美军来到家门口:美韩美越频频军演,对中国形成南北围堵之势》,《南方日报》2010年8月17日第A9版。
② 韩国《联合新闻》2016年3月25日电,http://chinese.yonhapnews.co.kr/newpgm/9908000000.html? cid=ACK20160325000300881。

国暂停在韩国及其周边地区进行联合军演,朝鲜也愿暂停核试验作为回应。① 2016年美韩联合军演前,朝鲜重申了这一立场,声称如果美韩停止军演,朝鲜也停止核试。

冷战已结束多年,但朝鲜半岛仍处于冷战状态。② 美国标榜自己是世界和平的"维护者",如果真是为了朝鲜半岛的和平,就应该停止不利于半岛稳定的行动(包括美韩联合军演)。美国虽然在公开场合都声称支持朝鲜半岛和平统一,但事实上美国可能并非乐见其统一,而是竭力控制南北和解进程的速度。美国介入朝鲜半岛事务,其战略目标并不在于朝鲜半岛,而在于利用朝鲜半岛一定程度不安定的政治结构,介入东北亚地区事务,遏制中国的崛起和俄罗斯这个昔日的竞争对手,从而保持超级大国地位,进而主导全世界。

(本文作者系北京大学韩国学研究中心主任、教授)

US-ROK Joint Military Exercises and the Situation on the Korean Peninsula
Shen Dingchang

Abstract: This article explicates the history and status quo of US-ROK joint military exercises and analyzes the ensuing confrontation between the ROK and the DPRK which escalates into arms races on the Peninsula and regional tension.

Key words: US-ROK joint military exercise, Korean Peninsula, confrontation between the ROK and the DPRK

---

① 朝鲜中央通讯社2015年1月10日电,http://www.kcna.kp/kcna.user.article.retrieveNewsViewInfoList.kcmsf。

② 1953年7月27日签署的《停战协定》第六十二条规定:本停战协定各条款,在未为双方共同接受的修正与增补,或未为双方政治级和平解决的适当协定中的规定明确代替之前,继续有效。(参见刘金质等主编:《中国对朝鲜和韩国政策文件汇编》,中国社会科学出版社1994年版,第947页)依据这一协定,朝鲜半岛在签署和平协定之前,仍维持停战状态。

从地理、历史、宗教、文学诸维度看韩国与汉中的联系

——兼论汉中与韩国建立经济合作关系的可能性

姚诗聪

【内容提要】 中韩两国都拥有名为汉江的重要河流,韩国汉江与中国汉江之间存在着深厚的历史渊源,并应因此得名。韩国与中国汉江流域历史渊源最为深厚的城市中,历史最悠久的便是汉中。不仅如此,韩国(首尔)在地理上与汉中也存在着较多的相似与联系。宗教上,滥觞、巩固于汉中并形成气候的五斗米教历史上也应传入韩国。文学上,韩国古代三大诗人之一的李齐贤来中国进香时曾到过汉中并留有诗作。基于此,再结合首尔(韩国)与汉中各自的经济优势及当下"一带一路"的时代背景,笔者认为汉中与韩国存在着建立经济合作关系的可能性。

【关键词】 地理;历史;宗教;韩国;汉中;联系;经济合作

中韩两国都拥有名为汉江的重要河流,这绝不只是历史的巧合。韩国汉江与中国汉江之间存在着深厚的历史渊源,并应因此得名,故极有必要进行中韩汉水文化的比较研究,意义重大。韩国与中国汉江流域历史渊源最为深厚的城市中,历史最悠久的便是汉中。不仅如此,韩国(首尔)在地理上与汉中也存在着较多的相似与联系。宗教上,滥觞、巩固于汉中并形成气候的五斗米教历史上也应传入韩国。文学上,韩国古代三大诗人之一的李齐贤来中国进香时曾到过汉中并留有诗作。基于首尔及韩国与汉中在诸多方面都存在着较大的渊源与联系,尤其是在前三个方面,再结合首尔(韩国)与汉中各自的经济优势以及当下"一带一路"的时代背景,笔者认为汉中与韩国双方的合作前景较为广阔,存在着建立经济合作关系的可能性。

一、从地理维度看韩国与汉中的联系

我国国家级历史文化名城汉中北依秦岭,南屏巴山,其间是呈东西带状分布的汉中盆地,构成典型的"两山夹一盆"的地貌特征,汉水横贯全境,是汉江的发源地。汉中地理位置险要,是中国西部地区南来北往的主要通道和中转站,历代皆是兵家必争之地,战略地位极为重要。作为汉中市政治、经济、文化中心的汉台区即位于汉中盆地,天台山南、汉江北岸,故亦可称为"汉阳"。汉台区城建已抵达江岸,与南郑县隔江相望。南郑南湖风景区附近有汉山,"汉山樵歌"被列为"汉中八景"之一。

世界十大城市之一的韩国首都首尔,以前称汉城,2005年1月19日,汉城正式更名为"首尔"。三国时代,曾是百济首都,称慰礼城。统一新罗时代却降格为地方郡,称汉山州。景德王时期(742—764年),北汉山州改称为汉阳郡。高丽王朝时代升为南京,称汉阳府。朝鲜王朝太祖三年(1394年),首都由开京(今朝鲜开城)迁至汉阳。因在汉江之北、北岳山南,故名汉阳。四年(1395年),太祖李成桂将首都定名为汉城府。促使李成桂迁都汉阳的重要原因之一即在于汉阳地理的风水优势。汉阳山河形胜,地处朝鲜八道(朝鲜王朝的行政区划)中心,扼守陆路、水路交通要冲。与汉中类似,同为战略地位极其重要之地。汉阳与汉中(汉台区)一样,地处盆地(今天的首尔亦然),"内四山""外四山"等群山环绕。"内四山"是东部骆山(125米),西部仁王山(338米),南部木觅山(今首尔南山,265米),北部北岳山(342米)。"外四山"是东部邻接京畿道南杨州市的龙马山(348米),西部邻接京畿道高阳市的德阳山(125米),南部邻接京畿道果川市、安养市的冠岳山(629米),北部邻接京畿道高阳市的三角山(今首尔北汉山,836米)。汉阳与今天汉台区的类似又在于,汉江皆从城市南方流过。但不同的是韩国汉江是从东向西从汉阳城南流过,而中国汉江是从西向东从汉台区城南流过。再有汉阳城距离汉江仍有一段距离,而今日汉台区城建已抵至汉江边。而今日首尔的行政区域与城建早已越过汉江,昔日属于汉阳城外荒郊的江南地区早已被开发建设为今日首尔的新城区。也和汉中一样,首尔历史上的名称中的"汉"字即出自汉江(公元前1世纪,韩国汉江便已被称为汉江),但汉中位于中国汉江上游,首尔位于韩国汉江下游,且距出海口不远。和汉中又相似的是,首尔城北有北汉山,今为韩国最小的国立公园——北汉山国立公园,保留着一座始建于百济时期的北汉山城,而首尔城南又有南汉山,今为南汉山城道立公园。南汉山城(世界文化遗产)原是高句丽时期的土城,经过多年的翻修加固,终于在朝鲜王朝光海君十三年(1621年)得以最终建成。南、北汉山城构成汉阳南北的安全屏障,以抵御外敌。

汉中为"汉家发祥地",古代韩国是汉字文化圈的重要成员,而首尔曾为韩国历史上对今天韩国文化影响最深刻的重要王朝——朝鲜王朝的首都,故包括首尔在内韩国有许多地名都深受汉文化影响,与汉文化之间的紧密关联显而易见。如位于首尔最重要的街道——世宗大路的朝鲜王朝古宫德寿宫的大门即名为大汉门。首尔古称中多含"汉"字,固然是与汉江相关,而韩国汉江的得名即源自与中国汉江深厚的历史渊源,即可认为其古称亦是受到中国文化(不一定为汉文化)影响的产物。韩国其他含有"汉"字的地名,如韩国最高峰——汉拿山(1950米)。

翻开首尔地图,很容易发现许多与"汉"相关的地名。比如地铁站有汉江镇站、汉南站、汉阳大学站、长汉坪站、汉城大学入口站、汉堤站、南汉山城入口站,大桥有汉江大桥、汉江铁桥、汉南大桥,大学有汉阳大学、汉城大学(首尔以首尔或旧称汉城命名的大学共有三所,即首尔国立大学、首尔市立大学、汉城大学),医院有汉阳大学附属医院、汉江圣心医院、汉拿医院,公园有汉江市民公园,饭店有汉江饭店(HANKANG),道路有汉江路、汉南路,其他如汉阳购物中心、汉阳投资金融等,不胜枚举。中国汉中汉台区亦有汉江大桥、汉南路,勉县亦有汉江路。

二、从历史维度看韩国与汉中的联系

(一)韩国先民的主体是汉水上游故乡在汉中(郡)的罗、卢等楚国亡民

罗国(也称罗子国)是夏商时代便已存在于中原地区的一个方国。据古籍记载,罗国熊姓,子爵,史称"罗子国"。陕西理工学院刘清河教授在《汉水文化史》中指出:"西周时期,(罗国)曾被分封于湖北十堰的房县。大概在灭商战争中,罗人表现得不够积极,又因是异姓,因此周王室名为分封实为发配,将罗人迁移到了偏僻封闭的蛮荒之地——房县。西周末年,王

室衰微,管控能力明显不够,罗人趁机向东发展,在今湖北宜城(襄阳)西 10 公里的罗川城扎下根来。罗人虽迁出了房县,但仍留下了大批遗民。今天房县的罗姓居民,有不少可能就是当年罗人的后代。春秋初期,随着楚国的日渐强盛,罗人受到了楚国的威胁。公元前 699 年春,楚国以罗国对楚不恭为由,派兵攻打罗国。初战罗国胜,但过后不久,罗国还是被楚国灭掉了。罗国灭亡后,遗民被迁往今湖北枝江(宜昌)等地。今枝江县南 10 公里传说有罗子国故址①。"但对于罗国在公元前 8 世纪的故址,其实存在争议,另有观点认为是在今湖北襄阳南漳县武安镇安集。

与罗国联系紧密的卢国(也称卢戎国、卢子国),和罗国的来源完全不同。卢国来自汉江上游的三危之地。卢戎,姜姓,属羌人,羌人又称氐羌、羌戎。从春秋战国至秦汉,氐羌人活动于今陕甘川三省交界处,这一带正是古三危之地,而陕甘川三省交界处即为汉中及附近。今汉中宁强县古称宁羌,大明洪武三十年(1397 年)九月于今县治建宁羌卫,成化二十一年(1485 年)改设宁羌州,因古代为氐羌聚居地,取羌地永宁之意名州。公元前两千多年尧舜将三苗放逐到三危,三危曾是三苗的一支部落所在地。历史上三苗的一支是被迫沿着汉江向上游迁徙,到了西汉水附近的三危定居下来,融合进当地的西戎也就是氐羌族。还有一部分继续以"苗"存在。有苗氏就是来自三危的三苗后裔,他们沿着汉江迁徙,在公元前 7 世纪到达汉江中游,建立了卢国,这些逾越千年后从三危迁回故地的三苗后裔,已经深受西戎氐羌诸多习俗的影响。卢国遗址有多说,现在比较明确的说法是在湖北襄阳南漳县九集镇。古罗国和卢国距离非常近,可谓唇亡齿寒的关系,所以楚国入侵,罗、卢两国一向是同仇敌忾的,史书上有着罗卢联军打败楚国的记载。但强大的楚国最终还是将罗、卢二国亡国。亡国后的罗、卢遗民一起被迁到枝江,然后又同时迁到长沙,一部分卢人迁到汨罗东邻的平江,还有一些卢人迁到了辰州。故汉中即是卢国在汉水上游的故乡。

韩国文化的主流是源自三国时代的新罗国,新罗国是在辰韩的基础上发展起来的。新罗也称斯卢,公元前 57 年,新罗建国,新罗是由辰韩部落联盟中的斯卢部落所建。中南民族大学杨万娟教授认为,辰韩主体是楚国人,在公元前 212 年左右,在方士韩终的率领下,三千罗、卢等楚国亡民为了躲避苛酷的赋役,逃离秦国,渡海来到了朝鲜半岛的东南部,并建立了辰

---

① 刘清河:《汉水文化史》,西安:陕西出版传媒集团、陕西人民出版社 2013 年版,第 122 页。

韩以及后来的新罗国,韩终可能是檀君神话中桓雄的原型①。而那三千罗、卢楚国亡民逃离秦国的公元前212年左右,罗人在汉水上游的旧封地即故乡——房县,是属于秦朝的汉中郡管辖,此后在整个汉朝的绝大部分时间里也是属于汉中郡,卢人在汉水上游的活动地即故乡——汉中此时亦同属于汉中郡。也就是说,当公元前212年左右,三千罗、卢等楚国亡民逃离秦朝时,他们在汉水上游的祖籍是秦朝的汉中郡,他们是汉中先民的后裔。由此可见,韩国文化主流与中国汉水流域、与汉水上游、与汉中存在着极为深厚的渊源关系。正是由于韩国与中国汉水流域存在着极为深厚的历史渊源,且古人迁徙的特点是地名随着人迁移,楚人更为典型,楚都丹阳和郢的地名一直伴随楚人迁移,故才会有罗、卢等楚国亡民在朝鲜半岛东南部的登陆地点被同样命名为襄阳,以纪念故国罗、卢在中国的旧地(襄阳)。韩国汉江的得名也应源于其与中国汉江深厚的历史渊源。作为韩国汉江发源地的太白山,是罗、卢等楚国亡民的落户地,且一直属于辰韩、新罗领地。也才会有韩国汉江流域及附近也有一套和中国汉水流域同样的地名(襄阳、江陵、洞庭湖、太白山、丹阳、汉阳)及分布基本一致的文化地理现象。故韩国与中国汉水流域历史渊源最为深厚的城市便是汉中、十堰(房县)、襄阳,而汉中又是其中渊源最为悠久的城市。

(二) 汉中是"汉家发祥地",韩国历史上是汉字文化圈的重要成员

汉中是汉王刘邦的发迹地,刘邦从汉中走出战胜项羽夺得天下,故汉中成为大汉王朝的发祥地,刘邦则以汉朝之名回报汉中。大汉王朝绵延四百年,是中国历史上最重要的王朝之一。汉水、汉中、汉王、汉国、汉朝、汉语、汉字、汉人、汉族、汉文化、汉学,汉文化中还有许多以"汉"冠名的术语,如《汉书》《后汉书》、汉隶、汉赋、汉乐府、汉印、汉砖、汉白玉等,这一系列渊源关系都与汉中有关,而包括韩国在内的朝鲜半岛自古以来便全面模仿、复制中国的文物制度,韩国历史上是将中国模仿、复制到极致的最听话的学生,是与中国文化差异最小的国度,是和中国最相似的国家。中外学者一致认为,韩国的汉字传入时间大约是在战国到汉初,这和罗、卢等楚国亡民来到韩国的时间吻合。韩国历史上是汉字文化圈的重要成员,和中国书同文,也以汉字为官方文字,韩国古代文人士大夫亦着汉服,宗儒教,习汉

---

① 杨万娟:《汉江缘》,武汉:湖北长江出版集团、湖北人民出版社2006年版,第46—54页。

文,作汉诗,研究汉学,且是汉字文化圈中除中国外汉文学素养最高的国度,韩国古代百姓也信佛教,这一切都与作为文化来源、输出国的中国别无二致。尤其是朝鲜王朝向大明王朝的学习就更是彻底,照搬中国的一切,只为统治集团"一切为了稳定""千年万代享福"的政治目标,以至于它和中国的唯一区别是它比中国更顽固地坚持从中国学来的一切教条,所以韩国是比中国更中国的中国微型复制品。韩国历史上崇慕景仰中华文化,奉上国中国为天朝正朔,全面接受汉文化以至文明程度较高,自诩为"小中华",并引以为豪,令作为文化母国的中国也不得不承认其文化地位。时至今日,纵使韩国民族主义再膨胀、去中国化现象再严重,汉字在韩国仍比较常见,为研究韩国学,韩国人唯有认真学习汉语。由此足见,韩国与汉字、汉文化千丝万缕的联系不是人为地能抹煞掉的。

(三) 汉中是丝绸之路凿空者——张骞的故里,韩国海上丝绸之路的东起点

张骞(前164年—前114年),成固(今汉中城固)人,中国汉代杰出的外交家、探险家。张骞两次出使西域,长达13年之久,其间历经艰险,两度被囚,最终不辱使命。从而巩固西北边疆,减弱了匈奴对汉朝的威胁,还正式开辟了横跨亚洲大陆的东西交通要道,成为古代历史上里程最长的国际性贸易通道。张骞因此成为丝绸之路的凿空者,是中国历史上第一个睁眼看世界的人,为世界和人类的文化交流、社会发展做出了卓越贡献。

韩国学界认为海上丝绸之路的东起点是庆尚北道港口。在古代西方地理史中,朝鲜半岛曾被认为是世界的东极,在中世纪,也确曾有过一个名字,深深吸引了西方人和阿拉伯人,它就是新罗。新罗,既是中国丝绸之路的东端,也是古代世界海上交流的东极。

韩国人称新罗僧人慧超是古代韩国"走向世界第一人",其在韩国的地位仿佛张骞之于中国,但却比张骞西行晚了近900年。唐玄宗开元七年(719年),新罗僧人慧超抵达广州,大约在开元二十一年(733年),从广州坐船去印度求法,西游四年后,由陆路返回大唐,在长安译经,并著有《往五天竺国传》。这一远行被韩国学者认为是丝绸之路上韩国人的西行壮举。

虽然这是一次新罗与西方世界的历史性相会,来自中世纪阿拉伯世界眼中东极代表的新罗的僧人慧超来到西方大地,但是严格地讲,这并不算进入了阿拉伯世界。真正进入阿拉伯世界的是另一位从朝鲜半岛来中国

的宗教学人。

有意思的是,仍然是在广州,有一位高丽人留下了远行阿拉伯世界的证据。这是韩国人踏访伊斯兰国家的直接证物——剌马丹墓碑。高丽人剌马丹曾在元朝为官,死后被葬在广州的伊斯兰教徒墓园。现存资料中,他是以伊斯兰教礼入葬广州的高丽第一人。从其墓碑的碑文看,这个1379年死于广州的剌马丹,不仅在1349年出任广西陆川县"达鲁花赤"(相当于县令),而且曾游历过叙利亚,到过库尔德。这是现今历史文献记载中最早到过阿拉伯世界的第一位高丽人。他将韩国人所说的海上丝绸之路,又向西推进了一大步,同时再次证明了东极之人与西方在历史上的互动①。

(四) 韩国的部分地区曾是汉四郡领土

汉四郡是汉武帝在中国东北和朝鲜半岛设立的四个郡的总称,分别为乐浪郡、玄菟郡、真番郡及临屯郡。其中,玄菟郡设于前107年,其他三郡设于前108年。四郡并存的情况只存在了二十多年,到前82年,真番、临屯二郡与玄菟郡的东部地区被并入乐浪郡,分别设东部都尉和南部都尉,玄菟郡治西迁至高句骊县。之后的东汉、曹魏与西晋皆保留了乐浪郡与玄菟郡。东汉末割据辽东的公孙氏析出乐浪郡南部都尉(原真番郡辖地)设立带方郡,并为曹魏、西晋所承继。313年,高句丽攻占乐浪郡,据有乐浪、带方二郡的张统因不堪长期孤军与高句丽、百济作战而率千余家迁到辽西投靠慕容廆。慕容廆后为其在辽西侨置乐浪郡(《资治通鉴》卷八八,建兴元年条)。随着乐浪郡在辽西侨置,管辖朝鲜半岛的汉四郡灭亡。而原真番郡辖地带方郡由于成为中原王朝的飞地,受到了孤立,4世纪时和乐浪故地一起成为高句丽与百济争霸的场所。

韩国北部的部分地区(如春川、束草、江陵)在西汉时即是汉四郡的领土,而汉中是"汉家发祥地",故其自然与汉中存在着联系。

三、从宗教维度看韩国与汉中的联系

道教是中国土生土长的宗教,是经过长期的历史发展而形成的。道教

---

① 梁二平:《新罗,海上丝绸之路的天尽头》,《丝绸之路》2015年第7期。

的产生与道家思想有关系,但是道家与道教是不同的,因为道家是学问,道教是宗教。到春秋战国时期,古代宗教经历了显著的理性化演变与社会文化知识的分化。诸子百家中道、墨、儒为"显学",而当时的阴阳家、神仙家兴起,在历史上亦有所影响。至东汉,社会因为动乱与汉朝崩溃导致对宗教产生急迫的需求。原本儒学已逐渐宗教化,且佛教也已传入,在此种社会背景下,道教的主要创始人张陵(又名张道陵)综合传统的鬼神崇拜、神仙思想、阴阳术数、巫术,并与汉代所崇尚的黄老道家思潮逐渐融合,创立了道教的代表流派五斗米道。汉水上游地区是道教的重要发祥地。以汉江为中轴线,以秦巴山地、汉中盆地鼎足向心的陕南地区,是一个相对独立、相对封闭、自有内在生命力的地域,处于中国北方中的南方、南方中的北方这一过渡地带。独特的自然地理环境和崇信巫鬼的民风习俗,以及相对安定的社会政治、经济条件,为早期道教的孕育提供了合适的温床。早在《诗经》时代,这里已有"汉有游女,不可求思"的神话;秦末汉初,"四皓"隐居商山;西汉初期,家有千金的汉中城固人杨王孙爱好黄老之术,要求裸葬以返其真;西汉居摄二年(7年),产生了载诸多种文籍的又是汉中城固人的唐公房遇仙得道、举家飞升的神异故事。在张陵创立五斗米道之前,汉水上游地区就已有了"得道成仙"的民间信仰和心理意识。综合汉水女神、四皓、杨王孙、唐公房的事例,汉水上游地区成为中国道教的重要发祥地也就不足为奇了。据任继愈主编的《中国道教史》说,滥觞、巩固于汉中,并形成气候的五斗米道,是后来覆盖了整个中国道教世界的正宗门派。

今天的韩国是一个多教并存的国家,共有六种宗教体系:萨满教、儒教、佛教、天道教(19世纪60年代,崔济愚在道教的基础上综合佛教和朝鲜民族信仰,创立了"天道教",原名"东学道")、基督教和伊斯兰教。与世界上有些国家不同,韩国这六种宗教并存,至今和平共处,深刻地影响着韩国人的精神生活。虽然今天韩国宗教体系中的六种宗教里没有道教,但历史上韩国受到了道教的影响。

作为中国传统文化的儒、佛、道三教思想很早就传到了韩国。三教中,佛教在新罗时期最为兴盛,儒教对韩国影响最大,最早影响朝鲜半岛的则是道家思想。入韩后的道教与韩国古代的神仙信仰融为一体,变成了具有朝鲜民族特色的韩国道教。

随着佛教在朝鲜半岛的传播,道家经典似乎稍早于道教传入百济(韩国)。据《三国·史记》卷二十四记载,在近肖古王(346—374年在位)统治百济时,高句丽入侵百济,近肖古王派遣太子也就是后来的近仇首王(375—384年在位)带兵进行英勇反击,在平壤击退高句丽军队后,又乘胜追击到水谷城。此时,将军莫古解向太子进谏曰:"尝闻道家之言:'知足不辱,知止不殆。'今所得多矣,何必求多。"太子善之,止焉。莫古解将军用老子《道德经》第四十四章之言劝告太子要适可而止,太子闻言,觉得有理,乃停止追击。如果一位将军能在军事战争中熟练地运用老子思想,这是否表明道家经典不但早已传到朝鲜半岛,而且其思想已被有地位、有知识的人掌握并运用了呢?朝鲜学者李能和认为:"当时《道德经》知足知止之训,盛行于丽济,熏陶国人之德性,此可为证者也。"

道教何时传入百济,因资料缺乏尚没有形成一条明确传入的轨迹,韩国学者宋恒龙分析其中的原因时认为:"百济有南方的属性,具有温柔调和的思想,因在这一思想中已有道家的性质,故百济道教中看不出清楚的发展痕迹。"但国内学者孙亦平认为,道家思想并没有完全遮蔽道教在百济的传播线索,虽然百济并未出现像高句丽渊盖苏文那样推行道教的官员,但《三国·史记》载百济武王三十五年(634年)曾专门造了一座仙山:"王兴寺成,其寺临水,彩饰壮丽。王每乘舟入寺行香。三月,穿池宫南,引水二十余里,四岸植以杨柳,水中筑岛屿,拟方丈仙山。"这座位于佛寺边上的人造仙山,是否就是道教所向往的"方丈仙山"尚无法确定,但从描述中又似乎可见道教仙山之意境。据考古学发现,在平壤、安岳、集安等地出土的三国墓室壁画中,经常出现中国汉代墓葬中有关道教信仰的题材,如代表宇宙四方的青龙、白虎、朱雀、玄武四神,还有驾鹤王子乔、伏羲、女娲等。据韩国学者李丙焘说:"百济遗址曾发现所谓山景砖,绘着品字形的层叠山峰,岩石嶙峋,树木蓊郁,中央有一小屋,右侧一人像道士的模样,这分明也是以三神山、道观、道士为作品的主题。"这些有关方丈仙山、山景砖的记述若是道教神山信仰的遗留物,是否可以推测三神山神话传说在百济得到较为广泛的流传?

笔者认为,可以确定的是三神山神话传说在新罗得到了较为广泛的流传。朝鲜时代文人张维诗《方丈山歌送带方高使君》中有"三韩之外方丈山"(《溪谷集》卷二六)。诗句中的"方丈山"就是今天韩国的智异山,是传说中的蓬莱(金刚山)、瀛洲(汉拏山)、方丈(智异山)三神山之一。朝鲜时代末期杰出学者李圭景在《智异山辨证说》中引朝鲜时代中期杰出学者李晬光的话:"'余意磅礴与方丈音近,俗谓智异山为方丈山云。'杜甫诗:'方丈三韩外',且说者以为三神山皆在我东。而方丈为智异,瀛洲为汉拿,蓬莱为金刚,自罗丽传道如是,则或可仿佛者耶。"①三神山神话传说在朝鲜半岛三国时代距离中国最远的新罗都得到了较为广泛的流传,据此可以推测其在百济也应得到了较为广泛的流传。

据《旧唐书》记载,唐初武德七年(624年),道教才通过官方途径正式传入高句丽,此为中国史籍中有关道教传入朝鲜半岛的最早记载。当时正是高句丽容留王统治时期,唐高祖李渊听说高句丽人信奉五斗米教,就"遣前刑部尚书沈叔安往册建武为上柱国、辽东郡王、高丽王,仍将天尊像及道士往彼,为之讲《老子》,其王及道俗等观听者数千人"。唐朝时,五斗米教经过魏晋南北朝改革,以天师道为名广泛传播,得到了唐王朝的尊奉,成为"皇族宗教"。但是为什么《三国遗事》中对此的记载并未采用官方认可的"天师道",反而采用早期的带有民众道团性质的"五斗米教"名称?是否因为传入高句丽的道教还较多地保留着"五斗米教"的原貌呢?这是一个耐人寻味的问题。但《三国史记》卷二十《容留王本纪》中没有提及"五斗米教"传入高句丽②。

在韩国民间,盛行修身养性之道,各种家庭用品贴饰着仙鹤、松树等长寿象征和"福"、"寿"汉字;人们在结婚、丧葬、祭祀、建房等活动时,有时也会乞助于算命先生的占卜;人们也有以符咒来消灾等习俗,这些都是在当地固有的习俗中接受了道教内容并相互调和的产物。最具代表性的表现就是韩国国旗中央的太极阴阳符。韩国国旗名为"太极旗",太极的圆代表人民,圆内上下弯鱼形两仪,上红下蓝,分别代表阳和阴,象征宇宙。四角的卦爻则分别象征着天地月日,显示出对立和均衡。整体图案意味着一切都在一个无限的范围内永恒运动、均衡和协调。

不仅道教,韩国佛教与汉中亦有联系。净土宗第四代祖师高僧法照是唐代汉中人,在五台山参修佛法时,曾结识新罗僧人无著禅师,并留有赠别诗《送无著禅师归新罗》③。五代十国后蜀广政年间(935—965年),新罗僧人曾在汉中南郑县乾明寺修行学法,汉中寺院发挥了对外文化交流的功能。南郑县乾明寺应是汉中境内唯一一处与韩国存在文化联系的历史遗迹。

---

① 俞成云:《韩国文化通论》,南京:南京大学出版社2015年版,第12—13页。
② 孙亦平:《东亚道教研究》,北京:人民出版社2014年版,第185—188页。
③ 李青石:《行吟在诗意时空——唐宋诗人与汉中》,西安:陕西出版传媒集团、三秦出版社2013年版,第95页。

四、从文学维度看韩国与汉中的联系

汉中古代本土作家寥寥无几,杰出文学家、作家更是没有,其古代文学史是以游宦、流寓、行旅诗人诗作为主,其中尤以陆游"汉中诗词"最为著名,但显然不比本土杰出作家意义为大。先秦时期现实主义诗歌和浪漫主义诗歌的两大源头——《诗经》《楚辞》在这里交汇,其中虽有产生于汉中或与之相关的作品,且《诗经》《楚辞》对于韩国古代诗歌的发展影响深刻,其中尤以屈原对于朝鲜王朝卓越的歌辞家——郑澈国语诗歌创作的影响为最,但是《诗经》《楚辞》中产生于汉中或与之相关的作品所占比例毕竟很小,对于韩国古代文学的影响极为有限,故此文不做论述。

此外,笔者在韩国东国大学留学时,曾在其中央图书馆查阅韩国文学的相关资料时,不经意间发现了有关韩国古代三大诗人之一的李齐贤到过汉中的记载,不胜惊喜。其在《栎翁稗说》中说:"延祐丙辰,予奉使祠峨眉山,道赵魏周秦之地,抵岐山之南,逾大散关,过褒城驿,登栈道,入剑门以至成都。"由其中的"过褒城驿"可知李齐贤曾到过汉中。又查阅资料才知,延祐三年(1316年)夏末,李齐贤奉命代高丽忠宣王至成都、峨眉进香,途中路过汉中①。他应是古代历史上唯一到过汉中的韩国文人,且声名卓著,并留有诗作。

综上所述,可知韩国与我国汉中在地理、历史、宗教、文学等诸多方面都存在着较大的渊源与联系,尤其是在前三个方面。

五、汉中与韩国建立经济合作关系的可能性

2015年是中国的"一带一路"战略引起全世界关注的一年,对于韩国来说,去年年初两国签订自由贸易协定后,这一年的中韩关系持续向好。中国已成为韩国最大的贸易伙伴、最大的出口市场、最大进口来源国与最大海外投资对象国,韩国民众也因此认为,中国对于韩国的意义越来越重要。

---

① 徐健顺:《李齐贤在中国行迹考》,《延边大学学报》2005年第4期。

韩国与中国"一带一路"战略平稳对接,既能保障韩国起码的利益,亦能借此推动以"协同发展、分享利益、合作安全、改善民生、获得民心"为核心的"王道主义外交",也有利于将韩国融入地区发展与合作的进程中来,更能推动民生质量的提高,将中韩两国民众的"小幸福"同国家发展的大远景紧密结合①。总之,中国的"一带一路"战略对于中韩两国而言都是极大的发展机遇,尤其是对于韩国。韩国与汉中在地理、历史、宗教、文学等诸多方面都存在着较大的渊源与联系,又因为作为丝绸之路起点的西安和丝绸之路凿空者——张骞故里的汉中皆在陕西省,韩国庆尚北道是海上丝绸之路的东起点,中国陕西省与韩国庆尚北道是友好省道关系。再加上韩国与汉中拥有着互补的经济优势要素,较为广阔、互利共赢的合作前景,故汉中与韩国之间存在着意义重大的经济合作的可能性。首尔虽仅占韩国国土面积的0.6%,但GDP却占韩国GDP的21%。韩国世界500强企业众多,财阀亦多,财阀是韩国经济跨越式发展的关键,韩国五大财阀——三星、现代、SK、LG、乐天的资产加在一起,相当于韩国经济产出的将近60%,其企业总部均设在首尔,其中乐天集团已进军酒店业并大获成功,且韩国顶尖的大学院校(最顶尖者即为著名的Sky,其他世界、亚洲名校更是比比皆是,如成均馆大学、汉阳大学、西江大学、庆熙大学、梨花女子大学、中央大学、东国大学、建国大学、首尔市立大学、韩国外国语大学、世宗大学、汉城大学、国民大学、檀国大学、弘益大学、祥明大学),科研机构皆云集首尔,科研实力极为雄厚。故首尔尤其五大财阀具有充裕的投资资金和先进的技术等经济优势要素,当然还有较丰富的开发经验(如乐天集团)。而汉中由于特殊的气候,造就了南北药材的生长。据统计,汉中药用植物多达1600余种,居全国地级市第二位。全国人工种植的中药材约350余种,在汉中种植的多达280余种,所以汉中被誉为"天然药库"。汉中佛坪县不仅是枣皮的原产地,也是全国三大枣皮基地县。留坝县是全国三大西洋参生产基地,所产西洋参可与原产地美国、加拿大的西洋参相媲美。略阳县是全国第一大杜仲生产基地,又是银杏的重要产地。城固县种植元胡达3.9万亩,占全国种植总量的60%。汉中还是天麻、党参、猪苓、大黄、柴胡等中药材的重要产地。相比之下,韩国的药材资源远不如汉中丰富,韩国若在汉中建设制药厂肯定要比从海外进口稀缺药品(如西洋参)划算得多,以解国

---

① 〔韩〕赵大熙、姚锦祥、王东阳:《韩国视角下的"一带一路"》,《中国经济信息》2015年第11期。

内人参是以高丽参为主且供不应需之急。故种类、数量繁多的药材资源是汉中最大的经济优势要素。除此之外,汉中还有着丰富的自然景观资源。自然景观有黎坪国家森林公园、紫柏山、长青国家自然保护区、汉山、天台山、哑姑山、午子山、褒河、南湖、红寺湖等不胜枚举,其中尤以黎坪国家森林公园、紫柏山在秦岭众多森林公园中最负盛名,也最具开发潜力与旅游市场。汉中丰富的药材资源与自然景观资源明显是首尔与其合作的广阔前景所在,另外汉中也拥有廉价劳动力的优势经济要素。首尔可凭借其充裕的投资资金、先进的技术、较丰富的开发经验等经济优势要素在汉中投资建厂,将汉中丰富的药材资源转化为支撑汉中经济增长的支柱产业,并进一步开发汉中旅游业,造福中韩两国民众。既然韩国在张家界已有旅游业投资的成功案例,那么笔者相信在旅游业资源同样丰富的汉中以及陕西(秦岭)一样能取得成功,将汉中及秦岭建成又一个张家界,将汉中及秦岭建成继张家界之后韩国在中国的又一个后花园。陕南其他两市安康、商洛和汉中类似,也拥有着极为丰富的药材资源与自然景观资源,可一起加入合作行列,实现共赢,将汉中及陕南建成韩国的海外制药厂和后花园。为提升汉中在韩国的城市知名度、吸引力以及文化影响力,可在汉中的韩国友好城市——庆尚南道昌宁郡以及首都首尔举办汉中旅游文化节,亦可与首尔市政府合办中韩汉江旅游文化节,甚至共建中韩汉水文化博物馆。若能实现汉中与韩国经济合作关系的建立,无疑对于汉中的对外交流合作具有里程碑式的意义。开启韩国与汉中的经济合作,实现韩国在汉中的投资建厂,发展制药业,并进一步开发汉中旅游业,无疑对于汉中就业岗位的增多、服务业质量的提升、交通区位的完善(届时汉中的第一条国际航线应该就是飞往韩国,即仁川)、城市基础设施建设、经济社会发展及汉中"三市建设",对于西三角经济圈经济布局的均衡和响应国家西部大开发的发展战略,都具有极其重要的推动意义。另外,有着"韩国夏威夷"美誉的济州岛与汉中基本处于同一纬度,相比起来,气候更为温和,风景更为宜人,亦以产橘出名,已开发出如橘子味巧克力、橘子糖果、橘子酒等系列特产品,获得了很好的经济效益,汉中应该与之合作、借鉴学习以实现经济收益。汉中还可借鉴韩国饮食文化(韩国料理)在韩流文化及韩国旅游业中的重要地位,开发出汉中地域色彩浓厚、洋溢着汉中特色的"汉中料理"(以汉中地方小吃与地方菜为代表,亦可仿照韩式套餐——"韩定食"命名为"汉定食"),使之成为汉中的旅游文化名片,扩大汉中的旅游吸引力与文化影响力。《汉中市城乡总体规划(2010—2020年)》明确了汉中的城市发展定位,即"国家历史文化名城、滨江生态宜居城市、国内知名的旅游休闲城市",其中生态环境建设占有极大比重,后二者均与之相关。近年,汉中市又确定了把汉中建设成为陕甘川毗邻地区经济强市、特色鲜明文化名市、生态良好宜居富裕城市的战略目标,其中又包含着生态环境建设,足见其地位之重要。韩国虽国土有限、人口密集、资源匮乏但工业发达,对于能源的可循环和可再生性要求高。因此,在政策和技术上,韩国一直致力于环境保护、可持续发展的新能源新技术的开发和使用,并成效显著。故汉中在进行生态环境建设时可借鉴学习韩国的成功经验,并与之合作。首尔的城市建设对于汉中"一江两岸"的城市建设亦具有示范作用。汉中市既然可以让英法德三国的国际顶级规划设计机构参与城市的规划设计(兴元湖片区项目规划),那么又为何不可从首尔成功的城市规划设计案例中获取经验呢?除此之外,汉中与韩国还可展开经济合作的领域如文化娱乐产业(如合拍纪录片)、历史遗迹的保护与开发(如南郑乾明寺)等,不胜枚举,对于汉中而言,每一个存在可能性的经济合作领域都是其经济快速增长的绝佳机遇,时不我待。

  在世界范围内像首尔与汉中这种彼此之间存在着无比深厚的渊源与联系的异国城市实属罕见,甚至可以说是绝无仅有的,故极有必要与条件建立经济合作关系,以实现文化的交往回流与经济的互利共赢。纵使没有先例,也值得创造先例,没有条件,也值得制造条件,最终实现这一意义重大的美好愿景。湖北、湖南利用其与韩国存在深厚渊源联系的历史文化资源,已开始行动,实现互利共赢。汉中还有什么理由犹豫、待在原地毫不作为,放着韩国与自己同样存在着深厚渊源联系的历史文化资源而不顾,机不可失,时不再来。如果汉中及陕西政府错失如此千载难逢的大好时机,那无疑是极不明智与短视的,是有愧甚至有罪于汉中及三秦人民与子孙后代的。随着三星存储芯片项目在陕竣工投产,配套企业陆续进驻,陕西省会逐步成为与韩国交流最活跃频繁的区域,韩国企业与汉中的合作空间巨大。基于此优良机遇,若再能实现汉中与韩国经济合作的开启,并全面发展,届时汉中必将实现经济的崛起甚至腾飞,创造属于中国的"汉江奇迹",让中国汉江扬名世界。

(本文作者系陕西省作家协会会员)

Ties Between the ROK and Hanzhong from the Perspectives of Geography, History, Religion and Literature
—Discussion on the Possibility of Economic Cooperation Between Hanzhong and the ROK

Yao Shicong

Abstract: China and the ROK both have important rivers known as the Han River/Han-gang. The Han-gang derives its name from its profound historical ties with the Han River. Among the cities in the Han River basin, Hanzhong enjoys the deepest historical connections with the ROK. Besides, Seoul has a lot of geographical similarities and connections with Hanzhong. From a religious perspective, Wudoumi Dao (a sect of Taoism), which originated and took shape in Hanzhong, was once introduced to the ROK. From a literary perspective, Yi Ye Hyeon, one of the three greatest ancient poets of Korea, left poems in Hanzhong during his pilgrimage to China. Given the above-mentioned connections and respective economic strengths of Seoul and Hanzhong as well as the context of the Belt and Road Initiatives, one holds that it is possible to explore economic cooperation between Hanzhong and the ROK.

Key words: geography, history, religion, the ROK, Hanzhong, ties, economic cooperation

蒙古国"草原之路"倡议解析

王 浩

【内容提要】 中蒙俄经济走廊,是中国政府结合三国合作发展空间巨大的现实状况所提出的重要构想,旨在通过丝绸之路经济带、俄罗斯跨欧亚大铁路、蒙古国草原之路的对接,打造一条贯通三国、横跨亚欧大陆的合作新通道,为各国共同发展搭建的新平台。在中蒙俄经济走廊建设中,蒙古国的"桥梁作用"举足轻重。本文对蒙古国草原之路倡议提出的过程及其进展情况进行梳理,分析推进草原之路倡议的动因,提炼出草原之路倡议的基本思路框架和合作重点。本文认为战略考量是草原之路生成的外部推动因素,经济问题是草原之路倡议形成的内在需求因素。在推动草原之路与丝绸之路经济带、跨欧亚运输大通道三方对接的过程中,应该充分重视和考虑到蒙古国的战略考量,有选择地对接草原之路提出的项目需求,才能稳步、务实地推进中蒙俄经济走廊建设。

【关键词】 草原之路;中蒙俄经济走廊;丝绸之路经济带;跨欧亚运输通道

2014年9月11日,中国国家主席习近平同俄罗斯总统普京、蒙古国总统额勒贝格道尔吉举行中俄蒙三国元首首次会晤,提出把丝绸之路经济带同俄罗斯跨欧亚大铁路、蒙古国草原之路进行对接,共同打造中蒙俄经济走廊的倡议。2015年7月9日,中国国家主席习近平在乌法同俄罗斯总统普京、蒙古国总统额勒贝格道尔吉举行中俄蒙元首第二次会晤,就将中方丝绸之路经济带倡议、蒙方"草原之路"倡议、俄方跨欧亚运输大通道倡议进行对接达成重要共识,批准了《中华人民共和国、俄罗斯联邦、蒙古国发展三方合作中期路线图》。启动中蒙俄经济走廊建设是三国发展战略高度契合的结果。

一、草原之路倡议的提出

关于草原之路倡议,蒙方学者认为始于 2000 年制订的《蒙古国千年公路计划》。2004 年 4 月蒙古国参加了在上海召开的联合国亚洲及太平洋经济社会委员会第 60 届会议,签订了联合国亚太地区经济社会委员会成员国政府间协议。根据这次会议通过的《亚洲公路网政府间协定》,蒙古国加入亚洲高速公路建设网,亚洲高速路网的 AH3 线①、AH4 线②和 AH32 线③公路通过蒙古国。为实现矿业兴国战略,2008 年蒙古国大呼拉尔通过的《基于蒙古国千年发展目标的国家综合发展战略》明确要建设满足矿产品出口运输所需求的道路基础设施,拟建同中俄两邻国相连接的跨欧亚运输线路。2010 年 6 月蒙古国大呼拉尔通过《国家铁路运输领域建设规划》,计划分两个阶段建成新东线和南线铁路④。《2012—2016 年蒙古国政府工作纲领》提出"建设连接中俄和欧亚运输走廊,增加过境运量"的目标⑤。2013 年 5 月蒙古国大呼拉尔通过的《2014 年蒙古国民经济社会发展根本方针》指出:"明确并落实建设连接中俄之间铁路、高速公路、石油和天然气管道、电力能源基础设施的相关政策"⑥,正式提出建设连接中蒙俄三国的铁路、公路、石油、天然气、电力的"五大通道"。2014 年 9 月 2 日,蒙古国政府颁布第 282 号决议,启动"草原之路"倡议,组成了由副总理、经济发展部部长、国务部部长、环境发展部部长、外交部部长等十余位部长组成的工作小组⑦,把原来拟定的"五大通道"建设升格为"草原之路"。

---

① AH3 线:乌兰乌德—阿拉坦布拉格—达尔汗—乌兰巴托—纳莱赫—乔伊尔—赛音山达—扎门乌德—二连浩特—北京—塘沽。
② AH4 线:新西伯利亚—巴尔瑙尔—恰克图—乌兰白辛特—科布多—雅楞台。
③ AH32 线:Songbong—元汀—圈河—珲春—长春—阿尔山—苏木贝尔—乔巴山—温都尔汗—纳来赫—乌兰巴托—乌里雅苏台—科布多。
④ 蒙古国议会网:http://www.parliament.mn/laws/translate? page=2&key=м。
⑤ 蒙古国议会网:http://www.parliament.mn/laws/translate。
⑥ 蒙古国议会网:http://www.parliament.mn。
⑦ 蒙古国政府网:http://www.zasag.mn。

二、推进草原之路的动因

蒙古国力邀中俄参与"草原之路"建设,主动推进"草原之路"与丝绸之路经济带、跨欧亚运输大通道的对接。究其缘由,本文认为蒙方主要有以下考虑:

(一) 拓展域外合作优先方向

蒙古国是夹在中俄两大邻国之间的内陆国家,无出海口。冷战后,蒙古国重新定位了本国地缘发展方向,逐步明确了以东北亚地区作为国家的优先发展方向、以融入亚太地区经济合作为目标的国家对外发展战略。亚太大国集中,蒙古国的两大邻国中国、俄罗斯,蒙古国的"第三邻国"美国、日本、印度、韩国、东盟等都在该区域,积极参与本地区事务既能保障以发展中俄关系为外交政策首选方向,又能发挥出"第三邻国"的制衡作用,为蒙古国提供更多的发展机遇与空间。亚太地区是当今世界上经济最为活跃、增长前景最好的地区,约蒙古国外贸总额的80%,外国投资的70%以上来自亚太地区经济体。而东北亚地区在地理上是蒙古国的出海口,通过中国、俄罗斯或朝鲜的港口可以将能源产品输送到亚太其他国家及地区,使其产品市场更加多元化,减轻市场一元化对他国的过度依赖。蒙古国以申请加入促进经济增长、合作、投资的 APEC 组织作为首要目标,申请加入东盟对话伙伴和东亚峰会①,以融入亚太地区的价值链生产网络,促进经济快速发展和产业结构升级为目标。

(二) 契合与中俄等距离、全面平衡交往的外交政策

从地缘政治意义上来看,蒙古国是一个缓冲国,其独立后长期处于邻国之间的地缘竞争之中,无论是经济领域还是安全领域,蒙古国很大程度上依赖于中俄两大邻国的支持,对外交往也得取道两个邻国。受限于这样的地缘特性,转轨后蒙古国制定对外政策时,首先要考虑的是与中俄之间的关系,避免历史的重演。1994 年出台的《蒙古国外交政策构想》重新界定

---

① 蒙古国总统网:《蒙古国总统额勒贝格道尔吉在参加"加强互联互通伙伴关系对话会"上的讲话》,2014 年 11 月 8 日,http://www.president.mn/content/4270。

了蒙古国与两大邻国之间的关系:"与两个邻国俄罗斯、中国保持良好的关系,不追随其中任何一个,总体上平衡交往,以友好邻邦为原则发展合作。"2010年颁布的《蒙古国国家安全构想》再次强调与俄罗斯、中国"均衡交往"是出于国家利益与历史传统而提出的国家安全战略。2011年修订的《蒙古国对外政策构想》指出:"保持与俄罗斯和中国的友好关系是蒙古国对外政策的首要目标。蒙古国全面平衡与两邻国的关系,在睦邻友好的原则下发展与两邻国在广泛领域的合作。"①现行《对外政策构想》体现出与中俄交往与合作中蒙古国的立场,即兼顾中俄两国的利益关系,不使任何一方取得在蒙垄断优势。与中俄均衡地保持友好关系,通过地区与国际合作实现三方共赢是最有利于蒙古国的外交构想,中蒙俄经济走廊建设符合蒙古国对外政策的根本方针。

(三)契合国家发展战略

1991年蒙古国实施《蒙古国财产私有化法》,开启私有化进程,1995年初步得以完成,自1995年起着手建立和完善资本市场,过激的市场化改革引发严重的经济衰退。进入新世纪,特别是2002年国际市场资源类产品价格大幅度上涨,极大地推动了蒙古国经济增长。2003年蒙古国政府发布的《蒙古国支持经济增长和减少贫困战略》肯定了在社会和政治领域实行的结构重组和改革是保障经济增长的最重要资源,私有经济占主导地位是保障经济加速增长的重要源泉,提出通过经济增长来实现减贫目标,即依靠私有部门的积极参与和出口导向的贸易政策,通过革新技术实现原料加工现代化,发展加工工业,为发展创造良好的条件。2008年蒙古国大呼拉尔颁布了《基于蒙古国千年发展目标的国家综合发展战略》,提出分两个阶段实现基础设施发展的目标。运输领域为第一个阶段(2007—2015),改善现有公路路况,扩建国内公路网;建设可满足矿产品运输需求的国内铁路运输线,提升蒙古国铁路在本地区的竞争力;启动新机场建设并开辟国内和国际新航线;租用其他国家港口开展海上运输。第二阶段(2016—2021),继续拓展国内公路、铁路运输网;积极发展海运和航运。电力、燃料领域第一阶段发展的战略目标是建立小型火力发电站及大、中型煤制油、煤制气煤化工工业园区;第二阶段是建立大型清洁型火力发电站,实现煤

---

① 蒙古国外交部网站:http://www.mfa.gov.mn/? page_id=25999。

制油等煤化工工厂产能的最大化。

(四) 应对经济下行的困境,拉动蒙古国经济的增长

"经互会"下单一性的分工使蒙古国民经济的产业结构长期失衡,畜牧业和矿产品开发发展,其他领域滞后,主要工业品和日用消费品过度依赖进口。私有化后,这种产业结构并未得到改善。随着"矿业兴国"战略的实施及国际矿产品的升值,矿业迅速发展成为蒙古国民经济发展的重要支柱产业。以矿业为主、农牧业为基础的产业结构格局直接决定了蒙古国经济主要依靠能源出口,受外来因素影响较大,从而导致经济增长波动幅度较大,物价水平变化大。2010年在国际市场矿产品不断升温的条件下,蒙古国经济快速复苏,实现国内生产总值增长6.1%。随着全球金融危机影响的逐渐减弱,全球矿产业走出低谷,国际矿产品价格在高位运行。2011年,经济增长达到17.3%,成为全球增长速度最快的经济体之一。受国际市场大宗商品价格持续走低、国内政策稳定性差等内外因素影响,经济增长放缓,2012年GDP为12.3%,2013年为11.6%。2014年蒙古国经济增长乏力,面临巨大的下行压力。根据蒙古国家统计局数据,2014年国内生产总值同比增长7.9%。2015年经济下行压力进一步加大,据蒙古国家统计局公布数据显示,2015年经济增速为2.3%。[1]

从地缘优势和历史渊源上来看,与中俄合作共建经济走廊,对于蒙古国发展而言,是难得的一次历史发展机遇。特殊的地缘位置决定了只有中俄友好相处,蒙古国的"等距离、全面均衡"外交政策才能真正发挥作用,蒙古国才能够获益。目前,在中俄双方的共同努力下,中俄全面战略协作伙伴关系进入新的阶段,处于历史最好时期。2015年5月8日,中俄发表《中华人民共和国和俄罗斯联邦关于深化全面战略协作伙伴关系、倡导合作共赢的联合声明》,其中明确指出:"(中俄)双方将深化中俄蒙合作,通过发展三方在政治、经济、科技、人文、边境、地方以及国际事务中的协作实现三方各领域全方位合作。"[2] 5月9日,中俄发表《中华人民共和国与俄罗斯联邦关于丝绸之路经济带建设和欧亚经济联盟建设对接合作的联合声明》,俄方表明支持丝绸之路经济带建设,愿与中方密切合作,推动落实该倡议。中俄全面战略协作伙伴的深入发展,为蒙古国草原之路与丝绸之路、跨欧

---

[1] 以上数据来自蒙古国家统计局网站:http://ubseg.gov.mn/stat_main。
[2] 中华人民共和国外交部网站:http://www.fmprc.gov.cn/。

亚大通道对接,为蒙古国参与经济走廊建设提供了保障。

三、草原之路倡议的框架思路及合作重点

按照蒙方的定义,草原之路倡议是建设连接中俄的过境铁路、公路、天然气管道、石油管道和能源电力网的巨大工程。①蒙古国力邀中俄参与草原之路建设,利用与丝绸之路和跨欧亚大通道对接的时机,开启蒙古国境内的过境五大通道建设,通过互联互通实现三国乃至本地区贸易便利化,实现经济增长的目标。

以五大通道连接欧亚,激发过境潜力。作为继哈萨克斯坦之后的第二大内陆国,哈萨克斯坦在融入区域一体化、融入世界经济体系和金融体系的过程中所做出的尝试成为蒙古国借鉴效仿的对象。特别是2014年中俄先后签订铺设"东线""西线"天然气管道的协议后,蒙古国利用自身地理优势,发挥欧亚大陆桥作用的意愿更为强烈。蒙古国总统在承办第11届亚欧会议时表示:"2016年适逢亚欧会议成立20周年,蒙古国承办此次会议意义重大,800年前成吉思汗建立的蒙古国帝国连接欧亚,800年后这种机会再次降临到蒙古国。"②

实现矿产品市场多元化。无出海口,极大地限制了蒙古国与其他国家之间的贸易往来,使其矿产品市场难以实现多元化,增加经济依赖性。2013年,蒙古国提出建设连接中蒙俄三国的铁路、公路、石油、天然气、电力的"五大通道",旨在积极参与到区域合作当中,使产品市场多元化。蒙古国经济属能源型经济,国家外汇和财政收入主要依靠能源出口。通过中蒙俄经济走廊为其开辟出海口也是蒙古国所期待的,蒙古国有意在天津建立专属经济区,打通乌兰巴托到天津的出海通道,并意欲开辟赛音山达到海参崴出海口,将矿产品运至日本、韩国、澳大利亚,以及我国台湾等地。

以基础设施建设带动经济发展,增加就业率。蒙古国基础设施薄弱,道路、能源、电力等大部分还沿用苏联时期所建设的基础设施,远不能满足其经济发展的需要。特别是实施矿业兴国战略以来,落后的基础设施、匮乏的水电资源,在很大程度上掣肘和制约了矿产业发展。2011年10月蒙

---

① 蒙古国矿业网:http://www.uuluurhai.mn/? p=7190。
② 蒙古国总统网:http://www.president.mn/。

古国政府对并入亚洲 AH3 公路网的"阿拉坦布拉格—乌兰巴托—扎门乌德"公路工程进行了公开招标,成吉思汗兰德集团中标。该项目的成功运行及其所带来的拉动地区经济增长、增加就业岗位等经济效益,成为蒙古国启动草原之路建设的动因之一。①

以大项目为抓手,招商引资。蒙古国在互联互通方面面临着运输和贸易成本、资金、技术和自然条件等多方面制约,尤其是融资和技术成为互联互通的瓶颈。据蒙方公布的草原之路倡议,包括连接中俄 997 公里高速公路、1100 公里电气线路、扩展跨蒙古国铁路、天然气管道和石油管道等 5 个项目,总投资需求约为 500 亿美元。截止到 2015 年 11 月,蒙古国外汇储备余额仅为 14.59 亿美元。蒙古国经济发展,特别是基础设施建设带来的资金需求缺口较大,私营经济势力不足弥补,且蒙古国内金融市场规模较小,包括银行和证券业在内的投融资体制尚不健全,只能通过政府借贷和引进外资方式来解决。2014 年 10 月 24 日,蒙古国作为 21 个首批创始成员国,参加签署了《创立亚投行谅解备忘录》,蒙古国将出资 4114 万美元,拥有亚投行 0.3013% 表决权。②亚投行(AIIB)主要援助亚太地区的基础设施建设,投资方向是铁路、公路、油气运输、电力电网、通信及港口。蒙古国计划通过亚投行提供的贷款、股权投资以及提供担保等方式为草原之路建设提供融资支持。

五位一体的草原之路。蒙古国总统办公室主任彭·查干称,蒙古国近百年来首次设立了负责基础设施相关大型项目的国务部部长职位,表明执政者及在大呼拉尔拥有席位的各党派非常重视大型项目的重要性。草原之路规划的具体项目如下:

铁路:蒙古国是连接欧亚大陆桥最近的通道,有着巨大的过境潜力。无疑,与中俄进行物流合作,蒙古国是最大的受益者,所以其极力推动跨蒙古国欧亚铁路建设。蒙古国预估自身过境运输运载能力每年 1 亿吨,现有铁路运载力仅两百万吨,国际货物运载量可提升的空间巨大。蒙古国拟定对原有铁路进行电气化改造,并铺设复线,并希望莫斯科—北京高铁过境蒙古国。③同时,计划铺设新东线(额伦察布—乔巴山—霍特—毕其格图),约 1100 公里。计划从阿尔茨苏里口岸往南铺设约 900 公里的南线铁路,这

---

① http://old.eagle.mn/content/read/22035.htm.
② 蒙古国政府网:http://www.zasag.mn.
③ http://undesten.mn/index.php? newsid=4570.

里连接着蒙古国最大的煤矿,建成后将大幅度提升蒙古国内运力,届时将实现蒙古国南戈壁省塔温陶勒盖煤矿、奥尤陶勒盖铜金矿、那林苏海图煤矿等大型矿区至边境口岸铁路直运。

公路: 除了上述提及的阿拉坦布拉格到扎门乌德公路外,蒙古国议会已经通过西线公路(乌兰白辛特—乌列盖—科布多—布勒干)建设计划,其中,214 公里的科布多曼汗至阿尔泰线已经投入使用。蒙古国交通运输部拟定在东部建设一条公路:额伦察布—乔巴山市—西乌尔特—毕其格图。这条南北纵向公路建成的话,将把蒙古国东部与中国内蒙古、辽宁以及俄罗斯东西伯利亚连接在一起。

能源电力: 蒙古国虽然煤炭资源丰富,但国内电力基础设施建设和配套较为落后,目前仍不能满足电力自给自足,部分电力仍需从俄、中进口。蒙古国煤炭储量达 1620 多亿吨,其中 90% 为褐煤。褐煤因热量低,不适合出口国际市场。蒙古国计划以褐煤为原料建立煤制气、煤制电工厂或工业园区,生产清洁燃料,提高出口附加值。蒙古国希望中国帮助其完成煤制气工程。除了煤制气项目,蒙古国计划与中国在电力、可再生能源等领域进行合作,具体包括热电站合作、额根河电站项目等。

天然气、石油管道: 过境天然气管道和石油管道是蒙古国政府最为感兴趣的项目。从 2000 年起蒙古国曾向俄罗斯和中国多次提出建设跨蒙古国天然气管道的建议。特别是中俄签署两笔供应天然气合同大单以后,蒙古国从铺设管道经济成本角度,向中俄提出重新考虑中俄供气协议,建议管道过境蒙古国。

此外,除了铁路、公路、石油、天然气、电力五个领域外,蒙古还计划与中俄合作开辟跨境航空走廊,进一步丰富和扩大草原之路内涵,目前处于与中国民航总局进行合作磋商阶段。

四、以互联互通为重要引擎、以"五通"为重要内容的中蒙俄经济走廊建设

2015 年 3 月中国政府发布的《推动共建丝绸之路经济带和 21 世纪海上丝绸之路的愿景与行动》指出:"共建'一带一路'致力于亚欧非大陆及附近海洋的互联互通,建立和加强沿线各国互联互通伙伴关系,构建全方位、

多层次、复合型的互联互通网络,实现沿线各国多元、自主、平衡、可持续的发展。"①"一带一路"的核心是互联互通建设,互联互通就是公路、铁路、机场、港口、电网、通信等基础设施建设。"一带一路"和互联互通是相融相近、相辅相成的。正如习近平主席所说:"如果将'一带一路'比喻为亚洲腾飞的两只翅膀,那么互联互通就是两只翅膀的血脉经络。"②

从上述对草原之路的分析中可见蒙古国高度重视互联互通,极为看重自身拥有的跨境运输潜力,有着自己基础设施建设的规划。草原之路倡议在基础设施建设方面设计得相对完善,但更侧重于交通设施建设。因而,中蒙俄应以交通设施建设为切入点,先行实施联通中蒙俄三国铁路、公路项目,实现互联互通的初步成果。值得注意的是,"要建设的互联互通,不仅是修路架桥,不光是平面化和单线条的联通,而更应该是基础设施、制度规章、人员交流三位一体,应该是政策沟通、设施联通、贸易畅通、资金融通、民心相通五大领域齐头并进。这是全方位、立体化、网络状的大联通,是生机勃勃、群策群力的开放系统"③。草原之路倡议更为注重硬件设施建设,目前还没涉及以基础设施联通带动制度对接、人员交流和产业合作方面的软件设施建设,在"五通"方面关注不够,特别是在民心相通方面有待进一步加强。

从长远来看,推进中蒙俄互联互通产业合作,不仅三国需要加强政策沟通,达成互联互通产业合作的共识,实现三国互联互通产业发展战略的对接,通过交通、能源、通信等领域的关键通道和重点对接工程为互联互通奠定硬件基础,还需要加强民心相通,推进三国人文、教育、文化、旅游等领域的合作,夯实互联互通产业合作的社会根基,这样才能保障中蒙俄经济走廊建设的顺利实施和深入开展。正如 2015 年 5 月 27 日在亚欧互联互通产业对话会上张高丽所强调的:"推进互联互通产业合作关键是要心往一处想,劲往一处使,紧紧围绕五通,推动协同发展"。④

(本文作者系北京大学蒙古学研究中心主任、副教授)

---

① 《推动共建丝绸之路经济带和 21 世纪海上丝绸之路的愿景与行动》,国家发改委网站,http://xwzx.ndrc.gov.cn/xwfb/201503/t20150328_669090.html。
② 习近平:《联通引领发展,伙伴聚焦合作》,《人民日报》2014 年 11 月 9 日第 2 版。
③ 同上。
④ 新华网:http://news.xinhuanet.com/politics/2015-05/27/c_1115429796.htm。

Analysis of Mongolia's Steppe Road Program

Wang Hao

Abstract: China-Mongolia-Russia Economic Corridor is an important vision put forward by the Chinese government based on the huge potential of cooperation between the three countries. By interfacing the Silk Road Economic Belt of China, the Trans-Eurasia railway of Russia and the Steppe Road of Mongolia, it aims at building a new cooperation channel that connects the three countries and stretches across Eurasia and a new platform for common development. In the development of this Corridor, Mongolia's role as a bridge is indispensable. This article deals with the initiation and evolution of the Program, analyzes the motives of initiation and outlines its basic framework and priority areas of cooperation. It argues that this Program is driven externally by strategic consideration and internally by economic demand. In interfacing the Silk Road Economic Belt, the Trans-Eurasia railway and the Steppe Road Program, enough attention should be given to Mongolia's strategic consideration, and cooperation with projects under the Steppe Road Program should be conducted on a selective basis, so as to promote the China-Mongolia-Russia Economic Corridor in a steady and practical manner.

Key words: Steppe Road Program, China-Mongolia-Russia Economic Corridor, Silk Road Economic Belt, trans-Eurasia land transport corridor

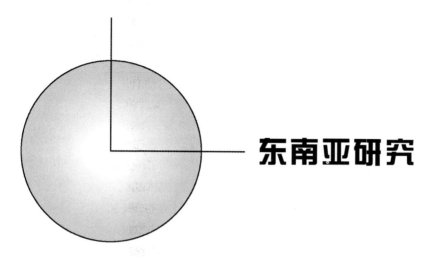

"一带一路"战略背景下中国企业走向东南亚的风险与对策

翟崑 潘强 王维伟

【内容提要】 伴随着"一带一路"战略的推进、东盟经济共同体的建成,中国企业在东南亚的直接投资领域、范围和规模都在不断扩大。但由于系统指导缺乏、整体实力偏弱、融资渠道受限,以及东盟各国在政治体制、经济发展、社会文化等方面的差异,中国企业在走进东南亚过程中面临巨大的风险,投资存在随机性和盲目性,投资失败的案例时有发生。企业作为"一带一路"成败的决定性因素,在走进东南亚的过程中,一方面,自身需要采取行之有效的措施,防范和规避在东盟各国的投资风险;另一方面,政府要与沿线国家建立协调机制,建立起鼓励企业"走出去"的立体化服务体系。

【关键词】 一带一路;企业;东南亚;风险

2015年3月,国家发改委、外交部与商务部联合发布《推动共建丝绸之路经济带与21世纪海上丝绸之路的愿景与行动》(简称《愿景与行动》),正式将"一带一路"列为中国新一轮改革开放的战略重点。"一带一路"沿线经过65个国家,横跨亚非欧,这是实现地区发展和改善外交格局的大战略。《全球竞争力报告》显示,沿线半数以上的国家基建指数位于全球均值以下,这就为中国企业"走出去"参与包括基础设施在内的建设带来重要的历史机遇。

中国提出的"一带一路"倡议是一个具有包容性的体系。不过,现阶段的重点是64个"一带一路"重要沿线国家。从这些国家所处地域来看,其中有10个国家(新加坡、马来西亚、印度尼西亚、缅甸、泰国、老挝、柬埔寨、越南、文莱和菲律宾)在东南亚。这10国中除菲律宾、文莱外其余8个都是中国的伙伴关系国,并且东南亚在中国的"伙伴关系"中处在较高等级。可见,东南亚是"一带一路"的重心所在。

作为"一带一路"的重要突破口,东盟无论是区位优势还是文化传统,都是中国企业的优先选择国家。但由于"一带一路"尚处在起步阶段,项目建设成果周期一般需要 2—4 年,并且受政治、经济和社会等多种风险影响,企业在东南亚的投资仍面临着各种不确定性因素。因此,中国需要采取有效措施加以防范和规避。

一、"一带一路"为东南亚经济发展带来重大机遇

"一带一路"的推出很重要的因素是中国经济需要转型,而在经历了 2008 年的金融危机后,东南亚经济急需恢复,可以说"一带一路"为东南亚带来了黄金机遇。

首先,由于中国经济再平衡更注重第三产业,中国在亚洲传统工业领域腾出的空间,对包括印度尼西亚在内的东盟国家是个机会。其次,中国经济再平衡更强调消费驱动,这对那些能满足中国日益增长的,如食品进口、旅游服务需求的东南亚国家也是利好。最后,中国经济再平衡进程中,"吸引外国直接投资发展出口基地"的模式将逐步转向"对外提供直接投资就地建设、就地发展"的模式,东盟国家均希望成为中国投资"有吸引力的目的地"。因此,包括印尼在内的东南亚国家将为赢得中国相关的市场份额和投资比例展开激烈竞争。

现代经济研究院发布的报告显示,新加坡对中国经济的依赖度最高,达到了 23.6%;马来西亚对中国经济的依赖度为 9.6%,越南为 8.6%,泰国为 7.6%,东南亚国家对中国经济的依赖度普遍都很高。但日本和美国却只有 3.2% 和 1%。报告称,如果中国经济增长率下降 1%,将会使新加坡的经济增长率降低 0.7%,使印尼的经济增长率降低 0.6%。

二、中国企业投资东南亚现状

(一) 投资规模不断扩大

随着"一带一路"战略的不断推进,以及东盟共同体的建成,加上中

国—东盟自贸区建设的不断推进,我国与东南亚各国的经济来往不断增多,对东南亚的对外直接投资迅速增长,东南亚已成为中国企业尤其是企业"走出去"的重要选择,中国也成为东南亚引进对外直接投资的重要国家。

商务部的数据显示,2015年中国企业共对"一带一路"相关的49个国家进行了直接投资,投资额合计148.2亿美元,同比增长18.2%,占总额的12.6%。其中,对东南亚的印尼和老挝均超过10亿美元,名列前茅。2015年,我国内地对东盟的直接投资增速较快,同比增长了60.7%。

从表1可以看出,中国与东南亚(东帝汶除外)的双边贸易额从2004年的1058.83亿美元增长到2015年的4720亿美元,增长近5倍。从表2可以看出,自2004年到2013年,中国对东南亚地区的投资流量由1.96亿美元增长到86.4亿美元,投资存量由9.56亿美元增长到356.8亿美元,增长了近37倍。

(二)投资分布趋于合理

东南亚既有新加坡这样的发达经济体,也有老挝、缅甸、柬埔寨等经济欠发达国家,其内部在政治、经济、文化等方面发展各异,中国虽然与东南亚山水相连,毗邻而居,但受文化差异、南海争端等因素影响,在对东南亚各国的投资中呈现不均衡现象,但逐渐趋于合理。从表3可以看出,中国对东南亚的投资主要集中在新加坡、印尼等经济相对发达的国家,也就是传统意义上的东盟五国,对外直接投资占同期中国对东盟直接投资总量的82.3%。而对老挝、缅甸等国家的直接投资严重不足,仅为17.7%。从投资时间上看,中国对外投资也受到了国际金融局势的影响,2008—2009年期间,中国对东盟的投资整体上趋缓并有递减之势,但随着"一带一路"战略的不断推进,中国企业对东南亚的投资也在不断恢复。

(三)投资领域不断拓宽

从行业分布看,近年来,中国对东南亚的直接投资主要集中在金融业、房地产业、商业贸易和制造业等领域。东盟秘书处官网的数据显示,第一产业投资比重在不断下降。随着东南亚基础设施建设需求的不断加大,中国在东南亚直接投资的第二产业的制造业、采矿业和采石业的比重在不断上升,比如中国华电集团公司正在建设的 Lower Stung Russei Chrum 水电站,中国企业在老挝建设水电工程和大坝,在中泰、中老之间建设铁路,在柬埔寨建立钢铁上和海港等。第三产业中的金融业、商业贸易比重也在不断上升。

(四)"抱团出海"特征明显

"抱团出海"是中国企业走出去的最人特点。海外华人是中国企业走出去的重要桥梁,对于企业,华人之间相互抱团共同发展已经成为一种共识,尤其在新加坡、泰国和马来西亚等华人较多的国家,抱团性质更加明显,投资建立合作工业园区、中国城以及中国商品市场等。比如马中关丹产业园、泰国罗勇工业园等,这些工业园聚集了来自中国福建、广东、山东等各省市的企业,部分企业成为促进当地经济发展的重要力量,比如华为,为东南亚国家的信息化进程起到了极大的推动作用。

表1 中国与东盟双边贸易统计表

年份	贸易额(亿美元)	同比增减
2005	1303.70	23.1%
2006	1606.37	23.2%
2007	2025.02	26.0%
2008	2311.13	14.1%
2009	2130.07	-7.8%
2010	2927.75	37.5%
2011	3628.50	24.0%
2012	4001.00	10.3%
2013	4436.10	10.9%
2014	4801.25	8.23%
2015	4720.00	-1.6%

资料来源:中国—东盟博览会秘书处。

表 2　2004—2013 年中国对东南亚地区直接投资量占中国对外直接投资量比重

年份	流量(亿美元)	比重(%)	存量(亿美元)	比重(%)
2004	1.96	3.56	9.56	2.13
2005	1.58	1.29	12.56	2.2
2006	3.36	1.9	17.63	2.35
2007	9.68	3.65	39.53	3.35
2008	24.84	4.44	64.87	3.53
2009	26.98	4.77	95.71	3.89
2010	44.05	6.4	143.54	4.52
2011	59.05	7.9	214.62	5.05
2012	61.00	6.9	282.37	5.31
2013	86.4	8.0	356.8	5.4

资料来源:《2013 年度中国对外直接投资统计公报》。

表 3　2006—2013 年中国对东盟直接投资的国别分布　单位:百万美元

国别	2006	2007	2008	2009	2010	2011	2012	2013	06—13	比重(%)
文莱	4.76	17	0	0	0.01	0	0	0	22	0.06
柬埔寨	130	165	77	97	127	180	368	287	1430	4.34
印尼	124	117	531	359	354	215	335	591	2625	7.97
老挝	5	2	43	36	46	278	0	0	410	1.24
马来西亚	−7	70	57	−121	−6	−15	34	133	144	0.44
缅甸	2	349	349	371	1521	671	482	793	4537	13.78
菲律宾	2.3	−0.1	−0.2	−3.3	0.2	−4	−2	6	−1	−0.01
新加坡	1582	1087	−172	1090	1190	5856	3409	5407	19449	59.06
泰国	26	73	8	25	707	295	561	479	2174	6.61
越南	89	250	53	112	115	383	190	948	2140	6.5
东盟 6 国	1732	1363	424	1350	2244	6346	4337	6616	24413	74.13
老缅柬越	226	766	522	616	1809	1511	1040	2028	8517	25.87
东盟	1958	2130	947	1965	4052	7858	5377	8644	32930	100

数据来源:东盟秘书处《2014 东盟统计年鉴》。

三、企业走进东南亚的动因

随着中国—东盟自由贸易区建设的推进,东南亚已经成为中国企业走出去的重要目的地。一方面,中国—东盟自贸区是一个拥有19亿人口的大市场,东南亚对基础设施建设、商业贸易发展需求旺盛。另一方面,东盟区域经济一体化进程的不断加快,赋予了东盟极大的经济增长潜力,中国企业主动根据东南亚各国的发展需求走进东盟,在促进自身转型的同时,助力东盟经济发展,实现"双赢"。

一是经济的不断发展促进了我国工业化水平的提高。"中国制造"成为我国工业高速发展的主要代表,但制造业快速发展的代价是牺牲大量廉价劳动力。如今,生产要素价格不断上涨,劳动力成本飞速上升,人口红利消失殆尽,中国已不再是世界上劳动力最廉价的国家。随着产业结构调整的到来,制造业结构也在不断升级,中国企业尤其是支撑制造业发展的企业转移到东南亚,有助于利用东南亚丰富的自然和人力资源,解决加工贸易等企业在劳力、资源和市场方面的紧缺问题。从产业发展看,新加坡、马来西亚等东南亚国家的第三产业发展水平较高,老挝、柬埔寨、越南等国的第二产业发展需求较大,相对于东南亚,中国对外直接投资最大的优势产业是制造业,制造业的对外直接投资可以缓解我国企业的转型困境。

二是大部分东南亚国家的经济发展还相对落后,尤其是柬埔寨、老挝、越南、印尼等国,对铁路、公路、房地产等基础设施建设需求旺盛。中国是制造业大国,同时也是资源消耗大国。而与中国毗邻的东盟,矿产资源丰富,特别是一些稀缺的矿产资源,比如印尼的锡矿、镍矿等。中国企业可以利用东盟丰富的自然资源市场就地取材,进而进行挖掘和加工。

三是中国与东盟稳定的区域经济合作成为双边开展合作的"强心剂"。2010年如期建成的中国—东盟自由贸易区,为中国企业在东盟各国的生产经营提供了便利,对刺激中国企业在东盟的投资发挥了重要作用。再比如已经连续12年成功举办的中国—东盟博览会,参展商超过43万人,国际项目签约额突破百亿美元,成为中国企业走进东盟加强合作的重要平台。

四是东盟各国投资条件优惠。为了增强自身的投资吸引力,为外资提供一个理想的投资坏境,加大外资引进力度,东南亚各国先后制定和发布了一些鼓励外国投资的优惠政策。总的来看,主要体现在税收优惠政策、非税收促进政策、行业鼓励政策和地区鼓励政策四个方面。

(一)税收优惠政策

由于税收关系到外国投资者的直接利益,东南亚各国普遍对外国投资实行税收优惠政策。如印尼政府对有限公司和合作社形式的新投资或扩充投资提供所得税优惠,包括企业所得税税率为30%(2010年后为25%),可以在6年之内付清,即每年支付5%等。

(二)非税收促进政策

除了税收优惠政策外,东南亚各国还对外资实行各种非税收促进政策。如菲律宾规定简化海关手续、托运设备的非限制使用,进入保税工厂系统,雇用外国公民等。

(三)行业鼓励政策

东南亚各国均根据各自国民经济发展的需要,划定了吸引外资的重点行业,对投资于这些行业的外资实行特殊的税收和非税收鼓励政策。如老挝鼓励外国投资于出口商品生产,农林、农林加工和手工业,重要工业用原料及设备生产,旅游及过境服务等行业,对这些行业的外资实行税收优惠政策。

(四)地区鼓励政策

东南亚各国还针对本国情况,划定了吸引外资的重点区域,对投资于这些地区的外资实行特殊的税收和非税收鼓励政策。如泰国投资促进委员会根据全国48个府的收入和基础设施等经济发展因素,将这些府划分为3个区域,对它们分别给予不同程度的鼓励投资政策。

近几年来,"一带一路"成为引领中国和东南亚区域合作发展的新的国际理念与政治导向,东南亚各国对"一带一路"计划反应最热情,为了响应这一倡议,东南亚国内对外商投资给予了更多、更有力的鼓励、优惠政策,以及对"亚投行"这一针对该区域基础设施建设所提供的金融服务的平台的支持。

四、中国企业对东盟投资风险分析

三十多年以来,中国企业对东南亚的投资经历了从单一向多样的转变,但是,企业在走进东南亚的过程中,仍然存在盲目性,制造业仍占较大比重,对于蕴含广阔潜力的第三产业和新兴服务业投资较少,产业定位缺乏、产业结构不合理等问题突出,对资金密集型和技术密集型投资需要加强。

(一)硬风险

一是政治风险高。东南亚11个国家中,各国政治体制各不相同,政治稳定性也各异,在东南亚各国投资风险差异较大。目前,根据政治风险的综合评估,可将东南亚11个国家分为三类。一类是以新加坡、马来西亚、文莱为代表的政治风险较低的国家,法律制度相对健全,政治环境相对较好。二类是以印尼、越南、柬埔寨、老挝等国为代表的投资环境相对宽松的国家。三类则是以缅甸、菲律宾、泰国、东帝汶为代表的在政治问题上还存在较大投资风险的国家。第三类国家主要是存在较突出的不确定因素。政治不稳定会对中国企业在东南亚投资造成经济损失或达不到预期的投资目标。

二是企业风险防范意识不强。中国企业走出去虽然发展迅速,但是起步较晚,经验不足,对所在国的政治体制和法律制度了解较少,因此往往带来一些不必要的纠纷。根据《中国企业国际化报告(2014)》蓝皮书,2005—2014年,在120起失败的中国企业"走出去"案例中,有25%是因为政治原因,其中8%是在投资审批环节东道国反对派阻挠,17%是因为东道国政治动荡、领导人更迭遭遇损失。比如一些企业由于对东南亚部分国家的政治派别不够了解,对一些政治势力没有进行针对性的分析,盲目跟从最终导致被部分国家政治势力利用,导致投资失败;一些国家吸引外国投资的相关法律、政策并不完善,办事程序也不够公开透明,办事效率较低,加之企业自身的不了解,中国企业被敲诈勒索的事件时有发生。

三是部分企业国际化发展战略不清晰。走出去是一个长远的战略,企业需要审慎抉择,但一些企业在亟须转型的情况下,盲目做出决定,比如一家中国小型企业在泰国进行海外并购过程中,并没有对自己的实力进行合理评估,导致收购后压力加大,使自己的发展陷入困境,问题长时间得不到解决,阻碍了海外发展之路。

四是企业融资困难。与大型国有企业相比,企业"走出去"的过程中融资成本普遍较高,并且融资渠道狭窄,融资困难直接导致企业资金周转陷入难题。比如,广西的一家电力企业,在越南设厂并投入运营,但由于长期受到流动资金不足困扰,履约保函以及预付款保函难以开具,从相关政策性银行获得支持的难度非常大,企业海外发展难以得到有效推进。

五是东南亚国家政策和国内政局带来影响。东南亚11个国家中,政局相对稳定的是新加坡、马来西亚、印度尼西亚等国,部分国家的政治动乱、宗教冲突等问题迟迟得不到解决,一些国家由于政府更替频繁,政策变化多端,给外资企业在所在国的发展造成了严重阻碍。比如,某集团在柬埔寨、老挝进行布局时,所在国承诺可以将矿石开采后运往中国加工,但2013年以来,上述国家禁止原矿出口,要求中国企业必须在当地进行粗加工,这给中国企业带来了很大的压力,原计划投资7000万美元修建的项目,因为政策变化,必须重新布局,投入消耗是原来的10倍,并且还要解决当地的基础设施建设问题,这给企业带来了巨大压力。

(二) 软风险

软环境包括政治、文化和社会等多个方面,在东南亚投资,软环境的作用不可忽视。一些企业往往对当地的人文风俗没有进行详细的了解,因而直接或间接地导致出现冲突,一些企业与当地百姓缺乏有效的沟通机制,往往造成"水土不服",引起一些不必要的麻烦。从某种程度上来说,软环境方面的挑战更大,更值得重视。

一是文化差异大。东南亚是一个多民族多宗教的区域,这一区域,既有全世界伊斯兰教人口最多的印尼,也有佛教圣地泰国,还有深受天主教影响的菲律宾,宗教团体和非政府组织在东南亚社会的发展中起着举足轻重的作用。比如缅甸和泰国的佛教团体,在社会各方面影响巨大,与普通民众相互依赖,十分注重社会责任,在日常生活中为民维权、为民请愿等方面发挥着重要作用,因此也获得了民众的信赖。同时,在柬埔寨、缅甸、老挝等国,非政府组织(NGOs)在民间发挥着至关重要的作用。中国企业在走进东南亚的过程中,要么非常注重与当地政府的关系,比如缅甸、老挝、柬埔寨等,忽视与群众的关系,对项目建设有可能造成的环境问题并没有与民众沟通,最终导致冲突发生,要么非常不了解当地的政治和宗教制度,不知道如何跟当地政府打交道,进而受到当地企业,甚至是当地政府的排挤。

二是恐怖主义存在潜在风险。东盟地区多民族存在、多种宗教并存、多文化元素使得东盟地区关系错综复杂,导致民族分裂主义和宗教极端主义活动演变成地区恐怖主义。近年来发生的一系列恐怖主义活动已威胁到整个东盟地区的政治稳定、经济发展和社会安全。各国不同宗教信仰间相互冲突时有发生,会给海外投资者带来潜在的风险。此外,由于社会文化差异所产生的冲突,在一定的条件下会给跨国投资造成非常不利的影响。

三是人才缺乏,应对国际事务的综合能力较低。中国企业在走进东南亚的过程中,往往不重视培养具备国际事务沟通和谈判能力的工作人员,这将直接导致项目在出现问题时,缺乏能与对方有效沟通的人才,进而影响工程建设。

2014年5月,越南因与中国在南海的领土争端爆发了一场较大规模的反华暴乱,在越南中南部地区多个省份,不仅发生了一连串反华抗议示威游行,而且对华人企业(包括中国大陆、台湾和香港企业)进行大肆打砸抢破坏。这一事件的一大根源是南海争端,但另一方面则是企业对当地群众的文化、社会环境了解的缺乏,间接导致了事件发生。

五、中国企业走进东南亚的战略选择

一是加快与"一带一路"政策的对接。认真分析东南亚各国的发展形势,并对"一带一路"政策进行仔细研究,对铁路、公路、电力等方面的基础设施建设要给予广泛关注,对商业贸易、金融服务、跨境电子商务等新兴服务业在东南亚的发展持续跟踪,在"一带一路"的框架下,利用好"丝路基金"和"亚投行"等多个融资平台,帮助企业自身解决难题。

二是企业要抱团出海。企业走进东南亚,不能孤军奋战,要抱团出海。比如采用建立产业园的模式,最大限度发挥产业优势和集聚效应,规避单打独斗的诸多弱点。泰国罗勇工业园就聚集了数十家中国企业,这些企业共同组建联合会,遇事商量,有难齐帮,良性循环,值得借鉴。另外,企业抱团后,很大程度上可以解决企业融资难的问题,比如成立商会或者企业联合会,将最大程度实现资源共享,进而为需要融资的企业寻找更快捷的融资路径。

三是充分发挥华人华侨的作用。全世界 6000 多万华人华侨,其中 75% 的华人华侨集中在东南亚,华人华侨熟悉国际环境和所在国国情,尤其是在马来西亚、新加坡、泰国、印尼等国,华人华侨掌握着本国的经济命脉,经济实力雄厚,拥有广泛的商贸、金融、社会网络,笼络了一大批技术和管理人才,企业走进东南亚,华人华侨的作用非同一般,特别要利用好华人华侨这条纽带,尤其是新一代华人华侨,要加强沟通,实现效益最大化。首先,华人华侨可以为企业走进东南亚牵线搭桥,为经验不足的企业作指导,当参谋,比如提供招商信息、招商项目、市场分析等。其次,聘请华人华侨在企业担任要职,发挥华人华侨的黏合剂作用,并利用华人华侨平台建立广泛的华商网络,以此解决中小企业融资难的问题,为更多企业"走出去"创造条件。再次,出现矛盾时邀请华人华侨参与沟通,有助于快速解决困难。

四是要尊重当地文化,强化企业社会责任。企业走进东南亚,需要不断加强自身社会责任建设,尊重当地文化习俗,学会换位思考,从当地群众的利益出发考虑问题,与当地 NGO 等组织合作,开展更多有利于当地社会发展的活动,让当地百姓实实在在得到实惠,进而接纳中国企业,解决后顾之忧。此外,政府需要建立评估机制,特别是对东道国国内的主要利益集团、民族与宗教冲突等进行重点评估,权衡东道国有关海外投资产业政策未来变动的可能性及变动方向。企业应建立风险识别—风险评估—风险预报—风险排除预警机制,对东道国投资风险进行实时跟踪、监督、预警与防范,争取和利用双边、多边投资保护协议、多边投资担保机构公约(MIGA)等措施保护投资企业自身的利益。

五是企业要善用媒体。媒体是一把双刃剑,对塑造企业在当地的形象有着至关重要的作用,因此企业走进东南亚,要利用媒体与当地群众打交道,尤其是当地主流媒体,要尽其所能,从社会责任出发宣传企业,进而提高当地百姓对企业的认可度。

结语

中国企业走进东南亚已经初见成效,但也存在一些急需解决的问题,只要企业认真把握国内对外开放政策和国际形势,认真领会东南亚各国发展上的差异性,以"一带一路"为发展跳板,利用好中国与东盟间既有的平台,深耕东南亚市场,就能取得更大收获。

(本文作者翟崑系北京大学东南亚学研究中心副主任、北京大学国际关系学院教授,潘强是新华社广西分社记者,王维伟是韩国仁荷大学博士生)

Analysis on the Risks and Solutions of Chinese Enterprises Investing in Southeast Asia in the Strategic Context of the Belt and Road Initiative

Zhai Kun, Pan Qiang, Wang Weiwei

Abstract: With the development of the Belt and Road Initiatives and the establishment of the ASEAN economic community, direct investment of Chinese enterprises in Southeast Asia is growing in kind, scope and scale. However, due to insufficient systematic guidance, weak overall strength and limited financing channels on the part of Chinese enterprises and different political systems, levels of economic development, as well as social and cultural conditions on the part of ASEAN countries, Chinese enterprises face enormous risks. Their investment is arbitrary and blind, and failures of investment occur from time to time. As a deciding factor in the success of the Belt and Road Initiatives, enterprises which are establishing presence in Southeast Asia should take effective measures to fend off investment risks in ASEAN countries. The government also need to establish coordination mechanisms with countries along the "Belt and Road" and provide multi-dimensional service to encourage enterprises to invest overseas.

Key words: Belt and Road Initiative, enterprises, Southeast Asia, risk

2015年大选后的缅甸政治形势及其发展趋势

李晨阳　宋少军

【内容提要】 2015年大选后缅甸国内政治形势发展总体稳定，各项改革进程持续推进。但与此同时一些不稳定因素仍将长期影响缅甸国内政治发展，倘若管控不当，不排除有发生新一轮政治动荡的风险。如何妥善处理好民选政府与军方的关系、缓和缅甸国内日益恶化的民族宗教冲突形势、有效推动国内和平进程以及回应政治转型以来民众不断增长的物质文化需求是未来一个时期内民盟政府需要认真应对的几大问题。

【关键词】 全国民主联盟（NLD）；2015年缅甸大选；缅甸形势；中缅关系

2015年11月8日举行的缅甸全国大选被外界普遍认为是近几年缅甸民主化成果的"展示窗"。根据20日选举委员会公布的最终计票结果，缅甸全国民主联盟（NLD）获得议会过半数席位，取得大选压倒性胜利。[①] 这是自1988年新军人政权政变上台后缅甸第一次实现真正意义上的"政权更替"。民盟新政府已于2016年3月30日集体宣誓就职。就目前缅甸国内政治发展形势来看，民盟政府执政期内将采取何种政治策略妥善处理好国内各派力量的政治分歧，以及民盟上台将对今后一段时期内的中缅关系产生何种影响等一系列相关问题，都值得我们加强研究思考。本文试就目前大选后缅甸国内政治形势的发展变化做一全面系统分析，并据此对民盟政府执政前景以及未来中缅关系的走向做一些前瞻性的预测和展望。

---

① 《缅甸公布最终选举结果》，人民网，2015年11月21日，http://world.people.com.cn/n/2015/1121/c157278-27839333.html。

一、对 2015 年缅甸大选结果及其影响的总体评析

2015 年 11 月 8 日举行的大选是缅甸自 1990 年 5 月以来的第三次大选,也是缅甸 2010 年发生政治转型之后定期举行的第二次大选。根据选举委员会公布的选举结果,昂山素季领导的全国民主联盟(以下简称民盟)在人民院和民族院所获议席均超过了推选副总统候选人所需要的 50% 门槛,这就意味着民盟可以分别从人民院和民族院推出两位副总统候选人。根据缅甸现行宪法,省/邦行政长官由总统任命,由于民盟在各个省/邦议会中也占绝对优势,这样缅甸的行政权、立法权甚至司法权从上到下都将被民盟控制。

(一) 选举结果:既在意料之中,也在意料之外

本次大选实际上是缅甸联邦和省/邦级两级议会的选举。其中联邦议会分为人民院和民族院,人民院共 440 席,包括民选议席 330 席、军人议席 110 席,大体上是每个镇区一个选区,个别人口较多的镇区会划分出新的选区;民族院共 224 席,包括民选议席 168 席和军人议席 56 席,14 个省/邦等额分配民族院议席,每个省/邦 12 席。省/邦议席共 673 席,均由民选产生。根据缅甸选举委员会公布的最终计票结果,民盟总共获得 1150 个议席中的 886 个,其中 255 个人民院议席,135 个民族院议席,496 个省/邦议席,无可争议地成为议会第一大党。原来的执政党巩发党获得 118 个议席,其中人民院 30 席,民族院 12 席,省/邦议会 76 席,退居第二。不过缅甸选举委员会 11 月 24 日宣布,原来的计票有误,德昂民族党的吴倪盛取代巩发党的吴赛萨鲁成为掸邦 5 号选区人民院当选议员,所以巩发党最终只获得 29 个人民院议席。民盟获得这次大选 77% 的议席,超过了 2010 年巩发党胜选时的 76.5%。

从总体上看,这次的选举结果既在意料之中,又在意料之外。之所以说在预料之中,是指绝大部分人选前都预测到巩发党肯定会输,民盟肯定会赢,并且民盟会成为议会第一大党。事实上纵观第二次世界大战后各国(地区)的政治转型,没有哪个国家的政党能够在开启转型之后还能继续长期执政。所谓意料之外,就是民盟取得压倒性胜利,获得了能够独立组阁

的绝对优势议席。此外,像现任议长吴瑞曼、巩发党执行主席吴铁乌等巩发党大佬在选前被普遍看好,但最终纷纷败下阵来,好在现任副总统赛貌康和吴年吞分别获得了省/邦议席和民族院议席,为巩发党保住了一点颜面。选前缅甸国内及国际社会的主流看法认为巩发党可能获得10%—20%的民选议席,如果"农村包围城市"战略能够奏效,加上行政资源的帮助以及某些不言而喻的手段,巩发党可能获得15%—20%左右的议席。在占联邦总议席31%的少数民族选区中,原来估计少数民族政党有可能获得绝大部分的议席,这样民盟获得的民选议席就不会超过60%,无法控制总统选举。在此情况下,吴登盛或者其他来自执政集团的代表都还有机会出任总统。这不仅是中国学者的基本判断,很多长期跟踪缅甸局势的多数西方学者以及相当部分的缅甸学者和NGO也持类似的看法。然而,最终的选举结果大大出乎各界的意料。巩发党只达到了外界的最低预期,而少数民族政党在此次选举中大败,丧失了绝大多数议席。

(二)选举过程:阿拉伯之春以来的正面标杆

在缅甸的5200万人口中,合法选民大约3350万人,80%以上的选民参加了这次选举。这么高的投票率在其他国家是不多见的,这表明缅甸的民众十分珍惜来之不易的决定自己命运的权利。为了确保大选的顺利举行,缅甸政府共安排了5万名警察到各个投票站维持秩序。在这次选举中,有一定数量的提前投票,也有激进的僧侣介入;有的政党候选人选举前在农村选区投入大量金钱修建道路、学校等基础设施,也给了一些贫困家庭必要的救助;当地政府为某些政党的候选人提供了交通上的便利等一些不利于公平选举的"小动作"。但总体而言,这次大选基本做到了公平、公正、自由,执政集团的一些盘外招非常有限,不足以影响所有选区的投票格局。尤其是选举前后没有发生大规模的暴力事件,这是最难能可贵的。迄今为止只有在选举前民盟的一个候选人遭到了殴打,一个巩发党当选者会后遭到了枪击,但没酿成人员伤亡。大选结果逐渐公布之后,巩发党表现得比较大度,其执行主席吴铁乌承认败选;现任议长吴瑞曼向获胜的民盟对手表示了祝贺;吴登盛通过其宣传部长吴耶图向昂山素季和民盟表示了祝贺,通过自己的脸书表示接受大选的结果和人民的选择,并承诺将和平移交权力;三军总司令敏昂莱同样向昂山素季表示了祝贺。在确定可以胜选后,民盟要求其支持者低调行事,不要刺激对手,昂山素季本人也迅速向吴登盛、敏昂莱和吴瑞曼发出了见面会谈的邀请。尽管民盟也出现了个别候选人选举开支超过500万缅币的现象,但是大选结束后没有人向选举委员会投诉。

综合上述情况分析,缅甸这次大选可以说是自2010年底阿拉伯之春以来,所有转型国家大选中做得最好的一个成功案例。现在看来民盟以及部分民众对吴丁埃领导的选举委员会的质疑大部分不属实,或者是过于敏感,有些事情的责任也不全在选委会。横向对比世界范围内同期发生政治转型的国家,如埃及、利比亚、突尼斯等国,缅甸5年来的政治发展以及在这次大选中的表现,比这些国家明显要好很多。因此,把缅甸这次大选视为21世纪以来发展中国家转型的典范并不为过。

(三)选举动力:传统转型理论的突破

缅甸这次大选无疑是对传统政治学转型理论的一次重大突破。传统的政治学转型理论认为一个国家要发生政治转型需要到达一个临界点,这个临界点的产生需要很多条件。首先是经济发展水平,尤其是人均GDP达到一定水平。尽管学界对人均GDP要达到多少数值才会发生政治转型没有一个定论,但像缅甸这样人均GDP刚刚超过1000美元的国家是很难发生政治转型的。其次是要有合理的社会结构,即中产阶级要占一个社会的多数或者是主体,但缅甸迄今为止基本上不存在现代意义上的中产阶级。第三是现代民主政治文化的广泛传播,并得到广大公民的认可和遵守。民主是一个游戏,选民不仅要知道这一游戏的规则,还要遵守游戏的规则。但缅甸还是一个处于现代化起步阶段的国家,文化水平较低的农民占人口的70%左右,要他们精通民主规则是不现实的。第四是要有成熟的政党及政治领袖,但国际社会普遍认为巩发党和民盟都不太成熟,其管理能力有限。

尽管缅甸在以上四个方面都没有达到政治转型的临界点,但缅甸恰恰从2010年开始,发生了这样一场基本符合民主规则的政治转型,缅甸农民及城市中低收入者在这次大选中所表现出来的高参与度、法治观念、对民主制度的认同和自豪感以及纪律性都出乎我们的意料。从这个角度看,把这次大选定义为对传统政治转型理论的突破也是可以接受的。

(四)选举技巧:"农村包围城市"策略的失败

进入21世纪之后,在东南亚部分国家的选举政治中,出现了"农村包围城市"的潮流。这种战略的创始者是泰国前总理他信。他信创立的泰爱泰党及其后来衍生的人民力量党、为泰党,都利用一人一票的民主选举规则,博取占人口多数的农民及城市贫民的支持,使得他信领导的泰爱泰党及其衍生的政党在2001年至2013年的历次大选中获胜。柬埔寨的人民党和洪森政权近年来也采取了同样的选举策略,洪森本人从1993年到现在一直担任柬埔寨首相在很大程度上得益于农民的支持。2011年缅甸新政府成立后,巩发党就预见到无法在仰光、曼德勒等大中城市和民盟竞争选票,因此巩发党就开始模仿他信的"农村包围城市"选举战略,在广大的农村地区以及一些偏远的少数民族地区建立了大量的"巩发党示范村"。巩发党也为这些村庄做了修路、架桥、接电线、修水井等实事。一般认为,没有多少文化水平的农民在经济利益的诱惑下,以及当地僧侣的诱导下,应该会把选票投向巩发党。但是,最终的结果却事与愿违,巩发党在广大的农村地区并没有获得多少支持,尤其是吴铁乌到巩发党下功夫最多的伊洛瓦底江三角洲地区竞选,最后也失败了。

缅甸这次大选的结果表明,对农民输送利益并非是万能的,尤其是转型之初,执政党短期的投入不可能抵消选民几十年来积累的不满情绪。所以,在这次大选中,缅甸选民主要看党派,基本不看议员候选人的性别、年龄、学历和能力,并不看重巩发党及其候选人给予的好处。换句话说,选民总体上还处于民主的狂热期,对军队以及受到军队扶持的巩发党的不满情绪尚未得到有效宣泄,要求实现政党轮替的愿望十分强烈。虽然选前有不少人质疑昂山素季和民盟的治国理政能力,但这部分人仅限于既得利益者以及少量的精英,他们对整个选情的影响太小了。选民的一个突出心态就是,军队和巩发党在缅甸已经试验了几十年,历史已经证明了这帮人没有能力把缅甸发展起来;不管民盟和"素妈妈"有没有能力,至少要给他们一个尝试的机会。倘若民盟执政成绩不尽如人意,或许再过5年,"农村包围城市"策略在缅甸又可以在选举中改头换面重新发挥作用了。

二、大选后的缅甸政治新格局

昂山素季领导的民盟基本毫无悬念地取得了2015年大选的胜利。本次大选结果集中体现了民众强烈求变的呼声,也反映出缅甸国内民众对民盟及昂山素季本人抱有极高期望值,渴望新政府在内政、外交各方面能加快推进改革进程,使民众能分享到更多改革红利。从选后的态势来看,在大选中失利的执政党和胜选的反对党都很理性,在任总统强调有序交权,军人承认大选结果,强调不会接管国家政权。民盟和昂山素季也表示了愿意与军人合作的愿意,不再强硬地要求清算前军政府高官。这表明缅甸的政党轮替将顺利进行,民主巩固指日可待。但就大选后的缅甸政治形势进行深入分析,大选后缅甸民主的巩固还将面临无数的严峻挑战。

2016 年 3 月 30 日,缅甸新任总统、副总统和各部部长宣誓就职,与此同时民盟也宣布了 14 个省/邦的行政长官名单。缅甸国内各派政治力量围绕着新政府组建的一系列激烈政治博弈也宣布告一段落。4 月 1 日,缅甸新一届中央政府与地方政府开始全面履职,这标志着民盟与巩发党之间的政权移交基本顺利完成,缅甸正式进入了民盟主政时代。

(一)缅甸本届总统、副总统的产生过程有些戏剧性

出任缅甸总统可以说是昂山素季的最大政治梦想,因此民盟胜选后她一直在和缅甸军方以及敏昂莱、吴登盛乃至吴丹瑞等人进行深入的沟通,试图突破缅甸 2008 年宪法第 59 条第 6 款关于总统任职资格的限制,但是最终闯关失败,所以不得不将 3 月 17 日提交副总统候选人的时间提前到 3 月 10 日。多数人认为最终获得提名的吴廷觉(人民院推荐,代表民盟)、吴敏遂(代表军方)、吴亨利班提优(民族院推荐,代表民盟)有些出人意料,实际上吴廷觉的提名在 2016 年 1 月就有些迹象可循,后来民盟释放了系列烟幕弹只是为了把谜底留到最后才揭开;吴敏遂被军方提名并不意外,因为 2012 年他曾是接替吴丁昂敏乌出任副总统的第一人选,只是因为子女的国籍问题,没有通过资格审查。解决了子女国籍问题之后,他代表军方出任副总统也在情理之中。只是吴亨利班提优能够代表少数民族出任副总统有些意外,不仅因为此前掸邦民族民主联盟领导人有意角逐该位置,历史上也从来没有钦族人担任国家主要领导人,毕竟钦族是缅甸人口数量不多、影响较小的民族。吴敏遂再次被提名也向民盟和昂山素季提供了一个新的选择,即把子女的国籍问题解决之后就可以参选总统。

(二)民盟对联邦政府架构进行了大刀阔斧的改革

一是大幅度减少了政府部门的数量,取消副部长职位。在新政府的组

成单位中,原来的36个部被削减到21个,其中合作社部、科技部、体育部被撤销,其功能分别合并到商务部、工业部、宗教事务与文化部等单位;合并成立了8个部,其中总统府第1、第2、第3、第4、第5、第6部合并成为总统府部,国家计划和经济发展部、财政部合并成为计划财政部,电力部、能源部合并成电力与能源部,农业灌溉部、畜牧渔业与农业发展部合并成农业畜牧灌溉部,交通运输部、铁道部、通信和信息技术部合并成运输和通讯部,文化部、宗教事务部合并成宗教事务与文化部,林业与环境保护部、矿业部合并成为自然资源与环境保护部,劳动就业和社会保障部、移民人口部合并成劳工移民人口部,增设民族事务部。其他部门则继续保留,宣传部(有的从英文翻译成新闻部或信息部,其实这是不准确的,缅甸语的意思就是宣传部)也在其中。其中新成立的民族事务部在职能上与由军方领导的边境事务部有些重合,反映了民盟对推动国内民族和解工作的重视,但也从侧面证实了军方与民盟在该问题上存在一定分歧的传言。

(三)内阁组建过程充分体现了昂山素季的个人意志

民盟对政府部门的调整与设置没有遭到多大的阻力,但是组阁过程却很复杂。根据昂山素季的要求,联邦各部不设副部长,所以部长的工作负担很重。同时新政府上台后各部面临的问题较多,很多原本答应考虑入阁的社会名流最后有多人拒绝出任政府部长职务,民盟不得不一再推迟公布最终的部长名单。由于找不到合适人选,昂山素季在3月30日宣誓就职时只能临时兼任四个部长职务。①

2016年3月30日就职的联邦各部部长名单如下:昂山素季任外交部、总统府部、电力与能源部、教育部四个部的部长,觉瑞中将任内政部部长,盛温中将任国防部部长,耶昂中将任边境事务部部长,佩敏博士任宣传部部长,都拉吴昂哥任文化和宗教事务部部长,仰光大学前校长昂都博士任农业畜牧灌溉部部长,吴丹盛貌任交通与通讯部部长,吴翁温任自然资源与环境保护部部长,吴登瑞任劳工移民人口部部长,吴钦貌秋任工业部部长,丹敏博士任商务部部长,敏推博士任卫生部部长,吴觉温任计划财政部

---

① 此消息公布之初,中国国内一些政治评论文章以此为由批评昂山素季专权。这一批评是不妥当的。昂山素季临时出任外交部、电力和能源部、教育部和总统府部四个部长的职务安排事先已得到民盟中央的批准,且是临时过渡,并非她本人主观意愿。稍后的形势发展也证实了这一说法。

部长,吴温凯任建设部部长,温妙埃博士任社会福利和救济安置部部长,吴翁貌任饭店和旅游部部长,奈代伦任少数民族事务部部长。4月4日,吴廷觉总统向联邦议会提名由仰光西区大学校长苗登基博士出任教育部长、能源部前常务秘书吴佩辛吞任电力和能源部部长,同时提名已退休的原副首席检察官吴吞吞乌任联邦首席检察官,提名缅甸统计委员会成员、缅甸报刊委员会成员和征税核查委员会成员吴莫丹任联邦首席审计官,并获得了议会的批准。这样缅甸联邦政府组建完毕,昂山素季只担任总统府部和外交部两个部的部长职务。

与此同时,民盟议员向联邦议会提出了设立国家顾问法案,并将昂山素季的名字写入了法案。尽管该法案遭到了巩发党议员、军人议员以及个别少数民族政党议员的反对,但依然在民族院和人民院先后顺利获得通过。2016年4月6日,昂山素季正式出任国家顾问。昂山素季通过国家顾问、总统府部部长和外交部部长等职位把政府的主要权力置于自己手中。5月5日,缅甸总统吴廷觉提议将昂山素季领导的国家顾问局升格为国家顾问部,这样政府部门增加到22个。

(四)民盟把持了所有的省/邦行政长官职位

3月28日,候任总统吴廷觉向联邦议会提交了拟任的14个省/邦行政长官名单,具体是吴漂敏登(仰光省)、林突医生(掸邦)、吴尼布(若开邦)、克昂医生(克钦邦)、吴额庞锡(克耶邦)、杜南钦推敏(克伦邦)、吴萨莱连勒(钦邦)、敏奈博士(实皆省)、勒勒莫医生(德林达依省)、吴温登(勃固省)、昂莫纽医生(马圭省)、佐敏貌博士(曼德勒省)、吴敏敏乌(孟邦)、吴曼觉尼(伊洛瓦底省)。这14名省/邦行政长官中,有两名女性,这在缅甸历史上也是第一次。根据吴廷觉的提议,各省邦议会在3月28日对各省/邦领导人名单进行了审核。其中若开邦举行邦议会会议时,超过邦议会过半议席的若开民族党不同意民盟党员吴尼布出任邦行政长官,并且中途退出了会议。但根据缅甸的现行法律,省/邦行政长官由总统直接任命,若开民族党此举并无法扭转吴尼布最终被任命为若开邦行政长官的最终结果。不过若开民族党不同意该党党员出任若开邦部门领导人,并且宣称成为反对党。此事对民盟政府在若开邦的治理尤其是罗兴亚人问题的解决带来了隐患。此外,克钦邦因故未按期举行邦议会会议,但克昂医生出任该邦行政长官的任命也不会再更改。

（五）其他联邦级机构相继组建

在缅甸的权力架构中，国家国防与安全委员会、宪法法院、联邦选举委员会也占有重要地位，这些机构伴随着联邦政府的成立也先后组建完毕。按照缅甸宪法的规定，其中国家国防与安全委员会由总统、两名副总统、民族院议长、人民院议长、三军总司令、三军副司令、外长、国防部部长、内政部部长、边境事务部部长组成。根据此前公布的政府、议会、军队领导人名单，其中总统吴廷觉、副总统吴亨利班提优、民族院议长曼温凯丹、人民院议长吴温敏和外长昂山素季等5人是属于民盟的国防与安全委员会成员，其余6人是现役军人或代表军人利益的退役将领。国家国防与安全委员会虽然是国家安全事务的最高决策机构，但它在巩发党时期基本只是一个摆设，今后5年能否发挥积极作用取决于民盟和军方的态度。宪法法院包括9名法官，其中吴苗纽任首席大法官。联邦选举委员会由5人组成，吴拉登取代吴丁埃出任选举委员会主席。与过去5年不同的是，民盟取代巩发党控制了宪法法院和联邦选举委员会。

纵观缅甸政府的这次换届过程，合作与和解成为主旋律。所谓合作，是指包括军队、政府、议会、巩发党等在内的执政集团与候任的民盟之间的积极互动、相互妥协和配合。当2015年大选结果出来后，缅甸总统吴登盛、联邦议长吴瑞曼、国防军总司令敏昂莱大将和巩发党执行主席吴铁乌均表示承认选举结果，尊重人民的选择，并承诺与民盟合作，确保政权平稳过渡。面对大选结果呈现出一边倒的局面，吴丹瑞表现出了惊人的政治智慧，在吴瑞曼的协调下，亲自与昂山素季于2015年12月在内比都进行了长达两个半小时的会谈。双方虽然未透露会谈的细节，但吴丹瑞会后公开表示昂山素季是"缅甸未来的领袖"，而昂山素季承认与吴丹瑞取得了共识，这表明双方在修改宪法、昂山素季未来能否就任总统以及新政府的权力分配等重大问题上深入细致地交换了意见，而且达成了相当多的共识。所谓和解，不仅仅是指军人集团与民盟化干戈为玉帛，更重要的是民盟致力于组建一个包括各方力量的新政权体系，力求实现各大政治力量的共存。目前已经出炉的联邦议会领导人候选人名单就清晰地展现了民盟的这一设想。民盟推荐的人民院议长候选人吴温敏来自民盟；人民院副议长候选人吴帝昆妙则来自巩发党，同时还是一位克钦族的地方武装将领；民族院议长曼温凯丹虽然也来自民盟，但他是克伦族人，并且是与昂山将军1947年一起遇难的克伦人领袖曼巴凯的孙子；民族院副议长候选人吴埃达昂现任若开民族党的名誉主席，曾任若开民族发展党主席。缅甸新政府的部门有所减少，但不会大幅度裁减公务员，并有部分前任主要官员留任，民盟的联邦议员一般不进入政府任职，而部分有能力的无党派人士则被延揽入阁；估计前任政府某些重要人物也将会得到妥善安排；总体政治格局仍将体现军人、民盟和少数民族三大政治力量的"平衡"。

三、民盟执政前景及其面临的主要挑战

目前缅甸国内外形势正处于1988年新军人政权上台以来近三十年中最好的时期。民盟上台后面临多重发展机遇，有着巩发党政府不具备的诸多优势条件。如能够准确把握有利机遇，缅甸将在民盟这届执政期内取得巨大发展成绩。与此同时，民盟执政期内将面对国内外的一系列挑战。无论是来自外界对民盟执政能力的质疑，还是目前缅甸国内存在的一些现实问题都将很大程度地影响民盟执政成效。缅甸大选后民盟新政府上台执政不过只是开端，真正具有挑战性的工作要在新政府执政以后才正式开始，其执政前景仍存在很大变数。

（一）民盟政府能否用执政成绩回应外界对其执政能力的质疑

一直以来，外界对民盟多有"老人政党"、昂山素季"一人党"的质疑。民盟成立后不久就处于被当局长期打压的地位，还曾两度被取缔。在昂山素季遭到长期软禁期间，民盟除了在缅甸各大城市的支部维持了基本运转外，各级地方组织长期处于近乎瘫痪状态，鲜有公开活动记录。在这种非正常的政治环境下，民盟出现了组织内部较为涣散、有足够管理经验的中层干部及党内知识精英分子极度缺乏、高层领导人年纪普遍偏大等一系列严重问题。[①]尽管民盟在近几年开始注意加强自身组织建设，但是目前来看成效并不明显。加上民盟以及昂山素季本人都长期从事街头斗争，并不熟稔议会政治，更缺乏政府管理经验，因此外界对民盟上台后的执政能力

[①] 昂山素季本人已经71岁，现任民盟中央执行委员会秘书长兼发言人的吴年温也已74岁，长期辅佐昂山素季的民盟名誉主席吴丁吴则已89岁高龄。即便是民盟新当选总统吴廷觉也已年满70岁。

普遍质疑也就不无道理。

目前来看,民盟仍然算不上是一个成熟的政党,缺乏民主完善的党内决策体系,对昂山素季个人决断极度依赖。此外,民盟本身也并非是一个内部稳固、高度统一的政党。民盟的人员组成较复杂,其中不乏政治投机分子,有些民盟成员心态也较偏激,以受害者自居。民盟就其实质而言,是由多个政治团体,为了获得大选胜利这一现实目标糅合而成的政治联盟,内部已经出现权力争夺的苗头。在未来执政期间保持党内团结是一大问题。① 昂山素季也已明确表示,民盟当选议员不要对部长、副部长职位有更多的想法。这些个人的利益诉求如果得不到满足,没有获得他们期待的民主红利,那么退出民盟甚至对民盟反戈一击都是可能的。再有一些民盟参选时的合作者,政治诉求与见解本来就不完全一致,当民盟执政后,出现某些新的摩擦或矛盾也是必不可免而需要解决的。

(二)在经济改革领域能否取得突破性进展

当前缅甸经济基础总体上仍然比较薄弱,国民经济发展水平与转型前相比没有得到根本性改善,人民生活水平还基本停留在改革前的水平。在发展经济问题上,缅甸需要国际社会的投资和援助。通过大量获得外来援助,引进国外资本和技术实现国民经济的快速发展,解决国内日益突出的民生问题,是民盟执政期内需要优先应对的重要问题,也是民盟新政府兑现大选期间对选民承诺的必然选择。巩发党执政时期经济改革明显滞后,民众对巩发党领导下的改革逐渐丧失信心和耐心是巩发党在大选中惨败的重要原因。尽管民盟 1990 年曾颁布过施政纲领,2013 年在颁布党纲的同时,再次向世人宣示了该党在外交、民族、经济、教育、百姓福利、农业、医疗保健、劳工、青年学生、环境保护、司法、交通运输、行政管理、国防安全等方面的基本政策,最近媒体又披露了民盟经济战略的五大支柱,但这些事情说起来容易,真要改变缅甸的面貌则是难上加难,尤其是民盟和昂山素季没有执政经验,民盟内部人才储备严重不足,这是大家公认的事实。如果 5 年后缅甸没有多大改变,选民也许又会放弃对昂山素季的支持了。

---

① 伊洛瓦底省的民盟候选人波飘(Bo Phyu)曾向媒体透露,自己同同选区的民盟代表主张并不一致,甚至彼此算不上朋友。但为了昂山素季和民盟在该选区的竞选胜利,他俩可以搁置彼此之间的争端。他甚至认为昂山素季就是一切,"如果没有昂山素季,民盟很有可能就解散了"。转引自参考消息网 2015 年 11 月 9 日报道,http://www.cankaoxiaoxi.com/world/20151109/991156.shtml?_t=t。

目前缅甸国内的基础设施建设还比较落后,涉及外资保护的相关配套法律法规不健全等问题依然比较突出。① 尽快出台具体措施刺激经济发展、持续改善国内投资环境、提高经济对外开放程度是缅甸政治转型下一阶段的重要目标。另一方面也要同美国等西方国家和国际组织就全面解除对缅经济制裁、放宽对各国企业入缅投资限制、扩大对缅援助做出极大的努力。2015年12月18日,缅甸通过了第二个五年计划,将促进经济发展和吸引外资作为下一阶段经济工作的中心任务。由于民盟政府得到了西方的广泛认可和支持,加上昂山素季在西方的良好人脉基础,民盟政府在吸引外资、改善国内投资环境方面有望取得一些突破性的进展。

(三) 国内各派政治力量能否就长期权力和利益分配达成共识

虽然军方以及有军方背景的执政党第一时间就承认了民盟在大选中获胜的结果,但目前来看,这种形式上的承认没有太多实际意义。民盟新政府想要维持政权稳定,一方面要尽最大努力联合各派力量组建党派力量较为均衡的新政府,另一方面要寻求同军方建立良好关系,获得军方对新政府的支持。但从长远来看,这些政治上的权力安排并未解决民盟同军方的根本矛盾以及对少数民族的主要诉求做出有效回应。目前缅甸军方仍依据宪法规定占有25%的议会固定席位,民盟近年来一直试图通过修宪来改变这一规定,以达到弱化军队在缅甸国家政治生活中的地位的目的。这些潜在矛盾仍需进一步化解。

各方能否在上述这些关键问题上达成共识？目前看在这场博弈之中,缅甸政局不确定因素依然存在,"在政府和立法机构层面,民盟同军方将会形成一种紧张关系,很有可能导致政局不稳"。② 倘若在此问题上各派政治力量的分歧始终无法消弭,将极有可能导致缅甸国内"民主破局",为军人重新上台干政提供充足理由。同时在对待少数民族及其政治诉求上,目前民盟政府也还没有拿出切实可行的解决办法。按照民盟的施政纲领,在民族事务方面,民盟只强调实现国内和平和民族关系和睦,对于少数民族要

---

① 参见 Philip Delves Broughton, "Burma, the Waking Tiger", *The World Today*, Vol. 68, No. 2 (February & March 2012), pp. 40—44; Tin Maung Maung Than, "Myanmar's Economic Reforms: Hard Choices Ahead", *Social Research: An International Quarterly*, Volume 82, Number 2, Summer 2015, pp. 453—480。

② Yoshihiro Nakanishi, "Will the 2015 General Election Change Myanmar?" Asia Peace Building Initiatives, http://peacebuilding.asia/will-the-2015-general-election-change-myanmar/。

求建立真正的联邦制、地区资源开发利益共享以及给予"民地武"合法政治地位等主要诉求还没有明确立场。

（四）国内民族宗教问题能否得到有效控制和最终解决

缅甸的国内民族宗教问题主要体现在缅北"民地武"问题以及孟缅边境地区的罗兴亚人问题上。在这次全国大选中缅北很多少数民族地区以及罗兴亚人都没有获得投票权，这被西方国家普遍认为是此次大选最大的不公正之处。① 此外，国内民族宗教问题的影响正不断外溢，并呈现出国际化的趋势，2015 年 1 月 11—15 日，缅甸同美国军方代表团在内比都举行人权对话会，美国方面就曾对缅甸政府军镇压"民地武"、不授予罗兴亚人公民权、国内愈演愈烈的佛穆宗教冲突等缅甸国内长期存在的民族宗教问题表达了不满。②

民盟能否顺利推进国内的民族和解进程关系到缅甸国内政治稳定大局。民盟政府推进民族和解离不开军队的支持和配合。然而大选刚结束不久，缅甸政府军就同克钦独立军爆发了新一轮武装冲突，无异于给民盟政府出了一道大难题。2015 年 10 月 15 日，缅甸政府同"民地武"组织签署了缅甸全国停火协议。然而这份停火协议却并不具有多大实际意义，实力较强的佤邦、克伦、果敢等"民地武"组织都没有参加。昂山素季在 2015 年大选中承诺将推动国内民族和解作为上台后"最优先的工作"，但缅北"民地武"问题实际反映出来的缅甸国内民族矛盾、民族歧视甚至仇视等深层次问题却非短期内能够解决。

在罗兴亚人问题上，缅甸官方长期坚持罗兴亚人是从邻国孟加拉国入境的非法移民的立场，并通过 1982 年《公民法》几乎剥夺了罗兴亚人的一切权利。③ 缅甸拒绝孟加拉国、泰国、马来西亚等国遣返罗兴亚人难民的做法，不仅造成缅甸同这些国家关系一度紧张，也使国际舆论一片哗然。总部设在纽约的人权观察组织曾于 2013 年 4 月发表一份人权报告，强烈指责

---

① "Myanmar Election：What Rights for the Country's Rohingya Muslims?"，BBC, 6 November 2015, http://www.bbc.com/news/world-asia-34739690.
② 《美司令借考察人权访缅北 缅甸战火波及中国人》，环球网，2015 年 1 月 14 日，http://mil.huanqiu.com/world/2015-01/5404849.html.
③ "Myanmar's Planned Apartheid against Rohingya and the Silence of the World"，Diplomacy Post, Oct 19, 2014, http://dippost.com/2014/10/19/myanmars-planned-apartheid-against-rohingya-and-the-silence-of-the-world/.

缅甸政府对若开邦的罗兴亚穆斯林实行的"种族清洗"行为。① 此外,联合国等国际组织也一直关注若开邦冲突引发的相关人权问题,缅甸国内的民族宗教问题一直得不到妥善解决将会是缅甸国家发展的一个长期制约因素。② 由于缅孟边界地区的数十万罗兴亚人多信奉伊斯兰教,与缅甸占多数的佛教徒关系长期紧张,极端的佛教徒在缅甸国内发起反穆斯林的"969"运动,主张通过恐怖暴力方式驱逐缅甸境内的罗兴亚人穆斯林。③ 在大选前后为了获得佛教徒的选票,在此问题上昂山素季曾经选择性失声。④ 罗兴亚人问题牵涉缅甸民族、宗教政策等多方面因素,若不大幅度调整现行政策,将受到国际社会施加的巨大压力;倘若调整幅度过大,将极有可能引起国内占多数的佛教徒不满,酿成新的佛穆冲突。如何有效推动国内民族和宗教和解、缓和国内族群冲突将是民盟政府即将面临的棘手问题。

因此综合来看,尽管目前缅甸政局的利好消息不断,但是这种和解、合作的态势能否保持可持续性,依然还有变数。除上述的一些重要影响因素还,吴丹瑞和昂山素季的身体状况也是一大值得关注的变数。尽管吴丹瑞已经退休,但他的影响力仍在。只要这两人健康状况良好,他们就可以控制住军人集团和民盟;一旦这两人或者其中的一个出现健康问题,原来达成的协议可能就难以执行,两人间达成的政治协议能否得到有效执行存在很大变数。此外,未来修宪时如何满足少数民族的联邦制诉求,同样是一个巨大的考验,尤其是军队对此可能有不同意见。目前缅甸的政治转型已进入了第二个五年,如果民主不能为老百姓带来实实在在的好处,普通民众生活得不到改善,昂山素季和民盟同样可能会失去民众的支持。这些都是民盟执政期间需要处理的棘手问题,都将考验民盟的执政能力。

---

① "Burma: End 'Ethnic Cleaning' of Rohingya Muslims" [EB/OL]. www.hrw.org, 4Apri2013.

② 参见"UN Urges Bruma to Investigate Rohingya Deaths after Latest Violence", the Guardian, 24 January2014;"Ethnic Minority Groups/Indigenous Peoples", 2015 Asian Development Bank, Manila, Philippines: Cambodia ADB, p.134。

③ 参见 Peter A. Coclanis, "Terror in Burma: Buddhists vs. Muslims", *World Affairs*, Vol. 176, No. 4 (NOVEMBER / DECEMBER 2013), pp. 25—33;Min Zin, "Anti-Muslim Violence in Burma: Why Now?"*Social Research: An International Quarterly*, Volume 82, Number 2, Summer 2015, pp. 375—397。

④ 2015年5—8月间,在缅甸国内一个佛教徒民族主义团体的极力推动下,缅甸总统吴登盛先后签署了《特别婚姻法案》《转变宗教法案》《人口控制保健法案》以及《一夫一妻制法案》四项法案,合称为"种族和宗教保护法案"。一些人权批评人士指出这一系列法案损害了缅甸国内某些非佛教徒的少数族裔的利益。民盟在该系列法案议会表决过程中投了反对票,由此引发国内一些佛教民族主义组织的强烈不满,此后民盟对国内民族宗教相关问题的表态不断趋于谨慎。

四、缅甸的政党轮替对中缅关系的影响

缅甸是中国重要的邻国,在长达两千多年的中缅交往历史中,和睦相处始终是主流,两国人民沿着南方丝绸之路不断拓展经贸合作与文化交流。独立后,两国关系经受住了国际风云变幻的考验,历久而弥坚。在新的历史条件下,中缅关系的前景将更加光明。民盟政府上台后,下一步的改革和发展离不开中国的支持,同样中国的周边稳定离不开缅甸的配合。正如缅甸国内著名历史学家吴丹敏(原联合国秘书长吴丹之孙,曾任吴登盛总统特别顾问)近期在美国《外交政策》杂志撰文所指出的那样,"新一届政府有两个首要目标:发展缅甸经济,停止长达 70 年的内战。达到这些目标对于保障民主转型的平稳推进是最基本的,而中国恰恰对这两个目标发挥着至关重要的作用"①。

当前中缅两国政治互信基础稳固,经济互补性较强,这些因素共同决定了中国将在下一阶段缅甸的转型发展进程中发挥着极为重要且不可替代的作用。这些基础性因素并不会随着缅甸国内出现政党更替而有根本性改变,换言之,中缅友好关系发展的大环境以及互助合作基础不会发生大的变化。

(一)两国领导人始终高度重视两国关系的发展

社会制度和意识形态的差异始终都不是影响中缅关系的关键因素。2015 年 6 月 11 日,习近平总书记在北京会见来访的民盟主席昂山素季时就曾指出,中方始终坚持从战略高度和长远角度看待中缅关系,支持缅甸维护主权独立和领土完整,尊重缅甸自主选择发展道路,支持缅甸民族和解进程,坚定不移推进中缅传统友好和务实合作。这将是新的历史条件下中国发展与缅甸关系的基本原则和方针。昂山素季作为务实的民族主义政治家,对中缅关系有着清醒而准确的认识。昂山素季虽然未能出任总统,但她作为民盟主席和精神领袖,将继续在缅甸政治中发挥核心作用。目前昂山素季就未来发展中缅关系的一系列表态显示,她很重视发展与中

---

① "Why Burma Must Reset Its Relationship with China", *Foreign Policy*, 12 Jan 2016, http://news.yahoo.com/why-burma-must-reset-relationship-224903808.html.

国的友好关系。她本人在公开场合多次表示,中国是缅甸的重要邻国,缅甸必须发展与中国的友好关系。她在同习近平总书记的会晤中说,"缅中两国是邻居,而邻居是不可选择的,致力于两国友好关系发展至关重要"。2015 年 11 月 17 日,昂山素季在内比都接受新华社的专访时再次表示,"中缅作为邻国,没有做不成朋友的道理"。她还强调,"作为邻国,不时会有点问题,但问题不是不能解决的。只要相互尊重,相互珍视,什么问题都可以克服"。① 此外,新任缅甸总统吴廷觉的家族可谓是资深"知华派"。他本人对中国文化与经济发展很感兴趣,其父敏杜温是缅甸实验文学运动的杰出代表,为中缅两国文学的交流做出了不可磨灭的贡献。敏杜温早在 1956 年就在缅甸国内编写出版了《鲁迅逝世 20 周年纪念》。1961 年他曾作为仰光大学教授代表团成员访问过中国,后来在缅甸陆续翻译发表了陈毅副总理关于中缅友好的多首诗歌、白居易的《骠国乐》等作品。敏杜温的著名小说《扎耳朵眼仪式》中译文 20 世纪 60 年代初发表于我国的《世界文学》杂志,产生了较大影响。另一代表作《昂大伯骗人》则是我国缅甸语专业学生必读的缅甸文学经典作品。因此,我们有理由相信在民盟执政期内,在两国领导人的共同努力之下,中缅关系将在现有基础之上取得更大发展,两国关系将迈上新的台阶。

(二) 中缅关系发展的基础依然十分稳固

2011 年 5 月 27 日,中缅两国发表联合声明宣布建立全面战略合作伙伴关系,标志着两国关系发展进入新的历史阶段。近年来吴登盛政府的外交政策基调就是在继续维持与中国的良好关系的同时,努力发展与该地区的重要力量——东盟、印度及日本的关系,并积极寻求改善与西方国家关系。因此就目前形势看,只要国际大环境不发生大的变化,中缅关系的发展不大可能出现重大的倒退。中国作为缅甸多边外交中的最大一边的地位也不会改变,中缅两国将继续推进双方全面战略合作伙伴关系的建设。

国家利益尤其是国家的安全、稳定与发展应是两国之间的最大公约数,中缅之间的睦邻友好与合作有利于两国人民。中国支持缅甸人民的选择,高度重视中缅关系的发展。昂山素季在大选获胜后曾表示,将继续推行同所有国家友好相处的外交政策,更加重视与邻国的关系,继续奉行对

---

① 《美国认为缅甸是中国"软腹"俄媒:打错算盘》,凤凰资讯,2015 年 11 月 15 日,http://news.ifeng.com/a/20151115/46249611_0.shtml。

华友好政策。① 2016年4月5日,在同到访的中国外交部部长王毅的座谈中,昂山素季再次重申了缅甸新政府愿意同中方加强高层往来、密切经济合作、为共同推进缅中关系取得更大发展而努力的坚定意愿。这一系列表态充分体现了其本人及其领导下的民盟政府在发展中缅关系问题上务实的态度。因此就目前形势来看,民盟政府将继续奉行中立主义理念指导下的外交政策,与中国在"一带一路"框架下开展各领域的深度合作将是未来中缅关系发展的主流。

(三) 中缅两国经贸领域合作潜力巨大

中国与缅甸有着长达数千年的友好交往历史,两国人民充分发挥地缘相近、人文相通的优势,经贸往来十分密切。缅甸被外界普遍看作是投资领域"亚洲最后的处女地",中缅两国开展经贸领域的互惠合作的未来前景广阔,对于推动缅甸国内经济发展的重要性也是客观存在的。此次大选成功举行为缅甸国内政治稳定奠定了最重要的基础,为国内经济发展创造了良好的前提条件。一个政局稳定、经济发展的缅甸,对于扩大中国对缅投资和密切两国关系具有重要积极意义。

随着缅甸国内市场开放进程不断加快,开放程度不断提高,将吸引更多外来资本进入缅甸,缅甸将有望逐步形成一个良性的资本竞争市场。在对待外来投资问题上,民盟的主张一向较为开放,民盟上台执政后中缅经贸合作将迎来良好契机,对中资企业而言是一大机遇。目前中国是缅甸最大的贸易伙伴和投资来源国,近年来尽管目前中方有多个在缅投资项目被搁置,但是两国经贸合作仍然呈现快速发展态势,中缅两国经贸合作的广阔前景和巨大空间是不容忽视的。在2014年9月,缅甸总统吴登盛同习近平主席的会谈中,做出了缅甸将全力支持中国"一带一路"倡议的承诺。②在"一带一路"合作框架下,缅甸是重要的参与国,中缅两国当以此为契机,不断扩展领域的合作,为缅中两国全面战略伙伴关系的发展做出贡献。

---

① 《缅甸民盟主席表示将奉行对华友好政策》,新华网,2015年11月18日,http://news.xinhuanet.com/photo/2015-11/18/c_128442046.htm?isMowSite。

② "China's Diplomacy toward Neighbors Contributes to Steady Development of Regional Cooperation: Myanmar Official", Xinhua, November 09, 2014, http://en.people.cn/n/2014/1109/c90883-8806843.html。

(四) 中国在缅甸大国平衡外交中的地位不可替代

无论是对新上台的民盟还是目前在野的其他反对党而言，中国都是一支不可忽视的重要力量。充分认识到中国作为周边大国的现实存在，妥善处理和平衡好同中国的关系是缅甸国内各派政治力量都无法回避和忽视的问题。由于军政府时期长期遭受西方国家制裁，一度出现中国在缅"一家独大"的局面，这在缅甸方面看来意味着国家主权受到一定威胁，因此缅甸不断在地区和国际社会寻找外部大国力量介入来试图改变这种局面。近年来缅甸不断加强同美日等西方国家的合作，在一些具体事务处理上甚至不惜损害中国在缅利益正是这种大国平衡外交思想的具体表现。对此问题，中国现代国际关系研究院陆忠伟指出，这种情况的出现是缅甸基于国家利益考量下的必然选择，未来缅甸在发展同中国关系上最有可能采取的立场是"亲西方而不离东土，靠北邻而不弃南舍，保持大国平衡，力求周边和睦，实现安全与经济利益最大化"①。笔者赞同这一观点，并进一步认为民盟政府仍将继续发展与美欧等西方国家的关系，但同西方国家关系发展到一定阶段后，缅甸的外交依然会回到正常的轨道上来。短期内昂山素季的价值观取向和执政风格上很可能更趋向于西方，但从长远看，她仍将以缅甸的国家利益为根本出发点权衡缅甸的外交策略。

综上所述，在缅甸的对外关系格局中，同其他大国相比，中国依然有着明显的综合优势，仍将作为缅甸多边外交、大国平衡外交中的重要一方力量而存在。当然，中缅关系的良性发展是双向互动的关系，未来中缅关系的发展不只取决于缅甸方面的外交策略选择，做好对缅外交工作也是我国周边外交政策的重要内容。在今后一段时期内，维护和加强中缅友好关系，就必须在"一带一路"、亚投行等合作机制和倡议中同包括缅甸在内的周边和沿线国家共享发展成果。在缅甸国内经济开发区建设、两国产能合作、基础设施互联互通建设特别是农业、水利等缅甸方面急需发展领域加强合作。

---

① 陆忠伟：《缅甸外交走向新推演》，《光明日报》2015年11月20日第12版，http://news.gmw.cn/2015-11/20/content_17793674.htm。

五、结语

　　缅甸这次大选的积极意义不容置疑,但这并不意味着缅甸独立以后一直始终困扰各方的国内民生发展、民族宗教矛盾等一系列问题就可以迎刃而解,社会经济和民众的生活水平也不会在一夜之间迈上新的台阶。民主并非万能的,民主体制很难在短期内解决缅甸错综复杂的政治、经济、民族和宗教矛盾,缅甸的政治发展道路还有较大的不确定性。总体来看,缅甸的政治形势仍然相当复杂,下一步的政治改革和发展都必然涉及修宪及大选等重大问题,在这一过程中各方利益冲突将表现得更加突出,存在各政治势力间矛盾激化而造成国内政局重新动荡的可能性。但与此同时,对缅甸政治发展的前景也不必过于悲观。尽管缅甸的政治转型中还存在很多不足,但考虑到这是在一个落后的发展中国家中发生的情况,当前缅甸在政治改革领域取得的一系列成绩还是值得肯定的。尽管目前仍然面临着一系列挑战和难题,但相信在缅甸各族人民以及包括中国在内的周边国家和国际社会的共同努力之下,缅甸未来的发展前景是光明的,对于民盟上台后的执政前景我们仍应持谨慎乐观态度。

　　就中缅关系而言,只要中缅两国政府和人民珍惜"胞波"传统友谊,在政治、经济、人文等各领域开展更多使两国普通民众真正受益的务实合作,中缅友好的大局就不会发生根本性改变。在当前"一带一路"重大构想付诸实施的大背景下,两国合作的空间会越来越广阔,中缅两国全面战略合作伙伴关系将得到巩固和加强,最终实现把中缅两国建设成为休戚与共的利益共同体和命运共同体的远景目标。

　　(本文作者李晨阳系云南大学教授、缅甸研究院院长;宋少军是云南大学历史与档案学院博士研究生。)

The Political Landscape in Myanmar after the 2015 General Election and Its Future Development

Li Chenyang, Song Shaojun

Abstract: Since the 2015 general election, Myanmar has enjoyed general political stability, and reforms have been advanced steadily on various fronts. Yet, some uncertainties will still upset Myanmar's domestic politics in the long run, which, if mal-managed, are prone to set off a new round of political turmoil. Going forward, the National League for Democracy need to seriously cope with the following issues: first, properly handle the relationship between the elected government and the military; second, ease the worsening ethnic and religious conflicts in Myanmar; third, effectively promote the peace process and respond to people's material and cultural demands which have been growing since the political transition.

Key words: National League for Democracy (NLD), 2015 general election of Myanmar, situation in Myanmar, China-Myanmar relations

菲律宾有机农业的兴起与发展[①]

包茂红

【内容提要】 绿色革命之后,菲律宾兴起了有机农业。有机农业是该国国内外多种因素共同作用的结果,是对现代工业化农业的超越,也是对传统农业的再发现。在不同动力作用下,菲律宾大致上形成了四种有机农业发展模式。虽然菲律宾有机农业无论从种植面积还是市场价值等方面来看都比较弱小,但它无疑昭示了菲律宾农业发展的方向和趋势。有机农业的壮大取决于经济社会结构的变革。

【关键词】 菲律宾;工业化农业;有机农业;国家有机农业规划

农业是菲律宾国民经济中的重要部门,其产值占菲律宾国内生产总值的17%,雇佣全国劳动力的33%,容纳了全国穷人的大约66%。[②] 自18世纪80年代以来,菲律宾农业开始商业化、现代化。菲律宾独立后,民族主义政府无论是实行进口替代还是出口导向工业化战略,农业都被用来培植工业化。也正是在这个过程中,菲律宾农业生产逐渐工业化。但是,这种以出口为首要目标的农业生产既没有满足国内民众的粮食需求,也造成了严重的环境问题,菲律宾农业生产出现不得不转型的迹象,有机农业应运而生。

有机农业是相对于工业化农业而言的。2008年,"国际有机农业运动联盟"在意大利召开的全体会员大会上通过了一个得到广泛承认的定义,即有机农业是一种能够维护土壤、生态系统和人类健康的生产体系,它遵从当地的生态节律、生物多样性和自然循环,不依赖会带来不利影响的投入物质。有机农业是传统农业、创新思维和科学技术的结合,有利于保护

[①] 本文是教育部规划基金一般项目"菲律宾现代农业的形成及其转型:一项农业生态史研究(1780—2010)"(批准号:13YJA770001)的中期成果。

[②] National Organic Agriculture Board, *The National Organic Agriculture Program 2012—2016*, Diliman, Quezon City, 2012, p.10.

我们所共享的生存环境,也有利于促进包括人类在内的自然界的公平与和谐生存。① 根据菲律宾2010年通过的《有机农业法》,有机农业包括所有促进生态友好、社会接受、经济可行和技术适用的生产食品和纤维的农业体系。通过禁止使用化肥和农药等,有机农业迅速减少了外部输入,但并不绝对排斥现代农业技术,在符合国际有机农业运动联盟确定的原则(不破坏土壤肥力,不伤害农民、消费者和环境)基础上进行的、实施旨在提高产量的土壤肥力管理、选种育种(不包括转基因技术)等技术的农业也包括在有机农业范畴之内。② 显然,菲律宾对有机农业的定义比国际有机农业运动联盟的定义要更具体,更有可操作性。本文着重探讨菲律宾有机农业兴起的背景、动力、发展模式和发展状况。

一、菲律宾有机农业兴起的背景

菲律宾地处热带,发展农业的自然条件很好。但是自进入殖民时代之后,菲律宾就要进口粮食,这反映了农业生产发展不足的现实。在18世纪80年代之前,西班牙殖民者曾经想把在伊比利亚半岛实践的农业移植到菲律宾群岛,可想而知,这种试验必然遭到失败。③ 此后,西班牙殖民者醉心于马尼拉大帆船贸易,忽略菲律宾的农业开发,致使菲律宾农业生产长期停滞不前。18世纪80年代后,西班牙开始改革殖民地统治政策,逐渐向世界市场开放农业生产。随着英国和美国资本的进入,菲律宾逐渐形成了以世界市场需求为导向、适合不同地域自然特点的出口经济作物种植体系,菲律宾经济被纳入世界资本主义体系。独立后,这种畸形的农业生产体系并没有得到完全、有效的改变,因为政府要用农产品出口所得支持工业化,同时通过农产品加工提高其附加值。但是,作为民族主义政府,努力实现粮食自给自足是它的基本任务。菲律宾政府一方面扩大粮食作物种植面积,另一方面通过加大资金和技术投入提高粮食主产区单位面积产量,开

---

① "Definition of Organic Agriculture", http://www.ifoam.bio/en/organic-landmarks/definition-organic-agriculture 访问日期:2015年2月2日。
② Republic Act No. 10068 亦称 Organic Agriculture Act of 2010, http://www.da.gov.ph/index.php/laws-issuances 访问日期:2015年2月2日。
③ Jaime B. Veneracion, *Philippine Agriculture during the Spanish Regime*, Quezon City: College of Social Sciences and Philosophy, 2000, pp.39—85.

展绿色革命。

扩大农业种植面积是推动农业生产的一个主要方式。独立后,菲律宾的人口一直处于高速增长时期。在这种条件下,要想满足其粮食和就业需求,就必须增加粮食作物种植面积。菲律宾的农田主要集中在沿海和沿河平原地区,而这些传统的耕作区早已人满为患,于是就不得不向森林要土地,向山地拓展。低地地区的无地农民追随伐木公司的步伐,进入林区,在伐过的林地上开垦农田,移植低地地区的定居农耕生产技术,并迫使山地民族向更陡峭的山区进发,同时不得不缩短刀耕火种农业的休耕期。菲律宾的玉米以及诸如椰子、甘蔗、香蕉、菠萝、芒果和咖啡等出口经济作物都主要是通过扩大种植面积来提高总产量的,其种植面积从1962年的500万公顷增加到1985年的1000万公顷。地处热带的菲律宾降雨量大而且集中,植被遭到破坏的山地地区很容易发生水土流失,甚至造成更大的诸如山洪暴发、山体滑坡、淹没城镇等灾难。这种问题一旦发生,农民要么转移到其他尚未开发的山区去拓荒,要么变成山民,继续向更深更陡的山区挺进。于是形成一个贫困、开发、环境破坏的恶性循环,显然,这样的开发模式既不能让农民长期致富,反而因为环境破坏而牺牲了山民未来发展的可能性,是不可持续的。

除了增加种植面积这种外延式(粗放型)发展模式之外,还有一种内涵式(集约型)增长方式,那就是提高单位面积产量。发展中国家的这种诉求与战后美国对外援助战略结合,促成了在墨西哥、印度、菲律宾等国家率先开展的绿色革命。水稻是菲律宾最重要的粮食作物,自20世纪60年代以来,菲律宾政府就积极引进和研发新的、高产水稻品种和生产技术。1962年,在洛克菲勒和福特基金会的赞助下,在菲律宾成立了"国际水稻研究所",致力于开发把温带和热带高产水稻的优良特性集于一身的新品种。1965年,国际水稻研究所的科学家培育出了抗倒伏、矮秆、喜肥、高产的优良品种8号。到1971年,菲律宾一半的稻田种植了8号,到1980年,种植这种高产品种的面积上升到75%。虽然菲律宾的水稻种植面积从1962年到1985年基本维持在300多万公顷,但水稻产量每年增长3.4%,从1964年的每公顷1.24公吨增长到1985年的2.48公吨。[1] 菲律宾不但实现了稻米自给,甚至还一度成为稻米出口国。但是,到1982年,绿色革命带动

---

[1] James K. Boyce, *The Political Economy of Growth and Improvement in the Marcos Era*, Ateneo De Manila University Press, 1993, pp. 63, 71.

水稻产量增加的动力被耗尽,水稻产量增长的进程无可挽回地终结了。

绿色革命虽然一度在增加产量上获得成功,但并没有如预期带来农村穷人收入的增加,相反绿色革命蓬勃开展的中吕宋地区却成为胡克农民起义的核心地区,因为农业收益并没有自动"下滴"到无地的穷人身上。与此同时,过度使用化肥、农药和单一品种种植带来了严重的环境问题。高产品种的集中种植削弱了稻田的基因多样性,害虫因为没有天敌而易于肆虐并快速变异。一旦发生虫害,水稻产量便会直线下降。据菲律宾国家粮农委员会估计,在水稻生产投入中,化肥占20%,农药占16%。过度施用农药固然能够迅速抑制病虫害的发展,但也会损害使用农药的工人的身体健康,污染水生食物资源并进入食物链,影响菲律宾人的健康,有些病虫害还会很快产生抗药性,这就需要开发和施用新的、毒性更大的农药。根据菲律宾"有机农产品生产商贸易协会"的说法,长期食用工业化农业生产的食品不但会影响大脑发育、扰乱神经系统、降低思维能力,还会导致身体产生抗药性和荷尔蒙紊乱,甚至致癌。① 由于菲律宾推广的高产水稻品种都比较喜肥,稻农对化肥的需求量越来越大,而氮肥是从石油等化石燃料中提炼出来的,因此随着国际油价在20世纪70年代的上涨,肥料价格水涨船高,但稻米价格却从70年代中期开始下降,菲律宾水稻生产陷入困境。同时,由于高产品种对化肥形成依赖,土壤的板结程度加大,自我调节能力下降。稻田中环境问题的涌现预示着水稻生产的可持续性出现严重危机。

显然,菲律宾农业生产中出现了结构性问题,而且这种问题随着人口的快速增加而愈发严重。要走出这种困境,需要在种植面积基本不会扩大的前提条件下,重新调整农业与土地的关系,走出一条和谐农业生产与土地承载力的新型农业之路。1985年,社区教育和服务局编制的题为《奇迹从未发生》的研究报告在全国稻农大会上发表,指出唯一可行的出路在于创造一种基于农业生态学原理、在生产和环境两方面都可持续的农业。随后反对国际水稻研究所的抗议活动风起云涌,这标志着菲律宾有机农业运动的开始。②

---

① "Organic Farming: the Future of Philippine Agriculture", http://www.fareasternagriculture.com/crops/agriculture/organic-farming-the-future-of-philippine-agriculture,访问日期:2015年8月25日。

② Rodelio B. Carating and Silvino Q. Tejada, "Sustainable Organic Farming in the Philippines: History and Success Stories," Paper presented at the workshop on ANSOFT-AFACI Pan-Asia Project at Gwangju, Republic of Korea, 18—20 October, 2012.

二、菲律宾有机农业发展的动力和模式

菲律宾农业发展瓶颈的突破来自两个截然不同但又可以相互融合的动力,分别是国际有机农业运动在菲律宾的传播和菲律宾传统农业的再发现。前者带来的主要是超越了现代工业化农业的有机农业,后者带来的主要是赋予了时代气息的本土有机农业。

国际有机农业运动给菲律宾带来了两个发展有机农业的有利条件,一是庞大的国际有机农产品市场,另一个是国际有机农业发展的成功经验。前者由菲律宾贸工部负责,主要是把经过加工的、自然生长的产品打入国际有机农产品市场,为菲律宾出口获得新的市场份额。1986年,贸工部的国际贸易和博览会研究中心派代表团参加了在德国纽伦堡举办的世界有机产品贸易博览会,展出了菲律宾生产的自然有机产品和冷冻或加工的有机产品,同时也看到了菲律宾产品在国际市场上的经济价值和竞争潜力,激发了菲律宾农民和商人从事有机农业生产的积极性。此后,该机构还继续组团参加了在日本和美国等地举办的有机农产品贸易博览会,继续扩大菲律宾有机农产品的影响,寻求市场机遇。

国际有机农业成功经验在菲律宾的推广主要通过菲律宾从事有机农业的非政府组织参与甚至组织国际有机农业运动联盟的亚洲会议来完成。国际有机农业运动联盟可以追溯到1972年,现有来自120个国家的800多个成员组织。该组织最先是由发达国家倡议成立的,后来逐渐吸纳了发展中国家,演变成一个真正促进全球有机农业发展的国际组织。1993年,在日本崎玉县召开了第一届亚洲有机农业会议,日本有机农业协会推广自己的有机农业生产的"合作(提携)"模式,菲律宾与会者从其十大原则中得到很多启发和鼓舞。1995年,菲律宾人参加了国际有机农业运动联盟在韩国首尔举行的亚洲会议,既了解了韩国有机农业发展的成果、经验和做法,又根据国际有机农业运动联盟的基本标准提出了菲律宾有机农产品及其加工的基本标准,为建设国家有机农业认证体系奠定了基础。1997年,菲律宾人参加了在印度的班加罗尔举办的第三届国际有机农业运动联盟的亚洲会议,了解了印度恢复传统的有机农业之路,增强了对本国农业传统赋权的信心。1999年,菲律宾在大雅台主办了第四届国际有机农业运动联盟

亚洲会议和科学会议,设立了促进有机农业认证和监管的种子基金。从菲律宾参与国际有机农业运动联盟亚洲会议的经历来看,他们不但学习了不同国家发展有机农业的先进经验,而且逐渐成为其中一个自主的经验创造者,变成了一个经验输入与输出平衡的自觉者。

在菲律宾国内,政府和民间组织出于不同的目的推动有机农业的发展。政府支持有机农业发展经历了一个从治理工业化农业导致的环境问题到提倡、引导有机农业的过程。1993年,农业部响应菲律宾在"21世纪议程"中的承诺,成立了土壤和水管理局,启动了"平衡农用肥料计划"和"综合害虫管理规划",以减轻和改善因过度使用化肥和农药引起的环境问题,进而有效控制害虫数量,提高土壤肥力,保持农业环境健康,同时使经济效益最大化。① 1998年,国会通过《农业和渔业现代化法案》,在促进菲律宾农业现代化的同时确保食品安全、减少贫困和营养不良、抑制环境退化、提高农业竞争力。2001年,成立菲律宾有机产品认证中心,发布有机产品认证和监管计划。认证中心执行严格的行业规范,在发放认证合格证之前,至少要经过3—6个月的认真监管,认证合格证的有效期只有一年。显然,这种认证是符合国际标准的,有利于菲律宾有机农产品出口。2002年,国家农渔产品标准局颁布了菲律宾有机农业国家标准。由于菲律宾有机农业标准是以国际公认的标准为基础的,所以得到认证的有机产品就可以顺利进入美国、欧盟、日本和韩国市场。2005年,阿罗约总统颁布481号行政令,建立国家有机农业局,通过设立从事有机农业各方的网络和制定国内有机农业发展路线图来促进有机农业在菲律宾的发展。从此以后,有机农业作为国家农业生产计划的有机组成部分正式成为中央政府各相关机构必须合力推动和完成的重要任务,各地方政府也结合当地农业生产传统和市场需求,积极推动小规模有机农场的发展。2005年,国会通过了《共和国10068号法案》,即《有机农业法》。这就意味着发展有机农业已经成为菲律宾国家农业战略。2012年,阿基诺三世政府颁布了《有机农业规划》,希望到2016年有机农业至少占到全国耕地面积的5%。② 从菲律宾政府采取的这一系列政策和行动来看,国家通过建立法制和管理体系为有机农业

---

① Perry E. Sajise, Nicomedes D. Briones, *Environmentally Sustainable Rural and Agricultural Development Strategies in the Philippines*: *Lessons from Six Cases Studies*, SEAMEO SEARCA, College, Los Banos, Laguna, Philippines, 2002, p. 145.

② "National Organic Agriculture Board", *The National Organic Agriculture Program 2012—2016*, Diliman, Quezon City, 2012, p. 11.

的发展营造了良好的环境和抓手。

与政府自上而下在全国范围推广相比,非政府组织更接地气,对有机农业的觉醒和行动更早。菲律宾是一个采用美国式民主制度的国家,公民社会比较发达,各种非政府组织不但遍及城市,还深入农村山区。早在1980年,从事农村开发的非政府组织"农民援助协会"就开始批判绿色革命造成的环境问题,认为其获利来自化学品污染,是一种得不偿失的生产。1986年,农民大会与科学家合作,成立"农业开发合作伙伴关系(MASIPAG)",鼓励农民种植自己的品种,施用农家肥,杜绝化学品输入。1990年,15家从事有机农业宣传和推广的非政府组织组成"可持续农业联盟",在全国各地举办有机农业展览,吸引农民从减少农业生产中的外部输入(Low-external-input sustainable agriculture)开始,逐渐自觉理解和参与有机农业实践。菲律宾从事有机农业的非政府组织逐渐形成了网络和伞形结构,其地方支部已经深入到农村社区,但这并不意味着这些组织是内向型的,相反它们与同类国际组织联系密切。MASIPAG 就是"亚洲可持续有机农业技术网络"的重要成员,也是国际有机农业运动联盟的重要成员。他们不但把国际先进的有机农业理念和经验介绍给菲律宾农民,还通过与国际有机农业认证组织、国际有机农产品市场的沟通,制定出符合菲律宾农村和农业特点的有机农业和农产品标准。MASIPAG 通过与农民组织、地方政府单位、其他非政府组织合作举办研讨会,游说地方政府承认和采用"参与式保障体系",促进有机农业在菲律宾农村的发展。①

在不同动力机制作用下,菲律宾大致上形成了四种有机农业发展模式。第一种是面向国际市场的有机农业生产公司。从事商业化农业生产的企业瞄准比较成熟的国际有机农产品市场和正在兴起的国内有机农产品市场,开始建设有机农场,从事有机农业生产。这种农场一般种植附加值比较高的水果和蔬菜,从土壤、肥料、杀虫、采光到包装、出口等程序都完全按照国际有机农业的标准进行。笔者在菲律宾的碧瑶曾经参观了"金色田园农业有限公司"在山上建设的蔬菜大棚,为其国际化程度之高深感震惊。其滴灌设施来自以色列,有机黏虫牌来自印度,机械设施来自美国,有机肥料来自菲律宾,技术指导和高管来自英国,生产的青椒、卷心菜、西红柿、草莓、芹菜等都出口到东京、首尔和欧洲市场。土壤是用多种有机纤维

---

① Eloisa Frieda Bosito and Rowena Buena, "PGS Continues to Gain Ground in the Philippines", *Global PGS Newsletter*, Vol. 05 No. 02, November/December 2014.

混合而成，种植什么作物是根据不同海拔条件下的气温来选择的，选用鸡肥还是猪肥取决于植物的习性。显然，这种农业生产是高资本和高技术投入，其产品自然是高质量和高价格的。

第二种是有些从事单一种植的商业化农场不得不转向多样化种植的有机农业生产。这方面的典型例子是赛西普种植园的转型。位于东内格罗斯省的赛西普种植园占地面积 800 公顷，地貌多样。在传统现代农业生产中，主要从事单一经济作物种植。到 1986 年，甘蔗种植占总面积的 86%，占总收入的 90%。① 虽然也有少量养鱼业和制盐业，但这些行业各自独立，没有有效整合。甘蔗生产需要改变地形，需要大量化肥等化学制品投入，但是产量增长不大，造成种植园利润很低，难以维持，水土流失严重，雇用的两千多名工人普遍贫困化。为了降低工人造反的风险，种植园不得不推行多元化政策，同时整合不同作物的生产。1991 年，赛西普种植园被纳入综合土改计划，30% 的所有权转让给工人。获得土地所有权的工人开始考虑自己土地的持续生产和收益问题，进而推行新的发展战略。其核心是在多元化种植和养殖基础上进行整合，让养羊和牛既提供肉类，又给养鱼提供营养和增强土地肥力，种植芒果树、培育牧场不但有利于产业多元化，还有利于生态多样性，进而改善生态环境。这样一个营养链和生物链的形成，自然把商业化农场变成了有机农场，在增加收入的同时还改善了生态环境。

第三种是小型家庭农场为了增加收入和保障家庭营养需求不得不转向有机农业生产。这方面的典型例子是农多伯的家庭农场。他的农场在西内格罗斯省，面积只有 10 公顷，主要种植甘蔗、水稻和玉米。在绿色革命时期，利用国家提供给农户的贷款，买进高产品种和大量化肥、除草剂以及农药，一度收成和经济效益都不错。但是，到 1985 年，随着土壤质量下降，农业投入不断上升，借贷利息迅速提高，该农场开始入不敷出，生产陷入困顿。作为"菲律宾农业开发合作伙伴关系"在当地的成员，农多伯不得不从高外部投入的现代农业逐渐转向低外部投入的有机农业，把自己的家庭农场变成生产多元化和有机整合的农场。他根据土壤结构和肥力以及

---

① Moises L. Sycip, Chona F. Javier, Freddie A. Salayog and Nelson C. Vilar, *Sustainable Agriculture in a Large-scale Commercial Farm: Case Documentation of the Sycip Plantation Farm Workers Multipurpose Cooperative in Manjuyod*, *Negros Oriental*, SEAMEO SEARCA, College Los Banos, Laguna, Philippines, 2002, p. 4.

地形条件,把土地分为不同功能区,分别是水稻产区、制盐区、林地区、块茎作物区、香蕉种植区、鱼塘、药用植物生长区、育苗区、牲畜饲养区、游耕区、休耕区等。这样一个小而全的农场基本上满足了一个家庭的需要,同时因为生产出有机食品而增加了收入。① 需要注意的是,这样一个转变不是自然发生的,其前提条件是这个农民必须具有营养循环和市场流通的相关知识。也就是说,必须得到从事有机农业推广的非政府组织的帮助。

与前面述及的三种有机农业不同,第四种是在菲律宾广泛存在的、比较传统的有机农业。在科迪勒拉山区,伯陶克人坚持传统的梯田水稻种植体系。其种子是祖传的适合当地风土的稻种,肥料来自随灌水而来的藻类固氮营养物质和用山间绿色植物沤成的混合家肥,水稻生长中产生的疾病和害虫也主要通过排干积水、深翻等技术来控制。采用这种技术生产的稻谷产量比全国平均产量(每公顷 2.5 吨)高两倍,同时保证了产品的有机性和建立在此基础上的传统宗教和文化。② 伊富高人实行传统的农林混作体系。森林不但涵养土壤和水汽,还提供野生动物等食品来源。游耕地套种水稻、豆类、玉米、土豆、烟草、蔬菜等,在种植 2—4 年后一般休耕 7—8 年。梯田上的湿地水稻一年种植两季,稻田里养鱼。这三种生产方式密切相连,林地为稻田保护水源,游耕地保持了水土并提供了生物多样性和完整的食物链,梯田因此而能获得比较好的收获量,还能代代相传,甚至成为世界文化遗产。③ 从这两个例子可以看出,菲律宾当地人的传统生产方式不但蕴含着整体论的思维,而且产出的是有机农产品。这是扎根于菲律宾风土的、地道的有机农业。它在有机农业大发展的时代焕发出了新的生机、展现出巨大的潜力。

从前面的叙述可以看出,菲律宾有机农业在内外两种动力驱动下,逐渐发展出四种不同的生产模式。尽管面向的市场不同、经营方式和依据的文化基础有异,但都是推动菲律宾有机农业成长的有效方式,并取得了明显成效。

---

① Rodolfo Oray, Ma. Lourdes S. Edano and Oscar B. Zamora, *Sustainable Agriculture in a Small-scale Resource-limited Farm*: *Case Documentation of a MASIPAG Farmer in Hinobaan*, *Negros Occidental*, SEAMEO SEARCA, College Los Banos, Laguna, Philippines, 2002, pp. 10—14.

② Perry E. Sajise, Nicomedes D. Briones, *Environmentally Sustainable Rural and Agricultural Development Strategies in the Philippines*: *Lessons from Six Cases Studies*, SEAMEO SEARCA, College, Los Banos, Laguna, Philippines, 2002, pp. 21—31.

③ R. C. Serrano, "Environmental and Socio-economic Impact Analysis of an Indigenous and an Introduced Agroforestry Systems in Luzon," PhD Dissertation, Graduate School, UPLB, 1990.

三、菲律宾发展有机农业的举措

国会通过《有机农业法》后,根据《菲律宾中期发展规划(2011—2016)》和反贫困战略的总体要求,国家有机农业委员会制定并在2012年3月颁布了《国家有机农业规划(2012—2016)》,指导和推进有机农业的发展。农业部在制订具体的工作计划、国家有机农业委员会的各个局在设计具体工程项目、地方政府在制定当地有机农业规划时都要以国家有机农业规划为指南,形成合力,推动有机农业在菲律宾既好又快发展。规划不但明确了有机农业发展的面积指标,还进一步要求菲律宾有机农产品在国际和国内市场扩大认可度,进而在可持续性、竞争力和食品安全方面对菲律宾农业生产做出贡献。具体来说,菲律宾有机农业生产既要通过提高生产率、降低外部输入来获得较好的收入,减少贫困,满足人民的基本物质需求和提高生活水平,还要保护农民、消费者和公众的健康,增加土壤肥力和生物多样性,减少污染和环境破坏,防止自然资源的进一步损耗,保护环境,降低人为和自然灾害风险,增强应对气候变化的能力,同时还要维持人权、性别平等、劳动标准和自决权。[1] 显然,促进有机农业发展比工业化农业要达到的目标更全面,更符合人的多样化需求,也对改善菲律宾农业和农村存在的问题更有针对性。

《国家有机农业规划(2012—2016)》发布后,各省也相继制订了相应的、符合地方环境特点的方案。西内格罗斯省提出要把本省率先建成全国有机农业示范省,同时还与东内格罗斯省联合,提出了要把内格罗斯岛建成"有机农业岛"和"亚洲有机食品基地"的愿景。西内格罗斯省不但成立了省有机农业管理委员会,还制定了有机农业条例和规划,决定每年投资2000万比索用于促进有机农业的发展。[2] 省政府还要求各农业生产单位制定自己的有机农业发展规划,并严格执行。省有机农业规划强调保持当地生物多样性和当地农民生产实践的重要性,激励农民迅速向有机农业转化。具体措施包括:成立培训和推广中心,教农民如何用蚯蚓等改良土壤,

---

[1] 参看 National Organic Agriculture Board, *The National Organic Agriculture Program 2012—2016*, Diliman, Quezon City, 2012.

[2] Danny B. Dangcalan, "P20-M Fund Eyed in Proposed Organic Agriculture Ordinance", http://www.philstar.com/region/658558/p20-m-fund-eyed-proposed-organic-agriculture-ordinance,访问日期:2015年8月25日。

如何选用生物杀虫和除草技术,如何把自己的有机农产品成功推向市场等;设立西内格罗斯省有机农业节,展示和销售自己生产的有机农产品,同时扩大影响,让自己的有机农业产品和经验走向全国和东南亚;打造有机农业旅游品牌,吸引更多游客来岛参观交流。西内格罗斯省还制定了《禁止使用转基因生物条例》,禁止在种植、施肥、除草杀虫等生产过程中使用转基因产品,间接帮助农民发展有机农业。经过坚持不懈的努力,西内格罗斯省的有机农业种植面积已经超过全部农地面积的4%,高出世界平均值3%。

除了政策导向之外,农业部的农业研究局和研究、开发和推广处联合,在全国建立"有机农业研究、开发和推广网络"。它囊括了研究和教育机构、地方政府相关单位、非政府组织、得到认可的相关利益群体,如有机肥料生产商和销售商、农学家、农业技术人员和农民等。经过深入调研和密集协商,推出了《菲律宾有机农业研究、开发和推广议程和规划》,其中的两个主要内容是:生产技术的发明和应用,知识和能力建设。就技术发明而言,主要是发明一些能够克服从工业化农业生产向有机农业生产过渡时期出现产量下降等问题的技术,从而使这个过渡能够平稳进行。另外,就是要尽快实现有机肥料的标准化生产,保证有机农业产品的外观和品质优良。具体来说,包括有机食品的生产与加工技术、增加和保持地力的技术、无害快速杀虫技术等。能力建设就是把生态农业的知识传播给农民和基层官员,更新其观念,进而使其自觉根据有机农业标准进行生产。①

在技术和管理经验形成后,农业学者、工程师、非政府组织和各级政府的培训机构等深入乡村和田间,向农民宣传和讲解并定期进行指导服务。专家们下乡指导时,首先要告诉农民有机农业比工业化农业投入少(因为主要使用农家肥和生物控制虫害技术)但回报高(有机农产品一般比工业化生产的农产品价格高10%—30%),从事有机农业生产可以致富。由于有机农产品市场需求大、供不应求,所以应该有更多农民转向有机农业生产。尽管农民理解了这个道理,但他们仍然被一些传统说法束缚,如"有机农业会导致饥荒""有机农产品形象不好"等。确实,在从工业化农业向有机农业转化时,会有一个三年左右的过渡期。在此期间,产量会降低,但过渡期结束后,有机农业本身具有生态、经济的可持续性。其实,产量下降并

---

① Rita T. dela Cruz, "Strenthening Organic Agriculture RDE: BAR's Initiatives on Food Sufficiency and Sustainable Agriculture", http://www.bar.gov.ph/organic-agriculture-rde,访问日期:2015年8月24日。

不意味着饥荒,因为导致饥荒的因素很多,其中最重要的是食品分配不公正。另外,在过渡期,农民可以利用地方政府的扶植政策和市场机制获得技术、资金以及其他支持,缩短土壤改造的过程,平稳顺利地度过这个阵痛期,完成转型。有机产品给人的印象确实是有虫眼,或者形状不规矩,但这只是初级的有机农产品,现在有机农业已经发展到可以运用综合生态措施防止虫害的程度,可以综合运用间作套种、轮作、有机黏虫牌、生物控制、网覆等手段来保证农产品的良好形象。① 农业研究局还组织专家编写适合农民掌握的《有机农业手册》,并翻译成多种方言,向全国发放推广。

地方政府和当地非政府组织合作,改变了有机农产品必须由第三方认证的教条做法,引入了在国际社会得到广泛承认的"参与式保障体系",提高了农户从事有机农业生产的积极性。菲律宾《有机农业法》第 17 款规定,有机农产品必须得到第三方认证,才可进入市场销售。而第三方认证的费用每年高达 5 万比索。这对大型出口企业不算高,但对小农户来说是难以承受的。其实,早在 2008 年,国际有机农业运动联盟和联合国粮农组织已经承认并推广参与式保障体系,菲律宾的非政府组织"农业开发合作伙伴关系"根据国际有机农业运动联盟的标准建立了自己的参与式保障体系,并得到国际有机农业运动联盟的承认。参与式保障体系坚持国际公认的有机农产品标准,以相互信任为基础联合生产者、消费者、当地政府官员、学者、非政府组织代表等利益相关者共同来监管保障质量,共同承担责任。参与式保障体系不但可以保障有机产品的品质,还可以把认证费用大大降低。通常情况下,2 公顷的农场的认证只需要 700—1000 比索,2 公顷以上的农场的认证需要 3000 比索。② 如果说政府实行的第三方认证主要是服务于以出口国际市场为导向的有机农业生产的话,那么参与式保障体系认证就主要是鼓励小农户和小农场为国内和地方市场生产有机产品。尽管这种认证体系已经在国际上被证明行之有效,在菲律宾也已非正式实行了,但要得到中央政府的承认尚需修订法律。于是,非政府组织就与地方政府合作,认可和支持参与式保障体系认证在本地区的施行。例如,达沃市政府就出台相关条例,并组成认证小组,为当地从事有机农业的小农

---

① Rita T. dela Cruz, "To Be or not to Be Organic", http://www.bar.gov.ph/organic-farming,访问日期:2015 年 8 月 25 日。
② Germelina Lacorte, "Organic Food Growers Seek Easier Way of Certification", http://newsinfo.inquirer.net/632090/organic-food-growers-seek-easier-way-of-certification,访问日期:2015 年 8 月 25 日。

户服务,同时扩大本地有机农产品的消费市场,提高农民的生产和生活水平,壮大地方经济及其可持续性。①

经过菲律宾中央和地方政府以及非政府组织的推动,菲律宾有机农业生产有了比较大的发展。由于统计标准不同,至今仍然没有一套完整、成系列的菲律宾有机农业发展的数据。但是,根据不同的来源,按照笔者自己的理解和考订,大致可以从如下数据中看出菲律宾有机农业的发展历史和趋势。② 1999 年,菲律宾只有 9 个有机农场,种植面积仅 95 公顷。2000年,有机农场达 500 个,种植面积 2000 公顷,占全部农业种植面积之 0.02%。2006 年,有机农场 34990 个,种植面积 14134 公顷,占全部农业种植面积之 0.12%。2009 年,有机农场 3051 个,种植面积 52546 公顷,占全部农业种植面积之 0.45%。2010 年,有机农场 3006 个,种植面积 79992公顷,占全部农业种植面积之 0.67%。2013 年,有机农场 3008 个,种植面积 101278 公顷,占全部农业种植面积之 0.8%。③从这些数据变化可以看出,菲律宾有机农业正在成为一个增长速度快、前景广阔的产业。

四、简短的结论

农业是菲律宾经济社会发展中的一个重要部门。西班牙殖民时代后期开始的现代农业在美国殖民时代得到进一步加强,菲律宾独立后其农业的外向性和工业化特征继续发展,农业中的现代性呈现出连续性,并在绿色革命时代达到高峰。然而,现代农业并不是一好百好,其弊端日益显露。在诸多问题中,最突出也是最令人担忧的是它的不可持续性。对菲律宾这样一个人口增长很快的国家来说,除了继续以农业支持工业化之外,更重要的是要保障粮食安全。粮食安全不仅仅意味着要生产出足够的农产品供消费,更意味着要让人们吃上无公害的农产品,所以菲律宾农业需要转型。

---

① Carmencita A. Carillo, "Davao Farmers Push Gov't Institutionalization of Guarantee System for Organic Products", http://www.bworldonline.com/content.php?section=Agribusiness&title=davao-farmers-push-gov&rsquot-institutionalization-of-guarantee-system-for-organic-products&id=93162,访问日期:2015 年 8 月 25 日。

② 有些数据是根据第三方认证的有机农场得来的,有些是推广有机农业的国际有机农业运动联盟提供的。这些都没有反映那些没有寻求第三方认证的有机农业的发展情况。

③ FIBL and IFOAM, *The World of Organic Agriculture: Statistics and Emerging Trends 2015*, Frick and Bonn, 2015, p. 169.

菲律宾有机农业的兴起受到了国内和国际两个方面的深刻影响。在菲律宾工业化农业出现经济和环境不可持续性等问题的背景下，国际有机农业运动的传播和对菲律宾传统农业的再发现共同作用，促成菲律宾政府和农村社会致力于发展有机农业。从这个意义上看，菲律宾有机农业既是对工业化农业的超越，又是对传统农业的再发现。

虽然菲律宾有机农业无论从种植面积还是市场价值等方面来看都比较弱小，但它无疑昭示了菲律宾农业发展的方向和趋势。有机农业的壮大取决于经济社会结构的改变。在现有结构下，人们已经习惯于现代工业化农业，形成了"路径依赖"。有机农业虽然已经表现出优势，但仍然要在这个人们习以为常的结构中寻求突破，而这样一个"凤凰涅槃"的过程将不会是一蹴而就的。

（本文作者系北京大学历史学系教授、北京大学东南亚学研究中心主任）

Rise and Development of Organic Agriculture in the Philippines

Bao Maohong

Abstract: Organic agriculture emerged in the Philippines after the green revolution. A result of multiple factors both domestic and external, it is not only an improvement on modern industrial agriculture, but also a rediscovery of traditional agriculture. Driven by different forces, the Philippines have established four models for developing organic agriculture. Though organic agriculture in the Philippines is still weak in terms of planted area, market value, etc., it already foretells the direction and trend of agricultural development of the country. Its future expansion depends on the reform of the socio-economic structure.

Key words: the Philippines, industrial agriculture, organic agriculture, National Organic Agriculture Program

一场财权博弈:海峡殖民地建立的必然与偶然

李婉珺

【内容提要】 海峡殖民地作为英属马来亚成形的序幕,现有关于其历史的著述大部分借鉴依赖殖民地政府档案,将其建立的原因归结为英国的殖民地"前进运动",或者用英国东印度公司的资本主义扩张冲动来分析槟榔屿、马六甲和新加坡的殖民地化。如此一来,以船长为代表的英国殖民者成了有血有肉的主角,以苏丹为代表的马来半岛社会却沦为面目模糊的小配角。笔者认为,上述写法固然有史料丰富的显著优势,但却难以逃脱因视角片面而带来的偏颇。本文尝试以财权博弈为视角,摆脱囿于单一利益群体的惯性,梳理海峡殖民地从无到有的相关历程,分析这个独特岛链式殖民地诞生的必然性和偶然性。这将为我们认识和理解当今槟榔屿、马六甲、新加坡三城依然显著的开放多元和灵活善变气质,提供历史依据。

【关键词】 海峡殖民地;柔佛—廖内王朝;英属马来亚;后马六甲时代

1826年海峡殖民地的建立,为英属马来亚的历史揭开了序幕,是马来西亚和新加坡近代史的重要内容。然而,除个别早期通史专著①外,现有著述大多都将海峡殖民地历史的重心放在1867年以后,即海峡殖民地的管理机构从英属印度殖民地政府,变成伦敦殖民部(Colonial Office)以后。除了建立初期的历史不太受重视以外,学界还往往"图方便似地"从英国东印度公司(下称"英公司")的视角出发,依赖海峡殖民地政府档案或者利用这些档案所形成的言说来串联这120年的历史。如此一来,槟榔屿、马六甲、

---

① 其中以安达雅夫妇的成名作影响较大。B. W. Andaya & L. Y. Andaya, *A History of Malaysia*, Longdong and Basingstoke: The Macmillan Press Ltd., 1982. 该著尝试将欧洲本土政局对荷英争霸东南亚和暹罗的因素等包括在内,是为数不多的将马来半岛置于大历史视野中的通史类专著。

新加坡在1826年被正式组成海峡殖民地之前的历史便"理所当然地"被轻视甚至被忽略,一小群英国人成为主角,占绝大多数的马来半岛多元族群社会反而成为不起眼的配角。

尽管欧洲语言和马来语史料数量和质量的不平衡应是导致这一结果的直接原因,但笔者认为,若能以财富和权力之间的博弈而非殖民地扩张为视角,才有可能较好地解释海峡殖民地之所以能够建立的必然和偶然,避免再次落入囿于单一视角的惯性,更立体和合理地梳理和解释海峡殖民地诞生的原因。

海峡殖民地作为马来半岛出现的首个岛链式殖民地,其独特的地理格局、相对独立的商站特性和相对松散的组织结构,令它与同时期的其他英属殖民地乃至后来的英属马来亚相比,都显得更为开放多元和灵活善变。这样的气质,直至今日,依然在槟榔屿、马六甲、新加坡三地的社会中清晰可见。那么,海峡殖民地的建立对马来半岛社会意味着什么?马来半岛的马来土邦苏丹如何看待这群乘着坚船利炮、携带多箱银圆而来的白人?对英公司而言,建立海峡殖民地是否仅仅出自商业考量?英国政府的态度转变说明了什么?

要回答以上问题,还需从后马六甲时代的马来半岛谈起。

一、后马六甲时代的马来半岛

对马来世界而言,1511年葡萄牙船长阿方索·阿伯奎(Afonso de Albuquerque)的登岸,宣告了马六甲世代的终结的同时,也开启了后马六甲世代。所谓后马六甲时代,主要是指1511年马六甲王朝灭亡,葡属马六甲建立,到1874年英荷签订《邦咯协定》之间的363年。之所以称为"后马六甲",有两层含义,一是对马六甲王朝遗产的继承,二是马来半岛社会的新发展。

葡萄牙人占领马六甲主要是为了控制马六甲海峡的香料贸易。就如其之前的殖民地战场一样,马六甲一役的致胜关键是以舰队为核心的海上硬实力。阿伯奎仅用了一个月便在1511年8月10日成功占领马六甲。然而作为外来殖民者,葡萄牙人的统治是缺乏本地基础的,马六甲王室在原势力范围内的合法身份是没有从根基上被动摇的,这为后马六甲时代马来半岛政治版图的碎片化埋下了伏笔。

出逃后的马六甲王室分裂成了两支,一支以末代苏丹马哈默德·沙(Sultan Mahmud Syah)为首,另一支以其子艾哈迈德·沙(Ahmad Syah)为首。马哈迈德一支辗转南下,到达马来半岛南端,与常年活跃于新加坡及柔佛—廖内群岛的布吉斯人组成利益联盟,建立新的政权,即柔佛—廖内王朝,而且接管了葡属马六甲以外的大部分原马六甲王朝版图①。北边一支走向内陆方向,并在马来半岛中部建立彭亨王朝②。可惜的是,除了马来古典文学中的传奇故事以外,这些马六甲皇室后裔建立新政权的确切过程并未见有准确史料可依,但可以肯定的是,类似的故事在马来世界并不少见。

总的来说,后马六甲时代的马来半岛呈现出以下特点:

第一,马来半岛原有政治和经济格局被葡、荷、英殖民者逐步蚕食、动摇直至重新洗牌,以马六甲王室后裔为代表的马来世界权力架构变得碎片化。马来统治阶级以小政治集团为单位流散到马来半岛中部和南部等区域。马来苏丹的政治地位表面上获得了承认,实际上只有仪式性地位和内部事务管理权,逐步从名副其实的统治者变成一个被架空的权力象征。

第二,海峡殖民地与其他马来土邦社会制度的日益错位。海峡殖民地作为英属印度第四省,其政治、经济、宗教等社会制度开始走上与其他马来土邦不同的道路。在殖民者的管治和设计下,形成叠加于原有亚洲内部贸易的殖民贸易制度,成为英帝国殖民贸易网络的重要节点。相比之下,马六甲式的金字塔政治制度基本在其他马来土邦得以保存。19世纪中叶前后的海峡殖民地,沦为英属印度殖民网络的一环少则数十年,多则已近百年。这些港埠的政治、经济、社会制度已经围绕自由贸易形成新的话语体系和运行规则。最显著的差别,是马来土邦在苏丹所在的金字塔顶层引入了一个新群体——英国驻扎官。在1874年前,充当"顾问"的英公司驻扎官与以苏丹为代表的马来土邦统治集团更像是一个钩心斗角的脆弱利益同盟。既然脆弱,便容易破裂。以英驻霹雳第一任驻扎官伯奇(James W. W. Birch,1826—1875)的被刺杀为导火索,1874年签署的《邦咯条约》(Pangkor Treaty)为分界线,英国政府对马来半岛的政策从"不干预"转为

---

① R. O. Winstedt, "A History of Johore," *JMBRAS*, Vol. X, 1932.
② 理查德·温斯泰德:《马来亚史》上册,姚梓良译,北京:商务印书馆1974年版,第106页。

"干预",是英殖民者干涉马来土邦内政并进而逐个吞并马来土邦的突破口。①

第三,马六甲的多次易主。葡属马六甲、荷属马六甲、英属马六甲的接连更替,说明欧洲殖民势力已经在马来半岛政治体制中找到了着力点和介入方式,曾经代表马来世界权力中心的马六甲城中,马来苏丹的影子早已难以寻觅,但城外的马来半岛却似乎依然故我。可以说,马来半岛实际上是在马来统治阶级和欧洲殖民者的一次次财权博弈之下,以条约等形式,成了英帝国庞大殖民网络中的一环。

二、吉打苏丹的"失算":槟榔屿的殖民地化

1. 槟榔屿殖民地史的肇始

1786年8月11日,英公司海商、船长弗朗西斯·莱特(Francis Light,1740—1794)随东印度公司"范西塔特号"和"瓦伦丁号"抵达槟榔屿,并在随行英国官员见证下升起英国国旗,声称以不列颠国王陛下的名义正式占领该岛,并将之命名为威尔士王子岛(Island of Prince Wales)。②

这一事件曾长期被视为是槟榔屿历史乃至马来西亚近代史的重要开端,莱特更被视为是槟榔屿的拓荒者,1786年前的槟榔屿历史就此被西方学界"默契地"一笔勾销。显然,这是从英国殖民者视角出发来"裁剪"历史的做法,而且槟榔屿并非孤例,现有英属马来亚史成果中,类似做法已成为常态。

讽刺的是,即便是仅仅考察英国史料,我们也可以肯定,莱特甚至不是第一个登上槟榔屿的英国人。

早在1593年,伊丽莎白时代英国著名贸易商和海盗詹姆斯·兰卡斯特(James Lancaster,1554—1618)船长便曾已率领着船队抵达槟榔屿南边的老虎岛(Pulau Rimau),并登上槟榔屿考察,但可惜只到了人烟较少的南边,因而没有与当地居民发生交往的记录。③那么1786年的莱特登陆之所

---

① 聂德宁:《试论"邦咯条约"的签订及其后果》,厦门大学学报(哲学社会科学版)1999年第2期,第87—93页。
② 理查德·温斯泰德:《马来亚史》,下册,姚梓良译,北京:商务印书馆1974年版,第324页。
③ C. R. Markham, Ed., *The Voyages of Sir James Lancaster, Kr. To The East Indies*, London: Printed for the Hakluyt Society, 1877.

以受到重视的原因便很简单了:莱特的登陆意味着不列颠殖民帝国在马来半岛殖民地史的开端,需要置于突出地位。

可见,对20世纪上半叶以前的英国史家而言,"裁剪"的目的,主要是对不列颠殖民帝国在马来半岛的扩张进行精确记录,其优势是非常明显的,史料随手可得,类目齐全,条理清晰,断代简单。但对当时马来宫廷学者和当代史家而言,其硬伤也是相当明显的,即以英国殖民者视角来俯瞰马来半岛的历史,带有明显的欧洲中心论之余,还有以偏概全的遗憾。

与英国史料被长期珍藏且被广泛利用的待遇形成鲜明对比的是,马来古典历史典籍或其他珍贵手稿等记录了马来土邦统治阶级视角的史料,长期被学界归类为是充满夸张、美化和神话元素的文学作品,不可采信。如此一来,对有"文史合一"传统的马来文化而言,历史编纂话语权随着殖民地的建立而迅速受到蚕食,直至完全落入英国殖民官手中。以英国殖民者为本位的殖民史占领主流学术空间与话语权,以马来族群为本位的历史反而成了非主流。对于一百年前的英国殖民官史学家而言,这种做法或许情有可原,然而对于当代马来西亚历史研究而言,再延续这种传统,便是原地踏步了。

可喜的是,随着20世纪下半叶以来的历史学和考古学发展,上述视角正在逐渐被打破,来自马来人和英国人的史料开始同时被用于交叉考证,尤其是在年轻学者的著作之中,1786年前与1786年后的槟榔屿逐渐被连贯起来。例如1971年牛津大学出版的《吉打(1771—1821):对安全与独立的求索》①,是由作者伯尼(R. Bonney)在马来亚大学攻读历史学硕士时的学位论文修订而成的。2008年初版的《槟榔屿早期历史》②,则是马来西亚考古学家和历史学家合作梳理槟榔屿和威省新近考古成果和古代文献的新近成果。这些利用多元史料且呈现跨学科特色的新成果都显示,1770年才是槟榔屿沦为殖民地历程的肇始年份。

2. 吉打王朝的外患和内忧

下文将从这一年吉打王朝所面临的外患和内忧开始梳理。

---

① R. Bonney, *Kedah 1771—1821*: *The Search for Security and Independence*, Kuala Lumpur: Oxfrod University Press, 1971.

② M. Hj. Salleh, Ed., *Sejarah Awal Pulau Pinang*(槟榔屿早期历史), Pulau Pinang: Penerbit Universiti Sains Malaysia, 2008.

据《珍贵的礼物》①记,1770年雪兰莪的布吉斯王朝将军拉阇·哈吉(Raja Haji)曾说服其王兄苏丹萨拉乌丁(Sultan Salauddin)举兵攻打吉打苏丹穆罕默德·基瓦·宰纳尔·阿比丁·穆阿扎姆·沙(Sultan Muhammad Jiwa Zainal Abidin Mu'azzam Shah,1710—1778年,以下简称"苏丹穆罕默德·基瓦"),目的是追讨1724年布吉斯首领达英·帕拉尼(Daing Parani)以62艘战船助其赢得王位争夺战的补偿:与12巴哈尔(bahar)②胡椒等价的西班牙银圆。苏丹穆罕默德拒绝了该要求,布吉斯人随即入侵吉打,并很快控制了王城亚罗士打。虽然关于战争补偿和布吉斯人占领亚罗士打的事并未能与英国史料互证,所以我们暂时无从考究作者拉阇·阿里·哈吉这种说法的依据,但1770年布吉斯和吉打之间骤然交恶乃至剑拔弩张是毋庸置疑的了。此乃吉打王朝面临的来自南边的外患之一。

来自北边的外患更是令苏丹穆罕默德·基瓦左右为难。1767年4月17日,刚刚即位3年的缅甸贡榜王朝国王信漂辛(Hsinbyusin)率领强军南下侵略暹罗阿瑜陀耶王朝(泰国华人又称其为大城王朝),经过长达一年的鏖战,攻陷暹罗都城阿瑜陀耶(Ayuthaya),延续了400余年的王朝就此灭亡。树倒猢狲散,阿瑜陀耶王朝灭亡后,原本的藩属土邦纷纷脱离独立,包括原为藩属国的吉打和北大年在内的马来半岛土邦也不例外。苏丹穆罕默德·基瓦将原本每年给暹罗的贡品金花(Bunga Emas)和银花(Bunga Perak)改赠给在都城阿瓦城(Ava)的缅王,以示投诚。

然而,仅仅在缅军占领阿瑜陀耶城6个月后,一位名为披耶·达信③(Pharaya Taksin,又写为Chao Tak,中国古籍称"郑信",1734—1782)的原阿瑜陀耶城中泰混血军政长官,开始率领一支由暹罗人和华人组成的力量攻回王城,并凭借出色的军事组织才能成功驱逐缅军,夺回故都。由于旧城已破败不堪,无法再充当王都,达信决定在湄公河下游西岸的吞武里(Thonburi)建都。1767年12月28日,33岁的达信自称继承了清朝敕封给阿瑜陀耶王朝的暹罗王封号,建立了吞武里王朝(Thonburi Kingdom,中

---

① Raja Ali Al-Haji Riau, *Ruhfat Al-Nafis*, Singapore: Malaysia Publications Ltd., 1965. 我们不能否认完成于1865年的《珍贵的礼物》距离1770年已近一个世纪,加上作者拉阇·阿里·哈吉身为拉阇·哈吉孙辈的身份,恐怕内容难免有美化和夸张的嫌疑。

② "Bahār"(بهار)在阿拉伯语中意为"香料"。P. H. Kratoska, *South East Asia, Colonial History: Imperialism before 1800*, London: Routledge, 2001, p.343.

③ 披耶·达信,原姓郑,祖籍为广东省澄海县华富村,其父郑镛为一名破产农民,清雍正初年南渡暹罗谋生,后娶暹罗姑娘洛央为妻,1734年4月17日生下了郑信。郑镛死后郑信被时任暹罗财政大臣昭披耶却克里收为养子,接受暹罗贵族子弟传统教育,精通暹罗文、华文、梵文等。

国史书称"郑信王朝")。①在接下来的15年里,郑信举兵扩张,通过战争或者招降,柬埔寨西部、马来半岛槟榔屿和丁加奴以北、缅甸北部、老挝等地都被纳入吞武里王朝版图。

新暹罗王的崛起,令苏丹穆罕默德·基瓦不得不重新考虑向暹罗表示臣服,并最终决定同时向阿瓦和吞武里进献金花和银花。在平定各地割据势力和收复清迈后,莱特在1786年9月12日写给英属印度总督的信中这样记录穆罕默德的做法:"他与双方都保持和平。有时向一方致敬,有时又向另一方,而更多时候是两者都做。"②

可见,对于1770年的苏丹穆罕默德·基瓦而言,旧宗主国阿瑜陀耶王朝的灭亡,本是喘息甚至独立的好时机,可惜现实却是在短短3年后便要面对两个新崛起的大国,缅甸贡榜王朝与暹罗吞武里王朝,而且时刻要在两个有尖锐矛盾的强邻的夹缝中求生存,若得罪任何一方,都难以保证自身的安全。如此诡谲多变的地缘政治环境,可能便是苏丹穆罕默德·基瓦最终考虑向外部势力寻求军事保护的原因,毕竟无论臣服于暹罗抑或缅甸,都不可能令吉打王朝轻易实现长治久安。

除了外忧,还有内患。正如大部分的马来土邦一样,宫廷内乱通常都源自一个问题:储君的选定。苏丹穆罕默德·基瓦在52岁时才有了第一名子嗣东姑·阿卜杜拉(Tunku Abdullah,1750—?)。尽管此前出于政治需要,他已立其侄为储君,小王子之母又非宫中妃嫔,但毕竟是亲生骨肉,他还是决意废侄立子,改立阿卜杜拉为继承人。这一决定马上遭到支持原储君的吉打贵族反对,并开始酝酿在穆罕默德进行世代交接之际夺取政权。

3. 苏丹穆罕默德·基瓦的"失算"

这个时机终于在1770年到来了。在如履薄冰地周旋于贡榜王朝和吞武里王朝之间数年后,年迈的苏丹穆罕默德·基瓦感到力不从心。1770年初,72岁的穆罕默德决定将统治权传给阿卜杜拉,并将吉打河盆地以南的领地也随之交出,自己则保留北部的瑟杜尔(Setul)、玻璃市(Perlis)和古邦巴苏(Kubang Pasu)作为领地。此举导致吉打内部政治局势陡然恶化。反

---

① 戴维·K·怀亚特:《泰国史》,郭继光译,上海:东方出版中心2009年版,第85页。
② "Light To General Director of India," 12 Sept. 1786, Straits Settlements Factory Records, 2, F. 172(Fort William Council Proceedings, 12 Dec. 1786.).

对阿卜杜拉继位的吉打贵族重演46年前的历史,暗中联合雪兰莪和霹雳沿海的布吉斯人起兵谋反,试图活捉苏丹阿卜杜拉。布吉斯人与之合作的交换条件,便是可以在吉打海域任意抢掠南印度丘利亚人(Chulia)和华工。①根据英公司代表爱德华·蒙克顿(Edward Mockton,1744—1832)写给英属印度圣乔治港港务委员会官员杜佩里(Du Pre)的信件,这场内乱达至顶峰的标志应该是布吉斯人的船队在1771年3月上旬赫然在吉打河口登陆,并在反对派帮助下,逆流而上且控制了都城亚罗士打,苏丹穆罕默德·基瓦在震惊和愤怒中仓皇出逃至玻璃市府城加央(Kangar)。②这场叛乱应该就是穆罕默德决定向英国人寻求军事援助的导火索。

当时的英国已经成功建立起英属印度,击败了在马来群岛各土邦统治者曾经被认为是坚不可摧的莫卧儿帝国,英国坚船利炮的威力在马来世界已经变得无人不知。可能正是印度的殖民地化,以及吉打宫廷政局的恶化,让苏丹穆罕默德·基瓦将自己及其后代保有政权的希望都放在了强大的外来势力英公司身上。莱特在1772年的一封信件中总结了3个苏丹穆罕默德·基瓦愿意通过赠予吉打河口和槟榔屿,来换取英公司军事保护的原因:第一,相信英国人有保护吉打免受侵略的实力;第二,英国不会撕毁已签署的文书;第三,对善待英国海商所应得到的回报抱有期待。③

在种种内忧外患的共同作用下,苏丹穆罕默德·基瓦在1771年3月至4月共向两个英公司机构表达了以割地换取军事援助的意愿:印度马德拉斯邦分公司及亚齐马德拉斯协会。

从现有史料看,在1772年4月前,两者之间的态度存在明显差异:前者不感兴趣,后者求之不得。1771年3月18日,苏丹致信英属印度马德拉斯总督,希望得到英公司的协助,令他可以驱逐入侵者(布吉斯人)并夺回政权,但并没有马上得到回复。4月初,苏丹派出女使节达娃·拉阇(Dewa Raja)前往亚齐,两位协会代理人莱特和哈洛普旋即到加央与苏丹进行谈判,双方于4月24日签订合约,效率之高在当时实在少见。

面对如此千载难逢的机会前者为何反应迟缓我们尚无法确定,现有史料只有1771年7月11日马德拉斯分公司以"保持友谊及善意"来委婉表达

---

① British Museum, Additional Manuscripts, 29133, F. 9v.
② Monckton To Du Pre, 22 April, 1772, Sumatra Factory Records, 15, F. 105, Fort St. George Council Proceedings, 25 June 1772.
③ British Museum, Additional Manuscripts, 29133, F. II.

拒绝的信。①尽管不能排除马德拉斯分公司与协会"唱双簧"的可能,但从马德拉斯邦总督代表蒙克顿在一年后一反前态突访加央来看,马德拉斯分公司董事会因得知还有其他竞争对手而反悔的可能性较大。

代表后者的便是 1786 年登陆槟榔屿的弗兰西斯·莱特。自 1763 年从英国皇家海军退役后,早已熟悉东印度群岛航线的莱特成为英公司编内的私人海商(private country trader),1765 年开始正式率船队来往于马德拉斯—马六甲海峡—亚齐航线,当时的马六甲还是荷兰殖民地,英船无法获得充足的补给。如果英国想与荷兰争夺东印度群岛的霸权,且抢在丹麦、法国等其他欧洲海上强国之前,扭转与中国的贸易逆差,增加鸦片出口量的话,一个在马来半岛西岸的补给港和转口贸易港是必不可少的。1770 年,莱特成为富有的英属印度海商们在苏门答腊亚齐成立一家名为"马德拉斯海商协会"(the Madras Association of Merchants,下称"协会")的两位代理人之一,这个协会的主要业务除了传统的欧亚贸易以外,便是协助英公司与马来土邦统治者展开"以贸易换保护"(trade in return for protection)的协议谈判②。1771 年的吉打政局动荡可谓正中莱特下怀,建立殖民地的野心达到顶点。

1771 年 4 月 24 日,达娃·拉阇带着莱特、两艘武装船、火药、武器和 30 名印度雇佣兵回到加央,苏丹随即与莱特和哈罗普就贸易权、商站及守军的安排展开谈判,并最终签订了马来西亚史上第一份马来土邦与英国人之间的军事防卫安排合约。

合约内容包括:第一,苏丹授予弗兰西斯·尤尔迪安(Francis Jourdian,协会的合伙人及莱特的雇主)"贸易营业证"并准许其在吉打河口开设一家商站,莱特将雇用 100 名印度兵来确保该地区不会受到入侵;苏丹和莱特的雇主将平分该商站盈利的三分之二,另外三分之一由莱特用于支付印度兵的开销和商站建筑物的维护费。③

到 1771 年 8 月中旬,苏丹穆罕默德·基瓦的计划初步实现,内乱被平息,于是他再次通过莱特向协会提出缔结条约的建议,表示愿意赠送吉打河港口给该公司,以换取对方在他征讨雪兰莪、布吉斯人时,提供进攻性军

---

① Du Pre To Monckton, 23 Feb. 1772, Sumatra Factory Records, 15, F. 2, Fort St. George Council Proceedings, 9 Feb. 1772.

② 另外一位是高文·哈洛普(Gowan Harrop)。

③ British Museum Additional Manuscript, 29133, F. 10.

事援助,以助其夺回被抢的船只、枪支和财宝。但玛达拉斯协会并没有立即给出明确回复,同年11月,苏丹再次以信件形式向该协会提议,这一次赠送的地区包括整个吉打河口至槟榔屿。莱特对苏丹的两次提议都展现出了高度的热情,极力希望促成此事,却始终没有获得马德拉斯协会董事会的通过。1772年1月中旬,苏丹从莱特口中得知协会对8月和11月的"进攻性军事援助"提议不感兴趣,遂改而向时任英属加尔各答邦分公司主席的沃伦·哈斯汀(Warren Hasting,1732—1818)写信要求英公司提供军事援助,并送上两名暹罗奴隶以示郑重其事。①

1772年4月2日,蒙克顿带着马德拉斯总督的信突然出现在吉打河口并要求觐见苏丹,在等待答复期间,蒙克顿带着在4月13日与莱特以及一小支武装力量抵达加央,随即在4月14日得到了面见苏丹的机会。由于上一年马德拉斯总督曾经拒绝苏丹的请求,所以蒙克顿的突然到访令苏丹感到意外,而且对英公司坚持只提供"防卫性军事援助"的立场感到失望。然而根据蒙克顿的记录,可能是出于对自身年龄的考虑与反攻布吉斯人时机的判断,苏丹穆罕默德·基瓦最终还是同意与英公司签订合约,并在4月19日命法官斯里·马哈拉阁·坎坎拿(Sri Maharaja Kankanna)拟定一式两份的合约文本,4月20日正式签署。②

合约内容如下:

  伊历1186年首月(Maharrum)的第十六日周日(公元1772年4月19日),尊敬的英国公司代表爱德华·蒙克顿先生抵达并与吉打苏丹会面,请求与苏丹订立合同,苏丹遂命法官斯里·马哈拉阁·坎坎拿拟定出以下条款:

  苏丹信守承诺,将巴亨河口(Kuala Bahang,今吉打河口)的两侧河岸至达图·马哈拉阁酋长(Batin Datoo Maharaja)所辖河流的管理权转交于尊敬的蒙克顿先生,并将从海岸线到巴亨河口两侧400勒弄(Relong)③以及同等面积的巴汀酋长所辖内陆地区交由英公司管理和处置。

---

 ① D. K. Bassett, British Commercial and Strategic Interest in The Malay Peninsula, in J. S. Bastin & R. Roolvink, Eds., *Malayan and Indonesian Studies*, Oxford University Press, 1964,125—126.

 ② Mockton To Du Pre, 22 April 1772, Sumatra Factory Records, 15, F. 79, Fort St. George Council Proceedings, 25 June, 1772.

 ③ 勒弄,又写为Lelong、Orlong等,面积单位,一勒弄等于30976平方英尺,约2870平方米。

本合约规定所有锡、黑胡椒和象牙的价格都将定价为每巴哈尔 35 西班牙银圆,且不得出售给公司以外的任何人。

按照本合约,公司将确保有战船保卫苏丹的海岸线,而其费用将利用公司代理人向进入巴亨河口及玻璃市河口的各类外来船只所征收的税款来支付,代理人本人将获得在巴亨河口所征税款的一半作为报酬,代理人向苏丹出售鸦片定价为 350 西班牙银圆每箱,若公司将鸦片出售给商人则价格不得高于 400 西班牙银圆。

吉打沿岸不得再有其他国家的殖民地。①

这种"以港口换和平"的合约,打破了马来半岛北部乃至中南半岛内部以及英国、荷兰、丹麦在东南亚的力量平衡,不列颠殖民帝国赢得了在印度以东进行扩张的先机。尽管苏丹穆罕默德·基瓦的本意可能是自保并获得反击的机会,然而从结果看,他是大大的"失算"了。

对1771年的吉打(包括玻璃市)、丁加奴、雪兰莪这四个马来半岛北部土邦而言,一方面,这份合约开启了具有现代国际关系特征的本地统治者与外来势力进行利益交换的新形态,暹罗对吉打的宗主国地位被架空,游弋在马来半岛沿海的布吉斯人难以再蚕食吉打、丁加奴、柔佛的海岸线,从某种意义上说,新局面避免了地区冲突的升级;但另一方面,这份合约无疑是为殖民者的长驱直入打开了方便之门,最终结果注定是引狼入室。若苏丹穆罕默德·基瓦能够预见在接下来的40年里,这份合约将为英国在马来半岛建立海峡殖民地创造先例,揭开马来半岛全境沦为殖民地的序幕,那么,他恐怕就不会做出这样的选择了。

仅仅在此合约签署3个月后的1772年8月中,苏丹穆罕默德·基瓦尝到了"失算"的第一个恶果。当苏丹穆罕默德·基瓦向协会要求派出战船陪同协助他讨伐布吉斯人以及与之结盟的荷兰人时,遭到了协会合伙人的拒绝,理由是"这些人(布吉斯人)一直邀请英国人到他们的领地建立殖民地,而且明确释出了善意"②。可见,协会从一开始便不愿意为了年迈的穆罕默德而与雪兰莪的布吉斯人或者荷兰人发生冲突。伯尼总结道:苏丹穆罕默德·基瓦期待中的"侵略性军事援助"(offensive assistance)和英公司所愿意提供的"自卫性军事援助"(defensive assistance)之间的分歧,是无

---

① Sumatra Factory Records, Vol. 15, F. 103—104, Fort St. George, 25ᵗʰ June 1772.
② Monckton To Du Pre, 22 April 1772, SFR 15, F. 104, FSGCP, 25 June 1772.

法靠蒙克顿的三寸不烂之舌便可以弥合的,这份合约从一开始便是注定要失败的。①

4. 苏丹阿卜杜拉·沙的"失算"

1778年,年迈的苏丹穆罕默德·基瓦去世,阿卜杜拉继位,成为苏丹阿卜杜拉·穆卡拉姆·沙(Sultan Abdullah Mukarram Shah,1778—1798年在位)。苏丹阿卜杜拉在位20年间,吉打最重要的历史事件,正是槟榔屿的陷落。

促使苏丹阿卜杜拉在1785年通过莱特向英公司表达愿意租让槟榔屿给英国人的原因,与其父在位时吉打所处的恶劣地缘政治环境非常相近。随着缅甸贡榜王朝(Konbaung)国王阿郎帕耶(Alaungpaya)和暹罗吞武里王朝国王达信之间延续了近20年的战争在1781年走向尾声,暹罗开始重新站上马来半岛以北中南半岛强国的地位,吉打又重新开始向暹罗称臣,并进贡金花和银花。苏丹穆罕默德1771年决定向英国人寻求军事援助的外部因素重现,但与其父相比,阿卜杜拉显得更果断和主动,直接通过莱特向英公司提出租借槟榔屿必须满足的6个条件,并坚持这些条件被满足之前,不会将槟榔屿租出。②如此一来,英公司则必须为吉打提供陆上和海上军事防卫援助,以保证其免遭强邻入侵。

然而,计划赶不上变化,吞武里王朝的时代即将告终。1779年,雄踞中南半岛的郑信终归没能破除狂妄自负的魔咒,走上了自我封神一途,招致国内各种势力的强烈不满,引来了杀身之祸。关于郑信的死法,有两种版本。一说在1782年,郑信派出最倚重的大元帅通銮(1737—1809,Chao Phraya Chakri,中国古籍称"郑华")出征柬埔寨。就在通銮忙于在前线作战之时,朝中叛军乘虚而入,围城弑君,但最终却将皇位交给了紧急班师回朝的通銮。通銮随即定曼谷为新都,成为泰国历史上第四个王朝曼谷王朝(Rattanakosin Kingdom)的开国之君,史称拉玛一世(Rama I,1782—1809年在位);二说通銮直接叛变,弑君迁都,自立新朝。

吞武里王朝时代的暹罗藩国丁加奴苏丹曼苏尔·沙(Mansur Syah

---

① R. Bonney, *Kedah 1771—1821*: *The Search for Security and Independence*, Kuala Lumpur: Oxfrod University Press, 1971, p.53.

② Conditions Required From This Government By The King Of Queda, Straits Settlements Factory Records, Vol.2, Ff. 33-6, Fort William, 2 March 1786.

Shah)如此评价这次统治者更迭:"我向上一任国王(指郑信)进贡金银花便足矣,但这一任国王(指郑华)却时时刻刻想着要毁掉我。"① 可见,对曼苏尔·沙而言,拉玛一世在登基前的赫赫战功早已是如雷贯耳,故其时刻忧虑自身土邦是否会成为下一个被入侵的目标。

这种长期陷于被动和恐惧之中的生存状态对于紧邻丁加奴的吉打而言,又何尝不是呢? 要试图打破这种困局,众多马来土邦苏丹的做法,是创造新的平衡,即引入新的强国,而吉打所选择的这个新强国,是英国。

从阿卜杜拉之子吉打苏丹艾哈迈德·达鲁汀·哈利姆·沙(Sultan Ahmad Taju'd-din Halim Shah)在1810年12月24日写给英属印度总督闵拓(Lord Minto)的信件可以得知,阿卜杜拉苏丹向英公司租借槟榔屿的目的,是换取吉打在北部两个强邻的军事威胁下得到长久的军事保护和海上防卫,从而实现长久的独立。② 从各种史料看来,传统马来(西)亚史往往将英公司租借槟榔屿归结为莱特计谋的实现,似是带有"欧洲中心论"的判断,将苏丹阿卜杜拉的主观意图视为主因似更合理。

然而,事情并没有像苏丹阿卜杜拉和东印度公司所希望的那样顺利。暹罗和缅甸的中南半岛和马来半岛北部霸主之争开始向南发展。1786年1月下旬,暹罗首都塔廊(Thalang)受到缅军围攻,与此同时,缅甸船队出现在吉打河口,要求吉打提供武器和弹药。这一时期的苏丹阿卜杜拉需要同时满足暹罗和缅甸的各种要求,以此方式换取吉打的生存。在如此恶劣的区域政治环境下,苏丹阿卜杜拉意识到英公司完全不打折扣地满足他提出的条件,关系到吉打的存亡,因而也就更加谨慎,坚持需要等到英公司给出最终确切答复,才会将槟榔屿正式"租借"出去,这令莱特如热锅上的蚂蚁焦躁不安,深恐功亏一篑,继而不停游说苏丹让他暂时借用。在莱特与苏丹阿卜杜拉多次书信往来之后,苏丹终于决定在英公司给出最终答复之前,允许莱特暂时占用槟榔屿。③

于是便有了莱特在1786年8月11日的"非法"登陆。之所以说"非法",是因为莱特是在英公司承认槟榔屿是吉打一部分的前提下,以英格兰国王乔治三世的名义进行的,因此,现今被广泛接受的"槟榔屿以书面协议

---

① KA3858, Secret, King of Trengganu to Gov. of Malacca, 6 Oct. 1791.
② J. Anderson, *Political and Commercial Considerations Relative to the Malayan Peninsula and the British Settlements in the Straits of Malacca*, Prince of Wales' Island, 1824.
③ R. O. Winstedt, *Malaya and Its History*, 3rd ed., London: Hutchison's University Library, 1948, p.54.

的形式被苏丹阿卜杜拉租借、赠予、割让给英国人"的说法,其实是不准确的。按照当时欧洲国际法的标准,在没有任何恰当条约或协议,没有充分告知并与苏丹阿卜杜拉并确认,令对方明确英公司所提供的是防守型援助,一旦无法满足,他便要撤退等的前提下,莱特的这次登陆应被视为非法。然而木已成舟,双方军力悬殊,苏丹显然不可能因此便撤销将槟榔屿"租借"给英公司的决定。登陆后不久,英军很快便在岛上建起防御工事和商站,槟榔屿从此"名不正言不顺"地成为英国殖民地。

至此,两位吉打苏丹,苏丹穆罕默德·基瓦和苏丹阿卜杜拉·穆卡拉姆·沙都是在与英公司进行"以港口换和平"的利益交易中,受到外部和内部情况的限制,以"失算"告终。而"失算"的结果,便是槟榔屿和吉打河口附近地区沦为英国殖民地。1805年,槟榔屿正式成为了英属印度政府的第四省(the fourth Presidency of India)。

三、天猛公和莱佛士的财权交易:新加坡的殖民地化

1. 新加坡开埠中的天猛公阿卜杜勒和英国人莱佛士

在沦为英国殖民地前,新加坡是柔佛—廖内王朝统治下的一个不起眼的小岛,属于天猛公阿卜杜勒·拉赫曼(Temenggong Abdul Rahman)的势力范围。当时的柔佛—廖内王朝已是强弩之末,但苏丹依然控制着廖内—林加群岛、柔佛、彭亨以及苏门答腊东部部分地区。

由于新加坡岛周边海况复杂,险滩暗流众多,由多个小型马来部族所组成的"海峡人"(Orang Selat,英语词汇为 the Celates)世代散居在河道海口,实际上控制了包括新加坡在内的廖内—林加群岛一带的近海贸易,但是这些部族本身却没有足够的军事力量来长久维持这种控制权。这种现实为各种势力的争斗和介入埋下了种子。柔佛王朝内部两股主要政治势力是马来贵族和布吉斯族,外部则有荷兰和英国殖民者,不可谓不热闹。

18世纪末至19世纪初的东印度殖民地,是欧洲本土政局的晴雨表。虽然在1805年英公司将槟榔屿在英属印度殖民地中的排名提升至第四位,而且在拿破仑战争期间暂时接管了包括马六甲和爪哇在内的荷属东印度,然而在1815年拿破仑战争结束时,英国政府和英公司的东南亚政策开始从积极转为保守,希望通过得到荷属印度来实现英属印度的扩张。为达

此目的，英国不但提出退回马六甲和爪哇给荷兰，连苏门答腊的明古鲁港（Bengkulu①）和槟榔屿也成为谈判筹码。

但政府和公司的计划并没有获得英国海商的一致支持，毕竟过去数十年在苏门答腊和马六甲苦苦经营的成果难以轻易放弃，尤其是对英国殖民地制度抱有理想主义情怀的殖民官而言。其中最具代表性的人物，无疑是被视为"新加坡之父"的斯坦福·莱佛士（Stamford Raffles，1781—1826）。下文以莱佛士进入英公司至开埠新加坡期间的经历为线，回顾新加坡沦为殖民地的历程。

1795年，年仅14岁的莱佛士以文员身份进入英公司。作为一个没有接受过系统教育的少年，使得莱佛士在同辈中脱颖而出的，是强烈的好奇心和勤勉的学习态度。东印度公司为这个少年提供了如海绵般吸收知识的平台。1805年，24岁的莱佛士以助理秘书身份被公司派往英属威尔士王子岛（Prince Wales Island，即槟榔屿）辅助英属槟榔屿岛新任总督菲利普·丹达斯（Philip Dundas，1763—1807），从此与东南亚结下不解之缘。

正如众多研究莱佛士的学者所说，莱佛士是一个矛盾的综合体，有时"乖得跟女仆一样"，有时却又雄心万丈。也许正是这种矛盾的性格，使得莱佛士在东南亚的事业总是一波三折。

著名新加坡历史学家滕布尔指出，莱佛士在新加坡推动英国贸易发展的野心和焦虑背后，是一种救世主式的使命感。这种使命感令他试图将东印度群岛的人们从内战、海盗、奴隶贸易和压迫中解脱出来，使他们的传统文化以欧洲启蒙思想、自由主义教育、渐进式经济繁荣和健全法制为条件实现复兴。因此，无论他驻扎何地，都更倾向于将商业和道德放在比扩张势力范围更重要的位置上。②

这也就可以解释莱佛士在1811年至1816年担任爪哇代理总督期间所采取的管治方式。他缩小奴隶贸易的规模，对爪哇岛古建筑进行史上首次的大规模普查，普查所得成为1817年出版《爪哇史》的资料来源。然而，莱佛士这种过于理想化的管治思想对本土贵族集团的利益形成了直接冲击，矛盾日积月累，成为导致1825年至1830年爪哇战争的原因之一。

1816年，因受挪用公款谣言之苦，莱佛士被东印度公司撤职。为洗脱

---

① 英语Bencoolen。
② C. M. Turbull, *A History of Singapore 1819—1975*, Kuala Lumpur: Oxford University Press, 1977, p.7.

嫌疑，他回到了英格兰并成功重获清白。1818年，莱佛士再次被派到东南亚，这次是到明古鲁担任代理总督。重回旧地后，莱佛士为荷兰在短短两年间在苏门答腊实现扩张而感到了危机感，继而向英公司提出应该将爪哇建设成为英国在印度—中国贸易航道上的中转站，以迫使荷兰改变其经济政策，但伦敦反应冷淡，时任英属印度总督沃伦·哈斯廷（Lord Warren Hastings）也仅是表现出有限度的关心。在莱佛士访问加尔各答后，哈斯廷允诺，在不与荷兰人发生冲突的前提下，莱佛士拥有与亚齐签订协议的权力，并可以在廖内、柔佛等马来半岛南端物色一个合适的地点建立据点。

2. 柔佛—廖内王朝的宫廷内斗和英属新加坡的建立

如果说总督的准允为新加坡沦为殖民地创造了外部条件，那么19世纪早期柔佛王朝内部的政治格局则是为莱佛士开埠新加坡准备好了内部条件。莱佛士之所以能够成功在新加坡建立殖民地，恐怕与他登陆新加坡的时机与柔佛—廖内王朝内部局势出现重大转折的时机相吻合有关。

1812年，苏丹马哈穆德·沙三世（Sultan Mahmud Shah）驾崩，当时的太子侯赛因·穆罕默德（Hussein Mohammed）正在彭亨为政治联姻举行婚礼，新娘正是天猛公阿卜杜勒·拉赫曼的女儿。短暂的权力真空，给了布吉斯族势力扶植本阵营继承人的机会。二王子阿卜杜勒·拉赫曼（Abdul Rahman）被推举为新苏丹，然而，老苏丹后和马来族政治阵营都拒绝承认阿卜杜勒的合法性，拒绝交出代表王权，正式的登基典礼迟迟无法举行。

除了两位王子以外，还有一位实权派人物对苏丹之位所代表的权利和财富虎视眈眈：侯赛因的岳父天猛公阿卜杜勒·拉赫曼。1812年到1818年间，当马来阵营和布吉斯阵营为苏丹之位争持不下之时，阿卜杜勒在柔佛和新加坡一带发展壮大，自治程度日益提高，实现了相对安定。然而，老谋深算的阿卜杜勒知道，这样的状态不可能长久。若下一任柔佛苏丹不是自己，那么至少也要找一个实力远超上述两大阵营的靠山来帮助自己，又或者让可控的人成为苏丹。从后来事情的发展看来，阿卜杜勒的两个算盘都打响了。新加坡最终沦为英国殖民地，侯赛因·穆罕默德获得英公司承认其柔佛苏丹地位，阿卜杜勒除了继续当天猛公外，基本维持了割据马来半岛南端的现状，而且还可以不费吹灰之力地从英公司的中国贸易中分一杯羹。可以说，柔佛—廖内王朝的改朝换代和天猛公的精明贪财，为莱佛士及其代表的东印度公司创造了登台的机会。

一场财权博弈：海峡殖民地建立的必然与偶然　　185

1819年1月29日，莱佛士和法夸尔上校（Colonel William Farquhar）率领的船队一行登陆新加坡，会见了天猛公阿卜杜勒。双方随即签署临时协议，天猛公给予英公司在该地建立商站的权利。由于与荷兰有条约在先，阿卜杜勒无法正大光明地与英国人正式签订新条约，需要一个恰当的人选来"配合演出"。这时，阿卜杜勒想到了女婿侯赛因，于是秘密派出使者将其请到新加坡。①

1819年2月6日，侯赛因抵达新加坡并与莱佛士签订正式条约，英公司获得在新加坡建立商站的权利，承认苏丹侯赛因·穆罕默德·沙是柔佛的合法苏丹，并每年向苏丹支付5000西班牙银圆，向天猛公支付3000西班牙银圆作为补偿。

可以说，这是新加坡历史上意义深远的10天。莱佛士在荷兰先发制人，已经与廖内当局缔结条约的前提下，硬是在马六甲海峡要道处撕开了一个缺口，表现出了捍卫英公司专属中国贸易航路的决心和行动力。英荷两家东印度公司对东印度势力范围的争夺逐渐白热化。

不出所料，荷兰东印度公司对英公司在未知会情况下抢占新加坡表达了强烈不满，但这显然并未能阻挡莱佛士的脚步。离开新加坡仅仅2个月后，莱佛士便与苏门答腊北部亚齐苏丹签订设立商站的条约。英公司的步步为营，令荷兰不得不正视这个强大的新对手。两家公司由此开始了马拉松式的东印度群岛势力范围谈判，直到1824年《英荷协定》签订，才算是告一段落。

3. 新加坡历史的新篇章

在接下来的40年中，作为一个殖民商港的英属新加坡实现了跨越式的发展，其优越的战略地理位置、始终稳定的自由贸易政策、成熟繁忙的马六甲海峡航线等都使得新加坡成了一个可能日进斗金的新聚财之地。1867年4月1日，新加坡被伦敦从英属印度驻地（Indian Presidency）擢升成皇冠殖民地（Crown Colony）。可以说，这一事件意味着新加坡已经完全适应其英属殖民商港的新身份。

在现在我们能读到的新加坡历史著述中，大多是从英公司的角度来评

---

① Ismail Hussein (ed.), "Hikayat Negeri Johor: A Nineteenth Century Bugis History Relating Events in Riau and Selangor", in *A History of Johore*, MBRAS Reprints, no. 6, Kuala Lumpur: MBRAS, 1979, pp. 181—240. C. M. Turnbull, *A History of Singapore 1819—1975*, Kuala Lumpur: Oxford University Press, 1977, p. 11.

析1819年2月莱佛士开埠新加坡这一历史事件,并将之视为新加坡近代史的开端,然而却鲜少从柔佛—廖内王朝自身的角度去客观评价英公司之所以能够不费一兵一卒就顺利登陆的原因和意义。应该说,英属新加坡的出现,是柔佛—廖内王朝政治格局和英国印度—中国贸易航路中转点需求一拍即合的产物。莱佛士的努力固然重要,但天猛公的配合也必不可少。

英属新加坡的出现,是内因和外因的共同作用、偶然与必然相互交叉的结果。当马六甲海峡成为英公司眼中的香饽饽时,马来苏丹或贵族也对商站所能够换取的英国人的财富和军事援助垂涎欲滴,而英公司也恰巧没有要推翻柔佛—廖内王朝的意思,因为这意味着需要持续投入大量的人力物力,这显然是不合算的。双方各取所需,一拍即合,该方法屡试不爽,再加上《英荷协定》的签订,马六甲海峡西岸才有了海峡殖民地。

四、财权洗牌:马六甲的又一次易主

1. 从葡属到荷属:财和权的得而复失

荷英之间的东印度群岛霸主之争,自1640年荷兰占领葡属马六甲起,便已注定。

1640年6月,命运多舛的马六甲再次易主。在6个月内四次进攻马六甲未果之后,荷兰向葡属马六甲发起了第五次进攻。荷军成功将葡军逼出城外,葡船长古西诺(Dom Manuel de Souza Couthino)最终投降,马六甲的葡属时代结束。入城的荷兰人随即下令焚烧马六甲,令本已因激战而满目疮痍的马六甲城变得面目全非,随后荷兰人开始着手建造新城。

然而,旧城变新城,并不意味着原有的社会制度被打破。易主的影响,对于马六甲而言,更像是"换老板",而不是"转行"。这是由荷兰人夺取马六甲的动机所决定的。

在夺取马六甲之前,荷兰东印度公司已经接管了多个葡属马来群岛商站,包括在班丹岛(Bantam)和德纳特岛(Ternate)上建立商站,并接手了贡达岛(Benda)、德纳特岛(Ternate)、格里斯克岛(Grisek)、亚齐(Aceh)、柔佛(Johor)等地的现有商站,并对葡萄牙人的势力范围发动全面进攻。第一场战役即是协助柔佛苏丹苏莱曼(Sultan Sulaiman Johor,1722—1760年在位)镇压布吉斯人的动乱,以换取西亚克岛(Siak)和柔佛王朝属地的锡矿垄断地位①,荷兰取代葡萄牙成为东印度群岛新霸主的趋势已不可逆转。

至1640年夺取马六甲,荷兰东印度公司正致力于以巴达维亚(今雅加达)为中心,加快建构其东印度贸易网络。马六甲对荷兰东印度公司而言,其价值主要在于控制马来半岛锡矿主要产区的出口贸易。如此一来,荷兰人便必须要首先从马来半岛的锡矿产地霹雳、吉打、柔佛那里垄断锡矿出口权,但事情并没有希望的那样顺利。

马六甲灭亡后,马来半岛和马来群岛的政治和贸易格局已经完成了一次内部洗牌。

马来半岛和马来群岛的柔佛—廖内王朝、霹雳王朝以及多个土邦逐渐形成一套新的政治经济秩序。举柔佛—廖内王朝为例。该王朝的统治阶级由两大政治集团组成,一是马来人集团,即出逃后的马六甲亡国之君苏丹马哈迈德·沙(Sultan Mahmud Shah,1511—1528年在位)及其后裔,二是布吉斯人集团(Orang Bugis),即马哈迈德·沙的丞相阿卜杜勒·贾利尔(Abdul Jalil)及其布吉斯族继承者。布吉斯族的财富积累方式是近海贸易和海上劫掠,这使得他们世代活跃于雪兰莪和廖内群岛海域,富有、善战且难以管理。马哈迈德·沙正是与之组成利益同盟才得以东山再起。

尽管荷兰人与锡矿产地霹雳和吉打当局已经签订了垄断锡矿出口权的条约,然而却难以得到执行,变成了一纸空文。导致这一局面的主要原因,便是布吉斯族对荷兰人怀有强烈敌意,因为荷舰队曾帮助柔佛苏丹苏莱曼成功镇压布吉斯人的夺权。在苏莱曼去世后,马来人利益集团实力大减,荷兰人成为布吉斯人争夺柔佛实际控制权的强力竞争对手,甚至多次发生武装冲突。荷属马六甲虽然依旧繁荣,但已不再是不可取代。为了维持荷属马六甲及其他东印度群岛殖民地商站的正常运转,荷兰人不得不付出高昂的军事成本和经济成本,这使得荷兰东印度公司愈发难以从荷属东印度殖民地的贸易中获得高额利润。

原本就因财富和权力而引起的易主,终究还是因为财富和权力而再次陷入僵局。

2. 从荷属到英属:财和权的新格局

马六甲1640年的这次易主,从某种意义上说,是从葡荷之间的财富占

---

① R. O. Winstedt,"A History of Johore," *JMBRAS*, Vol. X, 1932, p. 36.

有权冲突,向荷兰人、马来人与布吉斯人之间的三角政治权力斗争过渡的阶段,是一场代表欧洲新兴资本主义国家荷兰和代表本土财权优势的马来和布吉斯利益集团之间博弈的结果。

在接下来的174年间,英国作为冉冉升起的新一任欧洲霸主,开始对荷属东印度群岛进行侵犯,大小摩擦不断。两家公司的代理人之间、代理人和大小马来土邦统治集团之间,都在一直上演着激烈且错综复杂的利益博弈,结果往往令这两家公司赔了夫人又折兵。

1799年12月31日,荷兰东印度公司解散。此时英公司在东印度群岛的殖民霸主地位早已不可动摇。1814年,已经厌倦了这种高成本低回报模式的英荷两国签订《伦敦条约》(The Convention of London),几乎是以一港换一港的形式,较为明确地划定了双方的势力范围,即以马六甲海峡到加里曼丹西北角为界,包括马六甲在内的马来半岛归英方,以南以巴达维亚为中心的马来群岛归荷方,至此英属马来亚和荷属东印度群岛的轮廓已经清晰起来。

10年后的1824年3月17日,为解决拿破仑战争期间英国接管的荷属势力范围等问题,在莱佛士开埠新加坡引起荷兰强烈不满的前提下,荷英两国还是展开了永久性地结束东印度群岛纷争的谈判。自1820年7月20日起,历时三年,荷英最终签订了《英荷协定》(The Anglo-Dutch Treaty),并在1825年3月1日正式生效。其中荷方的第三和第四条是这样表述的:"将马六甲城和马六甲港及其属地割让给英国。不再在马来半岛上开拓殖民地或者与任何马来土邦统治者缔结条约。"可见,当时的荷兰对马来半岛的兴趣已经不大,更重要的考虑是如何用马六甲换来马来群岛上的英国殖民地。

至于这份在没有获得任何马来统治者同意的情况下签订的条约是否具有合法性,在1946年英国国会商议成立马来亚联邦(Malayan Union)政府时所撰写的白皮书有这样一段表述:"在过去,尽管有条约规定,马来统治者必须在宗教和习俗事务以外的领域接受英国官员的'建议',但女王陛下并没有在任何马来土邦行使司法权。"[①]这说明在英国没有获得司法权的前提下,《英荷协定》必须在马来统治者知情且同意的前提下签署方可算作有效。

---

① White Paper concerning Statement of Policy for the future constitution of the Malayan Union and the Colony of Singapore, Commonwealth Parliament (46) 9, 8th. January 1946.

与马六甲王朝时代的辉煌相比,英属马六甲早已不再是马来世界的中心,甚至在海峡殖民地中也排在末位(见以下图表),但"瘦死的骆驼比马大",其优越的地理位置和成熟的贸易体系,令马六甲依然是运行良好的贸易港。

可以说,与1640年的那一次相比,1824年马六甲的易主,是英荷所代表的两种新旧类型欧洲资本主义利益集团在东印度殖民地分割问题上博弈的结果。虽然其合法性经不起推敲,但这时候的马来统治者已经退出了马六甲事务长达300余年,而马来统治者集团如柔佛—廖内王朝,仅仅是应付内部政治动乱便已经十分吃力,又怎么会有能力去为自己争取与英荷同桌谈判的话语权呢?

五、海峡殖民地建立的必然与偶然

《英荷条约》签订两年后,1826年,新加坡和马六甲被置于英属印度第四省政府下进行管理,总部设于槟榔屿,派驻一位总督,总部议会由海峡殖民地政府公务员组成,负责辅弼总督,而三港都有一位驻扎官顾问(Resident Councillor),向总督负责。"海峡殖民地"(Strait Settlements)这一称谓便是始于此时。

到19世纪60年代前,海峡殖民地的迅猛发展说明,莱佛士是相当有先见之明的,海峡殖民地三个商站的价值,超出了英公司的预期,成为在印度—中国之间的贸易航道上的不可或缺的世界级商港。

根据温斯泰德①(图1)的统计,1825年到1850年间,新加坡、槟榔屿、马六甲居民增长率达到了惊人的341%、39%、107%,三港整体居民增长率达到117%。换言之,这三个港口在短短25年间实现了一次人口翻一番的大规模移民潮,其中新加坡更可谓是爆发式增长。1850年至1864年间,人口总数依然持续增加,但增长率有所回落,三港增长率分别为59%、37%及21%,整体增长率为39%,说明爆发式迁入已经减少,大量增加的应是常住人口。这一方面反映了海峡殖民地社会经济发展之快,对人力需求之大;另一方面也反映了居民结构开始趋向稳定,第二代海峡移民出生,多族裔

---

① R. O. Winstedt, *Malaya and Its History*, Hutchingson, London: 1966, p.61.

土生移民社会开始成形。

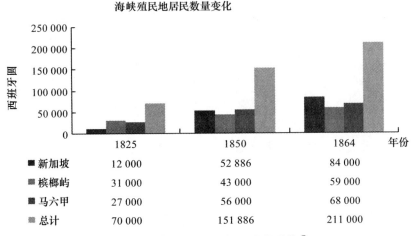

图1 海峡殖民地居民数量变化趋势①

移民的涌入与财富的积累是相辅相成的。三个港埠各自贸易量的增长与海峡殖民地贸易总量的增长在海峡殖民地历史的前40年间大致保持了正比例关系(图2)。

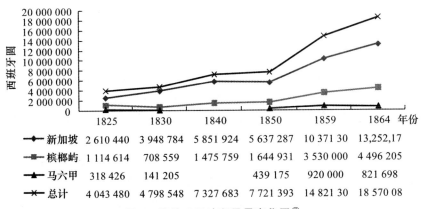

图2 海峡殖民地贸易量变化图②

按照温斯泰德所提供的1825年、1830年、1840年(无马六甲数据)、

---

① 改编自温斯泰德统计表:R. O. Winstedt, *Malaya and Its History*, Hutchingson, London:1966, p.61。
② 同上。

1850年、1859年、1864年六个年份海峡殖民地贸易量统计,三个港埠的商业价值排序是显而易见的,新加坡的比例维持在65%至82%之间,是英殖民帝国在印度和中国航路上不可替代的贸易重镇,槟榔屿在15%至28%之间变化,是三者中相对稳定的;马六甲则是徘徊在4%至8%之间,且呈缓慢下降趋势(图3)。可以说,新加坡以领导者的姿态,一直在海峡殖民地的贸易发展中独占鳌头,而槟榔屿则是稳稳占据第二位,历史最悠久的马六甲则是被边缘化,不复往日荣光。

这些数据都表明,海峡殖民地的兴起,是顺应印度和中国之间庞大贸易需求增长趋势的结果,这个独特的链条式殖民地为跨洋贸易提供了多样化的中转港选择,而英公司乃至整个英殖民帝国成为这种趋势的最大受益者。

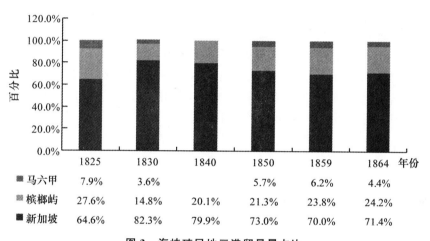

图3 海峡殖民地三港贸易量占比

值得指出的是,由于温斯泰德的数据不具有连续性,且并未将英属东印度公司网络以外的马来人和华人海商的数据包括在内,故不能视为是精确数据,然而,这些数字已经足以让我们看到海峡殖民地贸易网络所具有的波动和失衡特征。

有学者指出,槟榔屿和马六甲贸易量的衰落,是新加坡诞生所带来的不可避免的结果。槟榔屿的贸易品项,在19世纪20年代只剩下直接运往中国的胡椒、锡、燕窝等。与暹罗之间的贸易额也只剩下原来的三分之一。[1]面对生存危机,槟榔屿商会(Penang Council)向英属东印度公司上交提案,要求终止新加坡和马六甲贸易的零关税政策,并将关税提高到与槟榔屿同等水平。虽然英属东印度公司董事会通过了该提案,但新加坡分公司商人们在英格兰的朋友却将该提案提交至伦敦国会。结果国会不但驳回了征税提案,还下令终止槟榔屿的征税制度。1827年,东印度公司董事会不得不遵照国会的决议,废除槟榔屿的关税制度。至此,这场以终止新加坡自由贸易的风波意外地促成了海峡殖民地成为零关税自由港。

若以1825年的数据作为基准,比较其余5个年份的贸易量增长率便可以看出(图4),尽管海峡殖民地的贸易整体呈现迅猛发展的态势,但1825年至1830年间,除了新加坡一枝独秀以外,槟榔屿和马六甲都出现了严重萎缩,跌幅达到36.4%和55.7%,最早在1840年才恢复正增长。1850年新加坡出现了轻微的负增长,1859年后马六甲港的贸易增长再次明显放缓,掉头向下,再次出现负增长。

从1830年的数据来看,在成为零关税自由港后3年内,海峡殖民地并未迎来意料之中的大发展,反而出现整体贸易量大幅下降,港埠之间呈现失衡状态。除新加坡以51.3%的增长率一枝独秀外,对槟榔屿和马六甲而言,新加坡的出现,使其业务量大幅下降。

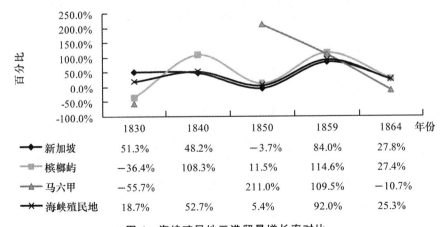

图4 海峡殖民地三港贸易增长率对比

在英属新加坡建成以前,英公司并没有建立海峡殖民地这样港口链式

---

[1] L. A. Mills, "British Malaya 1824—67," *JMBRAS* XXXIII, 3, 1960, 219—30.

殖民地的计划,因为从商业利益的角度来看,其安全风险和管理成本之高都是可以预见的。

在海峡殖民地建立前,英国人的到来也并没有引起马来统治者的强烈敌意,相反,马来苏丹和英公司之间,更像是在进行着一场互相利用又尔虞我诈的"权力游戏"。除荷属马六甲外,在1826年以前,马来半岛的吉打、霹雳、雪兰莪等马来土邦都是由苏丹紧握大权。"海峡殖民地"这一名称,是马来统治者获得英公司的军事援助和经济补偿,英公司又获得马六甲海峡具有战略意义的港口之后,逐渐成形的历史产物。

对槟榔屿而言,沦为殖民地的原因,除了英公司坚船利炮的威力以外,还有一个不可或缺的原因,就是苏丹的"失算"。两位吉打苏丹试图通过让渡港口贸易权以及赠予港口土地,来换取英国人对其身份合法性的承认并提供军事保护,以便对抗强邻侵略,既可以看作是一种因势利导之计,也可以视为是一种形势所迫之下的无奈之选。然而这种策略所带来的"失算"直接导致了槟榔屿和吉打河口地区的殖民地化,而殖民地化则导致马来人的历史话语权被迅速蚕食甚至被消解。

对马六甲而言,从葡属到荷属,再从荷属到英属,易主频频上演。在这个意义上,马六甲当之无愧是三港中资格最老的殖民地。财富是已经延续了数百年的主题,权力更多地是围绕获得财富而存在的。从马六甲王朝时代的辉煌到英属马六甲时代的衰落,马六甲在海峡殖民地之中找到了一种新定位。

对新加坡而言,柔佛—廖内王朝的分裂、天猛公的野心和莱佛士的计划都是这个新英属殖民港诞生的重要前提。荷兰东印度公司对英公司在新加坡建设商站的强烈不满,实际上是荷英在东印度群岛殖民地争夺中的矛盾走向白热化的开端。接下来的发展证明,莱佛士是相当有先见之明的,海峡殖民地三个商站发展之迅猛,超出了英公司的预期,在印度—中国之间的贸易航道上扮演着重要角色。

综上所述,海峡殖民地的建立,是财富和权力复杂博弈的结果。一方面,马来统治者集团以割让港口为代价,借助外部力量来维护自身的安全并获得经济回报。另一方面,英国所代表的新兴欧洲资本主义强国以缔结条约、军事战争等为手段,来击败荷兰或者与马来统治者达成利益交换,且坚持"不干预"原则,避免因涉入太深而带来的成本和风险。

可以说,海峡殖民地的建立,至少是英国殖民者和马来统治者共同促成的结果。

(本文作者系广东外语外贸大学东方语言文化学院助理教授)

A Game of Fortune and Power: Contingencies and Inevitability of the Establishment of Straits Settlements

Li Wanjun

Abstract: Most historical writings available on Straits Settlements, the prologue of the establishment of British Malaya, rely heavily on archives of the colonial government, which attributed the colonialization of Penang, Malacca and Singapore either to the Forward Policy of the United Kingdom or to the impulse of capitalist expansion of the British East India Company. Under this logic, British colonists, the bulk of whom captains, became de-facto leading actors, while the Malay public represented by sultans was reduced to a bunch of minor actors with a blurring figure. One argues that although such discourse is evidently supported by ample historical materials, it is nevertheless undermined by its narrow perspective. From the aspect of a game between fortune and power which rises above the traditional focus on a singular interest group, this study reviews the gradual establishment of the Straits Settlements and analyzes the contingencies and inevitability of these unique colonies which constituted an island chain. This will provide historical grounds for appreciating the openness, diversity, vibrancy and flexibility of the present-day Penang, Malacca and Singapore.

Key words: Straits Settlements, Sultanate of Johor-Riau, British Malaya, post-Malacca era

略论九隆传说与佬族的起源

卢建家

【内容提要】 本文分析了中国史籍中记载的九隆传说几个早期版本并阐述了它们之间的关系,说明九隆故事与佬族、泰族关联的原因,指出九隆故事并非佬族、泰族固有的传说。

【关键词】 九隆传说;老挝;佬族;起源

一、九隆传说的早期版本略考

九隆传说是我国史料记载的有关哀牢人起源的传说故事。关于这个故事,目前我们能见到的早期版本主要有三。

第一个版本为东汉学者应劭(约153—196年)所撰的《风俗通义》(又称《风俗通》)。书中对哀牢九隆传说有如下记述①(引文保留原文繁体格式,下同):

> 哀牢夷者,其先有婦人名沙壹,居于牢山,嘗捕魚水中,觸沈木,若有感,因懷姙十月,產子男十人,後沈木化為龍,出水上,沙壹忽聞龍語曰:「若為我生子,今悉何在?」九子見龍驚走,獨小子不能去,背龍而坐,龍因舐之。其母鳥語,謂背為九,謂坐為隆,因名子曰九隆。及後長大,諸兄以九隆能為父所舐而黠,遂共推以為王。後牢山下有一夫一婦,復生十女子,九隆兄弟皆娶以為妻。後漸相滋長,種人皆刻畫其身,象龍文,衣皆著尾。

---

① 应劭撰:《风俗通义》,王利器校注,中华书局1981年版。

第二个版本是常璩所撰《华阳国志》。常璩（约291—361年），东晋蜀郡江原（今四川崇庆）人。《华阳国志》约成书于公元348年，书中载有九隆传说的《南中志》"纂述较晚，约在咸和八年李寿取宁州后。所据为杨终《哀牢传》、谯周《南中异物志》、魏完《南中志》等书，尤以得于北还流民之传说为多。收入《华阳国志》时，全用旧文，未有增改，故咸和八年以后更无所纪"①。常璩还在撰写《华阳国志·蜀志》时引用了《风俗通义》的相关内容。②文中有如下记载：

> 永昌郡，古哀牢國。哀牢，山名也。其先有一婦人，名曰沙壺，依哀牢山下居，以捕魚自給。忽於水中觸一沈木，遂感而有娠。度十月，產子男十人。後沈木化為龍，出謂沙壺曰：「若為我生子，今在乎？」而九子驚走。唯一小子不能去，倍龍坐。龍就而舐之。沙壺與言語，以與龍倍坐，因名曰元隆。沙壺將元隆居龍山下。元隆長大，才武。後九兄曰：「元隆能與龍言，而黠，有智，天所貴也。」共推以為長。時哀牢山下，復有一夫一婦產十女，元隆兄弟妻之。由是始有人民。皆象之：衣後著十尾，臂、脛刻紋。元隆死，世世相繼；分置小王；往往邑居，散在溪谷；絕域荒外，山川阻深，生民以來，未嘗通中國也。南中昆明祖之，故諸葛亮為其國譜也。

第三个版本是范晔（398—445年）所撰《后汉书》。《后汉书》中的《南蛮西南夷列传》亦载有九隆传说，引录如下：

> 哀牢夷者，其先有婦人名沙壹，居於牢山。嘗捕魚水中，觸沉木若有感，因懷姙，十月，產子男十人。後沉木化為龍，出水上。沙壹忽聞龍語曰："若為我生子，今悉何在？"九子見龍驚走，獨小子不能去，背龍而坐，龍因舐之。其母鳥語，謂背為九，謂坐為隆，因名子曰九隆。及後長大，諸兄以九隆能為父所舐而黠，遂共推以為王。後牢山下有一夫一婦，復生十女子，九隆兄弟皆娶以為妻，後漸相滋長。種人皆刻畫其身，像龍文，衣皆著尾。九隆死，世世相繼。乃分置小王，往往邑居，散在溪谷。絕域荒外，山川阻深，生人以來，未嘗交通中國。

从成书时间上看，三个版本中最早提及九隆传说的是《风俗通义》。经

---

① 见常璩撰：《华阳国志校补图注》，任乃强校注，上海古籍出版社1987年版。
② 同上。

过仔细比对,可以发现《风俗通义》与《后汉书》二者所载除了后者多了九隆死后哀牢人世代相继的内容外完全一致,可判断后者的九隆故事可能直接取自前者。《华阳国志》的九隆故事则与另外两个版本有所不同,首先是九隆之母名字不同:《风俗通义》与《后汉书》作"沙壹",《华阳国志》则作"沙壶";其次"九隆"一词在《华阳国志》中作"元隆"。但是,《后汉书》引述哀牢时提及早已散佚的《哀牢传》①,常璩撰、任乃强校注的《华阳国志校补图注》中也讲到《哀牢传》,因此,可知上述三种版本并非记载九隆传说的最早版本,而杨终撰《哀牢传》才是最早出现的九隆传说书面记载。之所以三种版本所记故事内容长短有所差异,是因为记录传说故事有详有略;而所记人名地名不同,字形却十分相近,只能是因年代久远,反复传抄,笔误所致了。

九隆传说在唐代以后发生了比较大的变化,我们能从它流传的不同时代和民族载体上看出这种变化。②

二、"九隆传说"与泰族起源的"关联"

九隆传说所述为哀牢人之发端事,怎么与泰族发生了关联呢? 这要"归功"于百余年前西方学者创造的"南诏是泰族建立的国家"一说了。一般认为这个观点的提出始于一个就教于伦敦大学的法国人特·德·拉古伯里于1885年所著的《掸族发源地》一文。③ 该文系统地阐述了南诏国王室是傣族或泰国的泰族,并得出"结论",指出泰族的发源地"在中国本部内位于四川北部与陕西南部的九隆山脉中"。其后的美国人杜德更在他的

---

① 《哀牢传》早已佚传,作者是杨终,又名杨子山,后汉蜀郡成都人。王充《论衡·佚文篇》载:"杨子山为郡上计吏,见三府为《哀牢传》不能成,归郡作上,孝明奇之,征在兰台。夫以三府掾吏,丛积成才,不能成一篇。子山成之,上览其文……"又见刘知幾《史通·史官篇》载:"杨子山为郡上计,献所作《哀牢传》,为明帝所异,征在兰台。兰台之职,著述之所也。"
② 可参考唐玲、张桃:《"九隆神话"演变初探》,载《中国学术研究》2011 年第 9 期;马妮娅:《云南少数民族的龙神话传说及其文化渊源》,http://www.chinesefolklore.org.cn/forum/viewthread.php? tid=23022(民俗学论坛)。
③ 特·德·拉古伯里:《掸族发源地》(Terrien de Lacouperie: The Cradle of the Shan Race)作为导言载于阿·罗·柯奎翁著《在掸族间》(A. R. Colquhoun: Amongst the Shans, London, 1885)一文中。现在有种新观点,认为最先提出"南诏是泰族建立的国家"这一说法的是德国人戴·哈威·圣丹尼斯,他在 1876 年所作的《中国的哀牢民族》一书中已经提出了上述说法。参见管彦波:《百余年来南诏王室族属问题研究》,载《中国民族研究年鉴 2005 年》,民族出版社 2006 年版。

《泰族——中国人的兄长》一书①中提出了所谓的"泰族七次南迁说"。根据该说,他最先提出了泰族的起源地在今中国新疆地区的阿尔泰山,由于受到汉族的"压迫"而不断南迁。据他"推测",第一次南迁始于公元前6世纪,方向是由中国中部迁往缅甸东北部。在这里他将泰人的祖先说成是中国古籍中所记载的哀牢,并称是"哀牢族和日益强大的汉族之间的长期不和"造成了此次南迁。还阐释说哀牢族的新称谓"泰"得自于公元1053年以后的第六次南迁,意思为"自由"。最后说南诏"被忽必烈领导下的蒙古国人所推翻","标志着自主的哀牢族在中国领土上统治的结束"。接着,英国人吴迪又写了本号称"征引赅博""考证精微""具有学术价值的巨著"的《暹罗史》②,继续贩卖泰族被迫南迁的观点。该书用很大篇幅叙述了实际内容为哀牢史和南诏史的所谓"泰国古代史",将泰族与哀牢、南诏更紧密地捆绑在了一起。

众所周知,泰族是泰国的主体民族,但囿于古代文献的缺失,考古发现尚少,泰族在兰甘亨王时期以前的古代史长期以来处于空白状态。于是,在20世纪初期世界政治局势的变化和自身民族主义情绪的作用下,泰国学术界全盘接受了西方学者的论调,并毫无保留地将这种论调写进了自己的国史③,使得"泰族南迁说"在泰国的影响空前高涨,并影响了本国及周边国家的几代人。作为哀牢人起源传说的九隆传说就是这样搭上了"泰族南迁说"的顺风车跟泰族的起源问题挂上钩的。

三、九隆传说与佬族的起源

老挝的主体民族是佬族。关于佬族的早期历史,我们知道的很少,见于史籍记载的一般认为始于14世纪初期。公元1353年,法昂王统一老挝全境,创建了澜沧王国,这是佬族作为一个统一国家的主体民族登上历史

---

① 杜德:《泰族——中国人的兄长》,1923年美国爱阿华州出版。(W. C. Dodd, *The Tai Race, Elder Brother of the Chinese*, Iowa, U. S. A. 1923.)
② 吴迪:《暹罗史》,1926年伦敦出版(W. A. R. Wood, *A History of Siam*, London, 1926.)。此书有陈礼颂汉译版,商务印书馆1947年出版。
③ 最先全盘接受和宣扬西方学者的这种论调的是丹隆·拉查奴帕亲王,可参其所著《御著本泰王史——丹隆·拉查奴帕亲王笺注》,1912年初版,1914年修订,后又多次翻印。此书与他的另两本书《泰国古代史》《论古暹罗统治的性变》在泰国影响巨大,此后泰国出版的有关本国历史的书亦都遵循丹隆的基调。过去在泰国持这种基调的学者与著作还有很多,兹不赘述。

舞台的开始。《坤布隆大帝传》是我们了解老挝古代历史的重要古籍①。老挝历史学家玛哈西拉·维拉冯曾评判此书的重要性："《坤布隆大帝传》是老挝最早的史书……现以法文、泰文或老文写就的各种版本的老挝史，皆以《坤布隆大帝传》为主要依据。"②他本人所著的《老挝历史——从古代至1946》一书的正文亦"大部分取于用经典傣文写就的老挝古代历史——《坤布隆大帝传》"③。

这本书一开头提到的就是一个神话故事，故事里反映了一些有关人类起源的信息。这就是在老挝民间广为流传的"坤布隆传说"。这个传说在民间有多个版本，内容大体一致，只是细节略有不同。为方便介绍，笔者将传说的主要内容概述如下：

话说老挝大地上尚无人烟之时，有两位来自湄公河源头雪山的长老来到今被称作琅勃拉邦的地方，这里风光旖旎，充满灵气。这两位长老在这个美丽的地方埋下了标示疆界的许多柱子，然后为这个地方起名为澜沧，接着飞赴天宫禀报天神，请求委派一位天神下凡统治。于是天神坤布隆和两个妻子及仆从就下凡到了孟天④（今奠边府），此地别名"那内偎努"。后来，两个妻子为坤布隆生了7个儿子。坤布隆一家人的驻地旁有一大湖，湖边有一巨大的、遮天蔽日的榕树，树上缠绕着由湖心长出的高达天际的葫芦藤，藤上结了两个巨大的葫芦。因为榕树和葫芦藤把太阳都遮蔽了，凡间十分寒冷，于是坤布隆派他的仆人布讷、娅讷到天宫请来神仙帮忙砍倒了大榕树和葫芦藤。从此以后，天和地就分开了。神仙还用烧红的锥子凿穿了一个葫芦，因为开口小，又有锥子烧出的炭灰，所以从这个葫芦里出来的人个子都比较小，皮肤也黑；接着神仙又用刀和斧凿开了第二个葫芦，因为开口比较大，又没有炭灰，所以从这个葫芦里出来的人个子比较大，也比较白。神仙还从葫芦里凿出了金银、布匹、牲畜、作物等所有的东西，于是世间就开始有人类和动植物繁衍生息了。

有的版本说得更具体些，比如有的版本有先出来的人就是后来的佧

---

① 《坤布隆大帝传》在历史上曾经历多次增补编撰，笔者对此书的历史版本做过一个简单的分析，详查拙作《坤布隆大帝传考略》，载范宏贵主编：《论说东南亚》，民族出版社2010年版。
② 〔老〕玛哈西拉·维拉冯：《坤布隆大帝传》第一部（老文版），暖·乌添沙达整理，老挝国立图书馆1994年版，第4页。
③ 〔老〕玛哈西拉·维拉冯：《老挝历史——从古代至1946》（老文版），老挝国立图书馆、老挝新闻文化部联合出版，2001年，见作者序。
④ "孟天"一词在老挝语中意为"神仙居住之地"，即"神界"。在老挝的原始信仰体系中，凡间也有神仙居住，但与凡人的驻地不同。

族、克木族，后来的是佬—泰族、苗族、瑶族等内容。除了这个神话故事外，我们在这本书里没能找到其他的有关人类起源的记载了。

现在本文所关注的问题出现了：老挝有没有流传过九隆传说呢？九隆传说是不是佬族的固有传说呢？笔者查阅了能找到的老挝历史书籍，提及九隆传说的仅有一本，即玛哈西拉·维拉冯的《老挝历史——从古代到1946》①。该书第7页说道：

> 披耶阿努曼拉查东的泰族历史故事集中说，在"佬"（指佬族——笔者注）得名之前有这么一个故事：
>
> 从前有一群人在今天中国四川境内山边的湄公河（原文如此——笔者注）沿岸居住。这群人中，有个妇人生有九个儿子，在她要怀上第九个孩子前，她到湄公河里捕鱼，当时有根树皮粗糙的木头碰到了她的腿，于是就怀上了第九子。当这个男孩子长大到能跑之后，妇人就带他到湄公河里捕鱼了，这个时候有条龙来大声问妇人："我的孩子在哪儿？"妇人大惊，喊出了两个字"高陇"（音译，实指九隆——笔者注）然后就跟大些的孩子们逃了。但小儿子来不及逃，龙就俯下身来用它的舌头舔舐男孩的背。后来，当男孩们都长大成家后，第九子最有智慧最有能力，众人于是推选他做首领统领大家，延续宗室。这九名男子是老挝民族的老祖宗，因此他们被叫做"艾捞"（音译，实指哀牢——笔者注）。

以上内容可以说明什么问题呢？笔者以为可以有如下理解：

1. 从内容架构上看玛哈西拉·维拉冯的这个故事版本与《华阳国志》和《后汉书》所载的九隆传说是基本一致的。

2. 细节上与《华阳国志》和《后汉书》所载略有不同：哀牢人的居住地从（哀）牢山变成了"四川境内山边的湄公河沿岸"；九隆兄弟人数从10人变成了9人；九隆不是跟他的兄弟一起降生的；九隆兄弟成了"老挝民族的老祖宗"。

3. 这个故事是玛哈西拉·维拉冯从披耶阿努曼拉查东（沙天哥色）的泰族历史故事集中引来的，不过他没有指出所引书目。

---

① 玛哈西拉·维拉冯的这本书先后有四个版本：第一版出版于1957年，名为《老挝国史》；第二版出版于1973年，书名与第一版同；第三版出版于1997年，书名更改为《老挝历史》；第四版为最后一个版本，即本文所参考的版本，出版于2001年，书名更改为《老挝历史——从古代到1946》。另外，笔者还参考了如下书籍：〔老〕本米·帖西蒙：《佬族的由来》（老文版），万象，2006年版；〔老〕东赛·隆帕西：《历史手册：老挝土地老挝人》（老文版），万象，2001年版；〔澳〕格兰特·伊文斯：《东南亚大陆腹地的国度：老挝简史》（老文版），泰国 Silkworm Books 出版社，清迈，2006年版；〔泰〕姆·耳·马尼奇·琼赛：《老挝史》，福建人民出版社1974年版。

据前引注可知,我国云南省境内的一些民族流传的九隆传说与 1600 多年前的早期版本相比已发生了很大的变化,这些变化的发生跟时代的更迭、地域文化和民族特性的差异有关系。维拉冯所引的这个版本与九隆故事的早期版本基本一致,令人对九隆传说在老挝的流传或称其为佬族固有传说生疑。原因有以下几点:

1. 佬族在老挝现居住地生活已久,文化上已因信仰婆罗门教和小乘佛教而显"印度化"。来到老挝这块土地之前,佬族人有自己的原始信仰,至今仍留有"厄"(大蛇)信仰就是一个例子①。佬族人来到这片先由孟—高棉人开发的土地后,慢慢在他们的影响下信仰婆罗门教,精神世界开始融入印度文化因子。如泼水节原为婆罗门教的宗教仪式②,而现在已成为佬族乃至整个老挝一年一度的盛大节日。14 世纪中期法昂统一老挝,从柬埔寨引入小乘佛教并升格为国教后,佬族人的"印度化"程度大大加深了。老挝的古典文学、民间传说、建筑、艺术、民众的日常生活等方方面面无不体现着佛教的影响。因此,如果九隆传说曾在老挝长期流传,必会留下婆罗门教或佛教的某种痕迹。但维拉冯版的九隆传说并没有体现出这种痕迹。

2. 泰族和佬族渊源很深,不管从语言、文化还是风俗习惯上看,这两个民族都像是亲兄弟一般。如果九隆传说是佬族固有的传说,何须从兄弟处借来? 换个角度看,既然佬族历史中的九隆传说尚需借来,想必泰族兄弟历史中的九隆传说亦非其原有财产。

3. 老挝最早的史书上未对九隆传说有任何记载,却载葫芦生人的神话故事,这可看作是对九隆传说非佬族固有传说的最好注解了。另外,泰国的古籍中似乎也未见提及九隆传说。③ 这样看来,佬族、泰族历史上均未曾记载过九隆传说故事。

以上分析应该可以解答前面提到的问题了,即九隆传说在历史上并未在老挝流传过,也不是佬族的固有传说。但现代老挝(和泰国)历史书上出

---

① 韦经桃:《老挝佬泰族群与我国壮族"厄"("额")神话比较》,载《东南亚纵横》2006 年第 12 期,2007 年第 1 期。

② 陈茜:《泼水节的起源、传播及其意义》,载《云南社会科学》1981 年第 3 期。

③ 参考谢远章:《泰国古籍有关云南洱海、澜沧江及河蛮的传说》,《东南亚南亚研究》2009 年第 1 期。在这篇文章中,作者的结论是"虽然泰族不是忽必烈平大理迫使他们南迁因而建立素可泰国的,但是这不等于泰族不是或不可能是南迁的。恰恰相反,笔者从对泰族古文化的华夏影响的研究,得出泰族是从中国南方迁徙的结论"。如泰国古籍中发现九隆传说,将对作者的论点构成支持,但显然作者没找到。另外,泰国学者披耶巴差吉功札根据多达 17 种"丹南"传说于 1907 年成书出版的《庸那迦纪年》(中文版王文达译,云南民族学院 1990 年版),也没有九隆传说的踪迹。

现的九隆传说又作何解释呢?

笔者认为:从老、泰学者提供的九隆传说版本与我国史籍中此传说的早期版本比较相近的情况看,他们的版本有可能直接来自中国史籍,其与中国史籍所载版本的差异有可能是翻译所致,或有意为之。如维拉冯就说九隆兄弟之得名"艾捞"(哀牢)是因为他们是"老挝民族的老祖宗"。维拉冯已说明引自泰国学者的著作,那么泰国学者又是如何获得中国史籍里的相关内容的呢?经笔者考察可能有下面的几个途径:

一、王室或贵族支持下的中国史籍翻译。泰国自曼谷王朝一世王即位以来有翻译中国文学作品的传统,《三国演义》就是在他的主持下翻译成泰文的。有"暹罗历史之父"称号的丹隆亲王曾委派皇家图书馆官员帕贞秦阿逊从中国史籍中摘译有关泰国的史料,帕贞秦阿逊摘译了《钦定续通志》《皇朝文献通考》和《明史》中的有关内容,于1909年编成《中国史籍中有关暹罗的记载》一书。

二、从西方学者的研究中获取。最先做东南亚民族和史地文化研究的是西方人,特别是在印度支那三国拥有三块殖民地的法国,在此领域的优势可谓得天独厚。琼赛在其《老挝史》第二版序中说:"老挝史的研究者如果想阅读更多有关这个有趣的国家的史料,特别是想在国立巴黎图书馆阅读的话(因为大部分参考资料在别的地方是找不到的),本书目将为他们提供寻找资料的线索。"①书后所列的索引条目多达866条。

三、泰国学者本人有能力获取中文史料和翻译。泰国的华人后裔很多,不少人虽出生并成长于泰国,但仍能使用甚至精通汉语。如著名学者披耶阿努曼拉查东(沙天哥色),原名李光荣,祖籍广东潮州,其曾祖父、祖父、父母都是有中国血统的泰国人。他本人曾对泰语中的汉语词做过研究,得出的结论是:"泰语也采用了汉语的词汇。有关华人特有的某些物品和食品的名称以及一些与贸易有关的词汇,很大部分用于口语,但是许多已被全盘移植进泰语。泰语中的汉语词是潮州或汕头的方言。"

总之,要彻底搞清九隆传说与佬族起源问题,还需学者们进一步搜集更多资料、深入研究、仔细考证才能完成。

(本文作者系广西民族大学东南亚语言文化学院老挝语系讲师)

---

① 琼赛前引书第二版序言。

A Brief Review of the Legend of Jiulong and the Origin of the Lao Ethnic Group

Lu Jianjia

Abstract: By analyzing several early versions of the legend of Jiulong in Chinese historical records and their relationships, this article illustrates why this legend has been linked with the Lao and Thai ethnic groups. It concludes that the legend of Jiulong did not originate from either the Lao or the Thai ethnic group.

Key words: legend of Jiulong, Laos, Lao ethnic group, origin

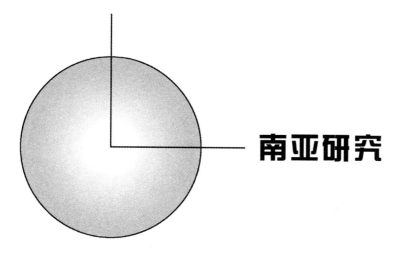

试析巴基斯坦俾路支分离主义势力的群际偏见
——兼论对建设中巴经济走廊的建议

张 元

【内容提要】 本文以巴基斯坦俾路支分离主义势力为研究对象,结合分离主义运动历史,对俾路支分离主义势力对巴联邦政府和中巴经济合作持有的群际偏见进行了重点分析,讨论了这种群际偏见的具体表现、产生及强化的原因。群际偏见的扭转存在一定困难,但可以减轻。因而,全面了解俾路支分离主义势力群际偏见产生的历史背景,寻找消解群际偏见的途径,对于中巴经济走廊的成功建设具有十分重要的意义。本文针对这一问题给出了建议。

【关键词】 巴基斯坦;俾路支分离主义势力;群际偏见;中巴经济走廊

群际偏见(Intergroup Prejudice)是社会心理学研究中的重要现象,它指"一种指向某一特殊团体成员(种族、民族、宗教团体等)的消极评估态度……它是双向的,经常由强势群体加诸在弱势群体身上,也可能被弱势群体加诸在强势群体身上"[①]。巴基斯坦俾路支分离主义运动是关乎巴基斯坦国内政治和安全形势的重大问题。本文试以俾路支分离主义势力为研究对象,对其群际偏见展开重点分析,可作为研究俾路支分离主义运动的一种思路。

---

① 参见李忠、石文典:《国内外民族偏见理论及研究现状》,《广西民族研究》2008 年第 1 期,第 25 页。实际上,群际偏见既包括对内群体成员的偏爱和保护,也包括对外群体的厌恶和贬损,而当前社会心理学研究的重点基本围绕对外群体的消极态度展开。

一、俾路支分离主义势力的群际偏见表现

巴基斯坦俾路支省的雏形形成于英国殖民统治时期,英国殖民者将当时的俾路支地区作为牵制波斯(伊朗)和阻止俄国南下的缓冲地带,将其一分为三①:1871年与波斯(伊朗)划定"戈尔德斯米德线(Goldsmid Line)",将俾路支西部划归波斯(伊朗);1893年根据"杜兰线"(Durand Line)将俾路支北部部分地区划归阿富汗;其余部分由英印政府控制,分为卡拉特土邦(Kalat State)、英属俾路支斯坦(British Balochistan)以及英国从卡拉特租借的地区②,由英印政府控制的地区即是现今巴基斯坦俾路支省的大致范围。

生活在英印政府控制区的俾路支人希望英国殖民者退出南亚次大陆后能独立建立地跨伊朗、阿富汗和巴基斯坦三国的"大俾路支斯坦国"(Greater Balochistan),但是这一愿望不可能得到穆斯林联盟认可,因而在巴基斯坦建国后与中央政府发生了五次大规模冲突。在此过程中先后产生了几个活跃的分离主义组织,经过派别分化和重组,逐渐演化出当前的俾路支分离主义势力,主要包括俾路支学生组织人民派(Baloch Students Organisation-Awami)、帕贾尔派(Baloch Students Organisation-Pajjar)、门加尔派(Baloch Students Organisation-Mengal)和阿扎德派(Baloch Students Organisation-Azad);俾路支共和党(Baloch Republican Party)、共和军(Baloch Republican Army);俾路支民族党(Balochistan National Party);民族党(National Party);俾路支解放军(Balochistan Liberation Army)③;俾路支联合军(United Baloch Army);俾路支斯坦军(Lashkar-e-Balochistan);俾路支解放阵线(Baloch Liberation Front)等。

俾路支分离主义势力一直以来对巴联邦政府怀有偏见,他们反对被中央控制,寻求自主权,对联邦政府主导俾路支发展方向尤其敏感。中国加

---

① 这也是造成现今俾路支人分布于巴基斯坦俾路支省和信德省、伊朗的锡斯坦—俾路支省、阿富汗的尼姆鲁兹省和赫尔曼德省的历史原因。

② Paul Titus and Nina Swidler, "Knights, Not Pawns: Ethno-Nationalism and Regional Dynamics in Post-Colonial Balochistan," *International Journal of Middle East Studies*, Vol. 32, No. 1, February 2000, p. 48.

③ 也有Baloch Liberation Army、Baluch Liberation Army的写法。

大对俾路支省的开发和投资后,中巴经济合作项目日益成为他们的关注对象。一方面,俾路支分离主义势力与巴联邦政府之间,由于历史恩怨所积累的矛盾,形成了一种互不信任的关系,导致俾路支分离主义势力较为负面地看待巴联邦政府在中巴经济合作项目中采取的政策;另一方面,中国对俾路支省的开发活动引起了分离主义势力的担忧。他们害怕本省的自然资源和经济利益受损,激进派别通过抗议、打击开发项目的方式,希望远离中国投资者;温和派别参与议会政治,借助中巴经济合作为公共话题,向巴联邦政府施压,希望俾路支人的权益能得到充分尊重和保护。

俾路支分离主义势力的上述行为可以理解为他们维护自身利益的一种应激反应。但是,由于群际偏见的影响,他们对中巴经济合作项目的看法带有较多的刻板印象①。首先,他们未对中巴经济合作项目给俾路支省带来的经济发展结果做出全面的利弊分析,就片面地怀疑中国对俾路支省的开发,主要依据是中国为"外人",且是巴联邦政府的"朋友"。其次,他们担心俾路支人的政治、经济和社会权益会遭受侵害,其中盲目恐慌"外群人进入本省"。他们认为中巴经济合作项目将吸引旁遮普省、信德省的人前来就业,省外人口大量涌入将影响俾路支人的就业和生活,使俾路支人成为少数②,整个俾路支省的人口结构将会改变③。再次,实际上近年来巴联邦政府比较重视俾路支族群问题,希望借力中巴经济合作,解决好俾路支省的经济发展和社会稳定,但是由于没有充分考虑到俾路支方面的知情权和参与权、缺乏对资金的有效管理和监督、没有合理安排好基础设施建设等,引起了俾路支分离主义势力的不满。他们认为是中巴经济合作引发了这些问题。

---

① 刻板印象是人们头脑中存在的关于某人或某一类人的固定印象,它是对社会人群的一种过于简单化的分类方式,多与事实不符。关于刻板印象是否可控,传统观点认为不可避免,也有一种观点认为,刻板印象并非是不能征服的"认知猛兽"(Cognitive Monster),而是可以成功克服或至少被显著减少的。参见 John A. Bargh, "The Cognitive Monster: The Case against the Controllability of Automatic Stereotype Effects," in S. Chaiken & Y. Trope, eds., *Dual-process Theories in Social Psychology*, New York: Guilford Press, 1999, pp. 361—382; Irene V. Blair, "The Malleability of Automatic Stereotypes and Prejudice," *Personality and Social Psychology Review*, Vol. 6, No. 3, 2002, pp. 242—261.

② Kiyya Baloch, "Can China's Gwadar Port Dream Survive Local Ire," *The Diplomat*, December 17, 2014, http://thediplomat.com/2014/12/can-chinas-dream-of-a-pakistan-port-survive-local-ire/.

③ 曾祥裕:《巴基斯坦瓜达尔港对国际安全形势的影响》,《南亚研究季刊》2009 年第 2 期,第 34 页。

自从俾路支分离主义势力围绕中巴经济合作项目与巴联邦政府发生意见分歧以来,很多时候声音都是通过非建设性方式表达的,情绪性色彩浓重。温和派组织支持者进行街头抗议,为反对而反对,自己却提不出全面且富有建设性的意见。武装团体发动暴力活动,制造不友好的舆论氛围。甚至中巴在俾路支省合作建设的油气、港口、交通运输设施,以及工程人员也成为他们攻击的对象。2005 年新一轮武装冲突爆发前后,俾路支分离主义武装就策划了几起针对中方人员的袭击事件[①]。俾路支解放军在一起袭击事件后主动打电话给美联社表示:"这是我们对巴基斯坦政府以及和巴基斯坦政府友好的中国政府的一种斗争。"俾路支分离主义势力对中巴经济合作持有的群际偏见态度,需要引起中国政府的高度重视。

二、俾路支分离主义势力群际偏见的产生

群际偏见的成因可以从个体和群体两个层面展开探讨,个体层面着重于研究形成偏见的人格特征,群体层面着重于从群体运行机理的角度分析。本文将把巴基斯坦境内的俾路支分离主义势力作为一个群体整体看待,重点分析其群际互动过程,而不单独针对某个分离主义分子个体。

最简群体范式(minimal group paradigm)表明,仅仅是按照类别将人分为内外群体,就可以导致内群体对外群体的重大偏见,"一个人只要被告知属于某一类别就足以产生群体情感——支持自己的群体并反对他人"[②]。因而群际偏见产生的根本原因在于群体划分和由划分带来的群体认同(identity)。认同帮助创造"我们",识别"他者","我们"与"他者"间的边界不是从来就有的,也不是固定不变的。巴基斯坦俾路支分离主义势力的群体认同植根于其争取"独立"的历史中,他们关于内外群界限的认知在与"外人"的数次冲突中被激活。

[①] 2004 年 5 月 3 日,中国交通部第一航务规划工程勘察设计院的 12 名监理工程师在瓜达尔港建设工地遭遇汽车炸弹袭击,3 人遇难,9 人受伤;2005 年 11 月 15 日,数枚火箭弹袭击了中国新疆北新路桥公司在瓜达尔附近的筑路工地;2006 年 2 月 15 日,对俾路支省胡布镇进行技术援建的中国工程师遭遇恐怖袭击,造成 3 人死亡。

[②] Myron Rothbart and Olive P. John, "Intergroup Relations and Stereotype Change: A Social Cognitive Analysis and Some Longitudinal Findings," in Paul M. Sniderman, Philip E. Tetlock, and Edward G. Carmines, eds., *Prejudice, Politics and the American Dilemma*, Stanford, CA: Standford Univesity Press, 1993, p. 37.

关于俾路支人历史起源的记载比较模糊,目前史料对于俾路支人是否属于俾路支地区的原著居民尚存在分歧①。但是俾路支人有属于自己的独特文化、宗教信仰、社会组织、生活习惯和民族语言。他们自称历史上建立过强大的政治共同体,比如公元12世纪米尔·贾拉尔·汗(Mir Jalal Khan)领导下的部落联盟体系、15世纪的林德—拉什哈里邦国(Rind-Lashhari)以及17世纪的卡拉特土邦联盟。这些政权体系对于俾路支人形成初期的群体认同起过重要作用。

英国殖民统治是俾路支人历史上遭遇到的第一次比较大规模的外群入侵,激起了他们的反抗。第一次世界大战末期,俾路支人发动泛俾路支主义政治运动,组建俾路支统一组织(Anjuman-e Ittehad-e-Balochan),要求建立"大俾路支斯坦国"。即使是穆斯林民族主义思想的传播和巴基斯坦建国运动的发展,也仍然没有改变他们的政治意愿。1932年俾路支统一组织明确提出,"英国撤走后,俾路支人将不加入印度,也不加入伊斯兰国家"②。

但是,1947年8月14日巴基斯坦建国后,卡拉特土邦、英属俾路支斯坦被纳入到巴基斯坦国家体系中。8月15日,卡拉特土邦王公艾哈迈德·亚尔·汗(Ahmad Yar Khan)即宣布卡拉特独立。他的弟弟阿卜杜勒·卡里姆·汗(Abdul Karim Khan)组建俾路支民族解放委员会(Baloch National Liberation Committee),抵制加入巴基斯坦③。此举遭到巴联邦政府的镇压,直至1948年6月阿卜杜勒·卡里姆·汗被捕,冲突才暂告一段落。这是俾路支分离主义势力与巴联邦政府之间的第一次较量。中央政府凭借国家暴力机器占据上风,却在俾路支人中形成了这样的印象:巴联邦政府是俾路支主权国家理想的毁灭者。俾路支人没有将巴基斯坦视为内群认同的组成部分,反而与巴联邦政府之间形成了隔阂。

---

① 一种说法认为,俾路支人是俾路支地区的原土著居民,在古籍中被称为 Oritans, Jatts, Medes 等。另一种说法认为,俾路支人是大约两千年前进入该地区的。参见 Taj Mohammad Breseeg, *Baloch Nationalism: Its Origin and Development*, Lahore: Royal Book Company, 2004, pp. 115—116。

② Taj Mohammad Breseeg, *Baloch Nationalism: Its Origin and Development*, Karachi: Royal Book Company, 2004, p. 227.

③ 具体历史过程可参见 Adeel Khan, "Baloch Ethnic Nationalism: From Guerrilla War to Nowhere", in idem, *Politics of Identity: Ethnic Nationalism and the State in Pakistan*, New Delhi: Sage Publications, 2005, pp. 26—109; Inayataullah Baloch, *The Problem of "Greater Baluchistan": A Study of Baluch Nationalism*, Stuttgart: Steiner Verlag Wiesbaden GMBH, 1987, p. 159。

此后,俾路支分离主义势力与巴联邦政府发生过 4 次大规模武装冲突,即 1958—1959 年、1962—1969 年、1973—1977 年、2005 年以来的冲突。

1952 年,巴联邦政府开发俾路支省苏伊(Sui)地区的天然气田,俾路支人将此解读为"掠夺"俾路支省自然资源的行为。1955 年,巴联邦政府提出"统一行政区划"计划(One Unit),将旁遮普省、信德省、俾路支省和西北边境省(现称开伯尔—普赫图赫瓦省)四省合并为西巴基斯坦省,俾路支人认为这是对其身份认同的极大不尊重。马里(Marri)部落酋长谢尔·穆罕默德·比贾拉尼·马里(Sher Mohammad Bijarani Marri)率领部落民众袭击政府和军队。布格蒂(Bugti)部落破坏了苏伊地区的天然气供应系统①。联邦军队大力平叛,直到 1959 年冲突才逐渐平息。1962 年后,谢尔·穆罕默德·比贾拉尼·马里再次组建武装力量"帕拉里"游击队(Parari guerrma),公开挑战阿尤布·汗政权,遭到清剿。1969 年叶海亚·汗政权宣布大赦俾路支反抗力量,冲突平息。

1970 年 10 月,民族人民党(National Awami Party)赢得俾路支省大选,与"伊斯兰学者联盟"(Jamiat UlemaIslam)在 1972 年组建了俾路支省联合政府。新政府成立后进行了一系列改革,要求更大自治权,其中,最引人关注的是安全系统的改革。这些举措被阿里·布托政府指责为"处心积虑"②,并遭到打压。1973 年巴方在伊拉克驻伊斯兰堡武官处发现了 300 支苏制冲锋枪和 48000 发弹药,并坚称省政府支持俾路支分离主义势力参与其中③,由此解散了省政府并逮捕了相关领导人。俾路支游击队发动袭击反抗,武装冲突全面爆发④。1977 年齐亚·哈克上台执政后,出台了特赦俾路支武装叛乱人员、增加俾路支发展资金投入等政策,在一定程度上缓解了地方与中央间的矛盾。

---

① Rabia Aslam, "Greed, Creed, and Governance in Civil Conflicts: A Case Study of Balochistan," *Contemporary South Asia*, Vol. 19, No. 2, 2011, pp. 129—203.

② Farhan Hanif Siddiqi, *The Politics of Ethnicity in Pakistan: The Baloch, Sindhi and Mohajir Ethnic Movements*, Routledge, 2012, p. 66.

③ 但据有关研究,这些武器的接收方并不是巴基斯坦俾路支人,而是伊拉克方面对伊朗俾路支分离主义势力的援助。参见 Hassain Haqqani, *Pakistan: Between Mosque and Military*, Lahore: Vanguard Books, 2005, p. 102.

④ 据统计,约 55000 名部落武装人员和 80000 名联邦政府军人卷入其中,3300 名政府军士兵和超过 5000 名部落武装人员死亡。参见 Selig S. Harrison, *In Afghanistan's Shadow: Baluch Nationalism and Soviet Temptations*, New York: Carnegie Endowment, 1981, p. 3; Alok Bansal, "Balochistan: Continuing Violence and Its Implication," *Strategic Analysis*, Institute for Defence Studies and Analyses, Vol. 30, No. 1, 2006。

20 世纪 80—90 年代,俾路支问题没有引发大规模冲突。但是,原有问题并没有从根本上得到解决。1999 年 12 月,穆沙拉夫政府宣布发展瓜达尔深水港建设项目、加大力度开发俾路支省油气资源,并在该省增设军营、扩大驻军①,俾路支分离主义势力同联邦政府之间的对抗再起。2005 年 12 月,俾路支解放军向库鲁(Kohlu)一处军事营地发射六枚火箭弹,时任巴基斯坦总统的穆沙拉夫正在访问此地。袭击虽然没有造成人员伤亡,却惹恼了巴联邦政府。最终,巴政府与俾路支分离主义势力之间的大规模冲突爆发,至今没有完全结束。

俾路支分离主义运动的历史表明,政治独立是俾路支人的根本诉求所在。他们希望建立"大俾路支斯坦国",或寻求俾路支省脱离巴联邦,就算是在巴国家框架范围内,也要求联邦政府政策更多地照顾俾路支省利益和惠及俾路支民众。但是这些诉求,至少在俾路支方面看来,受到了英国殖民者和巴联邦政府的打压。因而,这塑造了他们对自己、对外部世界的基本态度,即极力强调俾路支群体的尊严和价值,否定外部群体与俾路支人的联系。他们关于群际边界的认知也在历史中得到确认:俾路支人不承认巴联邦政府的统治合法性及其在俾路支省采取的政策。

三、俾路支分离主义势力群际偏见的强化

现实冲突理论认为,竞争是偏见最明显的来源,内外群体间关于稀有资源、政治权力与社会地位的竞争会产生冲突并造成偏见,特别是当时局艰难、资源匮乏的时候,内群体成员会更加感到外群体成员的威胁。依据上文分析,受特殊历史背景的影响,俾路支分离主义势力对巴基斯坦国家共同体缺乏认同感。而巴基斯坦建国后俾路支分离主义势力对国家政权格局的不满,以及与联邦政府在经济发展和资源开发政策上的争议,则强化了他们的认同偏见。

首先来看巴基斯坦的政府结构安排。在巴联邦政府和军队中,大约 60% 的行政资源被旁遮普人占据,俾路支人的地位较低且人数较少,基本上处于从属地位。1947—1977 年期间,179 位巴政府内阁成员中只有 4 名

---

① C. Christine Fair, *Balochistan*, U. S. House of Representatives, Committee on Foreign Affairs, Oversight and Investigations Sub-Committee, February 8, 2012, p.5.

是俾路支人①。1972年,在830名巴高层公务人员中只有181名是俾路支人,在20名省部级领导中只有1名为俾路支人②。当前俾路支省在335个席位的国民议会中只占有17个席位。虽然它在参议院中的席位数与其他省有同样的代表数(22个席位),但是参议院是两院中较弱的机构③。军队不成比例的代表性也增加了地方和联邦之间的矛盾。根据1970年统计,在巴基斯坦所有军官中,旁遮普人约占70%,普什图人占15%,吉尔人占10%,而信德人与俾路支人总共占5%。1991年巴军方重新规定了各省征兵配额,俾路支省和信德省的配额虽然被调升至15%,然而直到1998年12月,仍有10000个配额没有得到落实④。俾路支人在俾路支省的警察中也只占5%左右⑤。不平衡的国家权力格局引起了俾路支人的强烈不满,被他们解读为"旁遮普人在统治"。

实际上,这不仅仅是一个政治问题,也是一个复杂的社会问题。英国殖民主义者于19世纪下半叶进入俾路支地区时,俾路支人的教育水平极低,能识字的人奇缺,因而不论是修建、承包铁路工程,还是发展商业活动、开展公共行政事务,都只能由英国人或者俾路支地区以外的人承担⑥。伴随着英国殖民者和地方官员、商人新迁移而来的旁遮普人和信德人占据了俾路支地区经济和社会的中上层⑦。巴基斯坦建国后直到现在,俾路支人的教育状况仍然是四省中最为堪忧的。穆沙拉夫时期,政府曾希望增加国家军队内部俾路支人的数量。但是,很少有俾路支人能够达到征兵的教育标准⑧。因而,寻求当地人民教育水平的提高,是俾路支分离主义势力长期

---

① Alok Bansal,"Factors Leading to Insurgency in Balochistan," *Small Wars & Insurgencies*,Vol. 19,No. 2,June 2008,pp. 182—200.

② Omer Noman,*Pakistan: A Political and Economic History since 1947*,London: Kegan Paul International,1990,pp. 64—65.

③ C. Christine Fair,*Balochistan*,U. S. House of Representatives,Committee on Foreign Affairs,Oversight and Investigations Sub-Committee,February 8,2012,p. 9.

④ 于开明:《巴基斯坦俾路支问题研究——兼论中国在巴基斯坦俾路支省的利益诉求》,西北大学国际关系学科硕士学位论文,2014年6月,第26页。

⑤ 《巴基斯坦俾路支斯坦问题》,北京大学东方语言文化数据库系统,2011年9月23日,http://sfl. pku. edu. cn/olc/database/view. php/29836。

⑥ 〔巴基斯坦〕阿卜杜拉·江·贾马尔迪尼:《俾路支斯坦萨达尔制度的历史背景》,陆水林译,《南亚研究季刊》2005年第1期,第78—79页。

⑦ 王晋:《民族、族群、国家理论与俾路支民族主义》,《印度洋经济体研究》2015年第1期,第153页。

⑧ C. Christine Fair and Shuja Nawaz,"The Changing Pakistan Army Officer Corps," *Journal of Strategic Studies*,Vol. 34,No. 1,February 2011,pp. 63—94.

的目标,实际上也是巴联邦政府试图解决政治权力不均衡问题的途径之一,只是这一挑战具有长期性。

其次来看巴联邦政府对俾路支省的经济发展政策。至少在 20 世纪 70 年代以前,巴联邦政府对俾路支省的经济发展有所忽视。自 1955 年巴实行经济发展计划以来,各五年计划文件都提及加强俾路支地区的经济开发,但实际上在齐亚·哈克执政前,各层政府均未重视。决策者和计划工作人员不了解当地社会经济条件,主要力量放在行政机构建设上,无暇顾及经济。哈克执政前期,中央政府按人口多少决定各省发展费用,这对人口少但面积大的俾路支省不利,直至后期改按人口比例分配资金后俾路支省经济才得到一定发展①。根据经济学家欧摩·诺曼的统计,1970 年俾路支省的人均月收入为 54 美元,仅是旁遮普省人均收入水平的 60%②。

从 20 世纪 70 年代开始巴联邦政府在制定经济政策和规划时开始注意和照顾俾路支省利益,但这些政策并未获得俾路支地方力量的认可和支持。围绕自然资源开发、经济发展,分离主义势力与联邦政府之间多次出现争议。俾路支分离主义势力认为,旁遮普省、信德省是俾路支开发活动的最大受益者;政府是借"发展"为名行"安全控制"之实,加强军队对地区的控制;发展项目滋生腐败,政府官员和商人获益;联邦政府实施政策不充分征求俾路支人意见,当地人不能参与决策;俾路支省本地资源并没有很好地服务于当地发展和百姓生活,反而加大了本省人与外省人之间的差距。应该说,20 世纪 70 年代前巴基斯坦俾路支分离主义运动具有明显的族群主义特征,而 90 年代以后,分离主义活动逐渐转变为以经济发展与利益分配争议为主。

以天然气开发为例,苏伊气田是在 1952 年被发现的,随后中央政府铺设了俾路支省至旁遮普、信德和西北边境省的输气管道。当时巴基斯坦天然气开采政策中规定,天然气出井价格基于各省 1953 年的人均收入而定,这就导致俾路支省境内天然气出井价格为各省最低③。在每千立方英尺的

---

① 李德昌:《巴基斯坦开发俾路支省农业的主要做法及意义》,《南亚研究季刊》1986 年第 2 期,第 18—19 页。
② Omer Noman, *Pakistan: A Political and Economic History since 1947*, London: Kegan Paul International, 1990, pp. 64—65.
③ Meezan Z. Khwaja, Abid Q. Suleri and Babar Shahbaz, "Natural Resource Allocation in Balochistan and NWFP: Reasons for Discontent," *Sustainable Development Policy Institute*, November 2009, p. 5.

天然气收入中,俾路支省获得 0.29 美元,而信德省获得 1.65 美元,旁遮普省获得 2.35 美元,俾路支省仅能得到天然气开采收益的 12.4%①。直至 80 年代政府才铺设了从苏伊气田到俾路支省首府奎达的天然气管道,而俾路支省 28 个地区中仅有 4 个铺设有管道②。至今,仅 17% 的天然气用于俾路支省本省发展,83% 输出至其他地区③。供职于巴国内几家大型天然气开采公司中的俾路支人普遍职位较低,所持股份很少④。苏伊气田问题是诱发 1958—1959 年武装冲突的原因之一,同时该问题也是 2005 年新一轮武装冲突中分离主义势力与中央政府争议的重点之一。

再以中国在俾路支省投资的山达克铜金矿项目为例。在初期的铜金矿项目中,中方所获利润为总收益的 50%,巴联邦政府获得总收益的 48%,俾路支省政府收益仅占 2%⑤。根据 2009 年 11 月巴人民党政府提出的一揽子计划（Aghaz-e-Huqooq-e-Balochistan Package）,联邦政府同意将山达克金属公司大部分股权移交给俾路支省政府,但坚持山达克金属公司首先需偿还联邦政府先期投资的 290 亿卢比资金,后又与中方续签租赁经营协议,致使股权转移计划流产。俾路支省政府本可以将在山达克铜金矿项目中的获益比例提高至 35%,但中巴租赁经营协议延长后收益仅在 2% 的基础上增加 5%,这和 35% 相差甚远⑥。俾路支分离主义势力遂将此误读为中方的过错,认为是中方与巴联邦政府在联合"侵害"俾路支人。

值得注意的是文化因素在强化俾路支分离主义势力群际偏见方面的作用。俾路支人社会发展形态属于部落社会制,组织结构以部落首领萨达

---

① Syed Fazl-e-Haider, "Gas Subsidized at Balochistan's Expense," *The Dawn*, August 21, 2006, http://www.dawn.com/news/206719/gas-subsidised-at-balochistan-s-expense.
② International Crisis Group (ICG), "Pakistan: The Worsening Conflict in Balochistan," *South Asia Report*, No. 119, September 14, 2006, p. 16, http://www.crisisgroup.org/home/index.cfm?id=4373&=1.
③ Adeel Khan, "Renewed Ethnonationalist Insurgency in Balochistan, Pakistan: The Militarized State and Continuing Economic Deprivation," *Asian Survey*, Vol. 49, No. 6, November/December 2009, p. 1076.
④ Ministry of Petroleum and Natural Resources, *Pakistan Energy Year Book* (2008), Hydrocarbon Development Institute of Pakistan, Govt. of Pakistan, Islamabad, Pakistan.
⑤ "Balochistan Rights Package: Ensure Resources for Locals," *The Dawn*, August 18, 2011, http://www.dawn.com/news/652647/balochistan-rights-package-ensure-resources-for-locals-2.
⑥ "Saindak Copper and Gold Project: Centre Refuses to Hand over Ownership till 2018," *The Express Tribune*, November 24, 2014, http://tribune.com.pk/story/796090/saindak-copper-and-gold-project-centre-refuses-to-hand-over-ownership-till-2018/.

尔（Sardar）领导下的各部落为核心。萨达尔原为选举产生，但随着历史发展，转变为世袭更替，他们占有公共财产，在其管辖地区享有相当大的自主权。这种自主权对于俾路支分离主义运动的推动表现在：部落自成体系，中央政令在俾路支地区无法得到有效的贯彻和实施；"部落"在当地人心目中处于神圣且不可撼动的地位，他们基本没有"国家"概念，国民意识薄弱；萨达尔作为传统社会的权势阶层与既得利益者，不愿意改变传统社会结构和权力体系。对中巴经济合作项目有所不满的分离主义领导人，有相当一部分即为部落首领，或与部落有密切联系。比如俾路支共和党、俾路支共和军领导人是布格蒂部落首领纳瓦卜·阿克巴尔·布格蒂（Nawab Akbar Bugti）和他的孙子卜拉哈姆达格·布格蒂（Brahamdagh Bugti），俾路支民族党由门加尔（Mengal）部落首领阿陶拉·门加尔（Attaullah Mengal）和他的儿子阿赫塔尔·门加尔（Akhtar Mengal）领导。俾路支解放军从创建至今，领导人均是马里部落首领，首任领导人是海尔·巴赫什·马里（Khair Bakhsh Marri），第二任领导人巴拉奇·马里（Balach Marri）和现任领导人希尔比艾尔·马里（Harbayar Marri）是海尔·巴赫什·马里的儿子。俾路支联合军领导人迈赫兰·马里（Mehran Marri）则是海尔·巴赫什·马里最小的儿子。俾路支斯坦军由阿赫塔尔·门加尔的兄弟贾韦德·门加尔（Javed Mengal）领导。部落势力担心经济开发、军队入驻和文化教育会唤醒部落民众的自主意识，因而不情愿接受庞大的开发计划。如何应对俾路支传统的部落体制问题，是消解俾路支分离主义势力群际偏见过程中需要面对的困难。

四、余论：对建设中巴经济走廊的建议

从以上分析可以看出，俾路支分离主义势力对巴联邦政府存在一定程度的群际偏见。随着中巴经贸关系的深化，俾路支分离主义势力的偏见又扩展到了中国政府和投资者身上，具体表现为对外群人的恐惧和贬损。俾路支人的政治诉求，在历史上受到了英国殖民者和巴联邦政府的打压和控制，这从根本上塑造了他们对外部世界的偏见态度。而巴基斯坦建国后俾路支分离主义势力对国家政权格局的解读，以及与联邦政府在经济发展政策上的争议，加之俾路支传统部落体制的保守性，强化了他们的认同偏见。

当前，中国政府正与巴基斯坦方面联合建设中巴经济走廊。作为"一带一路"倡议的旗舰项目和样板工程，经济走廊以巴基斯坦西南港口瓜达尔为起点，因而瓜达尔所在的俾路支省，其分离主义活动是否会对走廊建设造成负面影响，是中巴经济走廊研究的重中之重。目前国内外学术界已经关注到分离主义势力和恐怖主义组织可能对经济走廊造成的破坏①，并将其列为走廊建设的四大挑战之一②。笔者认为，全面了解俾路支分离主义势力的群际偏见问题，研究减轻群际偏见的路径，对于中巴经济走廊建设具有重要意义。上述关于俾路支分离主义势力群际偏见的分析，对中巴经济走廊建设具有如下启示。

首先，社会心理学关于"群际接触"（Intergroup Contact）的研究为我们促进与俾路支地方的群际关系提供了契机。群际接触的关键是"接触"，没有认识和了解的过程，也就没有改变的可能。中国政府和中资企业需要改变过去那种开展项目"只跟官方政府打交道、只走上层路线"的传统思维，在经济走廊建设过程中充分与俾路支省当地社会沟通，听取当地人民的意见。实际上，俾路支分离主义势力并非铁板一块，据笔者观察，俾路支分离主义势力各派别之间，在政治立场和斗争策略上是不同的。俾路支民族党、民族党，以及俾路支学生组织人民派、帕贾尔派、门加尔派属于温和主义政党。他们的目标是在巴基斯坦国家体系内寻求俾路支省的可持续发展和人民生活水平的提高，活动基本围绕议会政治展开。以俾路支民族党和民族党为例，他们是支持中巴经济走廊的，赞成俾路支省引入中国投资项目，只是希望俾路支人的政治权利和经济利益在中巴经济合作过程中能够得到尊重和保护。在俾路支部落中，只有强硬的马里和布格蒂部落令巴联邦政府颇为头痛，其他部落首领均能够与巴联邦政府进行一定程度的对话。中方可以和这些政党组织或部落首领充分沟通，展开实地调研，了解他们的心声，从而寻找到俾路支问题的症结所在。

---

① 学术界普遍认为，严峻的安全形势是影响中巴经济走廊顺利实施的重要因素，并注意到巴境内分离主义武装和恐怖主义组织泛滥的三个地区，即俾路支省、开伯尔—普赫图赫瓦省（旧称西北边境省）和联邦管辖部落地区（Federally Administered Tribal Areas）。

② 近两年来中巴经济走廊的可行性受到了国内外学术界的强烈关注。笔者根据既有文献，将学界关于中巴经济走廊建设面临的挑战的认识，归纳为四点：第一，建设和维护经济走廊的经济和技术成本较大；第二，巴基斯坦境内的分离主义势力和恐怖主义组织可能对经济走廊造成破坏；第三，国际政治形势复杂，域外因素对中巴经济走廊的干扰不可忽视；第四，中巴两国国内的反对和质疑舆论可能对走廊建设带来负面影响，如马六甲困境是否为伪命题、大国与小国间合作是否是双赢局面、合作规划能否如期执行等。

其次,信息来源的有限性或不正确是偏见产生的基础。巴基斯坦在政治体制上基本属于民主政体,在国内存在各种大大小小的政治党派,单独或组织联盟参与中央政府和地方政府的竞选。巴基斯坦又是联邦制国家,地方政府具有比较大的自主权力。中巴关系近年来成为巴国内政党之间、地方政府与联邦政府之间进行政治博弈的话题之一。为增加与执政当局的讨价还价的能力,或为了获取群众支持和声援,反对派和分离主义势力往往隐瞒或歪曲事实真相,误导民众认知,而群众又缺乏相应的信息来源和沟通渠道,不明就里。比如,从 2014 年上半年开始,以俾路支分离主义势力为代表的巴基斯坦反对派力量将注意力集中于经济走廊的线路设计,指责巴联邦政府在未经有关省政府同意的情况下,擅自将走廊规划从西线改至东线,发动了一场抗议活动,被称为"改线风波"①。而实际上,中国官方一直以来并未就中巴经济走廊的具体路线有过明确阐述,同时在各种场合强调经济走廊的全面性。因而,在巴基斯坦国内特别是俾路支省充分地开展中巴经济走廊的政策宣传和解释工作显得十分重要。

再次,认同一时难以改变,但利益可以协商②。基于俾路支方面对于巴联邦政府存在不信任情绪,中方需要在中巴经济走廊建设过程中适当照顾俾路支人的利益,与俾路支方面形成以利益为基础的群体纽带。比如,在促进投资方面,中方不仅需要与巴方签订投资协定,还须就投资的利用和分配情况进行充分沟通、全面指导和长期监督,避免巴方政府在资金使用过程中的盲目性、无效性,或者受利益集团的干扰。在产业发展方面,中国政府不是进行一般性产业政策引导,而是充分参与到中巴经济走廊工业园区、经济特区的设计、规划和布局中,对产业链延伸和产业集群整合做出方向性的筹划,在制度保障、财税优惠、市场环境引导等每个细节仔细斟酌和主动把握,在必要时要给予巴方建议。

再次,俾路支分离主义运动难以消退的一个重要原因,是巴联邦政府

---

① 据反对派称,经济走廊原定从瓜达尔出发,至奎达,再到兹霍布(Zhob),向东至德拉伊斯梅尔汗(Dera Ismail Khan),再北上延伸到红其拉甫口岸,巴联邦政府却将线路改变为从瓜达尔出发一直向东至胡兹达尔(Khuzdar),然后向北穿越印度河附近的勒多代罗(Ratodero),再与信德公路网络连接。因而走廊本应通过俾路支省和开伯尔—普赫图赫瓦省(称西线),却改为途经信德省和旁遮普省(称东线)。参见 Khurram Husain, "Analysis: China-Pakistan Corridor or Labyrinth", *The Dawn*, February 18, 2015, http://www.dawn.com/news/1164337/analysis-china-pakistan-corridor-or-labyrinth.

② 〔美〕马莎·科塔姆、贝思·迪茨—尤勒等:《政治心理学》,胡勇、陈刚译,北京:中国人民大学出版社 2013 年版,第 471—472 页。

面临严重经济困难,在公共开支上捉襟见肘,在短期内不可能将改善俾路支人状况的许诺一一落在实处。中巴经济走廊恰好能够帮助巴联邦政府解决这一难题。因此经济走廊项目只有落地生根,拓展至民间,才能赢得地方支持。中巴经济合作要让俾路支民众充分地参与到项目决策和实施过程中来,要让他们真切地感受到两国加强合作带来的民生变化,比如经济收入提高、交通设施改善、自然环境改观等,要让他们体会到,俾路支人是巴基斯坦国家发展战略的受益人,中国不仅是巴基斯坦政府的朋友,也是俾路支人的朋友。如此,才能从根本上促进俾路支省当地社会的稳定,真正地巩固两国人民的友好感情,让普通百姓能对中巴经济走廊的重要意义形成共识,对两国战略合作前景充满信心。当前,俾路支分离主义势力关心的话题有,为什么俾路支省没有获得较多的太阳能和水电合作项目①、如何解决好关系当地居民生活的洁净水源获取、土地使用权等②,中方在中巴经济走廊建设的初始阶段,需要重视和解决好这些问题。

最后,中国"走出去"过程中的老毛病和风险在巴基斯坦并没有例外。中国个别企业和经营者不遵守当事国法津法规和风俗习惯,不尊重当地劳动者,破坏当地经济秩序,确实对中国在巴基斯坦民众中的印象产生了一定的负面影响。如何树立中国良好的国际形象,如何规范好中国企业行为,这些问题在中巴经济走廊建设上不容小觑。中方需要学会换位思考,从俾路支省民众的视野去审视中巴经济走廊,避免以施舍者的心态凌驾于他人之上;以"亲诚惠容"的经济理念和正确的义利观规范好中国企业在巴基斯坦的行为;同时,也要学会发挥媒体在正确引导舆论、表达中国态度方面的作用,特别是寻求与巴基斯坦媒体的深度合作,减少误读和误报的情况。

总而言之,俾路支分离主义势力的群际偏见是历史性、长期性的,但不是不可以改变的。中国政府有必要在中巴经济走廊建设中重视该问题,适时采取有效措施,对症下药,顺利推动经济走廊项目的实施。

(本文作者系北京大学国际关系学院国际政治专业 2015 级博士生)

---

① "CPEC: More Transparency Needed," *The Dawn*, May 16, 2015, http://www.dawn.com/news/1182196.

② Safiullah Shahwani, "Short-Term Interests Precede over Long-Term Development Goals," *Balochistan Point*, August 1, 2015, http://thebalochistanpoint.com/balochistan-short-term-interests-precede-over-long-term-development-goals/.

Intergroup Prejudice of Balochistan Separatists in Pakistan
—Suggestions for the Development of the China-Pakistan Economic Corridor

Zhang Yuan

Abstract: Based on analysis of Balochistan separatists and history of separatist movements, this article delves into the intergroup prejudice of Balochistan separatists against the federal government of Pakistan and the China-Pakistan economic cooperation and discusses its emergence, manifestations and intensification. Though somewhat difficult to reverse, intergroup prejudice can be alleviated. Hence, full understanding of the historical background of and finding solutions to this prejudice are critical to the success of the China-Pakistan Economic Corridor. This article offers suggestions in this connection.

Key words: Pakistan, Balochistan separatists, intergroup prejudice, China-Pakistan Economic Corridor

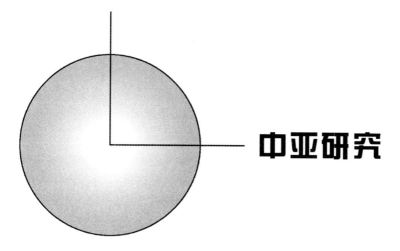

阿富汗政府权力分配:普什图人与其他民族的政治关系研究

才仁卓玛

【内容提要】 在阿富汗政府权力分配当中,普什图人与其他民族的政治关系是不容忽视的重要因素。阿富汗建国以来,普什图人和其他民族的政治关系发生了演变,总体的趋势是普什图人政治优势的削弱和其他民族政治影响力的上升。在这个过程当中,普什图人的政治优势、以地域为基础的民族分布和跨界民族的存在,促使阿富汗维持了相对固定的民族格局。而政治合法性基础的变迁以及大国政治的影响,则使得民族力量的对比发生了变化,继而导致了民族政治关系的演变。在当前塔利班加大攻势的背景之下,阿富汗的和平只有通过政治和解才能实现,这是当前各方的一个基本共识。

【关键词】 阿富汗;普什图人;民族;政治;权力分配

阿富汗自建国以来便是一个多民族国家,作为主体民族的普什图人与其他民族之间的政治关系,是政府权力分配时不容忽视的重要因素。2001年12月,在联合国的斡旋下通过的《波恩协议》确定了阿富汗政治重建的一项基本原则,即以民族为基础进行权力分配:它一方面规定总统和两位副总统必须分别来自三个不同的民族,另一方面要求确保各民族在政府机构当中的代表性。① 然而,在2002年过渡政府及2005年政府当中,由于塔吉克人逐渐占据了内政、外交与国防的重要职位,引起了普什图人与其他民族的强烈不满。由此可以看出,在阿富汗的政府权力分配当中,强调民族的包容性固然重要,如何在普什图人和其他民族之间实现权力的大体平

---

① 参见联合国安全理事会网站:http://www.un.org/zh/sc/documents/resolutions/01/s1378.htm。访问于2016年4月19日。

衡,是更为关键且难于把握的课题。为此,本文需要回答的一个核心问题是:普什图人和其他民族的政治关系是如何形成和演变的?

一、分析框架:政府权力分配与民族政治关系

阿富汗地处中亚、南亚、西亚的交通要道,曾是民族迁徙的走廊和东西贸易的驿站。随着多种文明的频繁碰撞与多元文化的不断融合,加之近代以来王朝的激烈争夺与大国的紧张博弈,阿富汗逐渐成为生活着多个民族并具有复杂构成的民族国家。据统计,阿富汗共有 55 个民族,① 其构成与分布见图 1。

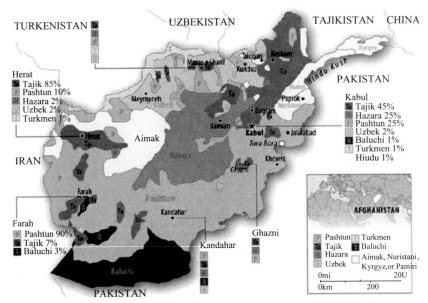

图 1 阿富汗主要民族的地域分布②

当不同民族之间开始相互接触和彼此交往时,便出现了"民族关系"的

---

① 2004 年阿富汗宪法当中仅明确承认了 14 个民族,但有人类学家指出至少有 55 个。参见:Bernt Glatzer, "Is Afghanistan on the Brink of Ethnic and Tribal Disintegration?" In William Maley, ed., *Fundamentalism Reborn? Afghanistan and the Taliban*, London: Hurst, 1998, pp. 167—181。

② 地图来源:http://origins.osu.edu/article/67/maps. 访问于 2015 年 12 月 21 日。

问题。在阿富汗,由于多民族共同生活于一个政治共同体,民族间的差异以及由此产生的矛盾和冲突常常难以避免,因而使得民族关系往往与国家的政治紧密相连。正如权力是理解"政治"及其相关概念的核心要素,"政治关系"也相应地在本质上体现为一种权力关系,即以政治权力的分配为核心的支配与被支配的关系。也因此,民族政治关系的内涵便可以理解为政治权力在不同民族之间分配的状况。

这里有两个问题需要说明。第一,本文中的政治权力,主要是指中央政府的权力。因为阿富汗中央政权虚弱和社会四分五裂的特征,导致中央与地方政府的权力分配常常是不同步的。但由于民族是阿富汗政治权力分配的主要单位与对象,不同民族间的政治斗争同样会延伸到地方政府当中,因此必要时也会涉及地方政府的权力分配状况。第二,作为本文研究对象的民族政治关系,主要是指普什图人和其他民族之间的关系。普什图人不仅是阿富汗的主体民族,而且是近代阿富汗国家的缔造者,在阿富汗的政治生活中长期占据主导地位。这一点可以从普什图人和其他民族执政年数的对比当中得到印证(见表1)。这种历史传统导致了两种相对的政治进程:一方面,"普什图优越论"在阿富汗政治生活中长期盛行,并且在经济、社会、文化等各项政策中不断得到强化;另一方面,随着国家现代化和民主化的推进,其他民族及其政治力量也积极参与政治,继而对普什图人的传统优势形成挑战。在这个过程当中,普什图人与其他民族之间围绕政治权力分配的斗争日趋激烈,甚至一度发展为内战,直到今天也仍然深刻影响着阿富汗的政治稳定、国家安全与经济发展。因此可以说,考察普什图人和其他民族政治关系的演变,对于了解当前阿富汗的民族政治具有重要意义。

表1 阿富汗建国以来执政者的民族属性

年份	执政者
1747—1929	普什图人
1929.1—1929.10	塔吉克人
1929.10—1979.12	普什图人
1979.12—1986.5	塔吉克人
1986.5—1992.6	普什图人
1992.6—2001.12	塔吉克人
1996.9—2001.9	塔利班(普什图人)
1996.9—2001.12	北方联盟(其他民族)
2001.12—至今	普什图人

当然，这并不意味着普什图人内部及其他民族之间的关系是铁板一块。由于阿富汗是一个多民族国家，普什图人是其主体民族，伊斯兰教又是阿富汗的国教，民族关系必然与部落、宗教因素相互交织，这也是理解阿富汗民族政治关系的重要背景。首先，普什图人形成了当今世界上最大的部落社会，[1]不同部落、宗族之间及其内部的冲突，是阿富汗政治生态的一大显著特征。他们宣称源于共同的祖先，并且依照父系血缘形成了四大部落世系，继而发展出了层次不一、为数众多的部落集团（tribal confederations）、部落（tribes）及宗族（clans）。[2] 其中，杜兰尼和吉尔扎伊（Ghilzai）是阿富汗最有影响力的两个部落集团，两者之间及其内部常常因争夺王权、田产和资源而发生冲突。其次，在阿富汗政治当中，伊斯兰教信仰有时会成为强大的动员力量，而另外一些时候又会加深社会的分化。在阿富汗的穆斯林当中，除哈扎拉人及部分人口很少的民族信仰伊斯兰教什叶派以外，其余绝大多数都是逊尼派穆斯林。因此，统治者常常通过强化逊尼派的正统地位削弱哈扎拉人及其支持者伊朗在阿富汗的影响。当国家面临外部强敌或者政府遭遇合法性危机的时候，宗教也成为统治者动员民众以获取支持和效忠的工具。

二、历史考察：普什图人与其他民族政治关系的演变

国际关系的主要行为体是国家，而国家内部的民族关系的演变，正是民族和国家发生变化的原因，从而影响到整个国际体系的变化。[3] 对于阿富汗来说，其国家从建构到战乱再到重建的历史过程，也正好反映了普什图人与其他民族政治关系的变化轨迹。从这个意义上，本文分别以1978年"四月革命"、1989年苏联撤军、1992年纳吉布拉倒台、1996年塔利班政权建立和2001年阿富汗战争爆发为分界线，考察建国以来政治权力在普

---

[1] James W. Spain, *The Pathan Borderland*, The Hague: Mouton & Co., 1963, p.17.
[2] 据历史学家记载，普什图人源于共同的祖先卡伊斯·阿卜杜尔·拉希德（Qais Abdur Rashid），他的三个儿子和一个养子分别形成了四大世系：萨拉本（Sarban）、巴特尼（Batni）、古尔格什特（Ghurghusht）和卡兰利（Karlanri）。其中，杜兰尼和吉尔扎伊分别是萨拉本和巴特尼世系中的部落集团。参见：Olaf Caroe, *The Pathans: 550 B.C. - A.D. 1957*, Karachi: Oxford University Press, 1984, pp.1—24。
[3] 王联：《世界民族主义论》，北京大学出版社2005年版，第9页。

什图人与其他民族之间分配状况的演变。

(一) 1747—1978：普什图部落贵族的政治统治与其他民族的有限政治参与

1747年，杜兰尼(Durrani)部落贵族阿赫迈德·沙·杜兰尼(Ahmad Shah Durrani)被推举为阿富汗国王，建立了杜兰尼王朝，标志着独立的阿富汗国家的诞生。① 此后直到1978年，由于国家政权基本上掌握在普什图人手中，民族政治关系很大程度上体现为普什图部落内部的权力斗争。而其他民族则长期远离政治权力的中心，仅在有限程度上参与了国家的政治进程。

第一，国家政权掌握在特定普什图部落贵族手中，从而奠定了普什图人在阿富汗政治中的优势地位。首先，国家的政治秩序以普什图部落亲属关系为基础，一定程度上体现出家族统治的特征。这一时期，除了塔吉克人哈比布拉曾在宗教人物的支持下建立过仅维持了九个月的政府以外，国家的君主和政府首脑基本上都来自普什图部落。其次，由于缺乏固定的继承制度，部落、宗族之间争夺权力的斗争屡见不鲜。在阿卜杜尔·拉赫曼·汗(Abdur Rahman Khan)统治时期，吉尔扎伊部落曾多次发动叛乱，结果导致大量吉尔扎伊人被迫迁往阿富汗北部②。而同一宗族内部，兄弟、叔侄之间争夺王位、土地和财产的斗争也时有发生，继而发展出更多的部落和氏族。③ 再次，通过经济、社会、文化等各项政策，强化普什图人在阿富汗的政治统治。比如：在税收政策上对普什图人与其他民族予以区别对待，④

---

① 杜兰尼部落又叫做阿布达里(Abdali)部落，其核心由普帕尔扎伊(Popalzai)、巴拉克扎伊(Barakzai)、阿里克扎伊(Alikozai)和阿察克扎伊(Achakzai)四个部落构成。阿赫迈德·沙·杜兰尼便来自普帕尔扎伊部落的萨多扎伊(Sadozai)氏族，加冕后他将自己的名字改为阿赫迈德·沙·杜兰尼(Ahmad Shah Durrani)，阿布达里部落从此被称为杜兰尼部落。参见：Louis Dupree, *Afghanistan*, London: Oxford University Press, 1980, p. 333; Barnett R. Rubin, *The Fragmentation of Afghanistan: State Formation and Collapse in the International System*, New Haven: Yale University Press, 1995, p. 28。

② Hasan K. Kakar, *Government and Society in Afghanistan: The Reign of Amir Abdal-Rahman Khan*, Austin and London: University of Texas Press, 1979, pp. 73, 132。

③ Dupree将普什图人的这种社会政治结构描述为"裂变和聚变"(fission and fusion)。参见：Louis Dupree, *Afghanistan*, p. 344。

④ Hasan K. Kakar, *Government and Society in Afghanistan: The Reign of Amir Abd al-Rahman Khan*, pp. 73, 132.

强调普什图语在阿富汗政治和文化中的主导作用。①

第二,在普什图统治者的政策影响之下,其他民族也有限参与了国家的政治。首先,为获取其他民族的支持与效忠,统治者对其委以军政部门要职。阿赫迈德·沙曾以部落和民族为基础,将军队划分为多个单元,并分别赋予它们不同的职能。② 阿曼努拉·汗(Amanollah Khan)也曾两度派遣以塔吉克族将军穆罕默德·瓦利·汗(Mohammad-Vali Khan)为首的使团前往欧洲,与俄国等若干国家建立了外交关系。③ 其次,通过强化甚至净化信仰的方式,将其他民族纳入其政治进程。在英俄"大博弈"(The Great Game)的背景之下,普什图君主曾多次以发动"圣战"(jihad)的名义,动员其他民族参与对外战争。为获得对其他民族居住区的直接管辖,阿卜杜尔·拉赫曼·汗曾对哈扎拉人进行了严酷的镇压,并且迫使努里斯坦地区的非穆斯林皈依伊斯兰教④。再次,随着1919年以来国家与现代化的推进⑤,其他民族参与政治的自主性开始提高。1965年阿富汗人民民主党(People's Democratic Party of Afghanistan,PDPA)成立,其领袖之一巴布拉克·卡尔迈勒(Babrak Karmal)便是塔吉克人。

(二) 1978—1989:人民民主党政权的建立与其他民族登上政治舞台

一般认为,当代阿富汗冲突的历史应追溯到1978年努尔·穆罕默德·塔拉基领导的"四月革命"及一年后苏联的入侵。这一时期,民族之间原有的权力平衡被打破,一方面普什图人的传统政治优势遭到削弱,另一方面其他民族的权利和文化开始得到重视。人民民主党政权的建立和苏军的入侵,使得各民族联合起来抵抗苏联及其支持下的共产主义政权,从而使民族关系达到了某种协调与统一。

第一,始于1978年的一系列政治变革,使普什图人在国家政治生活中

---

① Stephen A. Bahry, "Language in Afghanistan's Education Reform: Does It Play a Role in Peace and Reconciliation?" in Carol Benson and Kimmo Kosonen, eds., *Language Issues in Comparative Education: Inclusive Teaching and Learning in Non-Dominant Languages and Cultures*, Rotterdam: Sense Publishers, 2013, p. 63.

② Amin Saikal, *Modern Afghanistan: A History of Struggle and Survival*, London: I. B. Tauris, 2004, p. 21.

③ 沙伊斯塔·瓦哈卜、巴里·扬格曼:《阿富汗史》,杨军、马旭俊译,中国大百科全书出版社2009年版,第117页。

④ Thomas Barfield, *Afghanistan: A Cultural and Political History*, pp. 150—151.

⑤ 尽管阿卜杜拉·拉赫曼·汗在19世纪末颁布过现代化政策,但一般认为阿富汗的现代化始于1919年阿曼努拉·汗的改革。

的优势遭到削弱。首先,吉尔扎伊人塔拉基发动的"四月革命",动摇了普什图皇室的政治统治。在过去,尽管部落起义、暗杀和政变屡见不鲜,但权力斗争往往发生在杜兰尼皇室内部。塔拉基发动的革命不仅使吉尔扎伊人第一次成为国家元首,而且其平民身份有效挑战了普什图皇室的政治权威。其次,人民民主党的政治统治,对阿富汗传统的部落秩序和宗教信仰形成强烈的冲击。一方面,随着人民民主党政权的建立,宗教不再作为政治合法性的来源,共产主义和伊斯兰主义两种意识形态出现了交锋。另一方面,人民民主党政府颁布了多项针对农村的社会主义改革政策,①从而导致阿富汗的 24 个省份爆发了反对共产主义政权的暴力活动。② 再次,苏联的入侵使反对政府的暴力活动蔓延到全国,继而发展为有组织的全民抵抗运动。这一抵抗运动被认为是对苏联发起的"圣战",而响应"圣战"号召的人则被称为"穆贾西丁"(mujahideen)。③ 其中,影响最为深远的要数总部设在白沙瓦的 7 个逊尼派组织("七党联盟")和在伊朗的 8 个什叶派组织("八党联盟"),它们不仅受到了来自国际社会的大量军事援助,而且还负责为阿富汗境内的抵抗组织输送军用物资和武器装备。

第二,其他民族正式登上阿富汗政治舞台,其权利和文化开始得到重视。首先,塔吉克人卡尔迈勒于 1979 年 12 月建立政权,继而结束了普什图人长期执政的历史。卡尔迈勒一改从前"胜者全得"的做法,通过吸纳包括普什图人在内的其他民族和非人民民主党人物进入政府,努力扩大新政权的统治基础。④ 其次,人民民主党政府宣布扩大非官方语言的使用范围,将

---

① 1978 年以来的三届人民民主党政府相继颁布了多项针对农村的改革政策,其领域涉及土地分配、婚姻制度及妇女权利等多个方面。参见:Anthony Hyman,*Afghanistan under Soviet Domination:1964—83*,London:Palgrave Macmillan,1984,pp. 109—110;Shirin Tahir-Kheli,*The Soviet Union in Afghanistan:Benefits and Costs*,Strategic Studies Institute,US Army War College,1980,p. 18;Steven R. Galster,"Rivalry and Reconciliation in Afghanistan:What Prospects for the Accords?" *Third World Quarterly*,Vol. 10,No. 4,Oct. 1988,pp. 1534—1537。

② Anthony Arnold,*Afghanistan's Two-Party Communism:Parcham and Khalq*,Stanford:Hoover Institution Press,1983,p. 95. 转引自 Amin Saikal,*Modern Afghanistan:A History of Struggle and Survival*,p. 191。

③ Mujahideen 是 mujahid 的复数形式,为阿拉伯语音译,指参与"圣战"的人。在英语用法中,mujahideen 特指在阿富汗战争中以游击的方式与苏军作战的抵抗组织及其战斗人员。而在中文当中,不少学者将 mujahideen 翻译为"圣战者"或者"穆斯林游击队"。为同时兼顾阿拉伯语本义与英文的普遍用法,本文倾向于将其音译为"穆贾西丁"。

④ 这项政策实际上是在苏联的建议下进行的。在意识到单靠军事行动无法平定叛乱之后,苏联开始了一系列政治解决方案的运作,其中一项便是命令卡尔迈勒将社会各阶层纳入政府,以扩大政权的统治基础。参见:Steven R. Galster,"Rivalry and Reconciliation in Afghanistan:What Prospects for the Accords?" pp. 1527—1528。

乌兹别克语、土库曼语、俾路支语、努里斯坦语和帕沙伊语五种少数民族语言定为国家语言（national language），并写入了1980年宪法。① 再次，苏联的入侵仅使普什图人口大为减少，其他民族成为阿富汗抵抗运动当中的重要力量。从1979年到1989年，共有上百万普什图人在战争中丧生，500万人沦为难民。在抵抗组织当中，除了八党联盟主要由哈扎拉人构成以外，塔吉克人拉巴尼领导的伊斯兰促进会（Jamiat-i-Islami）也是最有影响力的政治派别之一。

（三）1989—1992：纳吉布拉政权的挣扎求生与抵抗组织的权力斗争

苏联撤军以后，纳吉布拉政权并没有立即垮台，而是在苏联的援助下，通过采取一些政策在挣扎中求生。由于联合的政治基础已不复存在，各抵抗组织之间原有的部落、民族和教派分歧，因苏联撤军后新政府的组成中的矛盾日益激化。其中，吉尔扎伊人古勒卜丁·希克马蒂亚尔（Gulbuddin Hekmatiyar）领导的伊斯兰党（Hezb-i-Islami）与拉巴尼领导的伊斯兰促进会之间的权力斗争，不仅激化了普什图人与其他民族之间的矛盾，而且使阿富汗的政治局势变得更加复杂，为日后内战的爆发埋下了火种。

第一，苏联撤军以后，纳吉布拉政府采取了多项政策扩大其合法性基础。首先，继续接受苏联的经济和军事援助，以确保其政权的延续和军队的生存。在苏军占领时期，阿富汗军队完全依赖于苏联的援助行使其职能，②因此在撤军之前，双方已经就撤军后援助的方式与渠道达成了共识。仅1990年，苏联的援助额就达到了30亿美元，其供给主要包括食品、燃料、弹药和军事装备。其次，宣布实施"民族和解政策"（National Reconciliation Policy），呼吁建立基础广泛的联合政府。早在1986年12月，纳吉布拉便提出"民族和解政策"，并在中央及地方建立相关机构予以实施。③ 为获取民众支持以实现和解，纳吉布拉于1988年任命非共产主义者穆罕默德·

---

① 在1978年之前，阿富汗只有普什图语和波斯语（达里语）的学校，少数民族语言教材的出版受到政府的明令禁止。参见：Eden Naby, "The Ethnic Factor in Soviet-Afghan Relations," *Asian Survey*, Mar. 1980, Vol. 20, No. 3, pp. 241—242, 247—249; Stephen A. Bahry, "Language in Afghanistan's Education Reform: Does It Play a Role in Peace and Reconciliation?" pp. 61—63。

② Rodric Braithwaite, *Afgantsy: The Russians in Afghanistan: 1979—1989*, London: Profile Books, 2011, p. 296.

③ 关于"民族和解政策"的详细内容，参见：Heela Najibullah, "Afghan Attempts at Peace and Reconciliation 1986 and 2010: A Comparison," Delhi Policy Group, New Delhi, 2011, http://www.delhipolicygroup.com/pdf/final_booklet.pdf. 访问于2016年4月19日。

哈桑·沙尔克(Mohammad Hassan Sharq)为总理,并于 1992 年将人民民主党的名称改为"祖国党"(Hezb-e Watan)。为防止地方武装发动政变,纳吉布拉鼓励拥护政府的军阀建立军中民兵组织。1989—1991 年,共有 354 名战地指挥官率 14 万战斗人员加入了阿富汗政府军①,其中最著名的要数乌兹别克军阀杜斯塔姆。再次,通过官员的任命,扩大普什图人对于北部地区的控制。1992 年 1 月,纳吉布拉解除了一名塔吉克人在政府军中的职务,取而代之的是一名普什图军官。这一措施加剧了军中普什图人与其他民族的对立,最终导致杜斯塔姆倒戈,与塔吉克将军艾哈迈德·沙·马苏德(Ahmad Shah Massoud,伊斯兰促进会的指挥官)、哈扎拉人穆罕默德·卡里姆·哈利利(Mohammad Karim Khalili)实现了联合。②

　　第二,各抵抗组织之间原有的矛盾,因苏联撤军后新政府的组成问题日益加剧。首先,普什图派别之间部落背景的差异与意识形态的分歧开始凸显。七党联盟中的六个普什图派别领导人分别来自不同的部落,并且在意识形态上存在极端与传统的差异。③ 他们不仅无法就未来的政治安排达成共识,也未能在推翻纳吉布拉政权的军事行动中协调一致。其次,普什图和非普什图派别之间的权力斗争也日趋激化。作为七党联盟当中态度最为强硬的领导人,希克马蒂亚尔不仅拒绝为什叶派组织分配政府名额④,而且与其宿敌马苏德在喀布尔争夺战中激烈对抗,从而加深了普什图人和其他民族之间的裂痕。再次,各抵抗组织对不同地区的影响力加速了阿富

---

① Amin Saikal, *Modern Afghanistan: A History of Struggle and Survival*, p. 205.
② 参见:Amin Saikal, *Modern Afghanistan: A History of Struggle and Survival*, p. 206。
③ 七个逊尼派组织因意识形态差异分成 4 个激进主义组织和 3 个传统主义组织。激进主义组织包括吉尔扎伊普什图人希克马蒂亚尔领导的伊斯兰党、胡加尼普什图人穆罕默德·尤努斯·哈里斯(Mohammad Yunus Khalis)领导的伊斯兰党哈里斯派(Hezb-e Islami Khalis)、塔吉克人拉巴尼领导的伊斯兰促进会、哈鲁提普什图人阿卜杜勒·拉苏尔·萨亚夫(Abdul Rasul Sayyaf)领导的解放阿富汗伊斯兰联盟(Islamic Union for the Liberation of Afghanistan),他们支持用穆斯林的原则和价值观建立政府和改造社会,但反对普什图民族主义。3 个传统主义组织分别是卡迪利亚苏菲教团(Qadiriya Sufi)领袖赛义德·艾哈迈德·盖兰尼(Sayyid Ahmed Gailani)领导的伊斯兰民族阵线(National Islamic Front)、纳各什班迪教团(Naqshbandi)领袖西卜加图拉·穆贾迪迪(Sebghatullah Mujadidi)领导的民族解放阵线(National Liberation Front)和毛尔维·纳比·穆罕默德(Mohammad Nabi Mohammadi)领导的伊斯兰解放运动(Islamic Revolution Movement),这些组织的目标只是把异教徒从阿富汗驱逐,并推翻反穆斯林的政权,同时接受杜兰尼君主国的复辟。参见:沙伊斯坦·瓦哈卜、巴里·扬格曼:《阿富汗史》,杨军、马旭俊译,第 193—199 页。
④ 1991 年 7 月,巴基斯坦、伊朗和七党联盟三边会议在伊斯兰堡召开,伊朗要求正式承认以德黑兰为基地的 8 个党派,建议为什叶派分配 25%的名额。这一建议遭到希克马蒂亚尔的断然拒绝。参见:里亚兹·穆罕默德·汗:《阿富汗和巴基斯坦:冲突·极端主义·抵制现代性》,曾祥裕、赵超兰、孟雪译,北京:时事出版社 2014 年版,第 39—41 页。

汗的碎片化。在非普什图派别当中,8 个什叶派组织与伊斯兰促进会分别控制着阿富汗中部和北部地区,后者还得到了杜斯塔姆的乌兹别克民兵支持。而普什图派别当中,希克马蒂亚尔的追随者主要是吉尔扎伊部落和城市里非部落化的普什图人;哈里斯、穆贾迪迪和盖兰尼则吸引了很多来自传统部落地区的普什图人。这些无疑加剧了阿富汗的复杂局势,使政治和解的可能性变得微乎其微。

(四) 1992—1996:拉巴尼政权的建立与军阀之间的混战

苏联解体后,拉巴尼建立了阿富汗历史上第一个由其他民族主导的政权。由于其未能实现对地方的有效统治,各派军阀随即陷入了混战。在这个过程当中,阿富汗民族关系出现了"两种相对的斗争,一种是普什图人重新建立自己的统治地位,另一种是哈扎拉人、塔吉克人和乌兹别克人等少数民族寻求在政治权力中心的充分代表性以及在各自地区的自主权"。①

第一,其他民族建立了由其主导的联合政府,但各派军阀依然在其管辖地区实行自治。首先,各抵抗组织于 1992 年 4 月 24 日在白沙瓦签订了协议,就临时政府的组成和任期问题达成一致。协议将临时政府分为两个阶段,为期各为 2 个月和 6 个月,分别由穆贾迪迪和拉巴尼担任总统。马苏德被任命为国防部长,什叶派代表出任副总理,盖兰尼担任外交部长,萨亚夫为内政部长。其次,各派军阀在其控制地区实行自治,并积极参与喀布尔争夺战。这一时期,非普什图派别已经控制了阿富汗中西部和北部的大部分地区②,他们与拉巴尼政府建立了松散的联盟,但实际上都处于自治状态。在喀布尔,希克马蒂亚尔和马扎里仍不断袭击马苏德的军队,试图夺取喀布尔政府的控制权。其中,伊斯梅尔·汗自诩为"西部地区的埃米尔",拒绝服从中央政府的权威③;杜斯塔姆则与穆贾迪迪、希克马蒂亚尔以

---

① Hadi Goudarzi, "Conflict in Afghanistan: Ethnicity and Religion," *Ethnic Studies Report*, Vol. XVII, No. 1, Jan. 1999, p.430.
② 马苏德占据了北部塔哈尔省、巴达赫尚省、卡比萨省、帕尔旺省以及昆都士部分地区;杜斯塔姆在朱兹詹省、巴格兰省、法利亚布省、萨曼甘省以及昆都士的余下地区建立了统治;哈扎拉人阿卜杜勒·阿里·马扎里(Abdul Ali Mazari)则掌管着巴米扬省、乌鲁兹甘省的大部分以及古尔省和加兹尼省的部分地区;塔吉克将军伊斯梅尔·汗(Ismail Khan)则控制着赫拉特省、巴德吉斯省和法拉省。参见:Amin Saikal, *Modern Afghanistan: A History of Struggle and Survival*, p.207。
③ 沙伊斯塔·瓦哈卜、巴里·扬格曼:《阿富汗史》,杨军、马旭俊译,第 223 页。

及马扎里实现了联合,并对喀布尔发动猛烈袭击。再次,伊斯兰促进会内部的政治与军事派系之间,也因对于政府控制权的争夺而暴露出来。实际上,伊斯兰促进会内部一直存在拉巴尼领导的政治派系与马苏德控制的军事派系之分,但在整个阿富汗抵抗运动时期,这种划分并未导致二者之间出现裂痕。然而当马苏德的军事力量夺取喀布尔之后,这种派系之争逐渐转变为对于伊斯兰促进会以及政府控制权的争夺,从而进一步弱化了中央政府的权威。

第二,普什图人被排除出政治权力中心,其内部的部落和意识形态差异进一步加剧了阿富汗的混乱局势。首先,拉巴尼政权的建立,被普什图人认为是对"自然秩序"的颠覆。尽管当中也有普什图人任职,但这种由其他民族主导的政治安排,被认为是对几百年来普什图人统治秩序的一种颠覆,故而遭到了普什图派别的抵制。其中,反抗最为激烈的是希克马蒂亚尔,他不仅拒绝加入联合政府,而且常常联合其他派别对喀布尔发起猛攻。此外,1993 年起,萨亚夫和马扎里两派力量之间也开始进行街头战斗,致使数千名居民逃离喀布尔以躲避袭击②。其次,普什图派别之间,也因部落和意识形态差异冲突不断。如前所述,普什图派别之间本就存在部落背景的差异;而在意识形态上,哈里斯派对于伊斯兰教教义的阐释较为传统,穆贾迪迪和盖兰尼很大程度上受到了西方的影响,希克马蒂亚尔则拒绝任何权力分享的政治安排③。因此,希克马蒂亚尔常常遭到其他普什图派别的孤立。再次,塔利班的迅速崛起,使阿富汗的民族关系和内战局势更趋复杂。1993 年夏,塔利班在坎大哈附近的小镇 Kashke Nakud 宣布成立。④ 它的成员以普什图宗教学生为主体,其领导人很多都曾参与过阿富汗抵抗运动。⑤ 由于宣称其目标是"恢复和平、解除民间武装",塔利班得到了部落地

---

① 这次袭击导致一半城市被毁、25000 人丧生。参见:William Maley, *The Afghanistan Wars*, New York: Palgrave Macmillan, 2002, p. 203。

② David B. Edwards, *Before Taliban: Genealogies of the Afghan Jihad*, Berkeley and Los Angeles: University of California Press, 2002, p. 288.

③ Amin Saikal, *Modern Afghanistan: A History of Struggle and Survival*, p. 212.

④ Zahid Hussain, *Frontline Pakistan: The Struggle with Militant Islam*, New York: Columbia University Press, 2008, p. 29.

⑤ 在阿富汗抵抗运动时期,塔利班的很多领导人及其成员都曾加入哈里斯与贾拉鲁丁·哈卡尼(Jallaluddin Haqqani)的组织与苏联作战。毛拉·穆罕默德·奥马尔(Mullah Mohammad Omar)早期便曾在哈里斯派伊斯兰党接受训练。参见:里亚兹·穆罕默德·汗:《阿富汗和巴基斯坦:冲突·极端主义·抵制现代性》,曾祥裕、赵端兰、孟雪译,第 67 页;沙伊斯塔·瓦哈卜、巴里·扬格曼:《阿富汗史》,杨军、马旭俊译,第 196 页。

区普什图人的支持。与此同时,塔利班势力的迅速扩张引起了各派军阀的不安,遭到了他们的强烈抵抗。

(五) 1996—2001:塔利班与北方联盟的南北对峙

到1996年9月,塔利班已经控制了阿富汗近70%的领土,并且在喀布尔建立了政权。拉巴尼政府被迫迁往阿富汗北部,组成了反塔利班的北方联盟,杜斯塔姆、卡里姆·哈利利、希克马蒂亚尔、萨亚夫以及一些小党派也相继加入。由于塔利班和北方联盟分别代表了普什图人和其他民族的力量,这一时期阿富汗民族关系便体现为塔利班与北方联盟的南北对峙。

第一,塔利班在喀布尔建立了政权,并试图通过政治、军事、意识形态等手段恢复普什图人的统治秩序。首先,塔利班在其控制地区建立了政府机构,并通过谈判的方式与其他派别接触。每夺取一个省份,塔利班就指派一名成员出任该省省长,并由其负责当地部队的指挥①。塔利班还在部落地区建立了司法机构,指定当地的毛拉负责相关事宜。此外,其领导人还曾就争取其他穆贾西丁的支持达成一致,并两度派代表与马苏德进行和谈②。这一措施一直持续到了2001年。其次,为获得对其他民族居住地区的控制,塔利班继续通过武力向中西部和北部地区推进。在一位变节的乌兹别克将军阿卜杜勒·马利克·帕拉万(Abdul Malik Pahlawan)配合下,塔利班于1998年秋先后占领了马扎里沙里夫、哈扎拉贾特和巴米扬,迫使杜斯塔姆流亡土耳其,而马苏德则撤退到东北部潘杰希尔及其邻近谷地③。到2001年中期,塔利班成功控制了阿富汗90%以上的领土。再次,"实行沙里亚(sharia,伊斯兰教法)制度,捍卫阿富汗的统一及其伊斯兰特性"④。

---

① Hassan Abbas, *The Taliban Revival: Violence and Extremism on the Pakistan-Afghanistan Frontier*, New Haven and London: Yale University Press, 2014, p. 69.

② Abdul Salam Zaeef, *My Life with the Taliban*, New York: Columbia University Press, 2010, p. 87.

③ 马扎里沙里夫是阿富汗北部最大的城市,并且与乌兹别克斯坦相邻,其居民主要是哈扎拉人和乌兹别克人。马利克·帕拉万与塔利班的部队于1997年3月第一次进驻马扎里沙里夫,遭到当地居民尤其是哈扎拉人的顽强抵抗。塔利班武装被赶出马扎里沙里夫,马利克·帕拉万则被杜斯塔姆流放到伊朗。参见:Abdulkader Sinno, "Explaining the Taliban's Ability to Mobilize the Pashtuns," in Robert D. Crews and Amin Tarzi, eds., *The Taliban and the Crisis of Afghanistan*, Cambridge: Harvard University Press, 2008, pp. 67—69。

④ Ahmed Rashid, *Taliban: Militant Islam, Oil and Fundamentalism in Central Asia* (Second Edition), London: Yale University Press, 2010, p. 22.

具体措施包括:指定虔诚的穆斯林出任政府公职,建立宗教警察队伍,关闭女子学校、禁止妇女工作,在学校教育中灌输《古兰经》与圣训,严禁娱乐和体育活动等①。与此同时,作为纯洁信仰的一个极端措施,塔利班于2001年3月炸毁巴米扬包括塞尔萨尔和沙玛玛在内的所有佛像。随着塔利班与本·拉登及基地组织建立联系并予以庇护,其在国际上的处境变得更加孤立。

第二,其他民族建立了北方联盟与塔利班对抗,使阿富汗的民族矛盾和教派冲突更加激烈。首先,塔利班和北方联盟的对峙,加深了普什图人和其他民族之间的裂痕。塔利班宣称其目标之一是消除语言、民族和地区歧视②,但它的主体依然是普什图人,并且具有普什图民族主义倾向③。而北方联盟则主要由非普什图派别构成,他们不仅拒不承认塔利班政权的合法性,而且不断向其控制的地区发起攻势。其次,塔利班对伊斯兰教法的贯彻,加剧了民族矛盾和教派冲突。塔利班的宗教意识形态,被认为是伊斯兰教教义与"普什图瓦里"的一种结合④,因此,对于伊斯兰教法的贯彻就意味着遵从"普什图瓦里"的某些准则,这对其他民族来说是无法接受的。另外,在占领马扎里沙里夫以后,塔利班对城里的哈扎拉平民进行了残酷的屠杀⑤,并在杀戮平息之后,要求所有什叶派穆斯林必须在前往伊朗、改变信仰与死亡当中选择一项⑥。这无疑加剧了逊尼派与什叶派的对立。再次,北方联盟内部不同派别与民族之间也斗争不断,难以有效协作对抗塔利班。北方联盟以塔吉克人、乌兹别克人和哈扎拉人为主体,各派别之间的关系早已混乱不堪。杜斯塔姆与马利克·帕拉万彻底决裂,哈扎拉

---

① 里亚兹·穆罕默德·汗:《阿富汗和巴基斯坦:冲突·极端主义·抵制现代性》,曾祥裕、赵超兰、孟雪译,第70—71页。

② 在塔利班政权中,喀布尔政府和各省省长都有其他民族成员,比如1996年9月临时舒拉会议的6名主席中便有一位是乌兹别克人。参见:里亚兹·穆罕默德·汗:《阿富汗和巴基斯坦:冲突·极端主义·抵制现代性》,曾祥裕、赵超兰、孟雪译,第70页。

③ 塔利班认为,拉巴尼政权实际上1994年10月就已经到期,当大多数阿富汗派别都要求他下台时,他却依然顽强地抵抗着,因而是阿富汗和平最大的阻力。参见:Kamal Matinuddin, *The Taliban Phenomenon: Afghanistan 1994—1997*, New Delhi: Lancer Publishers & Distributors, 2000, p.43. 此外,塔利班还宣称,杜斯塔姆领导的乌兹别克民兵曾与共产主义政权合作,因而也应被排除在政权之外。参见:Hadi Goudarzi, "Conflict in Afghanistan: Ethnicity and Religion," p.432.

④ Thomas Barfield, *Afghanistan: A Cultural and Political History*, p.261.

⑤ Ahmed Rashid, *Taliban: Militant Islam, Oil and Fundamentalism in Central Asia* (Second Edition), p.25.

⑥ 沙伊斯塔·瓦哈卜、巴里·扬格曼:《阿富汗史》,杨军、马旭俊译,第238页。

人和乌兹别克人关系日趋紧张,而乌兹别克人也逐渐脱离塔吉克人的统治。

(六) 2001 年至今:以民族为基础的权力分配与塔利班的卷土重来

2001 年阿富汗战争爆发以后,以民族为基础进行权力分配原则的确定与实施,使各民族能够平等地进行政治参与,很大程度上缓和了在内战中以及塔利班政权时期被激化的民族矛盾。然而,由于塔吉克人逐渐占据了内政、外交与国防部门的重要职位,引起了普什图人及其他少数民族的不满。在 2003 年塔利班重新崛起之后,阿富汗的民族和解又变得遥遥无期。

第一,以民族为基础的权力分配,使得塔吉克人与其他民族之间的利益分歧加深。首先,在波恩进程的推动之下,各民族在政府当中的代表性有了很大提升。自 2002 年以来,历届政府的副总统均由不同民族的代表担任(见表 2),内阁成员及国民议会的席位也大体上依照民族的人口比例进行分配(见表 3 和表 4)。对于人口较少的民族,国家也进一步明确其权利,比如:2004 年 1 月 4 日通过的新宪法承认了不同的民族认同,强调 14 个不同的族群共同构成阿富汗民族(nation),并确定除普什图语和达里以外的其他方言在其使用地区和人群中享有官方语言地位[1]。其次,塔吉克人成为后塔利班政治安排中最大的赢家,引发其他民族对政府合法性的质疑。2002 年以来,塔吉克人在内阁当中的比例大致呈逐年上升的趋势(2010 年除外),2005 年和 2015 年甚至超过了普什图人。"这种看似有利于塔吉克人的权力分布,对于占人口大多数的普什图人和阿富汗其他族群来说不具有合法性"[2],时任总统卡尔扎伊不得不撤换部分官员以安抚民众。再次,中央政府中产生的民族分歧常常延伸到地方,从而成为地区安全局势恶化的重要原因。2015 年 9 月塔利班对于昆都士的攻占,很大程度上是这种对立间接导致的。昆都士的省长是由加尼任命的普什图人,而副省长和警察局长都是由阿卜杜拉任命的塔吉克人[3]。对于警察部队当中的

---

[1] Barnett R. Rubin, "Crafting a Constitution for Afghanistan," *Journal of Democracy*, Vol. 15, No. 3, Jul. 2004, pp. 16—18; Stephen A. Bahry, "Language in Afghanistan's Education Reform: Does it Play a Role in Peace and Reconciliation?" p. 65.

[2] Carol J. Riphenburg, "Ethnicity and Civil Society in Contemporary Afghanistan," *Middle East Journal*, Vol. 59, No. 1, 2005, p. 38.

[3] Theo Farrell and Michael Semple, "Making Peace with the Taliban," *Survival*, Vol. 57, No. 6, Nov. 23, 2015, pp. 86—87.

腐败与渎职现象,省长常常睁一只眼闭一只眼,导致其未能充分行使维护地区安全的职责。

表2　2001年以来历任阿富汗总统、副总统名单

年份	职务	姓名	民族
2002年过渡政府	总统	哈米德·卡尔扎伊(Hamid Karzai)	普什图人
	副总统	穆罕默德·法希姆(Mohammad Fahim)	塔吉克人
	副总统	哈吉·阿卜杜勒·卡迪尔(Haji Abdul Qadir)	普什图人
	副总统	穆罕默德·卡里姆·哈利利(Mohammad Karim Khalili)	哈扎拉人
2004年政府	总统	哈米德·卡尔扎伊(Hamid Karzai)	普什图人
	副总统	艾哈迈德·齐亚·马苏德(Ahmad Zia Massoud)	塔吉克人
	副总统	穆罕默德·卡里姆·哈利利(Mohammad Karim Khalili)	哈扎拉人
2009年政府	总统	哈米德·卡尔扎伊(Hamid Karzai)	普什图人
	副总统	穆罕默德·法希姆(Mohammad Fahim)	塔吉克人
	副总统	穆罕默德·卡里姆·哈利利(Mohammad Karim Khalili)	哈扎拉人
2014年政府	总统	阿什拉夫·加尼·艾哈迈德扎伊(Ashraf Ghani Ahmadzai)	普什图人
	政府长官	阿卜杜拉·阿卜杜拉(Abdullah Abdullah)	塔吉克人
	副总统	阿卜杜勒·拉希德·杜斯塔姆(Abdul Rashid Dostum)	乌兹别克人
	副总统	穆罕默德·萨尔瓦尔·达尼什(Mohammad Sarwar Danish)	哈扎拉人
	副政府长官	哈亚尔·穆罕默德·汗(Khyal Mohammad Khan)	普什图人
	副政府长官	穆罕默德·莫哈奇克(Mohammad Mohaqiq)	哈扎拉人

表3　2002年以来历届阿富汗内阁的民族构成①

年份 民族	2002年		2005年		2010年		2015年	
	人数	比例	人数	比例	人数	比例	人数	比例
总数	29	100	27	100	25	100	25	100
普什图人	14	48.28	9	33.33	12	48	9	36
塔吉克人	7	24.14	10	37.03	5	20	7	28
哈扎拉人	2	6.90	4	14.82	2	8	5	20
乌兹别克人	3	10.34	2	7.41	5	20	3	12
其他	3	10.34	2	7.41	1	4	1	4

表4②　2005年以来历届阿富汗国民议会人民院的民族构成

年份 民族	2005年		2010年	
	席位	比例(%)	席位	比例(%)
总数	249	100	249	100
普什图人	118	47.39	95	38.15
塔吉克人	53	21.29	55	22.08
哈扎拉人	30	12.05	58	23.29
乌兹别克人	20	8.03	17	6.82
其他	28	11.24	24	8.81

第二，塔利班的重新崛起，使阿富汗的政治和解充满变数。首先，塔利班通过"奎达舒拉"（Quetta Shura）、"白沙瓦舒拉"（Peshawar Shura）等关系网之间的联系，建立起了"阿富汗伊斯兰酋长国"（Islamic Emirates of Afghanistan）的"影子政府"（shadow government），并在阿富汗南部部落地

---

① 表3和表4是根据阿富汗独立选举委员会网站公布的数据所做的整理。参见：www.iec.org.af/. 访问于2016年4月19日。
② 由于各方在选举法改革问题上存在分歧，2015年议会选举尚未进行。

区进行行政、司法等实际管理①。其次,凭借其在部落地区的影响力,塔利班成功招募到了许多新成员。起初,塔利班成员主要来自巴基斯坦部落地区的难民营和宗教学校。到 2006 年,阿富汗本土的战斗人员已经达到了总人数的 60％②。2010 年以来,塔利班甚至把招募的目标转向阿富汗政府官员,尤其是阿富汗国家安全部队(Afghan National Security Force,ANSF)的军官③。再次,塔利班内部的分化及其与其他反叛组织(insurgent groups)的联系,使阿富汗民族和解的前景变得更加渺茫。从 2005 年起,塔利班内部出现了温和/政治派与激进/军事派的区分④,并且分裂出多个新的组织⑤。尤其在 2015 年 8 月奥马尔的死讯被公开之后,部分高级成员质疑其继任者毛拉阿合塔尔·穆罕默德·曼苏尔(Mullah Akhtar Mohammad Mansour)的合法性,公然与之决裂。此外,塔利班、哈卡尼网络(Haqqani Network)及希克马蒂亚尔之间的联系,以及"伊斯兰国"在阿富汗东部地区的渗透,使阿富汗叛乱的形势更趋复杂⑥,从而加大了阿富汗国民军平叛(counter insurgency)行动的难度。尽管美国和阿富汗政府早已

---

① 关于塔利班的组织架构及关系网络,参见:Jeffrey Dressler and Carl Forsberg,"The Quetta Shura Taliban in Southern Afghanistan: Organization, Operations, and Shadow Governance," Institute for the Study of War, Dec. 21, 2009, http://www.understandingwar.org/sites/default/files/QuettaShuraTaliban_1.pdf. 访问于 2016 年 4 月 19 日; Antonio Giustozzi, "Taliban Networks in Afghanistan," *CIWAG Case Study Series 2011—2012*, Newport, RI: US Naval War College, Center on Irregular Warfare and Armed Groups, 2012, pp. 20—25; Sixth Report of the Analytical Support and Sanctions Monitoring Team Submitted Pursuant to Resolution 2160 (2014) Concerning the Taliban and Other Associated Individuals and Entities Constituting a Threat to the Peace, Stability and Security of Afghanistan, United Nations Security Council, Aug. 26, 2015, pp. 19—20, http://www.securitycouncilreport.org/atf/cf/%7B65BFCF9B-6D27-4E9C-8CD3-CF6E4FF96FF9%7D/s_2015_648.pdf. 访问于 2016 年 4 月 19 日。

② Antonio Giustozzi, *Koran, Kalashnikov and Laptop: The Neo-Taliban Insurgency in Afghanistan*, London: Hurst Publishers Ltd, 2007, p. 52.

③ Jami Forbes and Brian Dudley, "Increase in Taliban Efforts to Recruit from Afghan Government and Security Forces," Combating Terrorist Center at West Point, Nov. 26, 2013, https://www.ctc.usma.edu/posts/increase-in-taliban-efforts-to-recruit-from-afghan-government-and-security-forces. 访问于 2016 年 4 月 19 日。

④ Michael Semple, Theo Farrell, Anatol Lieven and Rudra Chaudhuri, "Taliban Perspectives on Reconciliation," Royal United Services Institute, Sep. 2012, http://reliefweb.int/sites/reliefweb.int/files/resources/full%20brief_0.pdf. 访问于 2016 年 4 月 19 日。

⑤ 有关塔利班的分化,参见:Amin Tarzi, "The Neo-Taliban," in Robert D. Crews and Amin Tarzi eds., *The Taliban and the Crisis of Afghanistan*, pp. 274—310.

⑥ 参见:Sixth Report of the Analytical Support and Sanctions Monitoring Team Submitted Pursuant to Resolution 2160 (2014) Concerning the Taliban and Other Associated Individuals and Entities Constituting a Threat to the Peace, Stability and Security of Afghanistan, United Nations Security Council, pp. 9—11。

开启和谈进程,但由于各方立场相去甚远,在军事行动中又难分高下,加之和解计划本身的缺陷,和平谈判陷入僵局。

三、根源探析:阿富汗政府权力分配的影响因素

综观阿富汗建国以来的历史可以看出,民族政治关系的演变大致体现为普什图人政治优势的逐渐削弱以及其他民族政治力量的不断上升。在这个过程当中,普什图人的传统优势、以地域为基础的民族分布以及跨界民族的存在,作为相对固定的变量始终影响着政府的权力分配,从而使阿富汗维持了整体的民族格局。而政治合法性基础的变迁以及大国政治的影响,则使得民族力量的对比发生了变化,继而导致了民族政治关系的演变。这一部分将分别从"固定"与"变化"两个视角对政府权力分配的影响因素予以分析。

(一) 阿富汗的整体民族格局

历史上的人类迁徙和王朝战争,促使阿富汗形成了以普什图人为主体民族、同时生活着多个少数民族的民族格局。这种民族格局不仅体现在各民族的人口比例上,其地域分布也大致以民族为基础,并且与邻国有着密切的联系。这三者始终对阿富汗政府权力分配具有重要影响。

第一,普什图人的传统政治优势,是政府进行权力分配时的重要基础。阿富汗建国初期,其疆域仅限于普什图人居住的地区,阿富汗人(Afghans)也曾只是普什图人的代名词①。后来,艾赫迈德·沙通过对外战争,逐渐将更多的民族纳入了国家政治版图,从而使阿富汗成为以普什图人为主体的多民族国家,"阿富汗"(Afghanistan)也随之成为今天这个政治实体的名称②。尽管苏联入侵时期有大量普什图人死亡与沦为难民,但各民族人口比例没有发生太大变化,普什图人的传统政治优势不仅是不可否认的事

---

① Thomas Barfield, *Afghanistan: A Cultural and Political History*, p. 24.
② "阿富汗"(Afghanistan)这个名称第一次被用来指代今天这个政治实体,是在1801年伊朗和英国达成的一个协议中。参见:Mohammad Hussain, *The Hazaras of Afghanistan: A Study of Ethnic Relations*, Institute of Islamic Studies, McGill University, Aug. 2003, p. 24, http://digitool. library. mcgill. ca/webclient/StreamGate? folder_id=0&dvs=1450703043458~852. 访问于2016年4月19日。

实,也是政府权力分配时不容忽视的重要基础,这被普什图人认为是阿富汗政治的"自然秩序"。在阿富汗建国以来的268年历史当中,仅有三位其他民族人士曾担任过国家元首,分别是:塔吉克人哈比布拉(1929.1—1929.10)、塔吉克人卡尔迈勒(1979.12—1986.5),以及塔吉克人拉巴尼(1992.6—2001.12)。客观上讲,这三段时期也是阿富汗政治较为混乱的时期,因为普什图人无法接受其他民族对"自然秩序"的破坏,而作为统治者的塔吉克人也未能充分获取普什图人的支持。这便印证了学者的论断,"谁动员了普什图人,谁就能统治阿富汗;没有普什图人的认可,阿富汗也就难于统治"①。

第二,以地域为基础的民族分布,导致了中央与地方、城市与农村权力分配的不同步。"在相对封闭的地域内形成的部族和家族是阿富汗社会最基本的结构和联系网络"②。如前所述,普什图人分布于阿富汗的东部、南部和西南部;塔吉克人聚居于西部和东北部;哈扎拉人和乌兹别克人则分别居住在中部和西北部。还有部分吉尔扎伊普什图人居住在阿富汗北部,西北部塔吉克人聚居区也有少数哈扎拉人生活。这种分布格局导致的结果是,不同地区的同一民族作为整体认同度普遍较低,而同一地区不同民族之间的联系却更为紧密,从而在某种程度上使地区认同高于民族及国家认同。部族首领主要依据习惯法进行本地区的管理,而中央政府只有借助他们的支持才能进行名义上的管辖,从而使得"中央政府的权威未能延伸到各个省区"③。这在阿富汗内战时期体现得尤为突出,各派军阀在其控制地区实行自治,与中央政府仅保持松散联系。另外,受居住格局的影响,各民族出现了不同的社会分工。普什图人、哈扎拉人和乌兹别克人由于大多生活在农村,以从事农业和畜牧业为生;而主要居住在城市的塔吉克人则有很多是商人、官僚和神职人员。生活方式的不同使得农村人口在其聚居地区享有相当的自治权,而城市人口则更容易进入政府部门。因此,无论中央政府的权力如何分配,在地方一级的行政机构以及农村当中,发挥主

---

① Abdulkader Sinno, "Explaining the Taliban's Ability to Mobilize the Pashtuns," in Robert D. Crews and Amin Tarzi, eds., *The Taliban and the Crisis of Afghanistan*, p. 59.
② 刘泓:《民族主义与国家利益:民族学视野中的阿富汗国家重建》,陈建樾、周竞红主编:《族际政治在多民族国家的理论与实践》,北京:社会科学文献出版社2010年版,第403页。
③ Fisnik Abrashi, "Petraeus: Afghan Ttribes Needed to Fight Militants," *Fox News*, Nov. 6, 2008, http://www.foxnews.com/printer_friendly_wires/2008Nov06/0,4675,ASAfghanistan-Petraeus,00.html, 访问于2016年4月19日。

导作用的依然是当地部落和民族的代表。

第三,跨界民族的存在及其与邻国的联系,成为影响阿富汗政府权力分配的重要因素。阿富汗位于欧亚大陆的腹地,与周边的六个国家接壤:北部的土库曼斯坦、乌兹别克斯坦和塔吉克斯坦,东部和东南部的巴基斯坦,西边的伊朗,以及东北部的中国。这些国家均与阿富汗有着跨境民族,比如土库曼人(土库曼斯坦和中国)、乌兹别克人(乌兹别克斯坦和中国)、塔吉克人(塔吉克斯坦和中国)、普什图人(巴基斯坦和伊朗)、俾路支人(巴基斯坦和伊朗)、哈扎拉人(巴基斯坦和伊朗)。其中,普什图人不仅是阿富汗的主体民族,同时也是巴基斯坦的第二大民族,二者之间一直存在"普什图尼斯坦"问题①。在苏联占领时期,有大量普什图人沦为难民进入伊朗和巴基斯坦,塔利班的很多成员便来自巴基斯坦的难民营,并得到了巴政府的大量援助。随着阿巴边境部落地区的塔利班化,以及阿富汗与印度关系的日益密切,巴基斯坦也成为阿富汗政治进程的重要利益攸关方。另外,哈扎拉人皈依伊斯兰教什叶派是受到了波斯萨法维王朝的影响,后来在阿富汗抵抗运动当中,伊朗也成为什叶派组织的阵地以及背后的支持力量。阿富汗北部的其他民族同样受到了与其接壤的中亚国家的支援。因此,普什图人与其他民族政治关系的形成,很大程度上与周边国家的支持不无关系。

(二) 民族力量对比的变化

尽管历史上形成的整体民族格局依旧维持了下来,但是在阿富汗政治和社会发展的过程当中,各民族的政治力量对比发生了变化,这也是促使阿富汗政府权力重新分配的根本原因。促发这种变化的因素主要包括政治合法性基础的变迁以及大国政治的影响。

第一,政治合法性基础的变迁,是促使民族关系发生演变的直接原因。在政治学研究当中,政治合法性被认为是统治者与被统治者之间的关系,它来自于被统治者对于国家或政府的认可。对这个问题最有权威的解释应归于马克斯·韦伯,他认为合法权威有三种纯粹类型,即法理型、传统型和超凡魅力型,其合法性基础分别是合理的规则和制度、传统习俗或习惯

---

① "普什图尼斯坦"是指阿富汗和巴基斯坦边境的普什图部落地区,对于相关问题的具体探讨,参见于卫青:《普什图人与普什图尼斯坦问题》,《世界民族》2011 年第 6 期,第 26—34 页。

以及领袖的个人品质①。由于韦伯所探讨的三种权威模式是一种理想形式,现代政治学在其基础之上,从多种角度进行了进一步思考,如阿尔蒙德的"政治文化说"和"政府绩效说"、帕森斯的"政治角色说"、本特利的"公共利益"和亨廷顿的"政府中立说"等②。综观阿富汗历史,其政治合法性大致来源于三个方面:传统习惯、宪法制度和政府绩效。尽管 1924 年阿富汗就已经有了宪法,统治者也常常采取各种发展政策获取民众支持,但在 1978 年之前,政治合法性主要还是来源于传统习惯,即君主的世袭、普什图部落政治以及伊斯兰教的信仰。随着其他民族受教育程度和参政意识的提高,以及 1973 年共和制的实行,传统习惯作为合法性基础的作用遭到削弱。与此同时,人民民主党政权时期共产主义意识形态的出现,与阿富汗传统的伊斯兰教信仰相违背,遭到了各族民众的反抗。拉巴尼和塔利班统治时期,尽管伊斯兰教教义得到贯彻,但由于采取了具有偏向性的民族政策,同时未能实现对国家的有效治理,导致中央政权的统治基础薄弱。2001 年以来以民族为基础的选举制的实行,以及宪法中对于伊斯兰教国教地位的确定,很大程度上缓和了民族之间的权力斗争,但其他民族尤其是塔吉克人政治力量的强化,加之政府在经济发展与政治稳定方面的成效甚微,导致中央政权的合法性依然受到质疑。因此,只有在尊重传统习惯的同时,强化国家的宪法制度,并且实现政府对国家的有效治理,中央政权的合法性才能得到保障。

第二,大国政治的影响在特定时期激发出"阿富汗人反抗外部控制的独立精神"③,同时也常常成为不同民族争取更多政治权力的筹码。如前所述,受历史/地理、社会/政治等因素的影响,阿富汗人的国家概念相对淡薄,因此在和平时期很难形成统一的国家认同,只有当外敌入侵、原有的社会秩序遭到破坏的时候,各民族才有了联合的基础。无论是在英俄"大博弈"当中,还是在苏军占领时期,由于领土被占外交受控,刺激了阿富汗民众反控制的独立精神。与此同时,周边国家及地区大国之间的对立也延伸到阿富汗的民族关系当中。它们通常出于各自的利益目标,通过支持代理

---

① 参见〔德〕马克斯·韦伯:《经济与社会》(第一卷),阎克文译,上海人民出版社 2010 年版,第 318—419 页。
② 具体分析,参见〔美〕加布里埃尔·A. 阿尔蒙德、西德尼·维巴:《公民文化——五个国家的政治态度和民主制》,张明澍译,浙江人民出版社 1989 年版;Talcott Parsons, *The Social System*, New York: Free Press, 1961; Arthur Bentley, *The Process of Government*, Evanston, Ill: Principia, 1908; Samuel P. Huntington, *Political Order in Changing Society*, New Haven and London: Yale University Press, 2006。
③ 钱雪梅:《大国政治探析》,《兰州大学学报(社会科学版)》2015 年第 2 期,第 56 页。

人以削弱其他派别及其背后援助国的力量。这种关系的结果是,一方面使代理人的力量得到增强,进而在政府权力分配当中拥有更多的筹码;另一方面,不同派别之间的对立也激化了其援助国之间的矛盾,进而阻碍了地区和平与安全的实现。阿富汗反苏抵抗运动及塔利班政权时期,巴基斯坦和沙特对七党联盟及塔利班的援助,伊朗对八党联盟和北方联盟的支持,以及印度对北方联盟的资助,均是这种大国政治的反映。在 2001 年之后,美国领导的北约在阿富汗的军事存在,也常常成为塔利班及其他叛乱组织发动袭击的借口。因此,阿富汗长达几十年的动荡既有其国内的深层原因,同时又与全球性/地区性大国的利益相互纠缠,从而使得阿富汗的和平很大程度上取决于有关国家的战略与决策。

四、结论

阿富汗的民族政治关系经历了长期而复杂的演变过程,其总体的变化趋势是,普什图人政治优势的削弱以及其他民族政治影响力的上升。导致这种变化的根源是政治合法性基础的变迁以及大国政治的影响。但总的来说,这种变化是相对的。普什图人的传统政治优势、以地域为基础的民族分布以及跨界民族的存在,使得阿富汗的整体民族格局仍然得以维持。因此,在阿富汗政府权力分配当中,不仅需要充分体现各民族的代表性,更需要在普什图人与其他民族之间实现权力的大体平衡。

作为主要由普什图人构成的组织,塔利班也成为阿富汗政府权力分配的重要考量。2016 年 4 月 12 日,塔利班在其网站发表声明,宣布发动第 15 次"春季攻势"(spring offensive),并将其命名为"奥利马行动"(Operation Omari)以纪念前领导人毛拉·穆罕默德·奥马尔(Mullah Mohammad Omar)。除了继续强调其目标是"清除敌人在(阿富汗)剩余地区的控制与存在"之外,今年的声明中首次涉及军事行动后的制度安排,表示"将在穆贾西丁管理地区建立良好治理的机制"①。而在此前,阿富汗政府及美国、

---

① Leadership Council of Islamic Emirates of Afghanistan,"Statement by Leadership Council of Islamic Emirate regarding Inauguration of Spring Offensive Entitled 'Operation Omari'",April 12, 2016, http://shahamat-english. com/statement-by-leadership-council-of-islamic-emirate-regarding-inauguration-of-spring-offensive-entitled-operation-omari/,访问于 2016 年 5 月 8 日。

巴基斯坦等利益攸关方达成的一个基本共识是,阿富汗的和平只有通过政治和解才能实现①。在这样的背景之下,如何将塔利班纳入国家政治进程,以及以何种方式进行权力分配,需要包括阿富汗民众在内的各方予以密切关注。

(本文作者系北京大学国际关系学院博士生)

Separation of Power in the Afghan Government: A Study on the Political Relations Between Pashtuns and Other Ethnic Groups
Cairen Zhuoma

Abstract: Political relations between Pashtuns and other ethnic groups are an important factor that should not be overlooked in the separation of power in the Afghan government. Since the founding of Afghanistan, these relations have been evolving largely towards the decline of Pashtuns' political preponderance and rise in the political clout of other ethnic groups. During this process, the political preponderance of Pashtuns, the geographical distribution of ethnic groups and the existence of cross-regional ethnic groups have all contributed to a relatively stable ethnic configuration. Yet, due to changes in the basis of political legitimacy and influence of power politics, there has been a shift in the balance of power among ethnic groups which subsequently transforms political relations between them. Given the present offensive expansion of the Taliban, a basic common consensus of all parties is that peace in Afghanistan could only be achieved through political reconciliation.

Key words: Afghanistan, Pashtuns, ethnic group, politics, separation of power

---

① 阿富汗政府内部对政治和解问题存在分歧,其国家安全局局长拉赫马图拉·纳比勒(Rahmatullah Nabil)的辞职便是这种分歧的结果。但总体而言,与塔利班的政治和解已经成为阿富汗政府的官方政策,并且得到了美国、巴基斯坦等国家的支持。

塔吉克斯坦伊斯兰复兴党的合法化

戴元杰

【内容提要】 塔吉克斯坦是中亚最小的国家,也是苏联解体后唯一陷入内战的中亚国家。塔吉克斯坦伊斯兰复兴党(TIRP)是内战主要参与方,其历史可以追溯到苏联时期中亚的伊斯兰复兴。塔吉克斯坦内战之后,伊斯兰复兴党通过复杂的谈判获得合法地位。然而,合法参与政治进程并不意味着政党的兴盛。在实现合法化之后,该党没能在体制内发展壮大,而是面对重重困境。由于各种原因,该党在 2015 年 9 月卷入恐怖袭击案,随即被塔吉克斯坦政府再次宣布为非法政党。

【关键词】 塔吉克斯坦伊斯兰复兴党;塔吉克斯坦内战;合法化

戈尔巴乔夫推行政治改革以后,在苏联的穆斯林人口占多数地区,对于伊斯兰教的原有限制逐渐放松,地方政治、文化和宗教精英开始参与政治角逐。在这样的背景下,全苏伊斯兰复兴党(IRP)于 1990 年 6 月在阿斯特拉罕建立。塔吉克斯坦伊斯兰复兴党(以下简称 TIRP)是 IRP 最大的一个分支,于 1990 年 10 月在杜尚别建立。地区、族群矛盾复杂的、贫困弱小的塔吉克斯坦面临着独特的问题,最终也出现了独特的解决路径。

随着苏联的解体和中亚国家的独立,TIRP 成为塔吉克斯坦国内一个主要的政治力量。当时塔吉克斯坦国内的各个主要派系分为两个阵营,为争夺国家权力而进行斗争。一方是由前共产党人组成的政府,另一方是塔吉克斯坦国内的民主主义者、民族主义者和伊斯兰主义者组成的松散联盟:塔吉克斯坦联合反对派(UTO)。在后者中,TIRP 实力最强大,扮演了最重要的角色。双方在 1992—1997 年间进行了血腥的内战,

在双方签订和平协议、内战结束后,TIRP 成为塔吉克斯坦国内主要的反对派政党之一。它从一个没有法律地位、进行暴力斗争的地下政党变为有法律地位、合法参与民主政治的议会政党。在中亚,它是唯一一个合法

化的伊斯兰主义政党。TIRP 为什么能获得这样独特的地位？独立后的中亚各国都属于一般意义上的"世俗威权政体"，或者是"竞争性威权"或"半威权"政体。这种政体的特征之一是标榜世俗主义，伊斯兰政党常常被视为"原教旨主义"或"极端主义"分子，有时还会被称为"恐怖主义者"而遭到政府力量的打击。TIRP 的独特地位和塔吉克斯坦特殊的政治转型途径相关，而塔吉克斯坦的政治转型与内战是一个复杂的话题，变量众多，层次混杂。本文将集中分析其中一个重要的层次，即 TIRP 获得合法地位的进程，希望通过这种分析来解释这一在中亚地区较特殊的政治现象。

一、苏联时期塔吉克斯坦的伊斯兰和伊斯兰复兴

在苏联包括塔吉克斯坦在内的信仰伊斯兰教的地区，同时存在着"官方伊斯兰"和"民间伊斯兰"或者"平行伊斯兰"。"官方伊斯兰"就是苏联政府利用政权力量建立的伊斯兰宗教教育、传播系统和相应的管理体制。"民间伊斯兰"就是在苏联穆斯林社区中存在的宗教传播、教育体系和与之共生的日常宗教实践。"官方伊斯兰"与"民间伊斯兰"虽然前者在体制内，后者在体制外，但两者不是全然割裂、对立的，有时也是相互依存、相互促进的。官方伊斯兰为民间伊斯兰培养人才，民间伊斯兰填补"官方伊斯兰"所不能满足的信仰需求，为后者提供信徒基础。民间伊斯兰最终成为塔吉克斯坦伊斯兰复兴的基石。

首先，苏联的宗教政策造就了"官方伊斯兰"和"民间伊斯兰"的区隔：

"官方伊斯兰"，就是苏联政府利用政权力量建立的伊斯兰宗教教育、传播系统和相应的管理体制。根据温布什（S. E. Wimbush）的观点，这种管理体制的目的是限制宗教的发展。① 而且，它不是在苏联建国之后立即建立的。即使在建立以后，它也随着苏联的伊斯兰教政策变化而在曲折中发展。

苏联对伊斯兰教的政策有过数次变化：从建国之初的承认、合作、利用到斯大林时代，尤其是大清洗时期的严厉打压是第一次变化。第二次世界大战时期，面对巨大的外部危机，出于团结内部、鼓舞爱国主义的需要，对

---

① S. E. Wimbush 在中国社科院世界民族研究室的讲话，见《世界民族》1980 年第 6 期。

包括伊斯兰教在内的宗教采取容忍态度,在体制内建立了宗教活动渠道。在 1943 年,斯大林建立了一套包含四个以穆夫提为领导的、覆盖相应地区的"穆斯林精神指导委员会"(The Council of Muslim Spiritual Administration)对付中亚穆斯林,管理他们的清真寺、毛拉和宗教活动的是位于塔什干的"中亚及哈萨克斯坦穆斯林精神指导委员会"。"精神指导委员会"一直强调苏联政权的世界目标和伊斯兰是和谐的,是伊斯兰所期望的,所以做一个忠诚的苏联公民和一个好穆斯林是相容的。① 布哈拉的米尔宗教学校(Mir-i Madrassa)也在这一时期重新开放。② 但在二战后,对伊斯兰教的政策重新收紧。在赫鲁晓夫上台后的"解冻"时期,伊斯兰教并未获得真正的"解冻",25%的"官方"清真寺在 1958—1964 年间关闭。在塔吉克斯坦 34 个官方清真寺中的 16 个被关闭。③

20 世纪 60 年代末期,苏联的伊斯兰教政策再次发生变化。苏联重开一些之前关闭的清真寺,并且向"友好的"伊斯兰国家派出塔里甫(Talib,宗教学校学生),一般是送到埃及、叙利亚、利比亚和约旦。有人认为,其原因可能是勃列日涅夫要通过变更赫鲁晓夫的政策来树立自己的权威,同时也与苏联和美国全球争霸相关。根据奥利佛·罗伊(Oliver Roy)的研究,派遣塔里甫的目的不是为了培养"红色毛拉",而是让这些学生能够在传统的伊斯兰权威教育机构进修,让他们获得伊斯兰世界同行的承认。④ 他们回国后肯定会在政府主导的宗教体系内获得一个职位,伊斯兰世界同行的承认将大有助益,让他们在信徒中的声望更高,更有利于他们的工作。

"民间伊斯兰"是在苏联穆斯林社区中存在的宗教传播、教育体系和与之共生的日常宗教实践。它不合法,在地下活动,常常遭到政府的打击。然而处于地下的"民间伊斯兰"在遭受政权压制的时候依然存活得很好,并且在人们的日常生活中扮演重要的角色。

"民间伊斯兰"的生存空间在广大的基层,对穆斯林来说,日常的祈祷,出生、婚礼和葬礼上的宗教仪式,节日的会礼都是精神生活的组成部分。苏联体制内的"官方伊斯兰"显然不能满足民众需求。以清真寺为例。根据温布什的估计,1912 年全俄清真寺约有 26279 座,而斯大林时期苏联

---

① Muriel Atkin. *Middle East Journal*, Autumn 1989, p. 607.
② Alexande Bennigsen, *Soviet Strategy & Islam*, London: Macmillan, 1989, p. 26.
③ Oliver Roy, *The New Central Asia: Geopolitics and the Birth of Nations*, London: I. B. Tauris, 2007, p. 105.
④ Ibid., p. 107.

境内清真寺的数量约有1200座,在赫鲁晓夫开展反宗教运动前,清真寺的数目有缓慢增长,达到1500座左右。在赫鲁晓夫之后,1965年,全苏清真寺估计只有300—400座。① 清真寺的大量关闭,使一些毛拉和宗教学校转入地下。

其次,"官方伊斯兰"为"民间伊斯兰"培养人才。

"官方伊斯兰"为"民间伊斯兰"培养人才的典型例子就是TIRP的领袖人物之一:赛义德·阿卜杜拉·努里。他和他的导师穆罕默德·鲁斯塔莫夫(Mohamed Rustamov Hindustani)的故事说明了这两种体制在培养人才上的互动。

鲁斯塔莫夫是苏联时期中亚最著名的伊斯兰教学者之一。他于1892年出生在浩罕,在浩罕、布哈拉和阿富汗的巴尔赫学习,1921年后在克什米尔学习,在那里他得到了"印度斯坦尼"的名号。1928年他去麦加朝圣。大清洗期间他被逮捕三次,在西伯利亚不同的地方度过了八年半。1943年,他被征召入红军,但很快受伤并退出军队。从50年代中期直到去世,他都作为杜尚别的察尔科(Maulana Charkhi)清真寺的伊玛目,他也葬在那里。②

鲁斯塔莫夫在培养人才方面不遗余力,不过主要是在地下进行。苏联只有两所伊斯兰教高等学府,分别是位于布哈拉的米尔伊阿语学校和塔什干的伊玛目布哈里大学。正规宗教学校缺乏是地下宗教学校的繁荣的前提。鲁斯塔莫夫在他的地下学校培养了努里、穆罕默德沙里夫·西马佐达(Muhamadsharif Khimmatzoda)③和努雷丁·图拉琼佐达(Nuriddin Turajonzoda)④。鲁斯塔莫夫的宗教学校在1979年遭受打击,克格勃逮捕了师生们。但是由于家庭关系网的存在和克格勃干部们"避免麻烦"的考量,此事最终化于无形,该校师生们平安无事,其网络继续发展,并且在日后变为全苏伊斯兰复兴党的塔吉克支部,又在苏联解体后自立门户。

再次,"民间伊斯兰"提供"官方伊斯兰"所不能满足的信仰需求。

在政府大量关闭清真寺、"官方伊斯兰"无法满足穆斯林信仰需求的情

---

① S. E. Wimbush在中国社科院世界民族研究室的讲话,《世界民族》1980年第6期。
② Starr, S. Frederick. ed., *Ferghana Valley: The Heart of Central Asia*, London: Routledge, 2014, pp.305—306.
③ 他是TIRP的另一位创建者。
④ 努雷丁是阿克巴·图拉琼佐达(Akbar. Turajonzoda)的哥哥,阿克巴·图拉琼佐达是日后的塔吉克斯坦官方伊斯兰宗教领袖、IRP的重要成员、内战后联合政府内代表TIRP的副总理。

况下,"民间伊斯兰"在苏联时期中亚穆斯林的日常生活中扮演着重要的角色。罗伊这样描述苏联时期的"民间伊斯兰":

> 地方毛拉可以轻易融入当地,他们为拖拉机驾驶员、机械师和农民登记。他们没有在大的宗教学校受教育,知识来源于他们做毛拉的祖、父辈。平行毛拉被他们所处的地方社区所保护,社区雇用他们主持婚庆葬礼之类的仪式。孩子们秘密来到他们跟前,在课余时间学习教义……尽管清真寺被关闭了,但拱北依然存在,守墓家族简单地说这是'博物馆',还配有一个保安。(对拱北的)朝拜就可以继续……所有人都能观察到穆斯林的葬礼,没有一个地方党支部的书记会在毛拉缺席的情况下下葬……在乡间,干部的会议会在有桌椅的办公室里,在列宁像的注视下展开,接下来就是露天宴会,大家坐在垫子上,在开吃开喝前双手向上,念一段"法谛海"(《古兰经》的"开端章")。①

政府难以控制这类基层宗教实践,苏联中晚期官僚体制实际上已经无力真正取缔这种宗教活动。正如鲁斯塔莫夫的地下宗教学校的经历所反映的,地方盘根错节的血缘—利益关系网是"民间伊斯兰"的保护伞。

最后,"民间伊斯兰"为苏联晚期塔吉克斯坦的伊斯兰复兴提供资源,为 TIRP 的出现创造基础。

"民间伊斯兰"的地下网络绝非与世隔绝,它和伊斯兰世界最新颖、最重要的思想保持着密切联系。苏联的朝觐者、留学塔里甫、地下宗教教育、外国的广播节目都是这种密切联系的渠道。努里和他的同学们于 1978 年建立的地下伊斯兰青年组织就传播埃及人哈桑·班纳的政治伊斯兰思想。尽管鲁斯塔莫夫曾经专门撰文批判来自中东的"激进"思想,并反对本地的激进青年神学家,但并没有影响官方伊斯兰和民间伊斯兰互相支持、彼此促进的事实。民间伊斯兰的地下网络在伊斯兰复兴中成为 TIRP 的前身。

1979 年,苏联入侵阿富汗的战争改变了中亚的情况。大量中亚人被征召入军队,但很快又大量退伍,苏联政府怀疑这些年轻的中亚士兵在阿富汗战场上的忠诚度;这些年轻人在面对同样信仰伊斯兰教的阿富汗人时,有人怀疑自己在战争中的正义性。更令苏联官方担忧的是,中亚籍士兵,甚至下级军官开始接受阿富汗圣战者的思想,甚而帮助他们与苏联为敌。

---

① Oliver Roy, *The New Central Asia: Geopolitics and the Birth of Nations*, London: I. B. Tauris, 2007, p. 109.

无论苏联政府和军方的动作有多快,也快不过思想的传播。在阿富汗战争从苏联领导人最初期望中的速战速决变成漫长、折磨人的游击战和反游击战之后,中亚本土终于爆发了反战运动,这和阿富汗的糟糕战局相关,也和国际反苏力量有针对性地向苏联的穆斯林人口提供境外伊斯兰出版物有关。侵略阿富汗促进了苏联穆斯林宗教意识的增长,推动了国内的伊斯兰复兴,对于苏联政府来说,这个结果是始料未及的。

二、塔吉克斯坦伊斯兰复兴党的建立与卷入内战

苏联境内的伊斯兰复兴和戈尔巴乔夫的政治改革是 TIRP 建立的政治条件。塔吉克斯坦政治转型时的混乱是 TIRP 卷入内战的直接原因。

伊斯兰复兴是一个复杂的过程,但有一些指标性的事件可以衡量这一过程,例如清真寺数量的增长、古兰经和其他宗教书籍的传播、宗教人士的权威等。苏联 20 世纪 80 年代的伊斯兰复兴并不是一帆风顺的。戈尔巴乔夫执政初期曾试图压制伊斯兰,比如乌兹别克斯坦共产党中就有 53 人因"组织并参与宗教仪式"被开除出党。[①] 但很快,苏联政府就改变了做法,推进改革,塑造"开明"形象。这使得伊斯兰复兴党以全苏政党的形式出现。

1990 年 6 月 9 日,全苏穆斯林代表大会在阿斯特拉罕举行,这也是第一届苏联伊斯兰复兴党代表大会。会议选出了 IRP 领导层,达吉斯坦人艾哈迈德卡迪·阿合塔耶夫(Ahmadkadi Ahtaev)被选为埃米尔(主席),盖达尔·杰马尔(Geydar Jemal)被选为他的副手。[②] IRP 在莫斯科可以公开、合法地活动。

参加阿斯特拉罕会议的塔吉克代表在回到塔吉克斯坦后建立了 IRP 的塔吉克分支。这一分支的成员向地方政府要求允许在 1990 年 10 月 6 日举行他们的地方会议。官方不允许,并表示不能建立宗教组织。当时,塔吉克斯坦政治局势混乱不堪。1990 年 2 月由于"为亚美尼亚难民在杜尚别

[①] Emmanuel Karagiannis, *Political Islam in Central Asia: The Challenge of Hizb Ut-Tahrir*, Routledge, 2010, p. 22.

[②] Sayfiddin Shapoatov, *The Tajik Civil War: 1992—1997*, Ankara, Middle East Technical University, 2004, p. 53.

安排房屋并给予永久居留权"这一谣言引起示威游行和暴动①,造成22人死亡,565人受伤。② 塔共中央第一书记马赫卡莫夫提出辞职,但未获得最高苏维埃的批准。1990年3月,共和国政府禁止反对党和类似群众运动。1990年2月的首都暴乱之后,塔共内部开始分裂。TIRP建立的政治背景就是这样一种"山雨欲来"的情况。

尽管塔吉克斯坦政府明令禁止,IRP的塔吉克斯坦成员还是在宣布的日期于杜尚别附近开会,建立塔吉克斯坦伊斯兰复兴党(TIRP)。参会者有大约500名地方组织成员,也有其他加盟共和国赶来的人。穆罕默德沙里夫·西马佐达被选为党主席,达乌拉特·吾斯曼(Davlat Usmon)成为第一副主席。

根据TIRP的党纲,它的目标是:实现塔吉克斯坦公民的精神复兴,争取共和国政治和经济上的主权,在共和国的穆斯林日常生活中实行伊斯兰规范的政治和法律权利。为了实现这些目标,党的任务是用一切可能的方法在共和国的人民中宣传伊斯兰,穆斯林在政治、经济和精神生活上全方面参与国家事务。③

TIRP创建初期,受到塔吉克斯坦地方政府的打压。塔共中央第一书记马赫卡莫夫(Kahhar Mahkamov)称其为"极端主义"。而在莫斯科的总部有数百成员,一直合法地活动。④ 在塔吉克斯坦的这种对抗形势在短短的一两年内就迅速转变。苏联解体了,塔吉克斯坦的地区和部落政治安排遭到前所未有的挑战,终致内战爆发。

苏联解体还导致TIRP同它原来的上级组织IRP的关系迅速发生变化。实际上TIRP和莫斯科总部的政治理念、主张也并不一致,主要体现在对苏联政权和西方的态度方面。一方面,TIRP作为地方性的组织,对全球"基督——伊斯兰"或"犹太复国主义"议题的兴趣不如IRP总部那么浓厚。

---

① 当时杜尚别面临房屋短缺,而谣言称可能有2500人以上的难民将被重新安置在杜尚别。塔共中央总部被围攻。而谁传播了谣言,谁动员群众进行游行示威,至今未有定论。巴达赫尚红宝石党(La'li Badakhshan)和"重生"人民运动(Rastokhez)都可能参与了这一行动。

② Ray Takeyh, Nikolas. K Gvosdev, *The Receding Shadow of the Prophet: The Rise and Fall of Radical Political Islam* Westport: Greenwood, 2004, p. 127.

③ Vitalii Viacheslavovich Naumkin, *Radical Islam in Central Asia: between Pen and Rifle*, Lanham, Rowman & Littlefield, 2005, p. 209.

④ Human Rights Watch, *Conflict in the Soviet Union: Tadzhikistan*, http://www.worldcat.org/title/conflict-in-the-soviet-union-tadzhikistan/oclc/25083600/editions?referer=di&editionsView=true),1991, p. 65.

它甚至需要西方的支持，在后来的内战中它的确这么做了。另一方面，IRP总部并不反苏，不像TIRP的活动家那样是反体制的。这是最后TIRP被驱逐而独立出来的原因。1991年秋天，由于和民族主义者的联盟以及对苏联体制的攻击，IRP驱逐了塔吉克斯坦分支，IRP中央希望保有苏联，支持纳比耶夫总统。在被IRP这个即将四分五裂的"总部"驱逐出去后，TIRP开始在塔吉克斯坦云谲波诡的政治变革中扮演重要角色。

1990年9月塔吉克斯坦实行总统制，11月马赫卡莫夫被选为总统。但此时地域矛盾、族群矛盾开始爆发，因为塔吉克斯坦的总统制是"超级总统制"，总统兼任部长会议主席，而在苏联时代部长会议主席才是塔最高权威。马赫卡莫夫是列宁纳巴德(苦盏)人，他所属地区的集权招致了其他地区人士，包括本来和列宁纳巴德地区分享政治权力的库利亚布人士的不满。同时，马赫卡莫夫本人由于对"8·19"事件的态度暧昧，给了反对者攻击他的借口。1991年9月7日，马赫卡莫夫不堪压力，被迫下台，卡鲁丁·阿斯拉诺夫(Qadruddin Aslanov)被选为新任总统，然而由于他宣布独立和解散塔共，在23日就被罢免。时任塔共中央第一书记的拉赫蒙·纳比耶夫上台，宣布国家进入紧急状态，并取消了解散塔共的命令。① 11月，纳比耶夫经过选举成为塔吉克斯坦总统。

纳比耶夫上台后，反对派塔吉克斯坦民主党、巴达赫尚红宝石党和TIRP在杜尚别举行大规模的抗议。出于对大规模示威的恐惧，10月26日最高苏维埃做出让步，废除了禁止宗教政党和政治反对党的法令。TIRP乘此机会，在1991年12月4日注册成为合法政党，这是它的第一次合法化。当时该党的注册党员有两万余人。②

1992年春天，反对派动员数千名农村支持者占领杜尚别的沙溪顿(Shahidon)广场，要求纳比耶夫下台。4月，政府动员了自己的支持者，多数是库利亚布人，以人民阵线的名义组织起来，也赶往杜尚别在反对派附近的俄左迪(Ozodi)广场举行反示威。③ 适逢斋月结束(1992年开斋日是4月3日)，TIRP利用开斋节布道动员了大批反对者来到杜尚别。纳比耶夫

---

① Vitalii Viacheslavovich Naumkin, *Radical Islam in Central Asia: between Pen and Rifle*, p. 214.

② Olimova, Saodat, *Political Islam and Conflict in Tajikistan*, http://www.ca-c.org/dataeng/11.olimova.shtml, 1998.

③ Adeeb Khalid, *Islam after Communism: Religion and Politics in Central Asia*, Oakland: University of California Press, 2007, p. 150.

政府则向支持政府的国民卫队发放了两千余支步枪,反对派人士也开始利用地区和宗教人士的网络获取武器。内战一触即发。

纳比耶夫政府和反对派部分人士一度试图缓和局势。双方展开对话,成立了包含八名反对派代表的"民族和解政府",达乌拉特·吾斯曼以TIRP代表的身份成为副总理,反对派还获得了国家广电委员会代表的职位。和解政府承诺在议会中给予反对派半数席位。^① 但在6月,完成组织的库利亚布和列宁纳巴德民兵(自称人民阵线)开始向反对派发动大规模攻击,短命的联合政府解体,塔吉克斯坦内战全面爆发。

为什么TIRP的伊斯兰主义能在塔吉克斯坦成为反对派的"盟主"和当局的主要对手?塔吉克斯坦1992年城市人口仅占总人口的31%^②,而如前所述,塔吉克斯坦的伊斯兰复兴是以广大乡村地区的"民间伊斯兰"为基础进行的,这意味着伊斯兰主义在农村有优势。而且不少塔吉克人自认是"伊斯兰民族",TIRP也将伊斯兰主义和民族主义很好地结合起来,这从它的党纲中就可以看出来:TIRP将"塔吉克人的精神复兴"和"日常生活中伊斯兰规范的政治和法律"紧密结合在一起,同时把对手描述为不实行"伊斯兰规范的政治和法律"的、"毁坏民族传统"的、"苏联殖民主义"的残余分子。政治伊斯兰是动员群众反对世俗威权政体的有力工具。事实上直到今日,塔吉克斯坦政府依然在同政治伊斯兰作斗争,无论它是不是TIRP推动的。

三、内战的结局和 TIRP 的合法化

TIRP的合法化在很大程度上是内战的结果,同时也是内战后 TIRP对自己的意识形态进行扬弃、同现实妥协的产物。

在现实政治的压力下,TIRP必须正视自己和反对派的政治前途问题。内战双方的实力消长决定了 TIRP 和其他反对派别必须寻求谈判与合法化。塔吉克斯坦内战大体可以分为两个阶段:从1992年6月联合政府解

---

① Vitalii Viacheslavovich Naumkin, *Radical Islam in Central Asia: between Pen and Rifle*, p. 217.

② 见世界银行城市人口数据库,http://data.worldbank.org/indicator/SP.URB.TOTL.IN.ZS? page=4。

体,到1992年年底反对派在正面战场失败,其政治首脑被杀或流亡国外,是第一阶段。1993年到1997年签署和平协议之前这期间,反对派以国外(主要是阿富汗)为基地,不断对塔吉克斯坦本土发动攻击,是内战以游击战为主要形态的第二阶段。

多数资料对塔吉克斯坦反对派在正面战场上的失败语焉不详。但可以肯定的是,面对职业军人组成的列宁纳巴德—库利亚布民兵,临时动员的反对派武装并不能与之抗衡。驻扎在塔吉克斯坦的俄国陆军第201摩步师的立场加剧了这种力量差距:该师很多官兵是支持政府的当地人,政府军从他们手中获得了一些重武器。塔吉克斯坦政府内部也发生了权力重组,政府中的激进派,尤其是库利亚布集团反对纳比耶夫,纳比耶夫政府于1992年9月垮台,帕米尔人伊斯坎达诺夫(Akbarsho Iskandarov)暂时接手。11月,库利亚布人推出了自己的代表拉赫蒙(Emomali Rakhmon)担任总统。

1993年,在本土失败的塔吉克斯坦反对派政治组织:TIRP、塔吉克斯坦民主党和巴达赫尚红宝石党组成了塔吉克斯坦联合反对派(UTO, United Tajik Opposition)。由于TIRP在反对派中的实力最强,努里成为UTO的主席。同时,TIRP和其他非党派的伊斯兰反政府组织联合起来,组建了塔吉克斯坦伊斯兰复兴运动(MIRT, Movement for Islamic Revival in Tajikistan)。努里也成为该运动的主席,图拉琼佐达和西马佐达担任他的副手,前者在1992年被迫从他官方宗教机构的职位上退出,离开塔吉克斯坦。

战争使超过10万塔吉克斯坦人离开祖国,其中约有8万人进入阿富汗。"阿富汗这个被战争撕裂的国家居然成为塔吉克斯坦难民的避难天堂,这本身就说明了塔吉克斯坦内战的残酷性。"①当时的阿富汗为不同的军阀控制,主宰中央政府的是塔吉克人拉巴尼(Burhanuddin Rabbani)和他的国防部长马苏德(Ahmad Shah Massoud)。他们对背井离乡来到阿富汗的塔吉克斯坦难民抱有浓厚兴趣,视其为重要的补充兵员,并且支持他们"打回老家去"。TIRP的主要领袖,包括达乌拉特·吾斯曼,穆罕默德沙里夫·西马佐达和阿克巴·图拉琼佐达等人也逃到了阿富汗,并在流亡中继续他们的反抗活动。图拉琼佐达试图协调不同的IRP组织,在不同的圣战

---

① Adeeb Khalid, *Islam after Communism: Religion and Politics in Central Asia*, p.148.

者指挥官麾下受训。① 由此,塔吉克斯坦冲突成为国际问题和跨国战争:在阿富汗的难民接受训练和武装,然后送回塔吉克斯坦。IRP 领袖去伊朗、巴基斯坦和沙特寻求军事和经济支持。俄国和乌兹别克斯坦站在塔吉克斯坦政府身后,派遣陆军、空军,输送补给,尽管他们同时也和反对派对话。②

从阿富汗不断向塔吉克斯坦进攻的过程是漫长而残酷的。在俄罗斯牵头的独联体维和部队进驻塔吉克斯坦之后,TRIP 的努力更加无望。俄国驻塔吉克斯坦边防军(GRPVT)大部分部署在塔吉克斯坦与阿富汗边界,GRPVT 于 1993 年创建,总兵力大约为 2.5 万人。独联体指挥的维和部队于 1992 年 12 月部署,总兵力为 12500 人。③ 这样的力量是塔反对派无法正面对抗的,游击战也只能起到拖延时间、显示存在的作用。事实上,在战争变为游击战的那一刻起,UTO 和 TIRP 就只剩下政治解决一条路可走了。

长期内战造成的损失也是政府和反对派都不能接受的,统治者也希望国家恢复和平安宁。据统计,塔吉克斯坦内战的伤亡在 2 万到 10 万人之间,超过 50 万人沦为难民,其中将近 20 万俄罗斯人回到俄罗斯,他们中很多人是科技人员。塔吉克斯坦本来就脆弱的经济遭到了毁灭性打击。内战的主战场在南方,而国家的经济支柱棉花种植业也主要位于南方,内战严重破坏了该地区的灌溉设施,从而沉重打击了棉花种植业和塔吉克斯坦的国民经济。④

反对派的压力持续增大。如果他们不接受 1994 年的选举结果,不参加政府,继续以外国为基地打内战,如果战争继续,不仅不会取得更大的战果,他们在国内仅有的群众基础也会被不断消耗掉,支持他们战斗的人越来越少——在战争中死去,或是被推到政府一边。而政府给出的条件看起来是优厚的:联合政府、民主选举、政府中的高级职位。面对这种局势,理智的人都会选择谈判。

---

① Pinar Akacali, "Islam as a 'Common Bond' in Central Asia- Islamic Renaissance Party and the Afghan Mujahidin," *Central Asian Survey*, 1998, p. 273.

② Ahmed Rashid, *Jihad: The Rise of Militant Islam in Central Asia*, New Haven: Yale University Press, 2002, p. 99.

③ The Civil War in Tajikistan: An Opportunity for a Lasting Peace, *Strategic Comments*, Vol. 3, No. 6, July 1997.

④ Human Rights Watch, Tajikistan, 1994, http://www.hrw.org/reports/1994/WR94/Helsinki-20.htm.

外部环境变化带来的压力也是 TIRP 选择合法化路径的重要原因。TIRP 一直以阿富汗作为重要基地,拉巴尼、马苏德和希克马蒂亚尔都支持 TIRP 的斗争。然而 1996 年塔利班的崛起改变了这一切。喀布尔被塔利班攻占,接着是北方的大片土地,最后马苏德连他早期的基地塔罗坎也丢给了塔利班。塔利班没有像马苏德等人一样给 TIRP 支持。在这种情况下,TIRP 和 UTO 无法继续战斗。并且,面对塔利班的威胁,美、俄等大国和周边国家都迫切需要阿富汗的反塔利班战争有一个稳定的后方,塔吉克斯坦的和平也因此成为所有地缘政治玩家的共同利益。

在选择和政府谈判以寻求和解来获得合法化地位的路径之后,TIRP 也需要对自己的意识形态进行扬弃。TIRP 并非只是将意识形态作为动员群众的手段,它本身对意识形态有信仰和坚持。为了合法化,TIRP 也付出了自身分裂的代价,为合法化之后 TIRP 在体制内的衰落埋下了伏笔。

实际上,在内战中的塔吉克斯坦,"法"与"合法"的概念是模糊不清的。合法性是互相敌对的各势力用血肉在战场上"探讨"的,是它们的代表在莫斯科、德黑兰、伦敦的谈判桌上唇枪舌剑地博弈而成的。拉赫蒙政府的"法"是建立"民主的、世俗的、独立的共和国",而 TIRP 的"法"则是建立伊斯兰教法之上的伊斯兰国。两者的理念南辕北辙,最终只能依据战场上的胜负和政治环境的变化进行妥协,妥协的结果即是新的"法"的诞生,即包括宪法在内的一整套政治安排。TIRP 在这个过程中是妥协者,但政府方面也做出了适应。其实,在这个合法化过程之后,政府真正成为得到大多数政治力量承认的"合法政府",反对派获得法律地位,不再被视为"匪贼",可以依法参与政治竞争。

对于取得合法地位,TIRP 是有主观愿望的。努里期望在宪法框架下实现 TIRP 的政治目标。他说:"建立伊斯兰国家是我们的梦想和希望,但我们明白这只能在和塔吉克斯坦人民的愿望相符合的前提下一步步地实现,我们希望在宪法的框架下建立国家。"努里的主张在 TIRP 中是主流派,日后他的继任者也秉承这一观点。1994 年、1995 年 5 月和 7 月,努里三次同拉赫蒙总统会面,开启实质性的和平谈判。当然,其他国家和国际组织的斡旋也起到了积极作用。

最终,双方在 1996 年 12 月 23 日签署了停火协议,1997 年 2 月和 3 月

---

① 1999 年 10 月 9 日自由欧洲电台对努里的采访,见 http://www.rferl.org/content/article/1092335.html。

在莫斯科继续进行对话,4月在德黑兰进行,5月在比什凯克进行。这些讨论产生了和平协议草案,塔吉克斯坦总统拉赫蒙和UTO领导人努里1997年6月27日在莫斯科签署这一草案。草案规定UTO将享有政府的一部分,和建立一个新的全国和解委员会(NRC)。NRC将处理反对派融入政府和在基层建立选举规则的事宜。此外,三个反对党——伊斯兰复兴党、民主党和重生(Rastokhez)党将合法化,参加大选。五百名反对派士兵也将进驻杜尚别,最终所有的反对派士兵都将被吸收进国民军。

对于TIRP来说,合法化绝不意味着能够高枕无忧。TIRP合法化之前,它能动员群众,参与内战,在联合反对派中占据优势地位,并最终和政府达成妥协,成为中亚唯一合法的伊斯兰政党。但具备了法律地位、能够进行公开合法的活动并不意味着该党会强大、兴盛。事实证明,合法化反而成为TIRP衰败的开始,激进派从党内分裂出去了,党自身在体制内受到各种各样的限制,不仅面临政府的打压——合法的或是非法的,也面临更激进、更不妥协的竞争者的压力,比如伊扎布特(Hizb-ut Tahir)。

在2000年和2005年的大选中,TIRP选情每况愈下,只能在议会中获得两个席位。TIRP在选举政治中的衰落同拉赫蒙政府为限制反对派而制定的选举规则有关,和TIRP内部温和派与激进派的分裂也关系密切。2006年努里患癌症去世,继任者卡比里(Muhiddin Kabiri)秉承他的温和路线,坚持该党的合法地位。

四、余论

"激进的伊斯兰主义者想要什么?和其他的政治组织一样,他们想要权力。作为伊斯兰主义者,他们希望建立以伊斯兰教法为基础的伊斯兰国家。"①对于TIRP这样的组织来说,他们的意识形态目标就是建立伊斯兰国家。但现实政治中困难重重,所以才会有努里这样的温和派。努里的继任者卡比里则主张建立"一个基民盟式的政党",即在世俗国家的框架内,通过宣传教育推动社会的伊斯兰化,实现其政治目标。卡比里曾说,TIRP的活动基于世俗法律。然而维持宗教价值的任务不一定和建立世俗国家

---

① Vitalii Viacheslavovich Naumkin, *Radical Islam in Central Asia: between Pen and Rifle*, p. 263.

产生冲突。① 尽管如此，TIRP 内部还是发生了激进派和温和派之间的分裂。

TIRP 近来面临的处境更为艰难，它在塔吉克斯坦国内的政治人物不断面临各种罪名指控。2015 年 7 月 20 日，在塔吉克斯坦中央选举委员会任职的 TIRP 党员马穆多夫（Jamoliddin Mahmudov）因非法持枪罪被捕。观察家认为这和 2015 年议会选举有关。②

2015 年 9 月 4 日，杜尚别发生了近年来最严重的武装冲突。当天早晨，武装分子在杜尚别郊区对警察发动攻击，在杜尚别东部约 20 公里的瓦哈特（Vadhat）城也遭到武装分子袭击，两处各有 4 名警察死亡，武装分子死亡 8 人，6 人被捕。领导这次袭击的是前警官、TIRP 成员阿布杜洛伊夫（Zieraddin Abdulloev），塔吉克斯坦政府认为该国副国防部长、TIRP 成员米尔佐（Nazarzoda Abduhalim Mirzo）策划了这次攻击。③ 拉赫蒙总统在谈话中指责这一袭击是"ISIS 的渗透"，尽管部分人认为这听起来更像是一个"恐怖故事"而非实情④。但显而易见，在全球反恐的背景下，TIRP 这样的伊斯兰反对党很容易被政府纳入反恐话语加以打击。

2015 年 9 月 24 日，杜尚别高等法院宣布 TIRP 为非法组织，塔吉克斯坦政府查封该党机构，禁止该党活动。在和平协议签署、TIRP 获得合法地位的 18 年之后，TRIP 再一次丧失了合法地位。

（本文作者系北京大学国际关系学院博士生）

Legalization of the Tajikistan Islamic Renaissance Party

Dai Yuanjie

Abstract：Tajikistan, the smallest country in Central Asia, was the

---

① Lena Johnson, *Tajikistan in New Central Asia*, London: I. B. Tauris, 2006, p.164.
② "Death of the Tajik Opposition, Catherine Putz," http://thediplomat.com/2015/07/death-of-the-tajik-opposition/.
③ "17 People Killed in Armed Attacks Organized by Tajikistan's Deputy Defense Minister," https://www.rt.com/news/314466-tajikistan-armed-attacks-police/.
④ "Who Arranged the Coup in Tajikistan," http://english.pravda.ru/world/ussr/08-09-2015/131863-tajikistan_coup-0/.

only one that fell into civil war after the dissolution of the Soviet Union. The Tajikistan Islamic Renaissance Party (TIRP) was a major party in this war whose history could be traced to the Islamic renaissance of Central Asia during the time of the Soviet Union. After the civil war, the TIRP was legalized through complicated negotiation. However, legalized political participation of the TIRP had not brought its revival. After legalization, it was still beset with multiple difficulties instead of thriving within the political institution of Tajikistan. It was also involved, for various reasons, into a terrorist attack in September 2015 and was immediately declared illegal once again by the Tajik government.

Key words: Tajikistan Islamic Renaissance Party, civil war in Tajikistan, legalization

2008年土耳其头巾运动始末初探

周冰鸿

【内容提要】 2008年头巾运动的直接原因是,一个多世纪以来,尤其是近30年来,土耳其社会对头巾禁令的抗议持续加剧升温;深层原因则植根于土耳其政治的双重性。头巾佩戴的自由权已被土耳其民众普遍认可,因此头巾禁令并不具有社会基础。进一步地说,头巾问题是土耳其政治博弈的一个工具,反映了世俗与宗教的碰撞,及其国内政治力量间的张力。

【关键词】 头巾运动;土耳其;世俗主义;伊斯兰;穆斯林女性

穆斯林妇女戴头巾的传统源于"妇女必须遮住她们的羞体以防止男人观看"的伊斯兰原则。妇女坚持戴头巾既显示了穆斯林的宗教虔诚,又代表着对伊斯兰信仰的遵循和践行。因而围绕妇女戴头巾展开的争论甚至斗争被视为伊斯兰复兴的重要表现,妇女也通过争取戴头巾的努力来获得更多权利与自由。

然而,女性戴不戴头巾,至今是土耳其最富于争议、难以解决的社会问题之一。第一,20世纪70年代末80年代初,伊斯兰文化开始在土耳其复兴,这一运动最鲜明的标志之一就是戴头巾的妇女人数的激增。第二,宗教服饰是伊斯兰文化习俗的重要方面之一,许多穆斯林妇女认为头巾是一种信仰的象征。土耳其公共机构对头巾实施禁令,限制了土耳其妇女的个人自由。一项研究表明,1999—2006年,妇女戴头巾的比例一直在60%以上①。但对政府而言,不戴头巾是世俗国家的重要标志。

为什么第一次世界大战后凯末尔在土耳其颁布的头巾禁令在2008年

---

① Hasan Aydin, "Headscarf (Hijab) Ban in Turkey: Importance of Veiling", http://www.multiculturaljournal.com/volumes/6/pdf/aydin.pdf. 访问时间:2014年2月16日。

发生逆转？本文将着重分析此事的来龙去脉，以管窥土耳其的国内政治。

一、2008年土耳其头巾运动的起伏

20世纪80年代以来，头巾问题在土耳其不断升温。20世纪90年代的头巾争论与伊斯兰政党的执政联系密切。戴头巾的妇女作为支持繁荣党①的重要力量，为宣传其政治纲领积极奔走，摇旗呐喊。1998年秋，高等教育委员会要求所有大学遵循服饰法，禁止学生和教师戴头巾、留胡须，违反该规定的校长将被解职。为了抗议该规定，成千上万名学生及其支持者上街游行。结果是，军方逮捕了500名女生。

2002年，带有浓厚伊斯兰背景的正义与发展党②（AKP）上台后，世俗主义者和伊斯兰主义者围绕戴头巾的自由展开了博弈。2007年4月，作为正义与发展党的代表的居尔的总统候选人身份宣布以后，安卡拉、伊斯坦布尔和伊兹密尔等城市就爆发大规模游行示威。上百万民众走上街头，要求废掉居尔的参选资格，不给一个"伊斯兰总统"以任何机会。

4月27日，土耳其议会就总统人选进行第一轮投票，反对党抵制了这次投票，居尔并未获得当选总统所需的三分之二票数。此次投票还被宪法法庭判定无效。同一天，土耳其军队发表一项措辞严厉的声明，警告说"如果选举结果不符合世俗主义原则，军方将推翻政府"。

执政党依然我行我素。几天以后，议会举行第二轮投票，反对党还是给予抵制，赞成票依然不足。这时，居尔只能愤然宣布退出总统竞选。

5月10日，在正义与发展党的推动下，土耳其议会通过了一项宪法修正案，将现行议会选举总统的方式改为全民投票直选总统。为了解决土耳

---

① 土耳其繁荣党，1983年7月成立。繁荣党公开反对世俗化，主张按照伊斯兰教教义治国，要求建立公正的生产和分配体制；对外政策上，主张为维护土耳其的民族利益和民族独立，联合伊斯兰教国家对抗美国和西方。

② 1999年和2001年，土耳其经历了两次严重的金融危机，并引发二战以来最严重的经济危机和萧条。联合政府对此束手无策，政策失误不断。在此背景下，正义与发展党成立后，力量迅速壮大，影响不断扩大。2002年11月，该党在提前举行的议会大选中异军突起，以34.3%的得票率获议会550席中的363席，一举成为建国79年来第一个在议会占据多数议席并单独组阁、具有伊斯兰宗教背景的政党。该党执政后，政治上主张民主、自由，经济上倡导市场经济，对外实行全方位外交，得到了民众的广泛拥戴。

其的政治僵局,议会还决定将原本于 2015 年 11 月举行的议会选举提前到 7 月进行。结果正义与发展党在议会选举中赢得了 16340534 票,比第二名共和人民党高出 26 个百分点,从而大获全胜,赢得连任。

2008 年 1 月 29 日,278 名正义与发展党议员和 70 名民族行动党议员提出了宪法修正案,目的是修改宪法第 10 和第 42 条,放宽对妇女戴头巾的限制,允许在大学等公共场合戴头巾。然而,共和人民党和民主左派党认为修正案违反了宪法的不可修改条款,因此是无效的,并将该法律诉至宪法法院。军方也暗中表示反对,称严守世俗原则。

2 月 2 日,超过 10 万名土耳其民众走上街头,抗议政府取消伊斯兰妇女戴头巾的禁令。据法国媒体报道,当天,抗议者聚集在土耳其国父穆斯塔法·基马尔的陵墓前,要求政府辞职。据负责保卫陵墓的军方官员称,参加示威的民众达 12.65 万人。

2 月 9 日,土耳其议会以 411∶103 的投票结果,正式通过宪法修正案,废除了禁止妇女在大学里戴头巾的禁令,后经总统居尔签署后生效。① 在首都安卡拉,多达 12.5 万人上街抗议游行。同年 6 月 5 日,土最高法院以世俗主义原则为由否决了该法律,拒绝执行总理的决定,宣布恢复头巾禁令。于是,政府与法院也形成了对峙。

尽管部分世俗主义者认为此举违反了世俗原则,甚至有数万人在安卡拉游行抗议该修正案,但正义与发展党政府经历短暂动荡之后仍然平稳执政,说明废除头巾禁令已经获得大多数人的认可。

如今,那些在文职机构和政府部门工作的土耳其妇女可以戴头巾了。虽然取消头巾禁令的新规则不适用于在军事或司法部门工作的妇女,但它解除了人们对限制头巾会阻碍妇女寻求政府工作或接受高等教育的担忧。"黑暗的时刻终于结束了",土耳其总理埃尔多安在一次国会发言中说道,"戴头巾和不戴头巾的妇女都是共和国的正式成员"。②

---

① 李艳枝:《试论土耳其伊斯兰复兴对女权运动的影响》,《西亚非洲》2012 年第 5 期。
② http://int.gmw.cn/2013-10/26/content_9296464.htm,访问时间:2015 年 9 月 30 日。

二、2008 年土耳其头巾运动的直接原因

(一) 头巾禁令及其影响

在土耳其,关于女性头巾的禁令,可以追溯至 19 世纪末 20 世纪初。1923 年,土耳其国父穆斯塔法·凯末尔建立了现代土耳其共和国,并对整个国家进行了一场轰轰烈烈的西化改革。在这场改革中,女性穆斯林的头巾,连同费兹帽、黑袍等一起被视作共和国的耻辱、无知与野蛮的标志,并在学校、法院、政府机构等公共场合被禁止。此外,一些职业如教师、医生、律师、政府职员等一律不准佩戴头巾。

但是,当时这一政策并没有得到很好的执行。原因在于,土耳其 96% 的人是穆斯林,61% 的土耳其妇女戴着头巾。强制执行这一政策,恐怕会引起整个社会的动乱。

1964 年,禁令第一次被强制执行。当时伊斯坦布尔大学医学院一位佩戴头巾的学生不允许在毕业典礼上讲话。而自 1980 年以来,戴头巾的土耳其妇女人数激增。1980 年 9 月 12 日,土耳其最终爆发了军事政变。这次政变,军人接管政府达三年之久。在这期间,军人政府再次颁布了一项新的头巾禁令:禁止在中、小学及大学校园内佩戴头巾。此后,头巾就成为土耳其颇受热议、不断引发社会冲突的问题之一。

据伊斯坦布尔反歧视妇女协会一位研究员 2008 年的统计,从 2000 年到 2007 年,在 67.7 万名学生中,大约有 27 万名学生因戴头巾被开除。1998—2002 年间,5000 名佩戴头巾的妇女被解雇,理由是她们违反了有关服饰的规定,另有约 10000 名妇女被迫辞职。[①]

2000 年,一位名为娜拉·蓓兹甘的女学生居然因为在考试中戴头巾被法院送进了监狱,6 个多月后才获释,理由是"损害了他人的教育"。另外,许多公司、企业也拒绝雇用戴头巾的妇女,很多妇女因此而失业,有的妇女因头巾被法院、公共图书馆等拒之门外,一些医院甚至拒绝给戴头巾的女人看病。最后,这一问题甚至渗入了土耳其的政坛:1999 年,美德党的一名女议员莫尔维·卡瓦珂在共和国议会上戴着头巾发言,许多人纷

[①] 朱传忠:《土耳其正义与发展党及其执政实践研究》,西北大学博士学位论文,2014 年。

纷站起来表示反对、谴责,并要她立即离开议会。土总统甚至称她是为伊朗和利比亚工作的代理人。但莫尔维·卡瓦珂坚持留在会场,半个多小时后才缓缓离开。之后,她被取消了土耳其公民权,而最终加入了美国国籍。

(二) AKP 的头巾政策

2002 年 AKP 上台之后并没有立即提出解决头巾问题的方案,而是在这一敏感问题上采取了规避政策。在第一任期,埃尔多安称大学佩戴头巾的学生问题并非政府的优先考虑。

然而,埃尔多安总理在接受德国《明镜周刊》采访时曾抱怨,由于女孩不能戴头巾,他只好把女儿送到美国上学。外交部部长居尔的夫人曾为争取戴头巾的自由上诉到欧洲人权法院,后由于担心这一举动影响丈夫的政治前途而撤诉。正义与发展党的议会发言人布伦特·艾瑞克主张妇女可在官方场合戴头巾,并曾与戴头巾的妻子一起到机场为参加北约峰会的塞泽尔总统送行,此举被世俗主义者视为挑战国家安全和世俗原则。在 2003 年的第 80 个国庆日欢迎会上,塞泽尔总统没有邀请那些戴头巾的议员妻子,正义与发展党议员联合抵制了会议,部分议员甚至将他们的邀请函退还给总统。塞泽尔总统时期,执政党成员的妻子从未被邀请参与总统府的官方仪式。他认为,"总统府是公共领域的一部分,头巾不允许出现在这一领域"。这一排斥政策在居尔时期被抛弃,因为他的妻子佩戴头巾。

正义与发展党还于 2005 年 3 月 18 日通过了《学生特赦法》,宣布特赦被大学开除的学生。据估计,这一法律使 25 万人受益,包括那些被大学开除的穿戴传统服饰的女学生。

不过,正义与发展党在第二任期提出了解决头巾问题的方案,原因是 2007 年议会选举的大获全胜及顺当连任给予其大刀阔斧改革的勇气。于是 2008 年,278 名正义与发展党议员和 70 名民族行动党议员提出了宪法修正案,目的是修改宪法第 10 和第 42 条,提出希望放宽对妇女戴头巾的限制,允许在大学等公共场合戴头巾。

正义与发展党之所以没有彻底废除头巾禁令,原因主要是该党与世俗派在这一问题上的严重分歧。正义与发展党认为这一问题是人权问题,而共和人民党依然拒绝与该党讨论该问题。由于共和人民党认为正义与发展党是反世俗的,该党的任何提议自动被视为是对政权的威胁。另一方面,正义与发展党认为共和人民党并非人民的代表,而是现状和问题的一部分。结果,两大党未能建立"工作关系",阻碍了民主巩固进程。

三、土耳其国内各界的反应

20世纪80年代以后,土耳其国内围绕头巾问题的争议持续升温。

根据2007年土耳其学者Metin Toprak和Nasuh Uslu在土全国范围内所做的田野调查数据,绝大多数的土耳其人认为大学生、女公务员、男公务员的配偶之佩戴头巾的请求并不与世俗主义相左;更进一步说,佩戴头巾其实是一种个人选择,并不对任何其他人构成问题。此外,只有极少数人认为妇女戴头巾对个人自由和权利有害,有碍于其国内的世俗化建设。

表1 2007年随机人群对待头巾的态度①

	是的	不是	不确定
如果大学生被允许戴头巾,你认为会冲击世俗主义吗?	26.3%	70.2%	1.4%
如果国家公务员被允许戴头巾,你认为会冲击世俗主义吗?	31.3%	64%	4.7%
如果居尔总统的妻子戴头巾,你会不高兴吗?	20.9%	76.8%	2.3%

表2 2007年之前随机人群对待头巾的态度②

		2003.11(%)	2005.01(%)
你支持在大学校园里人们自由佩戴头巾吗?	是的 不是 不确定	63 30.9 6.1	71.8 22.7 5.6
		2003.11(%)	2005.01(%)
你支持公务员自由佩戴头巾吗?	是的 不是 不确定	51.7 40.1 8.2	65 29 5.9

---

① Metin Toprak, Nasuh Uslu, "The Headscarf Controversy in Turkey," *Journal of Economic and Social Research*, 11(1) 2009, 43—67.

② Ibid.

续表

			2006.05(%)
你认为大学生佩戴头巾会冲击世俗主义吗?	是的 不是 不确定		26.1 68.9 5

			2006.05(%)
你认为公务员佩戴头巾会冲击世俗主义吗?	是的 不是 不确定		30.1 64.5 5.4

			2006.03(%)
高级别官员的妻子佩戴头巾你会不高兴吗?	是的 不是 不确定		22.6 73.3 4.2

			2006.03(%)
未来总统的妻子戴头巾你会不高兴吗?	是的 不是 不确定		24.1 72.9 3

			2006.03(%)
总理的妻子佩戴头巾你会不高兴吗?	是的 不是 不确定		22.8 74.4 2.7

表3 不同政见者对待头巾的态度①

		凯末尔主义者	保守主义者	极左
大学生戴头巾会冲击世俗主义吗?	是的	33.1%	17%	40.4%
公务员戴头巾会冲击世俗主义吗?	是的	39.5%	20.7%	44.1%
居尔总统的妻子戴头巾,你会不高兴吗?	是的	25.8%	11.3%	36.3%

---

① Metin Toprak, Nasuh Uslu, "The Headscarf Controversy in Turkey," *Journal of Economic and Social Research* 11(1) 2009, 43—67.

表 4　不同社会地位的人对待头巾的态度①

		低	中	高
大学生戴头巾会冲击世俗主义吗?	是的	22.3	28.7	34.6
公务员戴头巾会冲击世俗主义吗?	是的	25.7	34	44
居尔总统戴头巾你会不高兴吗?	是的	16.6	22.1	33

表 5　不同民族对待头巾的态度

		土耳其人	库尔德人	其他民族	合计
大学生戴头巾会冲击世俗主义吗?	是的	27.1	17	28.8	26.3
公务员戴头巾会冲击世俗主义吗?	是的	31.8	21.2	37.3	31.3
总统戴头巾会冲击世俗主义吗?	是的	21.7	11.6	22.7	20.9

四、2008 年土耳其头巾运动的深层原因

　　头巾运动的爆发反映了世俗与宗教碰撞下的土耳其政治的双重性。
　　当前,土耳其社会中的断层线非常明显,最典型的是被称作"白色土耳其人"和"黑色土耳其人"之间的斗争。前者是一个世俗的精英阶层,绝大多数是城市的白领,接受西式教育,过着西式生活,后者是更加传统的、宗教信仰意识更强烈的穿戴罩袍的穆斯林大众。② 1923 年,土耳其国父凯末尔建立了一个政教分离的土耳其共和国,奠定了土耳其世俗化的基石和现代化的方向。迄今为止,世俗主义的思想在土耳其根深蒂固,因而任何党派均无法撼动这一政治根基。
　　那么,到底什么是世俗主义呢? 一种理解是:在世俗化的民主国家里,

---

① Metin Toprak, Nasuh Uslu, "The Headscarf Controversy in Turkey," *Journal of Economic and Social Research* 11(1) 2009, 43—67.
② 郑东超:《世俗与宗教碰撞下的土耳其》,《国际纵横》2013 年第 9 期。

信仰宗教的公民有可能因受宗教信仰的影响而投票；这样一来，即使一个国家是世俗的民主国家，人们在选举代表时也可能会受到宗教信仰的影响，这就意味着宗教不可避免地参与了政治；如果伊斯兰教与民主可以通过统一人们的信仰实现共存，从而使人们能够决定国家的命运，那么伊斯兰教和世俗主义不相容，因为宗教绝不可能从一个国家的社会和政治生活中完全消失。也有一种理解是：伊斯兰不应成为国家政治的决定性因素，但它在公民的生活中始终存在并具有重要意义。其实，每个政党对世俗主义都有不同的理解。世俗主义者可能强调"政教分离"，伊斯兰主义者可能强调"宗教的自由"。两者都认为自己支持世俗主义，但事实上，他们对世俗主义的定义完全不同。①

其实，土耳其的大多数人认为宗教、民主和世俗主义可以相互兼容——只要它们能够被平等地对待，不论是世俗的还是宗教的，其实都能被接受。换句话说，只要世俗主义和民主不在私人生活中阻碍宗教，它们就能和谐。可见，世俗主义与其说是宗教和国家的分离，不如说是宗教和世俗事物的分离。

在该定义指导下，宗教和世俗主义并无分歧，宗教在很大程度上可以在公共领域之外的个人生活中保持其作用。在土耳其的广大农村以及城市底层，存在大量保守伊斯兰思想的推崇者。他们保持着对伊斯兰教的原始虔诚，其价值取向与国家世俗化思想无法衔接。② 这也是为什么居尔和埃尔多安在2001年组建了定位为"温和、进步的伊斯兰政党"的正义与发展党后，其政治主张立马得到了土耳其相对保守的草根阶层的拥护。

尽管正义与发展党是具有伊斯兰性质的政党，且为伊斯兰回潮在土耳其打开了政治缺口，但在以世俗化为主流的土耳其政治生态中，公开伊斯兰性质的政党参政的难度颇大。因此，正义与发展党在公开场合不承认自己是伊斯兰政党，而自我定位为保守民主党，但其伊斯兰性质从未涤除。AKP的前身是繁荣党——一个亲伊斯兰政党，有着明显的政治宗教化倾向。

与繁荣党不同的是，正义与发展党明确界定了宗教的地位及其与政治民主的关系。正义与发展党认为，宗教（伊斯兰教）是"社会实体和传统的一部分"，与民主是兼容的。该党的布尔萨议员埃尔图格鲁尔·雅尔琴巴

---

① 李益：《土耳其世俗化进程中的伊斯兰因素》，《阿拉伯世界研究》2013年第2期。
② 刘婉媛：《头巾：土耳其政治不能承受之重》，《中国新闻周刊》2007年第17期。

耶莱暗示,正义与发展党的目标是以这样一种方式改造文化价值观,即作为政治认同的伊斯兰是能够被接受的,而非仅仅把宗教降为意识形态。正如该党前主席埃尔多安所言:"正发党的前身以'政治共同体'形式及意识形态为基础,只吸引这种意识形态的支持者。这种政治是危险政治,因为它导致两极化,划清了宗教与政治的界限。以宗教之名成立政党对宗教是不公正的,解决这一问题的办法应该是维持世俗体制。"在沙特参加一个商业会议时,埃尔多安声称:"我不认为伊斯兰共同市场的概念能够被接受。不论发生了什么,我们没有把关系建立在族裔和宗教基础上。如果我们开始建立这些制度,土耳其就会出现极端化情况。"①

也正是在这一理念的影响下,正义与发展党发展了将伊斯兰的价值观与西方的经济政治体制相结合的理念,从而充分地参与了现代化的建设,特别是带领已经在通往欧盟道路上走了半个世纪漫漫长路的土耳其看到了光明——2005年10月5日,就在土耳其和欧盟谈判濒临破裂的一刻,欧盟做出了妥协,最终同意正式启动土耳其加入欧盟的谈判。此外,埃尔多安政府时期,土耳其经济的快速增长也足以使观察家们将其列为50多年来土耳其最成功的政府。

然而,对一些世俗主义者来说,正义与发展党的成功使他们感到不安。土耳其前总统阿卜杜拉·居尔2007年获得总统提名时,曾激起世俗主义者的强烈反对——那也是土耳其共和国成立以来世俗主义者第一次未能掌控局势。而在这些不喜欢正义与发展党的人当中,最为突出的是土耳其军队,因为它拥有捍卫世俗政治的权力。也正因为如此,从1960年开始军方曾四次发动政变推翻政府。最近的一次是1997年,当时在军方的强大压力之下,伊斯兰政党——繁荣党所领导的联合政府被迫解散,繁荣党随后遭到取缔。但是1997年的繁荣党政府民众基础薄弱,因而军方得以轻易把它搬走。而现在军方面对的是一个成绩斐然、根基深厚的政府,想要处之而后快,绝非容易。

---

① 朱传忠,《土耳其正义与发展党政治改革的内在机理是什么》,http://opinion.hexun.com/2015-09-17/179185910.html,访问时间:2015年12月18日。

五、结论

围绕头巾问题的争论在土耳其由来已久。2008 年土耳其头巾运动的直接原因是,一个多世纪以来,尤其是 20 世纪 80 年代以来,土耳其社会对头巾禁令的抗议持续加剧升温;而其深层原因则植根于土耳其政治的双重性,即世俗化与宗教的碰撞。调查显示,头巾佩戴的自由权在土耳其民众中的认可度超过半数,说明头巾禁令不具有广泛的社会基础。

进一步地说,头巾问题只是土耳其政治博弈的工具——反映了以正义与发展党为代表的政府力量与土耳其军方、最高法院之间的张力。从目前来看,AKP 通过灵活机智的战术走向成功,例如,该党没有进行过公开的军事斗争。又如,该党支持妇女在政党活动中的活跃表现。事实证明,这是极其精明的做法,AKP 成功地发展了来自不同阵营的群众,巧妙地利用宗教来支持世俗主义,而不是在两者之间只选其一。

其实,这种现象早在正义与发展党建立之前就有。随着伊斯兰复兴运动的高涨,伊斯兰政党开始积极动员妇女参与政党政治和公开表达自己的政治需求。繁荣党成员、伊斯兰女权主义者西博尔·艾若珊(Siber Erasan)在 1994 年地方选举和 1995 年全国大选中,积极动员妇女投票支持繁荣党。不过,这些投票支持繁荣党的妇女并没有分享权力的渴望,也不像西方女权运动中的妇女从自身利益出发反对男性主导和统治,而是出于伊斯兰教所传导的正义制度。[1] 而头巾问题,正是土耳其几乎所有女权主义者的重点关注。由此可见,一个土耳其政党如果在头巾问题上稍向宗教倾斜,就能将许多妇女的选票收入囊中。

(本文作者系北京大学国际关系学院比较政治系博士生)

---

[1] 李艳枝:《试论土耳其伊斯兰复兴对女权运动的影响》,《西亚非洲》2012 年第 5 期。

A Probe into the 2008 Headscarf Movement in Turkey
Zhou Binghong

Abstract: The direct reason of the 2008 headscarf movement in Turkey is the increasing protest against the headscarf ban over the last century and more, especially in the recent three decades. The deep-seated reason is the double-sidedness of Turkish politics. As the freedom to wear headscarves has been widely recognized by Turkish people, the ban has no popular support. What is more, the headscarf issue has become an instrument used by one political force against another. It reflects the clash between secularism and religion as well as interaction and contention between various political forces in Turkey.

Key words: headscarf movement, Turkey, secularism, Islam, Muslim women

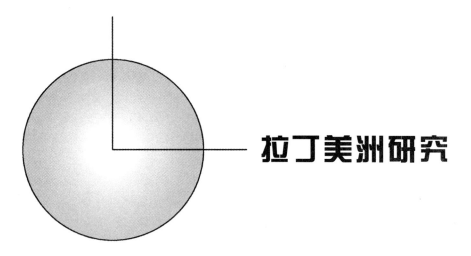

拉丁美洲研究

中国与委内瑞拉能源合作：现状、模式与风险①

崔守军　张子阳

【内容提要】 中国是世界上最大的原油净进口国，石油对外依赖率不断攀升。委内瑞拉是世界上最大的石油储量国，重油资源丰富，开采潜力巨大。中委能源合作具有互补性和战略意义。从合作模式上看，"贷款换石油"模式对中委能源合作的推进起到了关键性的驱动作用。然而，油价暴跌引发的"蝴蝶效应"让委经济滑向崩溃的边缘，马杜罗政府不仅要面对因政策不当所引发的经济衰退，还要处理查韦斯时期所遗留的政治僵局。日益萎缩的外汇储备让委对华债务违约风险增大，党派博弈成为诱发地缘政治动荡的一个重要因素，中国应未雨绸缪，防范风险。

【关键词】 能源合作；能源外交；现状；模式；风险

中国是世界最大的能源消费国，而委内瑞拉是世界最大的石油储量国，在能源"走出去"战略的驱动下，中国对委能源外交取得了积极的成效。进入21世纪后，中委"贷款换石油"模式发展迅速，中国以优惠的条件向委内瑞拉提供了巨额金融信贷，委方则以向中国出口石油的方式予以偿付。中委两国的能源合作既缓解了委方的资金短缺的问题，又提升了中国的能源安全，对中委两国具有互补性的战略意义。然而，自2014年年底以来，国际油价一路暴跌，委内瑞拉的国民经济遭受沉重打击，国内政局趋于动荡，社会矛盾不断激化，中国在委的能源利益面临重大风险。从能源外交角度出发，中方应密切关注委局势走向，做好风险防范。

---

① 本文是中国人民大学明德青年学者计划"中国对拉美能源战略及海外投资利益保护研究"（项目批准号：14XNJ005）的阶段性研究成果。本文是教育部人文社会科学研究规划基金项目"现代化进程中的农民与国家：墨西哥经验研究"（项目批准号：09YJA770001）的阶段性成果之一。

一、中委能源合作的现状

委内瑞拉是世界最大的石油储量国,蕴藏着极其丰富的石油资源。委内瑞拉石油储量的绝大部分位于马拉开波盆地的奥里诺科(Orinoco)重油带,这是一条位于委内瑞拉东南部自东向西的巨型重油储藏带,占地面积约5万平方公里,这里几乎生产着委内瑞拉全国近一半的石油。委政府于2005年启动玛格纳储量项目(Magna Reserve Project)对奥里诺科盆地石油带储量进行量化评估,评估结果将委内瑞拉探明储量提高1000亿桶。据美国能源情报署(EIA)数据,截止到2014年,委内瑞拉所探明的石油储量高达2980亿桶,约占世界总储量的17.5%,超过沙特的2660亿桶,位居世界第一。① 相比之下委内瑞拉石油生产能力却相形见绌,据《BP世界能源统计年鉴2015》数据,2014年委内瑞拉日产量为272万桶,占世界总产量3.3%,居世界第十位,远逊于沙特的1150万桶/日,在拉美地区也次于墨西哥的287万桶/日。② 究其原因,一是由于石油投资匮乏,基础设施不足,石油产能受到制约;二是由于委内瑞拉的石油是粘度较高的重油,对开采提炼工艺的要求较高,而委内瑞拉的炼油技术相对落后。中国在资金和技术上刚好具有比较优势。一方面中国拥有充足的外汇储备和金融资本,在油气勘探领域投资有助于改善委内瑞拉的基础设施,提高油气开采效率;另一方面中国的"重油轻质化"技术世界领先,并且有完善的石油工程服务体系,可以弥补委内瑞拉的"技术鸿沟"。因而,中委能源具有天然的互补性。

鉴于未来全球对石油等常规化石能源的需求将进一步加大,国际上对委内瑞拉石油产量的预测较为乐观,在低产出情景下,委石油产量将由2014年的272万桶/日提高到2020年的290万桶/日,2030年达到330万

---

① The U. S. Energy Information Administration(EIA), "Country Analysis Briefs of Venezuela", November 25, 2015. p. 2.
http://www.eia.gov/beta/international/analysis_includes/countries_long/Venezuela/venezuela.pdf. (访问时间2016年4月19日)

② BP, "Statistical Review of World Energy 2015", June 2015, p. 8.
www.bp.com/content/dam/bp/pdf/Energy-economics/statistical-review-2015/bp-statistical-review-of-world-energy-2015-full-report.pdf (访问时间2016年4月19日)

桶/日。其中,超重油产量将从 2014 年的 70 万桶/日增加到 2020 年的 120 万桶/日,2030 年达到 170 万桶/日。在高产出情景下,委内瑞拉石油产量将从 2014 年的 262 万桶/日增加到 2020 年的 420 万桶/日。① 因此,未来 20 年内委内瑞拉的石油行业前景依然向好。

自 1974 年中委建交以来,两国政治关系稳步发展,经贸合作富有成果。自 1993 年成为原油净进口国以后,能源短缺成为制约中国经济发展的瓶颈。随着中国能源"走出去"战略步伐的加速,委内瑞拉凭借其石油禀赋成为中国能源供应的重要合作伙伴。以石油为纽带,两国关系取得了"跳跃式"发展。中委能源合作起步于 20 世纪末,进入 21 世纪后取得了快速发展,2014 年随着中委"全面战略伙伴关系"的确立,两国进入战略合作阶段。具体来说,中委能源合作经历了市场开拓期、全面合作期和战略合作期三个阶段。

第一阶段是市场开拓期(1997—2004 年)。1997 年,中国石油天然气总公司(以下简称"中石油")中标委内瑞拉的英特甘博(Intercanmpo Norte)和卡拉高莱斯(Calacoles)两块油田,并获得了长达 20 年的勘探开采权,这是中国企业首次在委获得大区块石油权益。中石油中标后,通过采用水平钻井和精细开发技术,油田产量一路攀升,取得了可观的经济效益。在此驱动下,中石油技术服务公司进入委内瑞拉石油服务市场,2001 年中委合同金额突破 1 亿美元。2001 年到 2004 年期间,中石油与委内瑞拉国家石油公司签约开发奥里诺科重油带、苏马诺(Su Manuo)油田,还合资成立了中委奥里乳化油公司。② 中石油成功打开委内瑞拉石油市场,给两国后续的合作奠定了基础。在这一时期,查韦斯为中委能源合作的升级带来契机。

第二阶段是全面合作期(2005—2012 年)。2004 年,国际油价回升,带动委经济回暖。查韦斯见机对经济加大干预力度,并加速推行石油"国有化"。2005 年,查韦斯颁布针对外资的"新国有化"法令,该法令对外资极其苛刻,要求在能源行业中的外国公司与委国家石油公司合资共同经营,且委方占股不低于 60%。③ "新国有化"政策对中委能源合作产生双重影响:

---

① 郄凤云:《委内瑞拉石油生产潜力分析》,《当代石油石化》2015 年第 4 期,第 44 页。
② The U. S. Energy Information Administration (EIA), "International Data and Analysis: China", p. 11, http://www.eia.gov/beta/international/analy-sis_includes/countries_long/China/china.pdf. (访问时间:2016 年 4 月 19 日)
③ 焦震衡:《列国志:委内瑞拉》,社会科学文献出版社 2015 年版,第 161 页。

一方面,由于委回收外国企业的股份导致道达尔、埃克森美孚等外资出逃,中国企业也不免受到冲击;另一方面,外资的大规模削减导致委迫切需要新的投资者和出口市场,客观上为中国能源外交发力创造了条件。2007年,中方抓住机遇,与委方成立"中委联合融资基金"(以下简称"中委基金"),其中委内瑞拉国家发展基金出资20亿美元,中国国家开发银行(以下简称"国开行")提供40亿美元贷款,合计60亿美元。2010年8月,中国国开行与委方签署"长期融资项目贷款"协议,签约额为100亿美元和700亿元人民币,贷款期限10年。[1] 在该基金的带动下,中国启用"贷款换石油"模式推动中委能源合作,取得了良好的成效。随后几年,中国其他几大国有石油企业也纷纷进驻委内瑞拉油气开采市场,中石油斥资9亿美元获得核心区块"胡宁(Junin)4"区块的开采权,据估计该区块拥有8.7亿桶可开采储量。2012年中国海洋石油公司获得苏克雷元帅(Marical Sucre)天然气项目开发权益,可日产3.4万立方米天然气和3.7万桶凝析油。[2] 除股权并购、合作开发外,中委原油贸易量也开始大幅跃升。这一时期,中委原油贸易量也不断攀升,两国能源关系不断密切,之后委内瑞拉成为中国的主要原油进口来源国之一。

第三阶段是战略合作期(2013年至今)。2013年查韦斯去世后,马杜罗接任委总统一职,奉行"没有查韦斯的查韦斯主义",延续了查韦斯的石油政策,中国对委能源合作转入深度介入和有效拓展油气权益的新阶段。上任后,马杜罗继承了查韦斯提出的《2013—2019年国家计划》并延续其石油开发计划,着重强调开发奥里诺科石油带的重油。2013年9月马杜罗访华与中国政府签订一系列合作协议,中国石油化工集团公司(以下简称"中石化")注资14亿美元与委国家石油公司合作开发全球最大的重油和超重油富集带——奥里诺科重油带的胡宁1区块和胡宁10区块,中石化在委的原油日产量达到20万桶。[3] 2014年7月,中国国家主席习近平对委进行国事访问,两国元首一致决定将双边关系提升为"全面战略伙伴关系",两国关系进入新阶段。双方还签署了《金融合作谅解备忘录》,规定中国进出口银行向委国家石油公司提供10亿美元贷款,用于委方购买石油产业设

---

[1] 卜凡玫:《跨境人民币结算的资本推手:中委大额融资项目案例》,《金融研究》2010年第1期,第33页。

[2] 张抗:《警惕潜在的委内瑞拉风险》,《国际经济评论》2012年第3期,第32页。

[3] The U. S. Energy Information Administration(EIA), "Country Analysis Briefs of Venezuela 2014", June 20, 2014. pp. 3—4.

备和服务,以推动石油项目的发展。截止到2015年年底,中国已经向委提供了17笔总计达650亿美元的金融信贷。① 2015年1月,在北京举办的首届中拉论坛部长级会议上,中方倡议构建中拉合作新框架,其中贸易、投资和金融是"三大引擎",能源位于中拉重点发展的"六大领域"之首。受石油贸易的驱动,中国成为委内瑞拉的第二大贸易伙伴,委内瑞拉也成为中国在拉美的第四大贸易伙伴和主要的工程承包市场。

二、中委能源合作的主要内容与模式

中委能源合作的内容多样,既有传统方式,又有模式创新。综合来看,主要有原油贸易、参与开发和技术服务、能源基础设施建设和金融信贷合作四种方式。其中,前三种为传统能源合作方式,以"贷款换石油"为主要特征的金融信贷合作是创新模式。

第一种方式是原油贸易,即委内瑞拉以双边贸易方式向中国提供原油。中委建交以来,两国关系迅速发展,高层互访频繁。1985年中国总理出访委内瑞拉,开启了两国石油贸易合作的大门。进入21世纪后,中委能源贸易呈稳步上升式发展。在两国能源贸易初期,中国从委内瑞拉的石油进口量非常低。经过几年时间的发展,中国进口委原油的数量明显提高,2007年达到10万桶/日。② 进入21世纪第二个十年后,中国进口委内瑞拉石油的数量继续呈现出逐年上升的趋势。从中国海关统计数据看,2010年中国从委进口原油15.1万桶/日,2014年原油进口量增加到25.3万桶/日,占到该年中国原油进口总量的4.1%,到2015年11月更是增长到27.1万桶/日,增幅较大。③

第二种方式参与开发与技术服务,即中国石油公司参与委内瑞拉石油油田的开采并提供勘探、炼化、运输等相关技术服务。由于查韦斯"新国有

---

① Kevin P. Gallagher and Margaret Myers,"China-Latin America Finance Database", Inter-American Dialogue,2014, http://www.thedialogue.org/map_list/(访问时间 2016年4月20日)。
② 中国国家统计局:《中国统计年鉴2001—2015》,http://www.stats.gov.cn/tjsj/(访问时间:2016年4月21日)。
③ The U.S. Energy Information Administration(EIA),"International Data and Analysis: China", p. 11, http://www.eia.gov/beta/international/analy-sis_includes/countries_long/China/china.pdf. (访问时间:2016年4月20日)。

化"政策强制委内瑞拉石油公司持有超过 50% 的股份,导致后来的中国企业就不得不以融资参股的方式与委内瑞拉企业进行合作。由于中国企业具有石油开采的技术优势能够提供从勘探到销售的全产业链式服务,在具体合作过程中就形成了从常规原油勘探到重油的提炼开采,由上游的油田勘探开发扩展到下游的重油提炼售卖这一转变,形成了产、炼、运、销一体化的模式。该模式运作后,效果突出,中国企业获得委内瑞拉政府的青睐,承担的项目越来越多,由最初的只有一个项目扩展到现在的十多个,进入委内瑞拉市场的公司由中石油一家发展到现在中石油、中石化和中海油三家并驾齐驱。

第三种方式是能源基础设施建设,即中国帮助委内瑞拉建设石油勘探、运输等基础设施。根据"美洲对话组织"(Inter-American Dialogue)和波士顿大学创建的"中拉金融数据库",2005—2015 年 11 年间,中国在委内瑞拉基础建设领域的贷款总额达到 206 亿美元,占到中国对委贷款总额的 31.7%[1]。其中,2010 年 8 月,中国国家开发银行向"中委联合基金会——长期设施"(Joint Fund LongTerm Facility)注资 203 亿美元用于委基础设施建设项目,2013 年 9 月,中国进出口银行对委提供 3.91 亿美元贷款用于委石化公司海运码头(Pequiven marine terminal)建设[2]。中国对委能源基础设施建设的模式非常清晰,中国政府通过国家开发银行直接将贷款注入双边投资基金会,再由中国公司承担海外工程项目的具体工程建设,能源基础设施的建设对中委能源合作起到了重要的拉动作用。

第四种方式是金融信贷合作,即中国向委内瑞拉国民经济建设及社会民生等项目提供贷款,委内瑞拉通过石油还贷,即"贷款换石油"模式。该模式对中委能源合作起到了至关重要的推动作用,是中委能源合作的基石。2007 年中委基金成立后,委方承诺通过向中国增加石油供应的方式偿还贷款,同时加强与中方在石油项目上的合作。2009 年,中委两国领导人在北京召开"中委高级混合委员会"第八次会晤,国开行与委国家石油公司签署《关于开展融资合作联合研究的谅解备忘录》,双方成立技术团队,研究大额融资的框架方案、运行机制以及贷款条件。2010 年,中委经过多轮谈判,国开行与委社会和经济发展银行(BANDES,即委内瑞拉国家开发银

---

[1] Kevin P. Gallagher and Margaret Myers,"China-Latin America Finance Database", Inter-American Dialogue,2014. http://www.thedialogue.org/map_list/(访问时间 2016 年 4 月 19 日)。
[2] 同上。

行)签署协议,约定中委大额融资项目参照中委基金模式,以"以贷款换项目、以石油还贷款"方式推动中委能源合作,明确了项目所涉六方的责任(见图1)。双方在金融、能源等领域的长期合作达成共识,"贷款换石油"模式正式形成制度性安排。

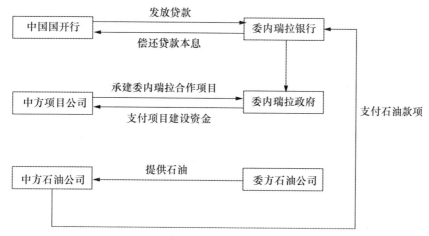

图1　中委大额融资项目流程图

在中委能源合作中,"贷款换石油"模式对双边能源合作的发展起到了至关重要的驱动作用。具体来讲,"贷款换石油"模式的实质是一种政府信用与商业信用相结合的融资机制,以委方以扩大对华原油出口为还款保证。从风险结构上看,商业机构之间的合作由政府信用来做"背书",以达到借贷双方都可接受的风险安排。从操作流程上看,中国对委提供的金融信贷主要是由中委基金注资或者由国开行、进出口银行直接向委输送贷款,而委方石油公司承诺向中方石油公司销售一定数量的原油为担保条件,该模式最大的特点是"准期货"和"准现货"交易并存。中委"贷款换石油"的具体条款是中委双方基于平等自愿达成的共识,不附带任何强制性条款。

在贷款偿还环节中,主要涉及中国国开行、中国石油公司、委社会和经济发展银行、委石油公司四方。根据中委大额贷款合同的约定,中委"贷款换石油"项下的一般规定为委方对华的日均石油贸易量要达到"X"万桶,且年供油量超过"Y"万吨。在具体的操作流程中,一般是由中方石油公司,多数情况下是中石油或中石化的子公司,以市场价格向委方石油公司(委国家石油公司)购买石油,交易时由中方公司将石油贸易款项汇入委方在中国国开行设立的专属"油款归集账户",委方还款后,国开行再从贷款总额中扣除已还款项和利息。① 在委内瑞拉项目中,委社会和经济发展银行在中国国开行设立专属的"油款归集账户"和"资金结算账户"②,前者主要用来统计中方石油公司支付的石油贸易款项,并偿付中方贷款,后者主要用于委方办理贷款结算,用于加强对委长期融资资金的监督。据"中拉金融数据库"显示,从 2007 年到 2015 年的 9 年间,中国国开行和进出口银行已向委提供 17 笔贷款,贷款总额高达 650 亿美元,占到中国对拉美地区借贷总额的 52.06%,③可见中国对委内瑞拉的重视程度。这些贷款主要以石油贸易的方式予以偿还。当前,中国已是委内瑞拉最大的债权国。

"贷款换石油"模式对中委能源合作意义重大。首先,有利于中国缓解国内能源紧缺,提升国家能源安全。根据中国国家统计局数据显示,中国 2015 年的石油对外依赖度已超过 60%④,来自委内瑞拉的进口原油无疑可以改善中国能源进口的结构,减少对中东地区石油的过度依赖。此外,中国从委获得原油后,并不完全运回国内,而是将部分原油在海外加工厂提炼后就近销售到北美市场,这样既节省了运输成本,还能保障经济效益。其次,有利于缓解委内瑞拉资本匮乏的瓶颈。由于经济低迷,委政府国际主权信用评级不高,从国外金融机构融资较难。而中国贷款利息低、数额大、到账快,委向中国融资更迅捷、更方便,同时中国企业还能提供技术支持,帮助委内瑞拉恢复并逐步扩大石油生产、提炼能力。值得注意的是,中国对委贷款不附加任何政治条件,可迅速缓解委内瑞拉由于民生需求和政府支出巨大带来的财政紧张。再次,有利于规避油价波动风险。中委"贷款换石油"合作是政府间谈判确定双方油气交易价格的新模式,将外汇资产和石油价格挂钩,在当今国际油价波动剧烈、借贷方承担巨大风险的背景下,这种介于现货交易和期货交易之间的新型交易方式能够有效地稳定

---

① Erica Downs, "China' Inner Corporation: the Cross-border Energy Trade from the China Development Bank.", Brookings Institution John Thornton Center for China Studies. March. 2011, pp. 52—53. http://www.brookings.edu/~/media/research/files/papers/2011/3/21-china-energy-downs/0321_china_energy_downs.pdf.(访问时间 2016 年 4 月 19 日)

② 卜凡玫:《跨境人民币结算的资本推手:中委大额融资项目案例》,《金融研究》2010 年第 1 期,第 32—33 页。

③ Kevin P. Gallagher and Margaret Myers,"China-Latin America Finance Database", Inter-American Dialogue,2014. http://www.thedialogue.org/map_list/(访问时间:2016 年 4 月 14 日)

④ 中国国家统计局(National Bureau of Statistics of China),2015 年度主要能源品种进、出口量,http://data.stats.gov.cn/easyquery.htm? cn=C01(访问时间:2016 年 4 月 20 日)

原油价格,一方面能够避免油价跌宕带来的外汇资产损失,另一方面,中国还能够通过用贷款买来的部分与委方石油企业合资生产的石油,享受油价分成。最后,有利于降低中国外汇资产的风险。近年来中国外汇储备不断增多,但资产配置结构不合理。特别是美国采取量化宽松的货币政策后,美元贬值严重,中国外汇储备面临"价值蒸发"的风险。"贷款换石油"模式则巧妙地将我国的外汇资产转化为切实可利用的资源资产,从而分散了外汇风险。对委方而言,中国贷款利率较低,偿付的利息也较少,还能从中国拿到部分人民币贷款转而循环购买中国劳动力和商品,具有收益互补效应。

三、中委能源合作的主要影响因素

中国是世界经济增长的引擎,委内瑞拉是兴起中的世界石油大国。中委双边能源合作具有重大战略意义。2014 年 7 月两国正式宣布建立全面战略伙伴关系,为双方推进实质性能源合作提供了新契机。尽管如此,中委之间的能源合作仍受多种因素影响,具体如下。

第一,"贷款换石油"模式存在一定弊端。一方面,该模式严重依赖国际油价。油价高时委内瑞拉对中国贷款的偿还效率较高,收支能够相抵,而油价走低时,同样的产量而还贷效率大大降低。出于对稳定供应的考虑,贷款国会根据对石油的需求以及对对方的供给的评估采取阶段性的谈判提前确定供给量。而由于无法准确预估未来石油价格,整个谈判的过程将艰苦而漫长。另一方面,货币风险难规避。一般认为,中国给予委内瑞拉的贷款利率约为 6%[①],普遍低于市场平均值。在低汇率条件下,中国希望与委内瑞拉签订长期的贷款合同,使用与拆借汇率相挂钩的浮动汇率,而委内瑞拉则一直希望使用固定利率。当前国际上正常的贴现利率在 8% 左右,所以中国的贷款利率比国际市场低。如果中国继续按相对较低的固定汇率进行贷款,在国际资本市场利率处于长期被动的状态下,将会产生一定的利率风险损失。

---

① Erica Downs, "China' Inner Corporation: the Cross-border Energy Trade from the China Development Bank", "The Brookings Institution John Thornton Center for China Studies," March, 2011, p.51.

第二，委内瑞拉缺乏稳定统一的石油政策。2001年到2011年的11年间连续四次颁布石油法律，将矿区使用费由16%提高到20%—30%，这个数值在当时的世界最高。① 查韦斯在任期间，随意提高"暴利税"，税收政策朝令夕改，只要对委政府有利即可，这引起外资公司不满，造成资本外逃，使得一些工程难以按时完成，一些石油服务类公司如康菲和埃克森美孚由于经营受限而撤出委内瑞拉市场。此外，委内瑞拉石油行业长期由国家首脑一人掌管，缺乏民主、科学的管理机制。查韦斯时期，不仅提高税收，还强制委内瑞拉国家石油和天然气公司控制所有石油项目的大部分股权（超过50%）。委内瑞拉政府还随意修改与外国公司的合作合同。当油价偏低时，采取较为优惠的政策招揽外国公司开发其奥利诺科重油带，并以较大的分成从中获利。而当油价回升时，政府又以委内瑞拉有权获得更为公平的利润分成为由，要求改变原有的服务合同，若遭到外资公司拒绝，则强迫其终止作业，并接管其油田政策反复导致国外公司对与委合作的意愿降低。石油合作是一项长期合作，政策连贯统一，项目才能稳定推进；而委内瑞拉的石油政策随意性和波动性较大，给中国企业造成了一定的困扰。

第三，社会和环境因素带来潜在风险。石油项目的勘探开发涉及当地劳工的雇佣问题，针对薪酬福利而引发的纠纷会迟滞工程的进展并引发社会矛盾。比如，在委内瑞拉阿纳科（Anaco）天然气项目中，由于沟通不到位和管理不当，中国企业曾遇到工人罢工、抗议。2014年1月，工会组织宣布约300名工人在7口钻井无限期罢工，要求公司支付其4个月的医疗补贴，并提供文化培训，调整上班时间。② 石油的勘探开发会对环境造成一定的影响，如果处置不当，则会破坏生态平衡，引发社会矛盾。拉美是资源民族主义思潮的发源地之一，委内瑞拉民粹主义盛行，是拉美地区最早实现资源民族主义的国家。在能源合作过程中，中国企业需要在事前做好社会和环境风险评估，做好与当地居民以及政府的沟通工作，切实履行好企业的社会责任，不断提升企业信誉，树立负责、友好的企业形象，以消除委内瑞拉人民的怀疑与困惑。

第四是油价下跌影响中委合同执行。正所谓"成也油价，败也油价"。国际油价高走时，委内瑞拉政府资金充裕，可保证对华还款。反之当油价

---

① 张抗、卢雪梅：《委内瑞拉石油工业形势及对我国的影响》，《中外能源》2011年第10期。第22页。

② 金晓文：《理解中拉能源合作中的抗议事件》，《战略决策研究》2015年9月，第60—61页。

下跌时,委内瑞拉则入不敷出。2014年下半年油价暴跌,由原先的100多美元跌倒目前的不到50美元,跌幅达50%之多。按照这样的趋势,如果还依据原方案执行还贷协议,委内瑞拉必须增加一倍以上的产量来弥补差价。但现实情况是委内瑞拉石油行业产能低下,技术障碍严重,提高石油产量难上加难。

四、中委能源合作面临的风险与提升合作的建议

经过十几年的谋划与布局,委内瑞拉已然成为中国能源"走出去"的战略合作伙伴。中国在委内瑞拉有着重大的能源利益,该国局势的走向直接影响到中国的资产安全。2015年12月,委内瑞拉国会选举,选举结果对今后数年委内瑞拉的政局走向产生至关重要的影响,而美国因素的介入又让局势变得更为复杂。当前,从能源外交的视角来看,中国在委内瑞拉面临着以下风险:

首先是主权债务违约风险。当前,中国已成为委内瑞拉最大的资金来源国和债权国,以开发性金融的方式向委输入了规模庞大的金融信贷。石油是委内瑞拉的"经济命脉",而油价则是这条经济命脉中的血液。经济学家测算,石油价格每跌1美元,该国政府收入就下降7亿美元①,油价的剧烈波动直接影响到该国的经济繁荣。当前,按照欧佩克的配额,委石油产量约为每天300万桶,其中80万桶用于国内消费。此外,它每天还向古巴等国提供约10万桶的原油援助,并向中国提供约30万桶以偿还贷款。简言之,委内瑞拉只剩下约180万桶/日用于出口,以每桶60美元的价格计算,委原油出口(几乎是唯一出口产品)每年只能带来约390亿美元的收入。由于经济结构性失衡,委工业"空心化"严重,日常消费品基本依赖进口,财政赤字已经占到GDP的逾20%,2015年7月份央行外汇储备已经萎

---

① Kadhim Shubber and Andres Schipani, "Oil Price Slide Casts Doubt on Venezuela's Bonds", August 18, 2015. http://www.ft.com/intl/cms/s/0/bf292f54-4125-11e5-9abe-5b335da3a90e.html#axzz3pDmk4DGi.(访问时间 2016 年 3 月 8 日)

缩至 154 亿美元,创 12 年来新低。① 2015 年 8 月,美国银行公布的"世界各国主权债务风险排名"认为,委内瑞拉主权债务违约风险全球最高。② 这意味着政府无力偿还债务的市场预期明显升温。因此,中国对此不得不加以防范。从历史上看,在 1978 年到 2008 年的 30 年间,委内瑞拉曾经发生过四次主权债务违约,分别是 1983 年、1990 年、1995 年和 2004 年。③由于中国当时尚未深度介入委内瑞拉,所以未受到波及。考虑到当前中国对委的金融信贷规模,主权债务违约之虞不容忽视。

其次是地缘政治风险。当前,马杜罗政府面临着一系列棘手的政治、经济和社会难题。经济方面,根据彭博编辑的 2016 年悲惨指数(Misery index)显示,今年委内瑞拉再度领跑,2015 年委内瑞拉通胀率达到 98.3%,失业率高居 6.8%,彭博预计今年委内瑞拉物价增长将达到 152%,平均失业率达到 7.7%。④严重依赖石油出口的委内瑞拉近两年经济岌岌可危,收入的下滑使得政府预算进一步承压,2016 年 1 月中旬更是宣布进入经济紧急状态。社会方面,各类社会治安案件层出不穷,食品等生活用品短缺,人民对国家十分失望。政治方面,2015 年的国会选举反对派联盟(MUD)获得了超过 60% 以上的国会席位,马杜罗政府在接下来的任期内很可能成为"跛脚政府",面临巨大的政治压力。更为严重的是,马杜罗过分强调查韦斯主义的"正统性",缺乏变通,既无查韦斯的魅力,执政能力也相当平庸。其任期将于 2019 年结束,而反对党联盟有机会运用国会权力弹劾总统并提前进行总统大选。面对复杂的选情,马杜罗政府一方面可能会采取重新划分选区、提升社会福利等政策来提升支持率,另一方面可能因贪恋权位而采取高压政策打压反对派。后者可能会激化社会矛盾,引发政治僵局。可见,执政党与反对党之间的政治对峙有可能引发地缘政治危机,进而危

---

① Katia Porzecanski and Sebastian Boyd, "Harvard Professor Now Says Venezuela Won't Escape Default in 2016", *The Bloomberg News*, July 28, 2015.
http://www.bloomberg.com/news/articles/2015-07-28/harvard-professor-now-says-venezuela-won-t-escape-default-in-16.(访问时间 2016 年 3 月 16 日)

② Bank of America, "BOFAML's Transforming World Atlas", August 01, 2015, p.39.
http://www.wtcphila.org/uploads/4/9/5/7/49572435/bofaml-transforming-world-atlas-2015-08.pdf.(访问时间 2016 年 3 月 17 日)

③ Carmen M. Reinhart and Kenneth S. Rogoff, *This Time Is Different: Eight Centuries of Financial Folly*, Princeton, NJ: Princeton University Press, 2009.

④ 彭博社(Bloomberg),"2016 年悲惨指数(Misery Index)"http://www.bloomberg.com/news/articles/2016-02-04/these-are-the-world-s-most-miserable-economies(访问时间:2016 年 5 月 5 日)。

及中国在委的石油利益。

最后是来自美国干预风险。委内瑞拉与美国的关系十分复杂,委内瑞拉是拉美反美阵营的先锋之一,一直反对美国的干涉主义行径。走"21世纪社会主义"道路的委内瑞拉抨击美国干涉拉美国家内政,反对美国的"美洲自由贸易区"计划,并积极发展与伊朗政府的关系。美国则对于委左翼政府一贯采取对抗的立场,资助反对党联盟的民主工作并把查韦斯称为西半球的有害势力。马杜罗上台以后,美国对委采取包括冻结委内瑞拉官员在美国境内财产、收窄委外交官签证、批评委内瑞拉侵犯人权等一系列制裁。2015年3月,针对委局势发展的不明朗状态,美国总统奥巴马签署总统令对委实施"国家紧急状态",进行新制裁。① 美委之间政治近乎"敌对"状态,然而却存在紧密的能源与经济纽带。委内瑞拉是美国的第四大能源进口国。2014年美国每天从委内瑞拉进口原油79万桶,仅次于加拿大、沙特和墨西哥。② 与此同时,委内瑞拉每天从美国进口8万桶汽油,用于缓解国内的石油炼化瓶颈。美国还是委内瑞拉的第一大贸易伙伴,2014年两国贸易额为414亿美元,其中对委出口额为111亿美元。③ 此外,深受历史上"门罗主义"影响的美国始终把拉美看作是传统势力范围,属于自己的"后院",而委内瑞拉则是这个后院中的"眼中钉"。面对中拉日益紧密的合作关系,美国陆军战争学院学者埃文·埃利斯(Evan Ellis)认为,中国刻意寻求与"拉共体"之间的政治与外交关系,利用"后院外交"将美国排除在外。④ 因而必须对中国在委的利益扩张加以防范。鉴于此,在特定形势下,美国很可能抓住委内瑞拉国内政治不稳定的时机,干预委政局,冲击中国能源利益。

---

① Nick Miroff,"Venezuela Sets Date for Election that Could Give Major Boost to Opposition",*The Washington Post*,June 22,2015.
https://www.washingtonpost.com/world/the_americas/venezuela-sets-date-for-election-that-could-give-major-boost-to-opposition/2015/06/22/99554334-1917-11e5-bed8-1093ee58dad0_story.html.(访问时间 2016年2月28日)

② The U.S. Energy Information Administration(EIA),"How Much Petroleum does the United States Import and from Where?",September 14,2015. http://www.eia.gov/tools/faqs/faq.cfm?id=727&t=6.(访问时间:2016年3月16日)

③ The U.S Department of State,"U.S. Relations with Venezuela Fact Sheet",July 20,2015. http://www.state.gov/r/pa/ei/bgn/35766.htm.(访问时间:2016年3月17日)

④ R. Evan Ellis,"Testimony to the Subcommittee on the Western Hemisphere Foreign Affairs Committee",The U.S. House of Representatives,February 3,2015. pp.1—2. http://docs.house.gov/meetings/FA/FA07/20150203/102885/HHRG-114-FA07-Wstate-EllisE-20150203.pdf.(访问时间 2016年3月14日)

应对未来合作过程中的各类风险与挑战,保证中委能源关系顺畅发展,应从以下三个方面着手。

第一,拓展两国能源合作的范围。在双方传统能源合作的基础上,应着重尝试开发重油油气市场项目,加速对马拉开波盆地奥里诺科重油带的勘探,通过技术援助和合资建厂等方式,争取逐年扩大委内瑞拉石油进口。此外,双方应加强能源产业的全产业链"一条龙"合作,从上游油气勘探开发,到中游加工冶炼再到下游销售,目前中委两国仅在上游市场合作较为完善,打开中游市场,盘活下游市场,中国应避免"所有鸡蛋都放到一个篮子里"的投资风险,委内瑞拉也能通过中国技术输入带动石油工业发展。

第二,对委开展多元合作,拓宽合作领域。中国在与委合作时,不能仅仅盯着石油领域,应该把眼界放宽,寻求与委开展多元化合作。比如委内瑞拉矿藏丰富,铁矿、煤矿等开采成本低廉,非常适合外资进入。除了石油和矿产资源外,委内瑞拉旅游业前景也十分可观。由于靠近亚马孙雨林,委国内原始森林面积大,还有印第安人文化遗迹和世界第一落差的安赫尔瀑布和第四高度的库克南瀑布,这些自然风光使其具有极高的旅游价值。农业是委内瑞拉另一个极具投资潜力的行业。委内瑞拉主要的农产品有大米、可可、咖啡、甘蔗、玉米、豆类等,其中可可、咖啡等质量上乘,在国际市场上有较好的销路。科技合作是中委拓宽合作领域的又一重点领域。目前,两国在卫星技术、电信通讯、基础设施的合作已经初见端倪。除政府间合作以外,应大力开展民间外交、公共外交,关注委内瑞拉的民间组织和地方势力,努力发展与委非政府组织、民间团体的关系,将战略合作伙伴关系提升到新高度。

第三,平衡好中美委三边关系。中美委三边关系处于动态平衡中,中委关系的发展会受到中美、美委关系的制约。拉美地区是美国的"后院",美国对该地区的地缘政治影响力不可小觑。现在美国总统大选正处于白热化阶段,下一届政府花落谁家仍不明朗,美国对华政策及拉美政策是否会改变现在下结论为时尚早。在低油价和国内政党博弈的影响下,马杜罗政府的执政难度也不断上升,未来不能排除反对派上台并颠覆现有油气开发政策的可能性。因而,中国应该密切关注美国和委内瑞拉国内政治以及对外关系互动的发展,并做好预案,未雨绸缪,巧妙处理好中美委三边关系的发展。

五、结论

中国对委能源外交固然取得了卓越的成效,但并非没有问题和风险。从能源外交的角度出发,一方面中国应采取措施把现有的合作项目运作好,与委方共同探讨更为灵活的商务模式,构建更为完善的风险规避法律框架。另一方面,应以友好的方式为委内瑞拉的经济发展提供建议,帮助其调整经济结构,改善发展模式,推动其经济健康发展。中国还应尝试在符合国际惯例的条件下,积极与委社会各方保持积极接触,为今后中委持续合作、长期发展做好铺垫。最后,中国应淡化地缘政治和意识形态的影响,加强与美国之间的对话和沟通,寻求中美委三边关系的平衡发展。

(本文作者崔守军系中国人民大学国际关系学院副教授、拉美研究中心主任;张子阳是中国人民大学国际关系学院硕士研究生。)

China-Venezuela Energy Cooperation: Status Quo, Model and Risks

Cui Shoujun, Zhang Ziyang

Abstract: China is the world's largest net importer of crude oil, whose dependence on foreign oil keeps climbing. Venezuela has the world's largest oil reserve and boasts abundant heavy oil and huge potential for exploitation. Therefore, energy cooperation is mutually beneficial and strategic in nature. In terms of cooperation model, "Loan for Oil" has played a key role in boosting cooperation. However, the "Butterfly Effect" prompted by the slump in oil price has pushed the Venezuelan economy to the brink of collapse. The Maduro administration faces both an economic recession caused by inappropriate policies and a political impasse left by the Chávez administration. Given its shrinking foreign exchange reserve, Venezuela is more prone to default on its debt to China. And partisan conflict is a major contributor to geopolitical unrest. Hence, China must plan ahead and guard against these risks.

Key words: energy cooperation, energy diplomacy, status quo, model, risk

独立战争期间墨西哥农民运动的根源探讨

董经胜

【内容提要】 18世纪后期墨西哥银矿业的增长、西班牙波旁王朝的自由贸易政策,刺激了对于农牧产品的需求,而人口的恢复改变了此前劳动力短缺的现象,大庄园的商品性经济得以增长,利润上升,而依附于大庄园的、以印第安人为主的农民处境恶化,尤其在18世纪晚期和19世纪初的饥荒期间更为明显。1810年墨西哥独立战争爆发后,巴希奥地区的庄园雇工和哈里斯科地区的村社农民成为墨西哥农民运动的主力。从根源上分析,墨西哥独立战争时期的农民运动与1910—1917年革命时期的农民运动、1994年"萨帕塔民族解放军"领导的起义具有明显的相似性和连续性。

【关键词】 墨西哥独立运动;伊达尔戈;多洛雷斯呼声;大庄园;村社

1810年9月16日,米格尔·伊达尔戈在墨西哥瓜纳华托州的小镇多洛雷斯(Dolores)敲响教堂大钟,号召教区居民参加反对西班牙殖民统治的起义。到10月中旬,起义军夺取矿业中心瓜纳华托(Guanajuato)时,人数达到8万。① 起义的参加者中,有来自多洛雷斯、圣米格尔(San Miguel)、塞拉亚(Celaya)的市民,也有来自瓜纳华托的矿工,但绝大多数是巴希奥(Bajío)地区的庄园上的租佃农和雇工。因此,约翰·图提诺(John Tutino)认为"这场暴动实际上是一场农民起义"。② 1811年初,伊达尔戈领导的大规模农民起义被镇压,但以游击战为主要形式的农民运动在许多地区仍层出不穷,并一直持续到独立之后。独立以来,农民运动一直是影响墨西哥

---

① Hugh Hamill, *The Hidalgo Revolt*, Gainesville: University of Florida Press, 1966, p. 124.

② John Tutino, *De la insurrección a la revolución en México*, *Las bases socials de la violencia agrarian, 1750—1940*, Ediciones Era, México, 1990, p. 47.

现代化进程的一支重要力量,无论是1910年爆发的墨西哥革命,还是1994年"萨帕塔民族解放军"的起义,都表明墨西哥的农业、农村和农民问题至今仍远未解决。对独立战争时期伊达尔戈领导的墨西哥农民起义的根源进行深入探究,不仅有助于理解墨西哥独立运动的独特性,而且对于认识独立以来的墨西哥现代化道路,有重要的意义。

美国学者海梅·E. 罗德里格斯指出:"墨西哥独立的过程最好被理解为当1808年西班牙王室瓦解时爆发的一系列运动。最初产生了两个广泛的运动:城市上层阶级要求自治的运动和农村反对剥削的暴动。"①也就是说,领导运动的土生白人上层与参加运动的以印第安农民为主体的社会下层有着截然不同的目标。早在1808年宗主国的政局变化引发殖民地争取独立的运动爆发前,墨西哥农村的社会矛盾就已经极为尖锐,社会抗议与反抗运动已经层出不穷。因此,以伊达尔戈为代表的农村被边缘化的西班牙土生白人精英实际上是"加入了一场已经在进行之中的"暴动,大量的印第安农民参加起义,"更多地是出于当地的情况,而非出于他们表面上的领导人的意识形态关切"②。

西班牙征服前,墨西哥中部高原分散生活着大量的印第安人,以农业为生,向土著贵族缴纳赋税。西班牙殖民者完成对墨西哥的征服后,将在西印度群岛上推行的委托监护制移植到墨西哥。土著贵族负责为殖民者征收赋税、征调劳动力,广大的土著农民并未受殖民者的直接统治,土地和生产仍由印第安农民控制。殖民者获取了财富,但并未彻底改变征服前的农村社会结构。但是,这种制度持续的时间并不久。西班牙王室担心委托监护制将使殖民地统治者获得太大的独立性,削弱中央集权,因而试图削弱殖民地统治者的权力;更重要的,由于旧大陆传播而来的天花等疾病致

---

① Jaime E. Rodríguez, "From Royal Subject to Republican Citizen: The Role of the Autonomists in the Independence of Mexico," Jaime E. Rodríguez, ed., *The Independence of Mexico and the Creation of the New Nation*, Irvine: University of California, 1989, p. 20.

② Eric Van Young, "Agrarian Rebellion and Defense of Community: Meaning and Collective Violence in Late Colonial and Independence-Era Mexico," *Journal of Social History*, Vol. 27, No. 2, 1993, p. 247.

使印第安人口大量减少,委托监护制带来的经济利益大大下降。到16世纪中期,墨西哥的人口下降了一半,殖民地经济出现危机,殖民者的实力也随之下降。这为西班牙王室在殖民地设立的官僚机构加强国家的权力创造了机会。16世纪50年代起,殖民地的官员开始规范委托监护制下印第安人缴纳的赋税,并取消劳务征调。同时,政府官员与传教士一起,将幸存的、分散在广大农村的印第安人集中在一起,建立村社,以加强管理,同时促进基督教的传播。被重新安置的印第安人原有的土地如果与建立的村社临近,这些土地仍由他们所有;如果他们原来的土地距离村社较远,他们就在村社周围被授予新的土地。①

16世纪中期以前,西班牙殖民者对土地和农业活动没有兴趣。委托监护主满足于从印第安人那里收取贡赋。但是,大约在1550年以后,情况发生了改变。一方面,如上所述,由于印第安人口大量减少,也由于王室为加强中央集权,限制委托监护主的权力,委托监护权的经济价值大大下降了。另一方面,16世纪中期以后,新大陆的西班牙移民增加了,一些西班牙人市镇迅速扩大,对食品,特别是印第安人还不能立即提供的食品——如肉类、小麦、食糖、葡萄酒等——需求大增。与此同时,印第安人口的大量下降也空出了大量的土地。于是,西班牙殖民者要求王室授予土地,或非法占据土地,从事农牧业生产。1591年,王室颁布法令,凡非法从印第安人处购得的土地和没有土地证的土地,都可以通过向国库交一笔费用而合法化。②西班牙人在占据的土地上建立了大庄园,生产粮食或放牧牛羊,产品供应城市或矿区。

这样,到17世纪中期,由于政府对印第安人的重新安置和向西班牙人授予土地,在墨西哥中部地区形成了这样一种农村社会结构:西班牙人的大庄园占有大片优良的土地,穿插于庄园之间的是大量的印第安人村社,这些村社也拥有至少能维持其已经大大减少的人口生存所需要的土地。殖民政府虽然向殖民者授予了大量土地,但它也担心这些大庄园主的经济力量过于膨胀。通过向印第安人村社授予土地、法定的权利以及基本的生存保障,殖民政府在限制大庄园主权力的同时,一定程度上显示出对于印第安农民的保护。村社内部的土地分配是不平均的,土著贵族一般拥有大

---

① 董经胜:《19世纪上半期墨西哥的农业发展模式与现代化道路》,《史学集刊》2012年第5期,第74—75页。
② 莱斯利·贝瑟尔:《剑桥拉丁美洲史》第2卷,经济管理出版社1997年版,第168页。

量土地,普通村社成员拥有的土地不足以维持家庭生存的需要,只好向附近的庄园出卖劳动力。于是,商品性的庄园与印第安人村社之间形成了一种共生的(symbiotic)剥削关系。由于土地紧张,村社农民如果不在庄园劳动赚取工资,则难以维生;庄园如果没有来自村社的劳动力,也不可能维持生产。两者之间通过这种不平等的关系连接在一起,而这种关系对于双方都是必不可少的。①

进入18世纪中期后,一系列因素导致墨西哥的农业生产模式和农村社会关系发生了变化。

墨西哥的印第安人口在1630年左右下降到最低点,此后开始缓慢回升。在中部谷地,印第安人口在17世纪中期达到7万,1742年增加到12万,1800年又上升到27.5万。在尤卡坦,1730—1806年期间,印第安人口从13万上升到28万,增加了一倍还多。整个18世纪,墨西哥印第安人口增长了44%。② 人口恢复的原因,主要是印第安人对于欧洲疾病,特别是天花和麻疹的免疫力增强。例如,1648—1650年,黄热病流行,因感染而丧生的西班牙人多于印第安人。③ 与此同时,随着墨西哥经济的繁荣,吸引了越来越多的西班牙移民。例如,1742—1793年,半个世纪的矿业繁荣吸引大量西班牙移民涌入瓜纳华托,瓜纳华托监政官辖区(intendancy,大致相当于巴希奥地区)的人口增加了一倍半,瓜纳华托城的人口达到5.5万,超过了当时的纽约和波士顿。④

人口的增加,一方面增加了对食品的需求,扩大了农产品的市场,另一方面解决了长期以来的劳动力短缺问题,庄园主有条件降低雇工的工资。18世纪后半期,实际工资下降了大约25%。⑤ 结果,大庄园的利润不断上升,而以印第安人为主的农民的生活水平严重下降。对于印第安人村社而

---

① John Tutino, *De la insurrección a la revolución en México*, *Las bases socials de la violencia agrarian*, 1750—1940, pp.128—129. 董经胜:《19世纪上半期墨西哥的农业发展模式与现代化道路》,《史学集刊》2012年第5期,第75页。

② John Lynch, "Los Fectores Estructurales de las Crisis: La Crisis del Orden Colonial," Germán Carrera Damas, ed., *Historia General de América Latina*, Volumen Ⅱ, Ediciones UNESCO, 2003, p.31.

③ Alan Knight, *Mexico: the Colonial Era*, Cambridge: Cambridge University Press, 2002, pp.206—208.

④ David. A. Brading, *Miners and Merchants in Bourbon Mexico*, 1763—1810, Cambridge: Cambridge University Press, 1971, pp.224—226.

⑤ Eric van Young, *The Other Rebellion: Popular Violence, Ideology, and the Mexican Struggle for Independence*, 1810—1821, Stanford: Stanford University Press, 2001, p.71.

言,人口的增长使得原有的土地越来越难以养活不断增长的人口,村社内部、村社之间、村社与大庄园之间围绕着土地所有权和使用权而发生的争端不断增加。

到18世纪后期,村社人口已经对有限的土地资源构成严重的压力。村社内部的不平等加剧,许多村社内都出现了少数无地村民。即使仍保有土地的村民,也越来越多地依靠在庄园出卖劳动力、越来越少地依靠自己的土地来维持家庭的生存。与此同时,随着人口增长对既有的资源带来更大的压力,一些土著贵族借机谋取个人利益。村社首领利用其对土地分配的控制权为自己和亲信多分配土地,报复异己。例如,1800年前后,在圣格雷格里奥夸特辛格(San Gregorio Cuautzingo),一小撮贵族控制了村社权力,其成员全是同族人,攫取了大片土地,足以在满足自身消费需要之外,向市场出售多余产品。而其余的村社成员中,三分之二虽然仍保有土地,但地块太小,难以维持家庭生存必需;另三分之一则完全失去了土地。

17世纪中期,墨西哥的银矿业一度萧条,但到90年代,萧条得以克服,铸币超过500万比索,达到以往最高纪录。此后,产量稳步上升,到1798年达到2400万比索,整个18世纪,墨西哥的白银产量增长了四倍。西班牙王室在推动银矿业复兴中发挥了重要的作用。总询察长何塞·德·加尔维斯(José de Gálvez)把水银的价格降低了一半,又增加了另一种王室专卖品火药的供应,把价格降低了四分之一。同时他还制定政策,许诺为需要大批投资的革新项目或是极具风险的新事业减免税收。在担任西印度事务大臣时,加尔维斯设立了矿业法庭来领导一个行业公会,对矿业内部的所有诉讼都拥有裁判权。新矿业法得以实施,法庭负责一个中央信贷银行,资助投资和革新。1792年,建立矿业学院,调配了一部分来自欧洲的矿业学家。除了这些措施外,这一时期人口增加,征募领取工资的劳动力没有什么困难;来自墨西哥城的商人和矿主合作,一笔笔周密的信用贷款支撑着银矿业。①

银矿业的增长扩大了对于农牧产品的需求。矿山不仅需要食品,而且需要大量的牛脂和皮革等物品,为大庄园的产品提供了广阔的市场。

为了打击走私,保证西班牙独占殖民地的贸易收益,1778年10月12日,西班牙王室颁布了著名的自由贸易法令(Reglamento para el comercio

---

① 莱斯利·贝瑟尔主编:《剑桥拉丁美洲史》第1卷,经济管理出版社1995年版,第407—408页。

libre),规定所有西班牙港口和除墨西哥、委内瑞拉之外的所有殖民地各省之间可以进行自由贸易。1789年,墨西哥和委内瑞拉也以同样的条件开放贸易。对殖民地之间的贸易限制也取消,但这种贸易大致局限于非欧洲商品。

自由贸易以及未能禁绝的走私贸易,促进了对于农产品的生产和出口。1796—1820年,墨西哥的年出口总量为1100万比索,其中白银占大约75%,胭脂虫红占12%,蔗糖占3%。在某些年份,例如1775年,胭脂虫红的出口几乎相当于白银出口的一半。在某些地区,尤其是沿海热带低地,开始生产面向出口的新作物,例如在格雷罗的低地、哈里斯科和科利马的太平洋沿岸、尤卡坦和韦拉克鲁斯热带地区,开始生产棉花。在莫雷洛斯,18世纪90年代,蔗糖业得到恢复和发展,以填补海地革命后空出的市场。①

市场的扩大、劳动力供应的过剩极大地刺激了大庄园的农业生产。来自矿业和商业的利润投向了农业。原来用作牧场的土地,大量转向种植作物。同时,大庄园为了扩大生产规模,不断侵吞村社的土地,庄园与村社之间围绕着林地、水源、牧场的边界争执不断增加。大庄园还进一步提高租佃农的租金,迫使很多租佃农放弃土地,沦为庄园雇工。庄园主为了利润,贫困的印第安农民为了基本的生存权,双方不断发生冲突。越是在那些市场扩大带来的经济机会增加的地区,这种冲突越剧烈。

二

1545年后,在巴希奥以北山区的萨卡特卡斯(Zacatecas)、瓜纳华托等地相继发现了银矿。矿业城镇的兴起带动了对于农产品和畜牧产品的需求,而矿区附近干旱的地域却无法满足。因此,16世纪60年代后,西班牙人开始在巴希奥地区殖民,发展农牧业,满足不断扩展的矿业城镇的需求。到17世纪30年代,巴希奥地区有300多家庄园,生产大量的小麦、玉米以及畜牧产品,不仅满足当地市场,而且供应北部的矿业中心。其中商品农业最发达的是东部盆地平原地带,即塞拉亚和附近城镇周围地区。在这里,137家庄园生产大量的玉米和小麦以及部分牲畜。西部的盆地,即伊拉

---

① Alan Knight, *Mexico: the Colonial Era*, p. 221.

普亚托(Irapuato)、莱昂(León)、锡拉奥(Silao)等城镇周围地区相对欠发达,主要生产玉米,并饲养一定数量的牛。圣米格尔和圣费利佩(San Felipe)周围的北部高地,存在着许多小规模的玉米生产主,他们的周围是大规模的牧场。西南部高地基本上尚未有人定居。①

1560—1635年间,银矿业的繁荣,巴希奥地区农牧业庄园产品市场的扩大,刺激了西班牙人庄园的生产,但劳动力短缺的问题一直困扰着庄园主。由于这里没有大量定居的印第安人,劳动力主要是从墨西哥城和特拉斯卡拉(Tlaxcala)周围迁来的已被征服并被基督教化的印第安人。也有部分梅斯蒂索人和穆拉托人(黑白混血人种)来到巴希奥。有的到城镇的纺织作坊做工;有的占据或租佃一小块土地,经营小农场,主要依靠家庭成员劳动,只有极个别人雇用印第安人劳动力;还有部分梅斯蒂索人和穆拉托人沦为大庄园上的依附性劳动力。在大庄园上,印第安人(以及部分混血种人)最初主要是西班牙人的常驻雇工(被称为 laboríos),绝大多数常驻雇工居民点都很小,通常不到10户家庭。也有的是作为租佃农(被称为 terrazgueros)居住在西班牙人庄园上,向西班牙人每年缴纳部分租金,换取一小块土地耕种,维持生存。与常驻雇工相比,租佃农具有相对的独立性,但是二者都依附于控制着土地资源和地区政治生活的大庄园主。

因为当时墨西哥中部和南部地区印第安人口大量下降,印第安人还没有受到土地的压力。因此,要吸引印第安人前来,巴希奥的庄园主不得不向庄园的劳动力提供较高的工资、玉米配给、免费耕种庄园的小块土地等较其他地区更优惠的劳动和生活条件。1640年后,由于生产过剩,农产品价格下降,农牧业庄园的利润减少,经济陷入衰退。但是,从中南部向巴希奥地区的移民并未因此中断,而且,由于劳动力依然短缺,新来的移民的劳动和生活条件并未恶化。D. A. 布拉丁对于莱昂地区的研究表明,1640年后移居到莱昂地区的一些外来人依然能够得到一小块土地,成为小农场主,虽然不够富裕,但一般能够维持相对较为舒适的生活。② 当然,在17世纪,能够成为小农场主的总在少数,绝大多数成为大庄园上的常驻雇工或租佃农。然而,这些依附于庄园主的常驻雇工或租佃农在1640年后的经

---

① John Tutino, *De la insurrección a la revolución en México*, *Las bases socials de la violencia agrarian*, 1750—1940, p. 55.

② David A. Brading, *Haciendas and Ranchos in the Mexican Bajío*, *León*, 1700—1860, Cambridge: Cambridge University Press, 1978, p. 171.

济萧条时期仍享有较好的待遇和工作条件。例如,在格雷塔罗周围的圣克拉拉(San Clara)女修道院经营的六家庄园上,每个常驻雇工的月工资在 6 比索以上,另外还有免费的玉米配给,这个收入水平明显高于当时人口密集的墨西哥城周围地区。① 更重要的,墨西哥城周围地区的庄园仅在每年的农忙季节从周围的印第安村社雇用劳动力,但在巴希奥,由于劳动力短缺,雇工是常年被雇用的。这些雇工通常都欠有庄园主相当数量的债务,由此成为庄园的债役雇农。传统观点认为:"债务劳役制是这样一种制度:没有良心的庄园主通过它以最小的花费从一支受控制的劳动力榨取最大量的劳务。"②但是,新的研究表明,雇工之所以负债,是由于他们得到了超出工资以外的物质或现金收入。布拉丁对莱昂地区的研究表明,雇工以债务的形式获得工资以外的收入,反映了庄园主以此来吸引和稳定劳动力的需要,债务对雇工的强制性约束力是很小的。在圣克拉拉,10%的雇工在离开庄园时并没有还清所欠的债务。③

但是,18 世纪后半期,情况发生了变化。矿业在经过一段衰退期后再度繁荣,庄园商品性农业生产迅速扩大,利润激增,而印第安人口恢复增长,劳动力供应过剩。这些因素直接导致了印第安人生活条件的恶化。

从利润高昂但风险较大的矿业中获取财富,然后投资于利润一般但风险较小的农牧业地产,一直是墨西哥精英集团的传统。在莱昂地区,从大约 1740 年开始,一些白人将从矿业中获取的利润投资购买农村地产,那些被不断扩张的大庄园所挤占又因子女分散继承(与大庄园不同,小农场一般不实行长子继承制)而更加分散的小农场往往被有钱人买下。大庄园进一步扩展,小农场逐渐减少,失去土地的小农场主往往沦为大庄园上的租佃农或常年雇工。④

随着农产品市场的扩大,庄园的生产模式也发生了变化。在 16 世纪,巴希奥地区的绝大多数庄园以放牧牲畜为主,生产谷物为辅。1570—1635 年间,随着第一次矿业繁荣,低地地区生产谷物的面积增加,而畜牧业转移到高地地区。到 18 世纪后半期,谷物生产范围进一步扩大,畜牧业被挤到

---

① John Tutino, *De la insurrección a la revolución en México*, *Las bases socials de la violencia agrarian*, 1750—1940, pp. 59—460.
② 〔英〕莱斯利·贝瑟尔主编:《剑桥拉丁美洲史》,第二卷,第 408 页。
③ David. A. Brading, *Haciendas and Ranchos in the Mexican Bajío*, León, 1700—1860, pp. 112—113.
④ Ibid., p. 171.

更加边缘的地带。面向城市和矿区的食品生产——小麦、水果、蔬菜等——占据了巴希奥地区最肥沃的、可灌溉的土地,而贫困的农村人口的主要食物玉米的生产则被迫转移到贫瘠的、得不到灌溉的土地上。畜牧业基本上被挤出巴希奥,原来的牧场被用来生产玉米。在东部盆地,最早发生了这一生产模式的转变,到1785年,这里生产的小麦已经是玉米的三倍。在后来伊达尔戈领导的农民起义爆发的东北部高地,这一转变来得稍晚。直到1720年,圣米格尔仍主要生产羊毛等畜牧业产品,小麦、玉米等农作物仅占总产量的不到20%。但到1740年,农作物产量已上升到30%。1750年后,谷物从未低于总产量的60%,18世纪末更达到80%。也就是说,在半个世纪的时间里,圣米格尔从一个以生产畜牧业产品为主的地区转变为一个以生产谷物为主的地区。多洛雷斯位于圣米格尔正北,远离巴希奥盆地的富饶地区。最初,这里的干旱的土地主要接受来自巴希奥中心地区的牲畜。但在1760年后,即使多洛雷斯周围最贫瘠的土地也迅速转而种植玉米。到18世纪末,巴希奥地区农业生产模式的转变基本完成了。最富饶的、得到灌溉的土地集中生产小麦、水果和蔬菜等,以满足城市和矿区的市场需要。而广大的农村人口的主要食物玉米的生产则被转移到边缘地带,原来用作牧场的土地。牧场则转到巴希奥以北更加干燥的草场。①

这一转变背后的动力是瓜纳华托银矿业繁荣带来的农产品市场的扩大,而农业人口的迅速增长则为这一转变创造了条件。相对于畜牧业,谷物生产需要更多的劳动力。17世纪中期以后,墨西哥中部主要居民为印第安人的地区,人口开始从最低点回升。巴希奥地区肥沃的土地吸引了来自中部的印第安人到此安家落户,使这里的居民人数在17世纪后半期增加了四倍半。② 18世纪后,人口继续增长,1742—1792年,巴希奥地区的人口从165140人增长到397924人。③ 在劳动力短缺现象消失的情况下,18世纪后半期农业生产模式的变化使得庄园上劳动力的生活处境急剧恶化。

常年雇工的工资严重下降。位于格雷塔罗以南20公里的拉巴兰卡庄园(La Barranca)是巴希奥地区一座典型的庄园。1768年、1770年、1776年的庄园账目显示,50个常年雇工的收入自17世纪以来大大下降了。绝大

---

① John Tutino, *De la insurrección a la revolución en México*, *Las bases socials de la violencia agrarian*, 1750—1940, p. 66.
② 〔英〕莱斯利·贝瑟尔主编:《剑桥拉丁美洲史》,第二卷,第29、32页。
③ David A. Brading, "La Estructura de la Producción Agrícola en el Bajío de 1700 a 1850," *Historia Mexicana*, Vol. 23, No. 2, 1973, p. 201.

多数常年雇工每月工资为 4 比索,而一个世纪前,在位于同一地区的圣克拉拉庄园,常年雇工每月工资为 6 比索。18 世纪末,拉巴兰卡庄园的雇工必须每月干满 30 天才能得到足额的月工资。绝大多数人每年平均干 270 天,仅能得到 9 个月的工资 36 比索。与上一个世纪相比,收入水平明显下降了。①

然而,与其他农村劳动者相比,常年雇工还属于幸运者。他们的工资虽然下降,但仍得到雇佣,并每周获得工资之外的玉米配给,以及以债务的形式获取的额外收入。当然,这两种形式的收入也比前一个世纪减少了。但是,随着巴希奥地区农业生产模式的转型加快,常年雇工在农村人口中所占比重越来越少,租佃农则越来越多。例如,18 世纪 60 年代末,在拉巴兰卡庄园的高地上,生活着 53 家租佃农。他们开垦原来的牧场和林地耕种,向庄园主交纳租金。附近的圣卢卡斯庄园(San Lucas)上,生活着 60 户租佃农。1783 年,位于莱昂和圣费利佩之间亚巴拉庄园(Ybarra)上,有 42 户租佃农。这些租佃农租种庄园边缘一块很小的贫瘠土地以维生。如果风调雨顺,尚可生产足够的玉米供家庭成员消费,甚至有一小部分剩余拿到市场上消费。但是,如果遇到霜冻、干旱等不利气候,则无力糊口,只得在庄园做季节性的劳动力贴补生活,而季节性劳工的工资比常年雇工还要低。此外,庄园上还有一些赤贫的居民(被称为 arrimados),主要依赖于在庄园做季节性劳工为生。与常年雇工比较,租佃农和赤贫居民的处境更加艰难。庄园将最肥沃的土地用以生产小麦和蔬菜等商品性作物,玉米则主要由这些租佃农在最贫瘠的土地上生产,因此玉米产量越来越不稳定,价格持续上升,而工资却在下降,一旦遇到自然灾害,玉米减产,就会发生严重的饥馑,致使大量的贫困人口死亡。

1785—1786 年,持续的干旱,加上 1785 年发生的霜冻,造成农业严重减产。在莱昂地区,1785 年秋季的产量仅及上一年的六分之一或七分之一,不到 1782 年产量的十分之一。玉米价格陡升,造成了一场严重的饥馑,致使巴希奥地区大量人口死亡,仅 1786 年就有 8.5 万人丧生。但是,这场灾荒对整个经济生活的影响并不大,1785—1787 年,白银生产下降了不

---

① John Tutino, *De la insurrección a la revolución en México*, *Las bases socials de la violencia agrarian*, 1750—1940, p.70.

到五分之一,到 1788 年又恢复增长,对外贸易一如既往。 原因在于,矿区的供应主要由肥沃的、得到灌溉的大庄园满足,受自然灾害的影响较轻,真正的受害者是以玉米为生的农民。表面上看饥馑是由自然灾害造成的,但最根本的原因在于农业生产模式的转变。如上所述,18 世纪后期,为了满足城市和矿区的市场需要,获取更高的利润,庄园将最肥沃的、可灌溉的土地转向小麦和蔬菜等作物的生产,玉米生产则转由贫困的租佃农在边远地带的贫瘠土地上进行,玉米产量赶不上人口的增长,这才是饥馑的真正原因。

1785—1786 年的饥馑并未减缓巴希奥地区农业生产模式转型的步伐。18 世纪 90 年代和 19 世纪初,由于谷物价格上升,庄园主提高租佃农的租金,租佃农如果抵制,或者无力缴纳,则被逐出庄园。被逐出后,他们只好在更加边缘的牧场或林地租用、开辟新的土地耕种。结果导致地力迅速耗竭、产量下降、生存艰难。而他们原来租种的土地,则往往被并入庄园,生产小麦、水果、蔬菜等商品性作物。庄园主获取了更多的利润,而满足农村居民需要的玉米生产进一步下降。1808—1810 年,又一场严重的旱灾袭击巴希奥,玉米大量减产,再次引发饥馑。正如 1785—1786 年的饥馑期间一样,大庄园主不是将自己的储粮投放市场赈灾,而是囤积起来,以期高价,以下层民众的疾苦为代价,谋取暴利。农民的处境和怨恨情绪达到了顶点。

正是在这种深刻的社会不满和严重的生存危机的形势下,墨西哥独立运动爆发了,巴希奥地区成为革命风暴的核心。

1810 年,在巴希奥重要的政治和工业中心格雷塔罗,一场克里奥尔人暴动正在密谋之中。只有两名密谋者属于克里奥尔地方精英的上层圈子成员,密谋者试图争取其他知名的克里奥尔人参与,但被拒绝。大多数密谋者属于"被边缘化的精英",一些在困境中挣扎的地主、一名杂货商、一名庄园管家、一名教区牧师。从一开始,密谋者就打算动员印第安人和混血人种参与。如果说绝大多数密谋者的目标是为了建立一支军队,但米格尔·伊达尔戈则对社会下层具有真正的同情心。伊达尔戈于 1753 年生于墨西哥城西北的瓜纳华托,曾担任位于瓦利阿多利德(今莫雷西亚)的圣尼古拉斯神学院的院长,1803 年起,担任多洛雷斯镇的牧师。伊达尔戈思想

---

① D. A. Brading, *Haciendas and Ranchos in the Mexican Bajío*, León, 1700—1860, pp. 189—190.

自由，对科学拥有浓厚的兴趣，曾着力在他的教区内发展工业，因此早就拥有很高的知名度，并且引起了当局的注意。

起义原计划在10月初发动，但在9月的头两个星期，保王当局从不同的来源获得了反叛的消息。于是，密谋者举行紧急会议，决定提起举行起义。9月16日，星期日，许多印第安人正纷纷来到城镇教堂做礼拜。伊达尔戈让人敲响教堂大钟，发表了著名的"多洛雷斯呼声"，号召人民参加起义，保卫宗教，摆脱"半岛人"的束缚，废除贡税等。但同时，伊达尔戈宣布拥护被法国人废黜和监禁的费尔南多国王。起义得到人民的广泛响应，不到两个星期，起义者已达到几千人。在伊达尔戈的率领下，起义军向矿业和工业中心瓜纳华托进军。进军途中，伊达尔戈得到一面印有瓜达卢佩圣母肖像的旗帜，宣布瓜达卢佩圣母是起义者的保护神。9月28日，在几千名矿工的帮助下，起义者占领瓜纳华托。西班牙官吏、民兵和当地精英撤退到一个大谷仓内固守，等待援军，但被起义者攻破，守卫者被杀。随后，起义者对瓜纳华托进行了两天的洗劫，几百名西班牙人被杀。瓜纳华托的屠杀和洗劫暴露了伊达尔戈与起义民众之间的分歧，前者的目标是在克里奥尔人的控制下实现墨西哥的自治或独立，后者是为了复仇和实现社会公正，他们反对一切白人，既包括"半岛人"，也包括克里奥尔人。在瓜纳华托的事件发生后，绝大多数克里奥尔人站到了起义的对立面。

取得初步的胜利后，伊达尔戈签署法令，宣布废除奴隶制，废除印第安人和混血人种每年缴纳的人头税。三个月后，在瓜纳华托的总部，伊达尔戈首次，也是唯一一次提到土地问题，他命令将该城附近被西班牙人租借的印第安人公共土地归还印第安人，他希望"只有在各自村社的印第安人才享有这些土地的使用权"。这些改革措施虽然极为温和，但赋予了墨西哥革命人民运动的色彩，这是南美洲的独立革命所不具备的，但同时，这些措施也疏远了许多渴望自治或独立，但反对社会革命的克里奥尔人。另一方面，这些措施又不够激进，难以满足参加起义的农民和工人的基本要求。由于没有明确的社会和经济改革计划，起义者通过对白人杀戮、抢劫发泄自己的愤懑。伊达尔戈显然无力将这支乌合之众改造成一支纪律严明的队伍。

1810年10月28日，伊达尔戈率领8万人的起义军到达墨西哥城近郊。击败了一支保王派军队之后，起义军在城外驻扎了三天，要求总督投降，但被拒绝。伊达尔戈没有下令进攻这座几乎毫无防御的首府，而是下令向格雷塔罗撤退。原因在于,伊达尔戈担心,一旦占领墨西哥城,将可能发生以前那样的屠杀和抢劫;或者,伊达尔戈认为,没有当地农民的支持,他无力控制这座巨大的城市。他的担心是有道理的。殖民地晚期,人口的增长、银矿业的繁荣、西班牙王室的自由贸易政策,为庄园主、村社首领、商人带来了获利的机会,而普通的印第安人村社成员却陷入了生活的困境。村社内部、村社之间、村社与庄园之间零星的暴力冲突不断增加。但是,这种冲突在墨西哥不同的地区造成的后果是不同的。与巴希奥地区不同,在中央谷地,殖民地的农村社会结构尚有能力消化和吸收这种压力与冲突。因为如上所述,庄园与村社之间是一种虽不平等但相互依存的共生关系。没有村社农民提供的廉价的季节性劳动力,庄园无法盈利;同样,随着农民人口的增加,没有来自在庄园劳动的工资所得,村社农民也难以生存。倘若某个庄园主为了快速致富试图侵占村社的土地,村社农民往往能够得到其他庄园主在金钱或司法上的帮助。因为很多庄园主认识到,使村社失去土地不符合庄园的利益。庄园仅在某些季节需要村社劳动力,而在其他季节,村社土地可以维持这支劳动队伍,不必由庄园付出任何代价。殖民政府也在某种程度上对村社的土地加以保护。殖民征服之初,殖民地的官员就担心征服者的自主权过于膨胀。限制征服者权力的一个有效途径就是保护与之抗衡的村社。殖民地法庭通常捍卫村社至少维持最基本生存的土地所有权和最低限度的自主权。也就是说,由此形成的农业生产模式和农村社会结构中,村社和庄园相互对立又相互依存,二者之间的平衡由殖民地政府负责协调。村社、庄园、殖民地的官员都不想打破这种平衡关系。因此,1810年,伊达尔戈领导的起义队伍抵达墨西哥中央地区时,这里的绝大多数农民待在家里,而当地贵族则在墨西哥城的媒体上发布公告,宣布他们的村社忠于殖民政府。18世纪末,虽然中央地区的农民反抗庄园主侵占村社土地和政治自主权利的地方性抗议、骚动,甚至零星的暴力事件不断增加,但是绝大多数争端仅仅引起短期的、示威性的暴力事件,并最终在殖民地的法庭上得到解决。直到1810年,暴力性的武装起义对于中央地区的村社农民没有吸引力。

从墨西哥城撤军,使起义军失去了获胜的最好机会。11月7日,起义军在阿库尔科附近与保王军遭遇,惨遭失败。随后,伊达尔戈和另一起义领袖阿连德兵分两路,伊达尔戈前往巴里亚多德,再去瓜达拉哈拉,阿连德去瓜纳华托。

与墨西哥城周围的中部地区不同,伊达尔戈领导的起义在瓜达拉哈拉得到了热烈的响应。瓜达拉哈拉是哈里斯科地区(在殖民地时期被称为新加利西亚)最重要的城市。最初,瓜达拉哈拉城的规模较小,周围地区的农业人口也不密集。由于印第安人较少,同时也没有发现贵金属,被吸引到这里定居的西班牙人也不多。18 世纪以前,哈里斯科的商品经济并不发达。西班牙人一般经营畜牧业,因为与种植作物相比,放牧牲畜所需要的劳动力较少。印第安村社农民靠种植作物和制造手工产品为生,如果不通过强制,他们很少到西班牙人的庄园上工作,正因为如此,与其他地区不同,在哈里斯科,劳役摊派制(repartimiento)一直延续到 18 世纪。

然而,18 世纪中期以后,哈里斯科的经济结构发生了急剧的变化,印第安村社农民的生活随之严重恶化。与其他地区一样,农村人口迅速增长,长期的劳动力短缺现象结束了。瓜达拉哈拉的城市市场迅速扩大。随着对庄园产品的需求增加、劳动力更易获得,投资于生产商品性作物的庄园更加有利可图了。从贸易和矿业中获得财富的西班牙人购买地产,同时修建新的,或者改建原有的灌溉设施。在哈里斯科中部地区,土地贵族实力增强,日益成为一个稳定的地主阶级。①

18 世纪后期,大庄园的主要劳动力来自庄园常驻雇工。庄园常驻雇工(被称为 sirviente)每月工资 4 比索,加上足够的玉米配给。一般情况下,庄园雇工每年欠庄园的债务为一到两个月的工资,这意味着,他们在工资之外还可得到五到十比索的商品或现金。这些债务并不能阻碍他们离开庄园,很多雇工在未偿清债务的情况下在不同庄园间流动。瓜达拉哈拉周围的中等庄园内生活的家庭一般拥有约 200 人,能提供 50 到 70 人的固定劳工。大庄园一般拥有 600 到 1000 人,提供 150 到 400 人的固定劳工。② 由于享有较高的工资和安全感,哈里斯科的庄园雇工的生活条件远高于巴希奥,因此,毫不奇怪,1810 年后,在这里,庄园雇工中没有发生大规模的反抗和暴动。③

土地灌溉面积扩大,作物种植面积增加,牧场缩小。满足瓜达拉哈拉市场的小麦产量大大超过了满足当地农民消费的玉米产量。到 18 世纪

---

① Eric Van Young, *Hacienda and Market in Eighteenth-Century Mexico*, University of California Press, Berkeley, 1981, p. 117.
② Eric Van Young, *Hacienda and Market in Eighteenth-Century Mexico*, pp. 245—269.
③ John Tutino, *De la insurrección a la revolución en México*, *Las bases socials de la violencia agrarian*, 1750—1940, p. 150.

末,特别是1785—1786年的饥馑发生后,由于玉米产量跟不上人口增长带来的需求,玉米价格暴涨。就此而言,18世纪后期,哈里斯科的农业生产结构的变化与巴希奥基本类似,但是,由此带来的社会变化却存在着很大的差异。与巴希奥不同,在哈里斯科,与大庄园并存的是大量的印第安村社。村社居民也向庄园提供季节性的劳动力,但占庄园劳动力的比例很小,通常不到10%。这与墨西哥城周围的中部谷地完全不同。在墨西哥城周围的皮拉雷斯庄园(Hacienda de Pilares),1791—1795年间,付给周围村社居民的工资占了庄园开支的55%。因此,在哈里斯科,庄园与村社之间不存在一种相互依赖的关系。

18世纪后期发生的农业变革使哈里斯科的村社陷入了严峻的困境。村社土地越来越不能养活不断增加的村社人口,村社内部、村社之间、村社与大庄园之间的土地争端持续增加。1750年之前,印第安村社生产的玉米在满足自身消费后,还将剩余部分销往瓜达拉哈拉的市场,但到18世纪后半期,玉米产量满足基本的需要已成严重问题。1785—1786年,一场严重的干旱袭击墨西哥,哈里斯科地区也不例外。玉米大量减产,灾荒致使大量村社居民丧生。在萨尤拉(Sayula)周围的一些村庄,当地牧师估计,大约三分之一的印第安人因饥饿致死。这样,18世纪末,饥饿的哈里斯科的村社居民与大庄园之间围绕着土地资源的冲突不断升级,在他们看来,这场饥荒与其说是一场自然灾害,不如说是一场社会危机。他们的怨恨矛头,直接指向了当地的大庄园主。1809—1810年发生在巴希奥的饥馑虽然没有波及哈里斯科,但伊达尔戈起义的消息传来,哈里斯科随即爆发了农民暴动,参加者主要是村社居民。

三

由以上的分析看出,1810年爆发的墨西哥独立运动期间农民起义的直接导火线虽然是西班牙国内政局的变化,但有着深刻的社会根源。18世纪后半期农村地区商品经济的发展,大庄园的扩张,生产模式的转变,严重危及了庄园雇工和租佃农、村社农民的生存,正是在这种社会背景下,由伊达尔戈等被边缘化的土生白人上层领导的起义才得到了如此众多的农民参加和支持。越是在商品经济发达的地区,农民的处境越是困难,起义得到的支持越强,参加起义的农民越多。由于土生白人领导者与下层农民之间的目标不一致,由于许多地区(如墨西哥中部谷地、圣路易斯波托西等地)的农民仍站在政府军一边,1811年,伊达尔戈领导的农民起义失败。此后,农民运动转入游击战争,但到 1820年,农民游击运动也基本上被平息,1821年,在伊图尔维德的领导下,墨西哥以一种保守的方式实现了独立。

长期以来,学术界认为,随着墨西哥的独立,土生白人上层的利益和地位得到巩固,1810年开始的墨西哥农民运动最终失败。墨西哥的农民运动,作为一场"社会革命"而言,要等到一个世纪之后,即 1910年爆发墨西哥革命之后才真正开始。① 但是,上世纪末以来,也有一些学者提出了不同的观点。例如约翰·图提诺通过对巴希奥地区的研究得出结论,在为期十年的独立运动期间,农民对农村地区的财产权和生产组织提出了挑战,大庄园主受到严重冲击、对生产的直接控制减弱,小农场(rancho)、租佃农取代大庄园成为基本的生产单位。以大多数民众的基本生存为代价、为少数大庄园主带来高额利润的大规模的商品性农业转变为以家庭为基础的、满足农民基本生存需要为主的生产模式。② 这些小农场和租佃农主要生产供自身消费的玉米,以及部分满足地方市场的农牧产品。如果从商品经济的利润角度来衡量,农业生产是下降了。但是,农民的实际消费和生活水平却提高了。尽管独立后自然灾害也周期性地发生,在墨西哥,却没有类似独立战争前夕那种普遍性的饥馑发生。

商品性的大农业还是家庭经营的小农业更有助于经济的发展,一直是一个存在争议的问题。根据传统经济学的解释,小农经济尽管可能为农民带来暂时的现实利益,但长远来看,它不利于资本积累,限制了市场的发育,阻碍了经济的全面发展。但也有学者认为,高度集中的、严重限制劳工等直接生产者的利益的生产体制,尽管为社会上层带来了较多的利润,但从长远来看,却限制了经济的增长和大众福利的提高。19世纪,正是在由中小生产者控制农业生产的美国和加拿大,获得了经济的快速增长。"在19世纪的新世界,如果由众多生产者和消费者组成的市场是实现经济增长

---

① 持这种观点的著作如 John Lynch, *The Spanish American Revolutions, 1808—1826*, New York: W. W. Norton & Company, 1986; Lester D. Langley, *The Americas in the Age of Revolution, 1750—1850*, Yale University Press, New Haven, 1996。

② John Tutino, "The Revolution in Mexican Independence: Insurgency and the Renegotiation of Property, Production, and Patriarchy in the Bajio, 1800—1855," *Hispanic American Historical Review*, Vol. 78, No. 3, 1998, pp. 367—418.

的最佳途径,那么迫使巴希奥地区的农业发生重构的起义者(以及查尔科等地迫使生产和收入由大庄园转向家庭的村民)的贡献就不仅仅是为自身获取了短期的好处。他们还推动墨西哥摆脱精英控制的生产模式——这是历史上最有可能阻碍经济增长的模式——转向生产、市场和消费中参与性更大的模式——这是为快速的、更加平等的经济增长创造基础的模式。"① 从这个意义上讲,作为一场"社会革命"而言,墨西哥独立战争期间的农民运动并不是完全失败的。

但是,这种有助于经济的快速增长和社会平等的发展模式遭到社会上层地主的反对。19世纪下半期,随着上层地主的政治权力得到巩固,他们逐步剥夺了农民在独立战争期间获得的利益,重建殖民地后期那种大规模的商品农业,到19世纪晚期迪亚斯统治时期,大规模的商品性农业重又占据了主导地位,并最终引发了1910年的大革命。墨西哥革命中,大庄园制再次受到严重冲击,土地改革被列入1917年的宪法,20世纪30年代卡德纳斯政府时期,进行了较为彻底的土地和农业改革。随着大地产被摧毁和农民村社经济的建立,1937年后墨西哥的商品农业生产下降,到1940年,下降到5年前的水平。因为一方面,在资金来源上,村社农民比不上大庄园主;另一方面,土地易手后,种植的作物种类也发生了改变。过去,大庄园全部或部分地经营面向国内外市场的商品农业,而村社农民主要生产供自身消费的产品,脱离了市场经济。从商品经济的角度来看,农业产量的确下降了,但农民生活水平并未恶化,相反,农村地区食物的消费反倒有所提高。② 这与19世纪上半期墨西哥独立后的情形难道不是极为类似吗?

从这个意义上看,1910年的萨帕塔领导的农民革命与1810年伊达尔戈领导的农民运动背后的根源有着本质的相似之处。20世纪末,墨西哥政府推行新自由主义改革,为了鼓励外国在农业部门投资,为了促进商品农业的发展,修改宪法第27条,中止土地改革,1994年1月1日,在恰帕斯州爆发了"萨帕塔民族解放军"的起义。③ 回顾历史,"萨帕塔民族解放军"的起义与独立战争期间和墨西哥革命期间的农民运动的历史连续性难道不是显而易见吗? 回顾独立战争期间墨西哥农民运动的历史,使我们更加清

---

① John Tutino, "The Revolution in Mexican Independence: Insurgency and the Renegotiation of Property, Production, and Patriarchy in the Bajio, 1800—1855," p. 412.
② Héctor Aguilar, Lorenza Meyer, *A la Sombra de la Revolución Mexicana*, Aguilar, León y Cal Ediciones, 1989, p. 157.
③ 董经胜:《玛雅人的后裔》,北京大学出版社2009年版,第148—149页。

楚,在现代化进程中,选择什么样的农业发展模式、如何处理国家与农民的关系,直接关系到社会的稳定和现代化的成败。

(本文作者系北京大学历史系教授)

Discussion on the Origin of the Peasant Movement during the Mexican War of Independence
Dong Jingsheng

Abstract: The growth of silver mine industry in Mexico and free trade policy of the Bourbon Dynasty of Spain in the late 18th century stimulated the demand for farm and pasture products. At the same time, the regrowth of population put an end to labor shortage earlier. As a result, commodity economy of ranches prospered with increasing profits, whereas circumstances of peasants, most of whom Indians working at ranches, deteriorated, especially during the famine in the late 18th and the early 19th centuries. After the outbreak of the Mexican War of Independence in 1810, hired laborers in Bajío and ejido peasants in Jalisco became the mainstay of the peasant movement. Fundamentally, the peasant movement during the War of Independence shares obvious similarities with and is a continuation of the peasant movement during the 1910—1917 revolution and the uprising led by the Zapatista Army of National Liberation in 1994.

Key words: Mexican War of Independence, Miguel Hidalgo, Cry of Dolores, hacienda, ejido

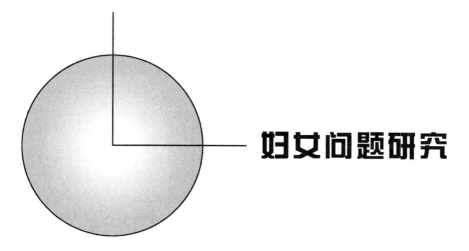

妇女问题研究

东亚式女性学方法论的实践性转换

——以韩国为中心的考察

〔韩〕曹珠铉

【内容提要】 在韩国社会,女性运动的政策化是在从经济现代和政治民主化过渡到新自由主义的转折点上实现的。笔者认为,方法论上的转换有利于东亚女性学理论的建设。以往的社会实践理论偏重于具体的问题意识,即语言、法律、市场等较为稳定的社会因素。若想系统、全面地树立社会理论,需要整合已有的多种社会实践理论。由布兰顿(Brandom)提出的以规范性判断理论为中心建构的实践理论可以满足这些整合的要求。鉴于此,本文解析女性学者对哈丁和哈拉维研究的再阐释,从中探究方法论转换之可行性,并说明社会实践才是方法论转换的起点。同时,以韩国"性工作者运动""烛光示威""比基尼事件"为主要案例,具体展开有关交战式政治在方法论上的调试和重整所呈现的理论启示。

【关键词】 韩国女性运动;女性学理论;实践理论;交战式政治;东亚女性运动的转换

一、绪论

自1980年以来,随着社会的动荡和巨变,韩国的女权运动引起了人们对性别不平等问题的关注。特别是,在1997年发生亚洲金融危机后上台的金大中政权,亟须履行由国际货币基金组织(IMF)提出的一系列经济、社会层面的结构调整。这种结构调整本身带有新自由主义特征,显然对倾向进步主义的金大中政权造成了一定的混乱。巴西、印度的实例证明,进步政权转变为新自由主义虽屡见不鲜,但彼时金大中政权积极配合国际货币基金组织提出的增强社会福利的要求,且大部分采纳妇女界对性别平等政策的主张,或多或少源于这种政权认同定位的混乱。尽管如此,仅从性别平等政策的制度化层面考察,近二十年来韩国女性运动的成果着实令人刮目相看。这些制度性变化紧随高学历女性人口的剧增和女性劳动人口的市场流入,改变了人们对性别不平等问题的刻板印象。

当然,所谓的变化都不是一成不变的。带有新自由主义特征的结构调整始于进步倾向的金大中—卢武铉政权,紧接着李明博政权进一步巩固之,到如今新自由主义的竞争体制逻辑已渗透到竞争力最薄弱的阶层。事实上,新自由主义社会的重构过程迥然不同于经济现代化,但韩国国民普遍对经济现代化抱有信心,自然将新自由主义伦理视为经济现代化伦理的结晶,并毫无保留地接受了。不过,经历过急速发展和新自由主义重构的韩国社会,难免发生利益分配不均衡的问题,但政府的对策又不能面面俱到。除此之外,各种错综复杂的因素使人们跟不上社会变化的步伐。例如,通过房地产投资和股价暴涨跻身于中产阶层的新生富豪们(1955—1963年出生,现50岁及60岁以上的人)和饱受由新自由主义体制带来的冲击的人群(40岁以上)之间存在不可逾越的隔阂和矛盾。

在韩国社会,女性运动的政策化是在从经济现代和政治民主化过渡到新自由主义的转折点上实现的,正好可以说明最近人们在对待性别平等政策的问题上为何表现出那样的反应。例如,随着女性劳动人口的激增,性别平等政策将性别差异问题扭曲为社会性别冲突问题的意图更为露骨。相对高学历女性人口的增加,与之相应的工作岗位却急速减少,这种僧多粥少的就业环境助长了年轻人之间的矛盾。再者,从围绕服兵役加分制度和女性育儿休假制度展开的争论中可以看出,韩国社会弥漫着性别平等问题越发倒退的气氛。如果说,女性运动的终极目标在于通过制度的改善,带动社会成员的意识变化,那么现在正是重新回顾女性运动的目标与战略的最佳时期。因为包括法律和制度在内的所有形式上的社会制度,其存亡与否主要取决于依据个人或他人的价值判断进行的调试和重整。笔者认为,女性学者若想对上述问题有所建树的话,需要在方法论上有突破性的转变。

相较于西方国家,韩国在极短的时间内形成了"表面上"的现代化,根本就没来得及适应社会变化,更不能积累与之步调相一致的社会实践。众所周知,西方国家的现代化过程相对漫长,伴随各种社会制度的启动,与之相应的社会实践紧跟其后。自然,社会实践日积月累,最终内化于社会基础结构。所以,即使不刻意强调社会实践,可见形式的社会制度皆能获得显著的效果。与之相比,韩国在新自由主义的重构过程中失去了摸索和积累社会实践的机会。问题是,对于已失去的部分,韩国没有合适的理论来审视和勘定。笔者认为,唯有方法论上的转换才能挽救这种局面。而且方法论上的转换对于那些正处于从现代化过渡到新自由主义的国家同样很重要。

社会实践是丰富社会结构的重要手段,而丰富的社会结构又是丰富生命的前提。另一方面,多种实践有助于提高社会效率,西方社会和东亚社会在谋求高效率的过程中,大多用新自由主义的理念来再构社会。换言之,新自由主义社会体系的基础是自由市场经济体系的效率性。也就是说,高效率不受中央集权的支配,反倒是以个人单位的较为零散、即兴的信息和判断为主,随机性和临时性很强。市场经济体系将所有价值简单化,使得信息的组合和判断能够迅速进行。这样,在最短的时间内创造最大的利益。不过,信息的简单化,导致了社会实践不够精密的后果。

方法论上的转换还有利于女性学理论在后期现代化社会中摸索出适当的出路。本文基于上述的问题意识,试图展开以下论题:第一,以韩国为主,探讨女性学者们的理论建树及其局限性。第二,解析女性学者对哈丁(Harding)和哈拉维(Haraway)研究的再阐释,从中探究方法论转换之可行性,并说明社会实践才是方法论转换的起点。第三,以往的社会实践理论偏重于具体的问题意识,即语言、法律、市场等较为稳定的社会因素。若想系统、全面地树立社会理论,需要整合已有的多种社会实践理论。笔者认为由布兰顿(Brandom)提出的以规范性判断理论为中心建构的实践理论可以满足这些整合的要求。最后,举例简略说明这些实践性转换得到实现后,韩国社会现存的各种有关女性学的论点应该怎样阐释。

二、韩国女权政治理论版图

韩国的女性运动之所以在较短的时间内收效甚丰,在法律、制度层面得到可喜的成果,主要是因为许多女性运动家和团体以社会性别政治为旗帜团结一致的缘故。[1]

　　韩国的社会性别政治所标榜的认同政治言简意赅地明示自身的政治目标，以扩大政治影响力，这与以往的认同政治方式如出一辙。但前提是，这样的认同政治战略难免以牺牲多元性为代价，才能发挥效率。若想进一步巩固通过认同政治而获得的运动成果，运动方式的多样化是重中之重。而且社会成员要认识到这种多样化的过程不是倒退，而是稳定既有的认同政治的重要一环。但有两个因素会对此形成障碍：第一，放弃成功战略，选择成败未卜的新战略总是很难。第二，对运动成员来说，因社会不平等带来的难堪经历记忆犹新，尝试新的运动方式显得格外不合时宜。韩国女性运动面临的危机体现出认同政治的这些特点。

　　引领社会性别政治的运动家们接受了金大中—卢武铉政权时期的性别平等政策，在具体的执行过程中又不失时机地抓住了转变为女性政策顾问的机会，那些坚守女性运动的运动家们也不无例外地承接女性政策事业，自然而然其势力范围缩小到政府的影响圈内。李明博政权时期加强了女性运动的制度化，女性运动随之失去了动力。虽早已料到性别政治的成功将会带来的负面影响，但从长远目光看，这些接受政府的小恩小惠的结果终究还是得不偿失。政府推出的女性政策和一系列的研究课题，或多或少给女性运动家们增添了不少的利益，她们过于乐观地接受了这些资助和关心（回过头来，那只是暂时的），到头来却失去了扭转女性运动方向的最佳时期。

　　那些"洁身自好"的女性运动家们不断摸索新的女性运动方向，但新运动的意义和具体目标还茫无头绪。至于社会性别政治不足以满足从小在相对富裕的经济条件下成长的女性群体，相当一部分女性学者们的见解也流于表面，认为这是女性运动成果逐渐退步的症候。特别是，自从接受性别平等政策以来，迈向新自由主义社会的步伐进一步加快，这时解析年轻一代女性的欲求变得难上加难。

　　笔者认为，韩国的这种现状涵盖了东亚女性运动和西方女性运动面临的难题。而要从根本上解决这些问题的方法，需要探索可以代替性别政治的女性运动方式。具体而言，除在实践理论的基础上嫁接女性学理论外，

---

[1] 〔韩〕曹珠铉：《女性主体性的政治学：性·知识·权力》，2000年，首尔出版社。

还需将社会性别政治转换为柔韧性更强的交战式政治(agonistic politics)。①

在此要说明的是,交战式政治不是基于传统理念上的政治战略,而是随着社会的发展和进步,形成系统、科学和有机的社会实践方式。交战式政治与其说基于政治理念,还不如说植根于社会效率这一科学方法论,所以可塑性和容纳性很强。相较于协商民主理论(deliberative democracy)以解决争议、减少分歧为终极目的,交战式政治更多侧重于社会成员之间的沟通和交流。② 如果从交战政治理论中提炼出现实实践意义的话,有助于扩展和深入女权运动的可行性研究。

三、女权运动认识论的实践性转换和女权政治

女性的声音何以博得"更为客观"的地位? 在这一问题上女权理论不仅和实践理论互为支撑,也逐步发展为互补互动的关系。③ 这一过程演绎为自成系统的理论。即,它涵盖怎么纳入和收编诸多弱势群体的主张,怎么激活社会成员的想象力,以扩张社会空间等内容。哈丁④和哈拉维⑤的研究正好能说明这些女权主义认识论的发展阶段。

---

① agonistic politics:希腊语"agon"(有奖竞技),指艰难的搏斗,引申为 agonism,agonistic politics,agonistic pluralism 等词,意为不以击败对方为主要目的,而是尊重对方,并正当地展开竞赛。——Wikipedia,"agonism", https://en.wikipedia.org/wiki/Agonism (accessed September 4, 2015)。

② 不管是显在的(explicit)还是潜在的(implicit),都以快速导出解决方案为主要目的,这在一定程度上限制了被压抑群体的声音,并导致了效率和创新空间的缩小。有关效率空间问题的探讨,参见杰日尼(Zerilli, 2012)的研究。交战式政治是有助于扩展效率和创新空间的政治战略,在这一点上比协商民主理论略胜一筹。

③ Rouse, "Feminist Challenges to the Reification of Knowledge," *How Scientific Practices Matter: Reclaiming Philosophical Naturalism*, Chicago: The University of Chicago Press, 2002, pp. 135—160.

④ Harding, *The Science Question in Feminism* (1986), Ithaca: Cornell University Press, 1991.
Whose Science? Whose Knowledge? Thinking from Women's Lives, Ithaca: Cornell University Press.

⑤ Haraway, *Simians, Cyborgs, and Women: The Reinvention of Nature*, New York: Routledge, 1991.
Haraway, *Modest_Witness@Second_Millennium. FemaleMan© _Meets_ OncoMouse™: Feminism and Technoscience*, New York: Routledge, 1997.

一群弱势群体若想发出自己的声音,首先要做到打破主流话语的绝对客观地位。然后要举出合情合理的理由,以显示自己的主张并非空谈,而是具备客观性的。女权主义认识论通过普世主义与相对主义的论争,体现了这样的过程不能凭靠现代理性伦理来施展。因为它以客观性和表面上的标准衡量真理,这明显与人的生命条件无关。①

另一方面,实践理论明确意识到现代理性在概念上存在的问题,并提出了对策。即,实践理论认为"客观性"或"真理"的概念源于启蒙理性,而启蒙理性植根于科学实践及科学法则之严密性,然而启蒙理性对这两者的解释是错误的。比如库恩②的分析明确指出,物理学的实践方式和物理学的严密性是决然不同的。物理学上的实践在追求目标的过程中通过不断的调试和整合,重新设定目标,这样的规范性判断(normative judgment)③有助于增强效率。但启蒙理性认为只有严密和精确的实践性才能提高效率。库恩④的研究还指出,科学性实践在意识形态发生骤变的革命时期体现得尤为鲜明。

如上所述,"客观性"或"真理"的概念均源于启蒙理性,如果我们承认这些启蒙理性植根于对科学性实践及科学之严密性的错误阐释,那就能明白在吸纳弱势群体的主张时,女权主义认识论的依据也应摆脱"客观性"或"真理"的既有框架。换言之,不是说弱势群体的论点远比主流话语公允和客观,而是因为主流话语是决定社会实践的主体。不同群体的诸种社会实践被评价并得以维持、变化甚至消灭,而这些社会实践恰恰又是主流话语的主要组成部分。

社会实践的重要特征是稳定性和可塑性:稳定性基于既有的价值体系上逐渐形成的某种潜在的社会制约和规范。社会成员对以往的行为做出判断时,往往不会采取大刀阔斧的改进方式,而是通过局部的改善和调整,以求行之有效的改进方式;可塑性指任何一种行为模式和社会规范,尽管在多数人的自主选择这一问题上毫无疑问,但随着时间的推移和社会的变

---

① 〔韩〕曹珠铉:《超越普世主义与相对主义:女权政治学的实践性转换》,载《社会工作》2014年第24期,第7—42页。

② Kuhn, *The Structure of Scientific Revolutions*, Chicago: The University of Chicago Press, 1962.

③ 实践理论指的规范性(normative)不包含道德含义。它是在实践过程中判断符合(correct)与不符合(incorrect)/适合(appropriate)与不适合(inappropriate)/合理(rational)与不合理(irrational)/对(right)与错(wrong)的准绳。

④ Kuhn, *The Structure of Scientific Revolutions*.

化,也会与之相应地需要调整。这样来看,合理的选择抵挡不住时间的考验。比如,在原始社会,无形中的规范和实践非常苛刻,但随着社会群体的扩大,不可能严格遵守这些严格的规则,进而社会实践的核心部分转化为法律、制度和政府机关等具体的内容。再者,随着社会的发展,自由、正义和平等的观念需要重新定义,个人的喜好和判断已不再起决定性作用。但万变不离其宗的是,个人的判断直接反映判断标准,而判断标准又影响个人的判断。两者在不断互动的过程中,形成有效的社会机制。

另外,弱势群体的谈论空间比主流话语的要广阔,选择的余地也多。尽管这种多元性带来的高效率或多或少会降低生活的稳定性,但最终还是会给社会成员创造更加美好的生活。笔者认为,这是说服人们采纳弱势群体之主张的基本论调。从这一实践理论的观点来看,哈丁以"强悍的客观性"(strong objectivity)概念为例主张弱势群体的声音更容易确保客观性的论点,说明她尚未摆脱现代理性逻辑的思想框架。笔者认为,哈丁的女权立场论对女权主义认识论的最大贡献在于如哈贝马斯(Habermas)和罗兹(Rawls)一样呈现了现代理性的结构和作用原理,而且使人们较为系统地明白了其局限性。哈拉维在从现代过渡到后现代的转型期提出了吻合时代要求的多种概念和战略,从这一点上正好与哈丁的女权主义认识论形成互补。笔者曾多次强调包括哈丁和哈拉维在内的女权主义认识论,在不失均衡的实践理论之框架内愈加鲜明。①

女权主义认识论的问题应从实践理论着手的主张已占上风,在消除性别不平等问题的政治战略模式上也同样侧重于实践理论。这从侧面说明,现代理性在后期现代社会处境下已走向没落。社会性别政治作为现代理性的具体实践,也需要重新调整。笔者认为交战式政治(agonistic politics)是接近政治战略的一种形式。交战式政治意味着不排斥政治矛盾,而是将不同的政治见解作为不同群体之间积极交流和碰撞的切入点,营造一种自由、平等的平台。

---

① 〔韩〕曹珠铉:《从实践理论看女权认识论:女性知识生产的重审》,载《妇女研究》2013 年第 23(2)期,第 7—42 页。
〔韩〕曹珠铉:《从实践理论看哈拉维的女权主义:以物质—符号的实践性概念为主》,载《社会思想文化》2014 年第 30 期,第 1—38 页。
〔韩〕曹珠铉:《哈丁的后现代立场伦:变化与局限》,载文圣薰编:《现代女权主义的问题》,首尔出版社,2016 年,第 89—116 页。

交战式政治战略首次被阿莱特①提出,被穆碧②和杰日尼③等多名女性政治理论家所接受和认可。

笔者认为,女权主义认识论在实践理论之大框架内初具雏形,交战式政治理论若要在后期现代学界、政界站住脚跟,务必条分缕析,使女权主义认识论更加系统化。目前,交战式政治容易被看作是与认同政治相抵牾的微观政治战略,结果作为一种扩张的政治方式的自我定位被全盘否决,反倒沦为倒退的反动策略。

四、实践理论的再构

社会实践由属于实践范畴的行为和按照规范评判行动的行为构成。成员的资格也取决于属于实践范畴的行为和评判行为的能力。社会主要由核心实践构成,所谓合理性人格指的就是有能力实践和评判的人。社会成员的规范性地位来自于其他成员的认可(recognition),一旦得到其他成员的认可,他/她就自觉地担负起遵守规范的责任(responsibility)。认可度越高,树立权威(authority)的空间越大,还可以将部分义务和责任施加给其他成员。通过社会成员之间的认可和被认可,形成相互对称的责任意识,对权威的依赖也超越主观性,获得规范性地位。布兰顿提出的社会实践模式结合了责任、权威或从属、行为能力等内在于所有实践行为的双重因素,将相互认可(reciprocal recognition)整合为一种社会模式。④

布兰顿⑤将形而上的实践理论转化为具体而系统的形象,其中树立实

---

① Arendt, *The Human Condition*, Chicago: The University of Chicago Press, 1961.
"Truth and Politics," *Between Past and Future*, New York: Penguin, 1958, pp. 234—259.
② Mouffe, *On the Political*, New York: Routledge, 2005.
③ Zerilli, *Feminism and the Abyss of Freedom*, Chicago: The University of Chicago Press, 2005.
④ Brandom, "Reason, Genealogy, and the Hermeneutics of Magnanimity," Paper presented at the University of California at Berkeley—Howison Lectures in Philosophy, 2013, 13 March.
⑤ 布兰顿结合康德(Kant)、黑格尔(Hegel)、海德格尔(Heidegger)等德国理想主义(German idealism)和塞拉斯(Sellars)的实用主义,提出了自己的实践理论。实践理论的光谱非常广,被很多研究者提及。笔者认为布兰顿的研究最具体,足以成为社会科学方法论的核心理论。有关实践理论的解释仁者见智,甚至看法相反。如 Joseph Rouse, "Practice Theory," *Handbook of the Philosophy of Science. Vol. 15*: *Philosophy of Anthropology and Sociology*, Elsevier 2007: 630—681; Stephen T. Turner, *Understanding the Tacit*, New York: Routledge, 2014.

践榜样的科研成果值得注意。① 布兰顿将语言实践细化为义务性分数记录（deontic scorekeeping）模式。首先，各个成员在奉献（commitments）②和资格（entitlements）③栏上为自己和其他成员长期保持计分，并将计分的分数综合起来构成分数函数（score function）。分数函数由包括自我在内的对每个成员的评价和分数的累积构成。也就是说，所有行为的意义取决于评价规范，结果对成员的评价分数会变成特殊形式。这意味着分数函数包含着各个行为的意义及其评价规范。即，分数函数包含各个行为的意义被计分决定的过程评价规范。通过这一过程，各个成员的行为不仅成为被评价的对象，也对其作为行为评价标准的评价规范施加影响，进而完成反馈性过程（feedback process）。④

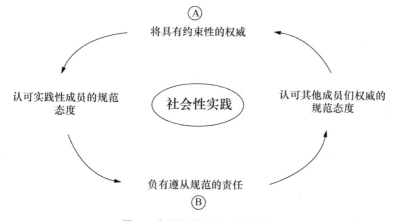

图1 布兰顿的社会实践模式

布兰顿认为针对个人行为进行的评价，实际上是从过去不断累积的评价延续到当前的，这种多年赓续的评价又反过来为社会成员的下一步评价提供参照。至于从这些累积的历史评价中怎么分辨出过去的规范，布兰顿

---

① Brandom, *Making It Explicit: Reasoning, Representing, and Discursive Commitment*, Cambridge: Harvard University Press, 1994.
② 奉献（commitments）这一用语，一般指对谁的主张（statement, claim）附议并为之提供相应的根据。有的学者翻译为"公约"。
③ 资格（entitlement）比委任（commitment）这一用语要恰当，有资格主张（entitled to）指有充分的理由和根据提出自己的主张。有的学者翻译为权力。
④ Brandom, *Making It Explicit: Reasoning, Representing, and Discursive Commitment*, pp. 180—186.

认为,这主要取决于可称为社会实践之综合的生之样式(forms of life)。①对布兰顿来说,人的合理性始于对这些规范或传统等从过去社会实践的评价,按照"合理的理由"(reasons)来判断是否将其纳入自我再构的规范或传统。"合理的理由"还包含哪种评价会使社会实践变得更"有效"的考虑。个人的评价或阐释经过下一个评价人的严格审核,决定是否将其纳入下一个评价人的新的规范范畴。当然,个人的评价难免被下一个评价人评为是错误的。事实上,所谓的合理性是由多年累积的经验和判断组合,这一过程包含选择性淘汰和存留;人们认为合理、有效的行为模式会得到继承和发展,反之被淘汰。生活方式的演变和走向,自然会和社会成员的进步紧密相连,即社会成员的想象力和求新的欲望,推动和制定"合理性"的具体意义和价值。

如上所述,布兰顿的社会实践主要以"效率"、"合理"为例,试图呈现出历史合理性的理论框架。不过,实践理论本身着重强调的是实践本身也会出错的事实。比如,各个成员的评价偏于盲目和原始,这时的实践只能是"非效率"的。即使如此,布兰顿分析的通过利用实践理论追溯累积评价的整个过程,揭示了"非效率"的实践得以持续和强化的内在因素。以布兰顿的"效率"实践为例,说明"非效率"实践得以持续和强化的原因是各个成员的评价日积月累的结果。通常的评价可以是群体的,但从本质上来讲是个别的。特别是后期现代社会,各个成员的评价个性鲜明,社会的"非效率"实践得以转型、消灭或再生的契合点正是由个人进行评价的那一瞬间。用布兰顿的话来说,个人对决定自我生命的社会实践进行合理再构的过程本身就是维持实践或转型的契合点。即,通过个人的评价,社会实践的合理再构可以实现理性评价和积极自由,所以要明白评价本身就是营造"美丽社会"的重要时刻。② 如果我们认同布兰顿的上述分析,会达成以下共识:政治上的抵抗方式应摆脱集体评价,采取以个人评价为主要参照点的路线。

目前交战式政治战略体现了这种扩展形式的政治抵抗方式。在后期现代社会,提高社会效率的有效方法是要确保发挥创新能力的空间,这样既有的交战式政治理论也需要布兰顿式的实践性理论转换。鉴于此,笔者

---

① Brandom, *Tales of the Mighty Dead: Historical Essays in the Metaphysics of Intentionality*, Cambridge: Harvard University Press, 2002.

② Brandom, "Reason, Genealogy, and the Hermeneutics of Magnanimity."

在实践性理论方法论的基础上,研究了有助于从多元、立体的角度理解女权政治对女性从属问题和行为能力的理论方法。① 这有助于洞察诸如将新女性特征等现象是否视为女性意识的自我发掘,还是回归传统父权社会的倒退现象等问题。下一节结合近期在韩国社会展开的女性学论题提供崭新的视角。

五、在实践性契合点上看韩国女权运动的热点论争

实践性转换对女权主义认识论来说也是不可缺少的。这对女权政治战略也需要与之相应的调整和变化。即,韩国社会仍需要社会性别政治,以免男权中心和性别不平等现象死灰复燃。另一方面,鉴于多种实践是生成、扩散、辩驳的基础,政治战略应聚焦于各个成员的评价行为。这一节以2004年性工作者运动、2008年烛光示威和2012年耍小计——比基尼示威作为典型案例,论述韩国女权政治中实践性转换所体现的体征。②

实践理论的分析方法论尚未成熟,在不同领域被理论家们有限制地提及。③ 实践理论方法论始于方法论上的个人主义(methodological individualism)。合理性(rationality)作为人类的典型特征,它按照对履行(performance)的是非对错或适当不适当等规范性判断能力而被规定。方法论上的个人主义所彰显的微观社会机制(social mechanism)通过这样的规范性判断过程提供将社会目标最佳化的规范性力量(more or less optimizing normative force)。比如,游戏理论(game theory)利用效用的最大化(utility maximization)筛选的结果也同样是规范性力量起作用的特殊情况。④

当然精确描述包括微观社会机制在内的社会实践之生成、变化和消灭的整个过程,实属难事。后期现代社会的社会机制已超出微观社会机制的范畴,再加上可以通过宏观概念来把握的社会现象也稍瞬即逝。这时,唯

---

① 〔韩〕曹珠铉:《从实践理论看女权认识论:女性知识生产的重审》。
② 曹珠铉的《超越普世主义与相对主义:女权政治学的实践性转换》曾收录这些案例,本文从实践方法论的角度进行阐释。
③ 至于将理论家们归入实践理论家或交战式理论家的说法,理论家们对此分类莫衷一是,存有质疑。而且建构统一的实践理论方法,亟须借鉴和汲取不同理论中的精髓。尽管有这些难题,笔者敢断言统一的实践理论不仅是可行的,而且是在女权理论和社会科学理论领域里最首要的课题。
④ Aumann, "Game Theory," *The New Palgrave Dictionary of Economics*, Second Edition, 2008.

有采取按图索骥的方法,追溯微观社会机制之作用轨迹,才能起作用。这同样适用于消除性别不平等问题的政治战略。进一步说,改变法律、制度等形式上的社会实践不仅在统筹不同政治需求的阶段有需要,更重要的是在制度改革后的执行过程中,为保证成员的积极参与,创建和维持公共空间(public sphere)将是不可忽视的核心政治战略。下面,结合上述分析考察 21 世纪头十年韩国社会的女性运动开展的方式。

(一) 2004 年性工作者运动

性工作者运动自 2004 年制定《性买卖特别法》以来进行了将近两年,但没有得到公允的评价。[①] 韩国市民对 2008 年的烛光示威和 2004 年的性工作者运动持有截然不同的态度,相比前者被高度评为开了新市民运动的先河,后者则受到了冷落和耻笑。即使假设性工作者运动并非出于自主、自发的行动,而受到性买卖业主群体的唆使和资助才兴师动众、抛头露面,但这种行为本身不仅令人震撼,且从实践的角度来讲实属难能可贵。

从实践性观点来看,社会运动的主体在发出自己的声音和主张时,自然而然会接触到其他社会成员,并通过观察和分析其他成员的反应,逐渐形成自我意识和问题意识。在此意义上,女性活动家们较为坦率的反应,从侧面折射出性工作者运动所蕴含的实践性意义。[②]

不少女性团体活动家们积极响应性工作者女性群体的示威,并站在她们的立场上表示支持和理解。通过这次活动,活动家们从一个崭新的角度观照性买卖,摆脱了以往视性买卖为暴力的思想窠臼。而且展开反性买卖运动的活动家们也认识到了《性买卖特别法》等宏观政策所具有的局限性,承认女性性工作者是具有法律权益的主体。无论是支持还是反对性工作者运动,这些活动家们通过此次运动了解到了社会实践是通过社会成员们的行为及通过对行为加以判断而生成、维持、变化和消灭的,也明白了倾听女性性工作者们的声音,优先考虑她们的需求,这种形式才是更有效的运动/政策方向。

以往的女性运动团体、研究者、公务员、政客们接触性工作的方式未免太强硬和刻板,认为女性性买卖工作者若想从国家和社会得到补偿,应以

---

① 〔韩〕曹珠铉:《后期现代社会与危机:交战式政治的可能性》,载《经济和社会》2012 年第 95 期,第 163—189 页。

② 女性运动家们对性买卖活动的反应,依据笔者在 2011 年 1 月和 2 月进行的面谈资料。

受害者女性为中心团结女性力量。

首先聆听性买卖女性工作者的声音,再从社会成员的观点出发对之进行辩驳和说服的过程,对具有制度保障的团体来说,这种方式显得微不足道和低效率。这是因为有些人主张,性买卖女性政策本身就是二者选一的问题,在废除和合法化之间做出正确的选择,就能省略不少的"低效率"环节。即,可以省略聆听性买卖工作者们的声音和从社会成员的角度进行辩驳和说服的议论过程。但那些白纸黑字的规定和政策并不是万能的,因为"潜规则"不受法令的约束,在政策施行过程中影响社会成员的价值判断。所以,可以表明自己的立场,并随时可以互动和得到反馈的社会空间本身就能起到维持、转化、消灭社会规范的角色。换言之,确保这样的社会空间存在远比选择政策要重要得多。

拿性买卖运动来说,实践理论只是抉择禁止/合法化或制定特定法案/法制化的出发点,而且政策更不是一成不变的,而是需要不断修订、改订甚至取缔等调试过程。这不仅是因为性买卖问题本身很复杂,也是因为其性质将随着社会共同体的变化而变化。① 性买卖问题不是简单靠法律和制度来解决的,而是随着法制化社会的实现,包括当事人在内的社会成员通过判断将性买卖的特征和法制化的效果不断调试和再构。反过来讲,这样的调试和变化再度影响社会成员的判断。所以,正确理解这种动态过程才能找到解决性买卖问题的对策。

(二) 2008 年烛光示威

2008 年的烛光示威与性工作者运动事例形成鲜明的对比,表现了社会实践之另一面。烛光示威从参与者的构成和参与动机来看,明显和性工作者运动有区别。烛光示威在进行初期由"少女们"点燃,成熟期出现了社会各界不同阶层的女性,参与者的 70% 是女性。② 很多研究者评价烛光示威

---

① 实践理论的特征与认同政治所标榜的现代启蒙理性形成鲜明的对照。认同政治认为政策才是解开所有问题的钥匙,而且主张政策不被社会情况所左;实践理论和交战式政治适合在后期现代社会政策万能的解决方式走投无路时,派上用场。即使出发点是认同政治,最终抵达的还是交战式政治,因为它才是最能说明社会实践的政治战略。——Linda Alcoff, "Who's Afraid of Identity Politics?" *Reclaiming Identity*: *Realist Theory and the Predicament of Postmodernism*, edited by Paula Moya and Michael Hames-Garcia, Berkeley: University of California Press, 2000, pp. 312—344。

② 〔韩〕金英玉,《从女性主义观念看烛光示威和女性政治主体性》,载《亚洲妇女研究》2009 年第 2 期,第 7—34 页。

是"敲响韩国社会运动的新纪元"的第一声,①利用网络平台推动的社会运动,②"初中生和家庭主妇等新阶层自觉参与"的市民运动。③ 网络平台和移动技术在烛光示威中起的作用,与"阿拉伯之春"和"占领华尔街运动"一样,结合了IT扩散和去中心化的网络社交活动。但占70%的参与者都是女性的事实实属罕见。而且,这些女性和"以往的社会运动或致力于女权运动的女性"截然不同。她们是"厌倦于应试教育和被剥夺文化空间的十几岁青少年和在男性中心社会遭到排斥的女性",还有看似与政治无关的20—30岁"高跟鞋部队"女性、婴儿车部队和以40—50岁家庭主妇为主的"母亲们",她们大多是网络社交平台的会员。④

以往不能在示威场合露面的这些队伍大举出现,说明政治气候发生了变化。可以说,20世纪80年代有明确的抵抗对象,示威往往以个人的牺牲为代价。相比来讲,李明博政权对烛光示威的对策使示威变得旗帜不鲜明,但相对较为安全,热点话题也都是日常性的。个别的研究者认为,烛光示威主要以日常性的热点话题为主,没有产生具体的政治影响,因此需要"更加专业的由上而下的政治框架"。⑤ 反过来讲,正是这样的日常性特征拉动了网络社交群体中的女性会员。

据李率针对20—30岁的网络女性会员进行的一项研究表明,这些网络社交女性群体并非一味地接受由新自由主义社会的消费刺激带来的消费文化,反倒使之多样化。通过网络社交会员之间的互动,这些女性"培养了尊重自我/照顾自己的权力,学到了在社会上表现自我的能力"。⑥ 包括烛光示威在内的多种政治实践也始于这些女性在美容、护肤等网络空间,这些网络平台不仅使她们懂得了怎么发出自己的声音,而且在不断互动的

---

① 〔韩〕申晋旭:《政治危机与社会运动的新周期:2008年烛光示威后韩国社会面临的民主主义难题》,载《记忆与未来》2008年第19期,第96—130页。
② 〔韩〕白旭寅:《烛光示威与大众:信息社会的大众群体》,载《趋势和前景》2008年第74期,第159—188页。
③ 〔韩〕高敬旼、宋孝真:《网络抗议、政治参与和民族性》,载《民主与人权》2010年第10(3)期,第233—269页。
④ 〔韩〕金英玉:《从女性主义观念看烛光示威和女性政治主体性》,第15—16页。
⑤ 〔韩〕李项雨:《网络社会运动与从下而上的集体行动》,载《经济和社会》2012年第93期,第244—274页。
⑥ 〔韩〕李率:《从20—30岁女性的政治参与经历看女性主体性——以网络女性三国会员的活动为中心》,梨花女子大学硕士学位论文,2011年,第104页。

环节中积累了社会经验。①

女性的政治实践通过 IT 技术的发达和文化空间的生成得以充分展开,这在以个人的规范性判断为作用机制的社会实践特性上来看是预料之中的事。因为社会实践不为宏观特征所左右,一般不受制于文化条件,就能开展多样的活动方式。尽管不是只要扩展实践空间就能确保效率,但可以肯定的是,宏观控制越是难以起效,实践性特征的重要性越能突出。②

(三) 2012 年"耍小计—比基尼事件"

组织这次运动的女性主要由网络社交会员构成,这些 20—30 岁的女性通过"耍小计—比基尼事件"③体现了更加进步的政治实践方式。这一事件的原委是,进步人士有关性话题的一场言论引起了纷争,有些人称进步运动团体一直对性暴力问题有着根深蒂固的误区,并将矛头指向那些称他们暴露了进步运动团体的通病和无知的人们。另一些人认为关于性话题的言论不一定和性暴力问题有直接联系,应摆脱这种一边倒的思维模式。

当时有一个被称为"三国咖啡"的网络社交平台引人注目,她们发出"三国咖啡共同声明",④阐明了自己的立场。她们对"耍小计—比基尼事件"表明立场后,一一列举"烛光示威首次亮相后"凭着"自觉的意志","勇往直前"的政治活动,最后对戏称"耍小计"的进步人士和保守人士提出忠告。⑤

我们从她们发出的三国咖啡共同声明中能够领略到她们在政治实践上所表现的成熟和真诚,声明中谈道:"我们才认识到原来进步的抱负更沉重。但我们绝不会因为它沉重而放下它或与之妥协,更不会得过且过。因

---

① 〔韩〕李率:《从 20—30 岁女性的政治参与经历看女性主体性——以网络女性三国会员的活动为中心》。
〔韩〕金永恩:《大酱女和 AGORA:20—30 岁女性的网络公共空间》,2012 年韩国文化与社会协会秋季会议论文。
② Castells, *The Information Age: Economy, Society and Culture*, Oxford: Blackwell, 2009—2010.
③ 〔韩〕金秀珍:《ID 主体与女性政治主体化——以"耍小计—比基尼事件"为主的考察》,载《韩国妇女研究》2013 年第 29(2)期,第 1—38 页。
④ 指的是有关美容、化妆、时尚方面的韩国三大女性社交网络:"双花可可茶""摄灵时尚""化妆"会员数分别为 8 万、16 万、35 万。
⑤ "三国咖啡共同声明":http://blog.daum.net/lub-hyuk/33,访问日期 2013 年 9 月 21 日。

为我们不能让我们的女儿们重蹈覆辙。"我们很难否认她们的坦诚和刚毅带给我们的点滴感动,更不会指责她们初生牛犊不怕虎。

政治的实践方式不是树立目标后按部就班完成的。从实践理论的观点来看,目标如移动的靶子,可变性很大,因而会经历整体方向和战略的调整和变化。所以,形成了多元的政治实践方式竞争共存的局面。但如果对政治实践和判断反应迟钝时,"言论如惊厥般"报道层出不穷,三国咖啡体现的政治实践"把竞赛交托给身体魁梧的男人",由"进步的啦啦队"主导,所以"一开始就不是在一个起跑线上,仍像是在看20岁女孩儿的雕虫小技,这些事实她们绝不会知道"。①

比基尼示威的本质是"将物化的女性身体当政治示威的工具用"。这一事实衍生出这样一个问题:"新女性主体将身体的性别作为表现政治行为的有力筹码,这与新自由主义文化将性别物化的内在主体怎么区分?"②这一现象被称为新女性性(new femininities),这是女权理论从20世纪80年代以来一直致力于研究的有关女性主体的从属(subjection)和行为(subjection)能力问题的典型例子(subjection)。这一问题的核心在于维持女性的从属地位,同时社会实践或权利等影响女性自由的因素会为女性打造可以实现积极自由的创新性空间。所以,新女性现象是否属于女性从属的表现还是行为能力的表现,探讨这一问题本身就说明已陷入女权主义认识论的诱惑。我们可以从交战式政治中找到对这些现象的正确认识,因为交战式政治允许社会成员对这些现象的评价和辩驳。③

社会共同体对某些社会实践导出来的共识也难免有错。所以我们要致力于保持活跃的讨论空间,这种富有弹性的空间不以导出结果为目标,而是保持讨论空间的活跃和自由。从这一实践理论的观点来看,"耍小计—比基尼事件"的意义与其说在于从物化的女性身体上导出正确的解释,还不如说在探索这种解释的过程中通过辩驳和互动打开创新性空间。这些经历会使女性找到新的政治实践方式。

---

① 《我们可不是进步主义阵营的啦啦队》:http://blog.naver.com/the_tree/80189401280,访问日期 2013.09.21。

② 〔韩〕金秀珍:《ID主体与女性政治主体化——以"耍小计—比基尼事件"为主的考察》,第8页。

③ 〔韩〕曹珠铉:《后期现代社会与危机:交战式政治的可能性》。

六、结论

笔者认为,进入后期现代社会的韩国,社会性别政治的凝聚力每况愈下的原因是,女权理论和政治战略无法应对妇女界面临的新问题。笔者将理论的可能性在从基于实践理论的社会科学方法论上整合,进一步强调交战式政治将成为这些理论的政治战略。这一研究在理论和政治上富有弹性,有助于理解变化中的韩国女性生活。本研究揭示了通过性别政治获得的女性运动成果得以延续的可能性。

本文分析的实践理论方法论的意义在于为理解当今在东亚国家展开的各种女性运动提供了较为系统而均衡的视角和参照。通过以后的研究,希望为东亚国家面临的性别不平等问题提供可行有效的战略,还希望所有社会成员们意识到包括女性在内的弱势群体不是社会的负担,而是积极提高社会效率、激发创新实践的源泉。

(本文作者系韩国启明大学教授)

Toward a Practical Turn of the East Asian Feminist Methodology: The Case of Korea

Cho Joo-hyun

Abstract: Policy-making of feminist movements in the ROK was made possible when economic modernization and political democratization transitioned to neoliberalism. One holds that a methodological turn is conducive to the theorization of East Asian Feminism. Previous social-practice theories focused more on concrete issues, such as language, law, market and other more stable social factors. However, if more systematic and comprehensive social theories are to be established, one need to integrate various existing theories on social practice. The practice theory proposed by Robert Brandom centering on the normative judgement theory will enable this integration. Thus, by reinterpreting the studies on Harding and Haraway by feminist scholars, this article probes into the feasibility of a methodological turn and proves that social practice is its starting point. In addition, by analyzing such major cases as the Korean sex workers' movement, the Candle Light demonstration and the Nakkomsu-bikini demonstration, the article unravels the theoretical implications for the methodological shift and reintegration of the agonistic politics.

Key words: Korean women's movement, feminist theory, practice theory, agonistic politics, turn of the East Asian feminist movement

中国特色社会主义男女平等观的理论基础①

魏国英　仝　华　王成英　史春风　冯雅新

【内容提要】 中国特色社会主义男女平等观的理论基础是马克思主义男女平等理论及其中国化的成果：马克思、恩格斯等人在资本主义上升时期揭示妇女受压迫根源和妇女解放条件与途径的男女平等理论是理论基础的源头，以毛泽东为主要代表的中国共产党人揭示中国妇女解放特点、路径与规律的男女平等理论是本土理论基石，以邓小平、江泽民、胡锦涛、习近平为代表的中国共产党人在改革开放新时期提出的坚持走中国特色社会主义妇女发展道路的男女平等理论是直接理论依托。

【关键词】 中国特色；社会主义；男女平等观；理论基础

马克思主义男女平等基本理论及其中国化的成果，是中国特色社会主义男女平等观的理论基础，是中国共产党在社会主义初级阶段倡导和践行男女平等的指导思想。

一、马克思主义男女平等理论是中国特色社会主义男女平等观理论基础的源头

马克思、恩格斯等人对19世纪资本主义上升时期劳动妇女的悲惨境地给以极大关注，深入探讨了妇女受压迫地位形成的根源，科学分析了妇女解放的条件和根本途径，创立了马克思主义男女平等理论。列宁、斯大林继承了马克思主义男女平等理论的认识论、方法论和基本观点，并在俄

---

① 本文为2012年国家社科基金第一批重大项目（文化类）"男女平等价值观研究与相关理论探讨"（项目编号12&ZD035）的成果之一。

国无产阶级掌握了国家政权后,通过一系列具体措施落实这些观点,使其由一般抽象上升为具体个别,逐步制度化。马克思主义男女平等理论内容十分丰富,主要体现在以下几个方面:

(一)男女两性在人类两种生产中的同样作用是男女平等的前提和基础

马克思主义创始人始终强调物质资料的生产和人自身的生产是人类存在和发展的必要条件。在《家庭、私有制和国家起源》1884 年第一版序言中,恩格斯指出:"根据唯物主义观点,历史中的决定性因素,归根结蒂是直接生活的生产和再生产。但是,生产本身又有两种。一方面是生活资料即食物、衣服、住房以及为此所必需的工具的生产;另一方面是人自身的生产,即种的繁衍。一定历史时代和一定地区内的人们生活于其下的社会制度,受着两种生产的制约:一方面受劳动的发展阶段的制约,另一方面受家庭的发展阶段的制约。"①女性在人类物质生产中发挥着巨大作用,在人类自身生产中做出了不可替代的贡献。人类早期母系制的确立,是女性在生产领域里起主导作用的反映。在《英国工人阶级状况》中,恩格斯以翔实的数据指出,在资本主义自由竞争时期,大量妇女参加了工业生产,尤其是纺织工业,为资本主义经济的起步与发展奉献了血汗。倍倍尔在《妇女与社会主义》中指出:"生儿育女的妇女对国家做出的贡献决不小于用自己的生命抗击侵略成性的敌人来保卫家园的男子。"②妇女作为母亲,不但在肉体上养育下一代,更在精神上哺育下一代,"即使最天才的人物也是由母亲所生,他所具备的最优秀的素质往往归功于母亲"。③ 斯大林从国家未来发展的角度揭示:"女工和农妇是我们青年——我们国家的**未来——的母亲和教养者**。她们能摧残孩子的心灵,也能为我们教养出心理健全、能把我们国家推向前进的青年。"④马克思主义经典作家关于两种生产的科学论断,既充分肯定了妇女在物质生产中的巨大作用,也对妇女在人类自身生产中的特殊作用赋予了社会意义和价值,为男女平等提供了科学的理论武器。

(二)男女不平等源自私有制,消除不平等首先要消灭私有制

剥削阶级思想家总是认为不平等是永恒的,不平等的起源是人们不同

---

① 《马克思恩格斯选集》第 4 卷,人民出版社 2012 年版,第 2 页。
② 〔德〕倍倍尔:《妇女与社会主义》,中央编译出版社 1995 年版,第 299 页。
③ 同上书,第 247 页。
④ 《斯大林全集》第 5 卷,人民出版社 1957 年版,第 284—286 页。

的天赋和习得技能、不同的能力和资源所导致的。马克思主义则认为,造成包括男女不平等在内的人的不平等的根本原因是私有财产的产生,是私有制的建立。原始社会后期,随着生产力的发展、社会大分工的发生,剩余产品越来越多,私人占有制度出现。私有制的最初萌芽就表现在家庭关系中,妻子和儿女是丈夫的奴隶。家庭中的这种还非常原始和隐蔽的奴隶制,是最初的所有制,但就是这种所有制也完全符合现代经济学家所下的定义,即所有制是对他人劳动力的支配。男子利用他们对生产工具与产品的控制,使原始社会时期妇女在劳动中占据的主要地位逐渐被排挤,也使她们在人类自身生产领域逐步丧失了主导权。私有制得以确立,父权制最终取代了母权制。母权制被推翻既是社会进步,也是"女性的具有世界历史意义的失败"。① 私有制的产生导致社会分裂为剥削者和受压迫者,阶级对立与两性对抗是财产私有产生的结果,同时,私有制又加强并巩固了男性对妇女的统治,妇女的这种从属地位一直延续至资本主义社会。

既然男女不平等是伴随着人类私有制的产生而产生、发展而发展的,那么,只有消除私有制、实行全部生产资料归社会所有的新制度,才能从根本上消除两性的对抗,结束妇女受奴役的状态。马克思主义经典作家提出,未来的共产主义社会是一个生产资料归社会所有,消除了一切剥削,实行各尽所能、按需分配原则的"自由人联合体"。那时,社会成员均为自由人,因为"不是每一个人都得到解放,社会也不能得到解放"。② "每一个人"当然也包括广大妇女在内。而且,"随着阶级差别的消灭,一切由这些差别产生的社会的和政治的不平等也自行消失",③ 当然也包括男女不平等的消失。随着私有制的废除,平等的扩大必然成为人类发展的趋势。

(三)妇女参加社会生产是男女平等的首要条件,无产阶级解放运动是实现男女平等的现实路径

马克思主义创始人非常强调社会生产的重要性。他们认为,"劳动只有作为社会的劳动",或者换个说法,"只有在社会中和通过社会","才能成为财富和文化的源泉"。④ 而女性之所以受压迫,就是因为男性主宰了社会生产而迫使妇女与之脱离并深陷家务劳动之中。因此,男女平等的首要条

---

① 《马克思恩格斯选集》第 4 卷,人民出版社 2012 年版,第 66 页。
② 《马克思恩格斯选集》第 3 卷,人民出版社 2012 年版,第 681 页。
③ 同上书,第 371 页。
④ 《马克思恩格斯全集》第 25 卷,人民出版社 2001 年版,第 14 页。

件就是妇女回归社会公共事务,使她们不再因经济地位与男子不同而受到压迫。恩格斯特别强调,"妇女解放的第一个先决条件就是一切女性重新回到公共的事业中去",①"妇女的解放,只有在妇女可以大量地、社会规模地参加生产,而家务劳动只占她们极少的工夫的时候,才有可能"。② 这种既有定性又有定量要求的科学论述,指明了男女平等实现的重要条件。

马克思主义者还强调,要把性别解放与阶级解放结合起来,使两种生产的主体真正成为社会革命与建设的主体,他们提出"未来属于社会主义,而首先属于工人和妇女"③的主张;认为无产阶级只有不分性别地团结在一起才能获得解放,实现平等与自由;妇女要想获得解放就必须投身到工人运动中去,"没有妇女的酵素就不可能有伟大的社会变革",④"没有广大劳动妇女的积极参加,社会主义革命是不可能的"。⑤ 但是,无产阶级解放与妇女解放还不能完全等同,妇女解放更复杂而艰难,这是由经济、政治、文化等多种因素所决定的。

(四) 社会主义为推进男女平等提供了制度保障,而实现男女平等是一个漫长的历史过程

俄国十月革命胜利后,列宁清醒地认识到,在推翻私有制、妇女广泛参加社会劳动后,男女平等还不可能真正实现,还需要依靠国家力量持续推动。列宁一再强调,国家要把改善妇女地位作为重要的任务,主张妇女要参与国家的政治、经济、文化、组织、监督等一切公共生活领域,使女工不但在法律上而且在实际生活中都能同男工平等。而要做到这一点,就要使女工多多地参加公共企业和国家的管理。⑥

列宁、斯大林领导的苏维埃政权确立了"妇女有同男子平等的选举权和被选举权"⑦的宪法原则和相关法律政策,但也认识到法律的局限性。列宁指出:尽管颁布了种种解放妇女的法律,但妇女仍然是家庭奴隶,因为琐碎的家庭事务压迫她们,窒息她们,使她们愚钝卑贱,把她们缠在做饭管小孩的事情上;极端非生产性的、琐碎的、劳神的、使人愚钝的、折磨人的工作

---

① 《马克思恩格斯选集》第4卷,人民出版社2012年版,第85页。
② 同上书,第178页。
③ 〔德〕倍倍尔:《妇女与社会主义》,中央编译出版社1995年版,第504页。
④ 《马克思恩格斯全集》第32卷,人民出版社1974年版,第571页。
⑤ 《马克思恩格斯列宁斯大林论妇女》,中国妇女出版社1990年版,第327页。
⑥ 同上书,第306页。
⑦ 《世界宪法大全》上卷,中国广播电视出版社1989年版,第1063页。

消耗着她们的精力。什么地方和什么时候开始了反对这种琐碎家务的普遍斗争(为掌握国家权力的无产阶级所领导的),更确切地说,开始把琐碎家务普遍改造为社会主义大经济,那个地方和那个时候才开始有真正的妇女解放。① 为此,他倡导改革家庭制度,使家庭的经济职能、服务职能、教育职能社会化、现代化;主张根据妇女自身特点和家庭特点,设置保障妇女权益的社会制度;提出苏维埃政府要大办公共食堂、托儿所、幼儿园,以减轻妇女们的家务负担。

马克思主义认为,包括男女平等在内的人的平等,是要由历史的进程、工业状况、商业状况、农业状况、交往状况等多种因素促成的,不可能一蹴而就。因为人类"要从这种相对平等的原始观念中得出国家和社会中的平等权利的结论,要使这个结论甚至能够成为某种自然而然的、不言而喻的东西,必然要经过而且确实已经经过了几千年"。②"只有在现实的世界中并使用现实的手段才能实现真正的解放……当人们还不能使自己的吃喝住穿在质和量方面得到充分保证的时候,人们就根本不能获得解放。"③包括男女平等在内的人类的解放与平等,只能是按照社会发展的客观规律进行,它是一个复杂的历史进步过程,是一种历史实践活动,而不是思想活动。

诚然,自19世纪40年代马克思主义产生以来的170多年间,人类的物质生活和精神生活发生了巨大变化,但马克思主义男女平等理论依然对全球劳动妇女的解放运动具有指导意义。因为,马克思主义经典作家在资本主义上升时期所揭示的男女不平等根源和实现男女平等途径的社会历史条件,并没有被超越;他们所秉持的无产阶级男女平等的立场、观点和方法,对于当今广大劳动妇女争取平等自由来说并没有过时;他们对妇女参加社会大生产、投身社会实践和家务劳动社会化的积极倡导,依然是当代妇女获得平等权利的指导原则。马克思主义男女平等理论符合当今中国妇女解放与男女平等的客观要求,是社会主义中国确立男女平等价值观和实施男女平等基本国策理论基础的源头。

---

① 《马克思恩格斯列宁斯大林论妇女》,中国妇女出版社1990年版,第289页。
② 《马克思恩格斯选集》第3卷,人民出版社2012年版,第480—481页。
③ 《马克思恩格斯选集》第1卷,人民出版社2012年版,第154页。

二、毛泽东男女平等理论是中国特色社会主义男女平等观的本土理论基石

以毛泽东为主要代表的中国共产党人,在中国人民争取民族独立和人民解放的征程中,从中国的历史状况、社会现实和妇女实际出发,依据唯物史观基本原理,揭示了中国妇女解放和男女平等的特点与规律,探索出中国妇女解放的正确道路,实现了马克思主义男女平等理论中国化的第一次历史性飞跃。毛泽东思想中的男女平等理论,主要包括以下几个方面:

(一)在反帝反封建斗争中实现中国男女平等的独特路径

男女平等始终是中国共产党领导妇女解放运动的主要目标。上世纪20年代,李大钊就指出:"女权运动底主要的要求在各国都是相同。此等要求可大别为四:一、属于教育者:享受与男子同等的教育的机会。二、属于劳工者:任何职业选择的自由,与同类工作的同等报酬。三、属于法律者:民法上,妻在法律前应与以法律的人格的完全地位并民法上的完全权能。刑法上,所有歧视妇女的一切条规完全废止。公法上,妇女参政权。四、属于社会的生活者:须承认妇女之家庭的、社会的工作的高尚价值与把妇女排出于各种男子活动的范围以外生活的缺陷、粗糙、偏颇与单调。"[①]中国共产党旗帜鲜明地表达了自己对于中国男女平等目标的认识:"妇女在政治上、法律上、经济上、教育上、社会地位上,均应与男子享平等权利。"[②]对于男女平等的内涵,1939年毛泽东强调:"什么叫做女子有自由、有平等?就是女子有办事之权,开会之权,讲话之权,没有这些权利,就谈不上自由平等。"[③]1941年《陕甘宁边区施政纲领》也明确提出:"依据男女平等原则,从政治经济文化上提高妇女在社会上的地位,发挥妇女在经济上的积极性,保护女工、产妇、儿童,坚持自愿的一夫一妻婚姻制。"[④]

由于近代中国半殖民地半封建社会的特殊政治经济情势,中国人民深

---

① 李大钊:《现代的女权运动》,《李大钊全集》第4卷,人民出版社2013年版,第20页。
② 《中国共产党对于时局的主张》,《中共中央文件选集》第1册(1921—1925),中共中央党校出版社1989年版,第308页。
③ 毛泽东:《妇女们团结起来》,《毛泽东文集》第2卷,人民出版社1993年版,第166页。
④ 毛泽东:《陕甘宁边区施政纲领》,《毛泽东文集》第2卷,人民出版社1993年版,第336页。

受多重压迫,广大人民群众,不论男女,都是被压迫者。向警予说:"在这种立场中的中国妇女,如若死板板地刻定十八世纪欧美各国女权运动的旧程序,闭着眼睛依样葫芦地喊男女平权,以为只要取得和本国男子同等的地位,便算目的已达,那么,结果就会是:参政运动成了功,一班桀黠的妇女趁机闯入北京或各省的猪圈,伙同一般男性的猪仔干那祸国殃民的勾当。职业运动成了功,女子脱离被保护的地位投入社会谋独立的生活,那时候,便可随时随地直接领略外国帝国主义和北洋军阀土匪般掠夺的滋味。总而言之,在中华民国未能达到独立自由和平统一以前,漫说妇女的彻底解放不可能,就是十八世纪欧美妇女所悬为目标的女权也决难办到。"①1927年,毛泽东深刻揭露了"四大绳索"对中国女子尤其是对农村妇女的严重束缚。他指出:政权、族权、神权、夫权,"代表了全部封建宗法的思想和制度,是束缚中国人民特别是农民的四条极大的绳索"。而这其中,"地主政权是一切权力的基干",地主阶级的政权一旦被打倒,其他的权力"便一概跟着动摇起来"。② 这是造成男女不平等的社会总根源。妇女解放、男女平等的前提是推翻地主资产阶级政权,建立新生的无产阶级政权。"现代妇女所以至于被奴属的地位,完全是私有财产制度的罪恶。私有制度不废除,妇女解放永做不到彻底;同时劳动解放运动正是向废除私有制度方面前进,故妇女解放与劳动解放实有极大关联。"③1928年,中共六大通过的《妇女运动决议》指出:"只有社会主义的胜利能彻底解放妇女,现时中国的民权革命中也只有在无产阶级领导之下彻底的摧毁半封建宗法社会的束缚,能引导妇女群众到解放之道路。"④1939年,毛泽东在延安纪念"三八"妇女节上的讲话中再次阐述了妇女解放与社会解放的关系:妇女解放是社会解放的一个组成部分,离开了社会解放运动,妇女解放是得不到的;同时,没有妇女解放,社会解放也是不可能的。因此,要真正得到社会解放,就必须发动广大妇女来参加;同样,要得到妇女的真正解放,妇女们也必须参加社会解放的斗争。女子要和男子团结起来反对外国帝国主义的压迫,反对汉奸、顽固

---

① 向警予:《今后中国妇女的国民革命运动》,《向警予文集》,人民出版社2011年版,第166页。
② 《毛泽东选集》第1卷,人民出版社1991年版,第31页。
③ 《对于妇女运动之决议案》,《中共中央文件选集》第1册,第370页。
④ 《妇女运动决议》,《中共中央文件选集》第4册,中共中央党校出版社1989年版,第431页。

分子、土豪劣绅的压迫,女子更应该自己站起来,打破社会的歧视和压迫。①因此,共产党领导的中国妇女解放与男女平等运动,从一开始就明确了自己的途径:中国的妇女解放,不是向男子求平等,而是通过民族解放、阶级解放,追求中国妇女的全面解放。这是中国争取男女平等的独特路径。

(二) 广大劳动妇女是争取男女平等、推动社会前进的主体力量

20 世纪 20 年代,毛泽东在考察湖南农民运动时就看到了农妇的力量。他指出:"妇女占人口的半数,劳动妇女在经济上的地位和她们特别受压迫的状况,不但证明妇女对革命的迫切需要,而且是决定革命胜败的一个力量。"②"世界上的任何事情,要是没有女子参加,就做不成气。我们打日本,没有女子参加,就打不成;生产运动,没有女子参加,也不行。无论什么事情,没有女子都绝不能成功。"③"妇女解放,突起异军,两万万众,奋发为雄。男女并驾,如日方东,以此制敌,何敌不倾,到之之法,艰苦斗争,世无难事,有志竟成。有妇人焉,如旱望云,此编之作,伫看风行。"④"假如中国没有占半数的妇女的觉醒,中国抗战是不会胜利的。""全国妇女起来之日,就是中国革命胜利之时。"⑤

新中国成立后,毛泽东进一步强调:"中国的妇女是一种伟大的人力资源。必须发掘这种资源,为了建设一个伟大的社会主义国家而奋斗。"他还形象地指出:"在社会主义建设中,要充分发动妇女,好比一个人有两只手,缺少一只不行,缺少了妇女的力量是不行的,两只手都要运用起来。"⑥1964 年 6 月,毛泽东在北京十三陵同青年谈话时讲道:"时代不同了,男女都一样。男同志能办到的事情,女同志也能办得到。"⑦这些论述,充分肯定了妇女与男子同样是社会活动的主人,是社会主义建设必须依靠的力量,是社会进步的动力。

---

① 《毛泽东文集》第 2 卷,人民出版社 1993 年版,第 166—171 页。
② 毛泽东:《中国共产党红军第四军代表大会决议案》,《毛泽东文集》第 1 卷,人民出版社 1993 年版,第 98—99 页。
③ 《毛泽东文集》第 2 卷,第 167 页。
④ 《毛泽东年谱》中卷,中央文献出版社 2013 年版,第 128 页。
⑤ 中华全国妇女联合会编:《毛泽东周恩来刘少奇朱德论妇女解放》,人民出版社 1988 年版,第 44—45 页。
⑥ 《毛泽东文集》第 6 卷,人民出版社 1999 年版,第 452—453 页、第 458 页。
⑦ 《人民日报》1965 年 5 月 27 日。

（三）男女平等离不开生产力的发展，妇女参加社会生产获得经济独立至关重要

毛泽东在《湖南农民运动考察报告》中指出："夫权这种东西，自来在贫农中就比较地弱一点，因为经济上贫农妇女不能不较富有阶级的女子多参加劳动，所以她们取得对于家事的发言权以至决定权的是比较多些。"①

进入抗战相持阶段后，1939年2月，毛泽东为陕甘宁边区妇联会第二次扩大执委会题词："开展边区妇女工作应当从生产入手。"1940年2月，他在给中共中央妇委的一封信中，更明确提出："妇女的伟大作用之一在经济方面，没有她们，生产就不能进行，而边区妇女工作之少成绩，我看主要在没有注意经济方面。"毛泽东还进一步阐明，妇女工作只要重视提高她们在经济上、生产上的作用，其他的一切政治上的问题、文化上的问题也就容易解决了，"离开这一点就很勉强"②。同年10月，朱德在一篇纪念十月革命的文章中也深刻指出，"中国妇女要能够真正独立地生活，就必须首先打破经济的束缚，积极参加社会各部门的生产，妇女的解放不能依靠男子，只能依靠自己，依靠自己的生产运动"③。

新中国成立后，1956年10月，毛泽东接见南斯拉夫妇女代表团，在谈到中国妇女参加政府和全国人民代表大会的比例现在还是少数，将来至少应和男同志一样时指出："这个目标只能在全世界不打仗了，都进入了社会主义社会，那时生产有了高度的发展，人民的文化、教育水平有了很大的提高，才可以完全实现。""只有当阶级社会不存在了，笨重的劳动都自动化了，农业也都机械化了的时候，才能真正实现男女平等。"④这些论述，深刻地阐述了这样一个道理：妇女的解放离不开生产力的发展。而妇女通过参加生产劳动实现自身经济地位的提高，是实现男女平等的最根本条件。

（四）国家政策、决策以及法制建设是推进男女平等的重要保障

通过政策法令与法制建设推进男女平等，是中国共产党人的一贯主张和实际行动。通过这种政策引导和宣传倡导，促进妇女接受教育，提高自身素质。1929年7月，在毛泽东的倡导下，闽西苏维埃政府创办了闽西第

---

① 《毛泽东选集》第1卷，第32页。
② 《中国妇女运动历史资料(1937—1945)》，中国妇女出版社1991年版，第261页。
③ 《毛泽东周恩来朱德刘少奇论妇女解放》，第106—107页。
④ 《毛泽东文集》第6卷，第491页。

一所夜校——新泉工农夜校,成为妇女接受教育的阵地。后来在新泉又办起了18所夜校,学员发展到700余人。① 1932年,中华苏维埃共和国临时中央政府下令:"为要提高妇女政治文化的水平,各级的文化部应设立妇女半日学校,组织妇女识字班,可办家庭临时训练班、田间流动识字班,教员由政府及各地学校教员及群众团体的干部来担任。"②在抗战时期和抗战胜利后,"边区女子教育,不但数量上是突飞猛进的,而质地与一般教育也有不同"。③ 1948年9月,中共中央解放区妇女工作会议的决议强调,妇女参加劳动,"以生产为中心",是妇女解放的关键,同时在生产过程中,"加强对于妇女的教育工作,提高妇女政治觉悟,文化水平,动员妇女参加民主建政,推进妇婴卫生(如举办妇婴干部训练班,组织中、西医药合作社等),保护妇女特殊权益。对于阻碍妇女参加政治、经济、文化活动的(首先是参加生产的)封建思想传统习俗,必须有意识地有步骤地去消除之。不应以为只要妇女参加生产,在社会上存留的一些对于妇女的封建束缚,就会自然而然地消除"④。

新中国成立后,党和国家领导人高度重视妇女的教育问题。1958年,毛泽东指出:"如果每年每人没有一千斤、两千斤粮食,没有公共食堂,没有幸福院,托儿所,没有扫除文盲,没有小学、中学、大学,妇女还不可能彻底解放。"⑤

中国共产党人重视以婚姻立法等形式,保障妇女婚姻家庭权益。1931年11月,由中华苏维埃共和国主席毛泽东签署的《中华苏维埃共和国婚姻条例》正式颁布。该条例共分七章二十三条,包括总则、结婚、离婚、离婚后的小孩抚养、财产的处理等内容。经过两年的实践后,1934年4月《中华苏维埃共和国婚姻法》重新颁布,除对《条例》的条文做了适当修改外,增加了保护军婚、承认事实婚姻、解决离婚妇女的土地权等内容⑥。毛泽东指出:

---

① 转引自中华全国妇女联合会:《中国妇女运动史》,春秋出版社1989年版,第299页。
② 江西省妇女联合会、江西省档案馆:《江西苏区妇女运动史料选编》,江西人民出版社1982年版,第62页。
③ 云:《陕甘宁边区突飞猛进的女子教育》,《中国妇女运动历史资料(1937—1945)》,第192页。
④ 《中国共产党中央委员会关于目前解放区农村妇女工作的决定》,《中国妇女运动历史资料》(1945—1949),第302—303页。
⑤ 全国妇联党组:《关于县及县以下妇联组织问题向中央的请示报告》(1958年11月18日),见中国妇女研究网,http://www.wsic.ac.cn/internalwomenmovementliterature_40。
⑥ 《红色中华》1932年2月24日。

"这种民主主义的婚姻制度,打破了中国四千年束缚人类尤其是束缚女子的封建锁链,建立适合人性的新规律,这也是人类历史上伟大的胜利之一。这婚姻制度的实行,使苏维埃取得了广大的群众的支持,广大群众不但在政治上经济上得到解放,而且在男女关系上也得到解放。"①

中国共产党人还重视通过各项法律政策保障妇女的政治、经济及其他利益。1928年,由毛泽东亲自制定的井冈山《土地法》就明确规定,分配土地的数量标准,"以人口为标准,男女老幼平均分配"②,从而确认了劳动妇女平均分配土地的权利。1931年11月颁布的《中华苏维埃共和国土地法》,更明确规定了"劳动人民不分男女都有得到分配土地的权利",鄂豫皖等根据地还单独发出通知,对已婚妇女能否带走自己的土地、寡妇能否分田做出具体规定,从而保证了妇女对土地的占有权和使用权。1947年10月颁布的《中国土地法大纲》,更明确地规定了劳动妇女平均分配土地的权利。

1931年11月,中国工农兵苏维埃第一次全国代表大会通过的《中华苏维埃共和国宪法大纲》,是中国历史上第一部体现男女具有同等选举权和被选举权的大法,根据地的妇女第一次享有并行使了自己的这个权利。新中国成立后,1954年9月颁布的第一部《中华人民共和国宪法》第九十六条规定:"中华人民共和国妇女在政治的、经济的、文化的、社会和家庭生活的各方面享有同男子平等的权利。"③法律的保障,使男女平等观念更加深入人心。

(五)建立健全妇女组织,培养一批"能干而专职"的妇女干部,是实现男女平等的必要条件

1926年,毛泽东通过对湖南农民运动的考察认识到,"最近农民运动一起,许多地方,妇女跟着组织了乡村女界联合会,妇女抬头的机会已到,夫权便一天一天地动摇起来"。④ 土地革命战争时期,毛泽东在苏区的农村调查中更深刻了解到妇女组织的作用。他认为,在苏区,妇女体现出的"革命战争中的伟大力量",主要原因就在于"女工农妇代表会的领导与推动"。

---

① 《红色中华》1934年1月26日。
② 《毛泽东农村调查文集》,人民出版社1982年版,第35页。
③ 中共中央文献研究室编:《建国以来主要文献选编》第五册,中央文献出版社1993年版,第541页。
④ 《毛泽东选集》第1卷,人民出版社1981年版,第　页。

因此,"每个乡苏维埃,都应该把领导女工农妇代表会的工作,放在自己的日程上",①要领导中国妇女运动,尤其是在广大的农村,没有健全的妇女组织,没有一批"能干而专职"的妇女干部是不行的。这是实现妇女解放的必要条件。

1939年2月,中共中央在《关于开展妇女运动的决定》中,要求"立即建立和健全各级党的委员会下的妇女部与妇女运动委员会,认真地经常检查与帮助其工作,使之成为党的各级委员会内最重要的工作部门之一"。同时强调,要动员全党的女干部起来担任妇女工作,全党应重视对女党员的吸收和女干部的培养。② 同年3月,《中共中央妇女运动委员会关于目前妇女运动的方针和任务的指示信》,对于各级妇女部和妇委的设置提出了具体意见。指示信再次强调:"如果我们轻视妇女工作,实际上将拖延革命和抗战胜利的到来。"③根据中央的指示精神,各地都成立了妇女部或妇女运动委员会。此外,各抗日根据地抗日救国联合会等妇女群众组织,也纷纷创建起来,奠定了开展妇女工作的组织基础。

新中国成立前夕,为适应全国革命形势的发展和妇女运动的需要,中国妇女第一次全国代表大会选举成立了中华全国民主妇女联合会,其宗旨是"实现男女平等,妇女解放"。妇女组织的建立与健全,妇女干部的培养与教育,使新中国的妇女解放运动得以深入发展。

综上所述,毛泽东思想中关于男女平等的理论,是中国共产党领导集体在继承马克思主义基本原理的基础上,结合中国国情与妇女运动实际,总结和概括出的适合中国妇女解放的男女平等理论。它不是对马克思主义男女平等理论的简单搬运,而是在妇女解放与男女平等的内涵、途径、方法、样式等问题上对马克思主义男女平等理论进行的适合中国国情的创新和发展。首先,它科学地论述了中国妇女受压迫不仅是封建私有制产生的结果,是阶级压迫的一种特殊表现,而且是中国宗法社会根深蒂固的男尊女卑的父权、夫权思想的统治结果,中国妇女要获得翻身解放,必须依靠整个无产阶级的翻身解放。倘若脱离了中国新民主主义革命、社会主义革命和建设的主流,孤立地进行妇女解放运动,妇女所受民族压迫和阶级剥削

---

① 《毛泽东文集》第2卷,第315页。
② 《中共中央书记处关于开展妇女工作的决定》,《中国妇女运动历史资料》(1937—1945),第136页。
③ 《中共中央妇委关于目前妇女运动的方针和任务的指示信》,《中国妇女运动历史资料》(1937—1945),第144—145页。

不但不能排除,妇女切身的基本权益也无法保障,所谓的男女平等只能是一纸空谈。其次,它认为中国妇女要解放,要获得男女平等,仅仅进行阶级斗争还远远不够,还必须配合思想战线、文化战线以及社会领域的一系列斗争。因为封建宗法社会压迫妇女的旧思想、旧道德、旧规范,不是单单依靠阶级斗争所能解决的,必须有相应的思想、文化教育和社会教育才能消除。正是在这一理论指引下,中国的妇女解放和男女平等运动才呈现了有别于西方的全新样态。直至今天,它依然是中国妇女运动的理论指南,是中国特色社会主义男女平等观的本土理论基石,因为它的出发点和落脚点符合中国社会主义初级阶段的现实国情,符合当今中国妇女解放与发展的实际要求,符合中国男女平等的历史进程与前进规律。

三、中国特色社会主义男女平等理论是现实中国男女平等观的直接理论依托

我国进入改革开放新时期以来,以邓小平、江泽民、胡锦涛、习近平为代表的中国共产党人,在改革开放、建设中国特色社会主义的实践中,继承和发展毛泽东思想中的男女平等理论,提出了一系列符合现实中国国情和妇女发展状况、具有时代特征的男女平等新观点、新思想和新论断,形成了中国特色社会主义男女平等理论,实现了马克思主义男女平等理论中国化的又一次飞跃。

(一) 树立马克思主义妇女观,坚持走中国特色社会主义妇女发展道路

1990年,江泽民在"三八"国际劳动妇女节八十周年纪念大会上发表重要讲话,重申"中国共产党用以指导妇女运动的理论,是马克思主义的基本原理及其妇女观";指出马克思主义妇女观"是运用辩证唯物主义和历史唯物主义的世界观、方法论,对妇女社会地位的演变、妇女的社会作用、妇女的社会权利和妇女争取解放的途径等基本问题作出的科学分析和概括","是马克思主义理论体系的组成部分",是文明进步的妇女观;特别指出"妇女和男子同是人类历史前进的推动者,同是社会物质文明和精神文明的创

造者,应该具有同等的人格和尊严、同等的权利和地位"。① 2013 年 10 月,习近平在同全国妇联新一届领导班子集体谈话时指出:"要坚定不移走中国特色社会主义妇女发展道路,这是实现妇女平等依法行使民主权利、平等参与经济社会发展、平等享有改革发展成果的正确道路。"②

(二) 确立并实施男女平等基本国策,将妇女发展纳入国家发展总体布局

实现男女平等一直是中国妇女运动发展的方向和追求的目标,也是中国共产党长期坚持的妇女运动的指导方针。1995 年 9 月,江泽民在联合国第四次世界妇女大会欢迎仪式上,代表中国政府庄严承诺:"中国政府一向认为,实现男女平等是衡量社会文明的重要尺度。""我们十分重视妇女的发展与进步,把男女平等作为促进我国社会发展的一项基本国策"。③ 这使得《中华人民共和国宪法》规定的男女平等原则"进入了国家政策体系的最高层次",④ 成为促进我国社会发展的一项带有普遍性、全局性、长远性的总政策。对比国家已出台的三部《中国妇女发展纲要》,⑤可以清晰地看出,男女平等基本国策作为促进妇女发展、推进两性平等的主线贯穿始终,在目标设定与策略措施中都充分体现了男女平等的价值追求。⑥

党和国家坚持把妇女事业发展纳入国家发展总体布局,综合运用法律、政策、行政、教育、舆论等手段促进妇女事业与经济社会协调发展。⑦ 为此,党和国家建立健全了促进妇女发展、保障妇女权益的法律法规体系、工作体系、组织体系,建立了国家促进性别平等的有效机制,形成了全社会共

---

① 江泽民:《全党全社会都要树立马克思主义妇女观》,《江泽民文选》第 1 卷,人民出版社 1996 年版,第 106—107 页。
② 习近平:《坚持男女平等基本国策发挥我国妇女伟大作用》,《人民日报》2013 年 11 月 1 日第 1 版。
③ 江泽民:《在联合国第四次世界妇女大会欢迎仪式上的讲话》,《人民日报》1995 年 9 月 5 日。
④ 彭珮云主编:《中国特色社会主义妇女理论与实践》,人民出版社 2013 年版,第 13 页。
⑤ 分别指《中国妇女发展纲要(1995—2000 年)》《中国妇女发展纲要(2001—2010 年)》《中国妇女发展纲要(2011—2020 年)》。
⑥ 李明舜:《引领中国妇女发展的新纲要——略论〈中国妇女发展纲要(2011—2020)〉的几个亮点》,《人权》2011 年第 6 期,第 26 页。
⑦ 胡锦涛:《在纪念"三八"国际劳动妇女节 100 周年大会上的讲话》(2010 年 3 月 7 日),《人民日报》2010 年 3 月 8 日第 2 版。

同关心支持妇女事业的良好格局。① 在 2005 年修改的《中华人民共和国妇女权益保障法》61 个条文中,直接或间接规定政府职责的有 40 多个条文,这充分体现了在保障妇女权益促进男女平等的机制中各级人民政府是主要的责任主体。

(三) 从经济和社会发展的多个层面推动男女平等,促进妇女全面发展

2005 年 8 月,胡锦涛在纪念联合国第四次世界妇女大会十周年会议开幕式上的讲话中提出:"妇女问题,从本质上说是发展问题,也必须通过发展才能得到解决",即在推动经济社会发展的进程中促进妇女事业发展,"坚持把最广大人民的根本利益作为各项工作的根本出发点和落脚点,使发展的成果惠及包括广大妇女在内的全体中国人民"。② 习近平指出:"发展离不开妇女,发展要惠及包括妇女在内的全体人民。我们要制定更加科学合理的发展战略,既要考虑各国国情、性别差异、妇女特殊需求,确保妇女平等分享发展成果,又要创新政策手段,激发妇女潜力,推动广大妇女参与经济社会发展。中国实践证明,推动妇女参加社会和经济活动,能有效提高妇女地位,也能极大提升社会生产力和经济活力。"③

(四) 坚持"四自"方针,创造平等和谐的家庭环境

为适应改革开放新时期的形势要求,1984 年全国妇联提出"自尊、自爱、自重、自强"的"四自"方针。1988 年 9 月,第六次全国妇女代表大会强调:"必须围绕经济建设开展妇女运动,从社会发展中求妇女解放",号召广大妇女全面提高自身素质,"自尊、自信、自立、自强",使得妇女运动方针进一步发展与完善。1990 年,江泽民代表党和政府对广大妇女提出殷切期望:"为了更好地担当起各方面的任务,希望你们努力提高自身素质,学习文化科学技术知识,发扬自尊、自信、自立、自强精神,进一步增强历史使命感,做社会主义的有理想、有道德、有文化、有纪律的新女性。"④

---

① 胡锦涛:《在纪念联合国第四次世界妇女大会十周年会议开幕式上的讲话》(2005 年 8 月 29 日),《人民日报》2005 年 8 月 30 日第 1 版。
② 同上。
③ 习近平:《促进妇女全面发展 共建共享美好世界——在全球妇女峰会上的讲话》(2015 年 9 月 27 日),《人民日报》2015 年 9 月 28 日第 3 版。
④ 江泽民:《全党全社会都要树立马克思主义妇女观》(1990 年 3 月 7 日),《江泽民文选》第 1 卷,人民出版社 1996 年版,第 109—110 页。

家庭是社会的细胞。幸福美满的家庭是社会和谐、民族团结、中国特色社会主义现代化建设稳步提升的重要前提条件。新中国成立后尤其是改革开放后,我国从根本上结束了女性家庭角色和社会角色的分裂状态,并且在实践上、法律上为妇女参加社会生产劳动创造了各种条件,不断提升妇女在家庭中举足轻重的作用。2001年9月,国家颁布《公民道德建设实施纲要》,提出在家庭生活中实现男女平等,恋爱自由,婚姻自主;树立"尊老爱幼、尊重和保障妇女的合法权益,反对歧视和迫害妇女","男女平等、夫妻和睦、勤俭持家、邻里团结"的文明新风。国家一系列政策法规的颁布与贯彻施行,对推进实现男女平等发挥着重要作用。

(五)充分发挥妇女组织的桥梁和纽带作用,扩展妇女的国际交流与合作

2015年7月7日,习近平在中央党的群团工作会议上的讲话强调,切实保持和增强妇联组织的政治性、先进性和群众性。从党领导的妇联组织看,政治性是其灵魂,是第一位的,妇联要始终把自己置于党的领导之下,承担起引导群众听党话、跟党走的政治任务,把自己联系的群众最广泛最紧密地团结在党的周围;保持和增强先进性是妇联组织的重要着力点,要以先进引领后进,教育引导妇女不断提高思想觉悟和道德水平,坚定走中国特色社会主义道路,真正成为党执政的坚实依靠力量、强大支持力量、深厚社会基础;群众性是妇联组织的根本特点,妇联开展工作和活动要以群众为中心,让群众当主角,把工作重心放在基层。"妇联是搞妇女工作的主要部门,但妇女工作不只是妇联的工作,只靠妇联做妇女工作肯定搞不好","必须由党、团、工会、国家机关、妇女组织共同努力",①全社会共同推动妇女全面发展,实现男女平等。此外,"提高妇女的地位和作用,需要各国政府和人民不懈努力,也需要开展积极的国际合作",②为妇女事业发展创造更加良好的环境和条件。

概而言之,中国特色社会主义男女平等理论已经形成了完整的理论框架和政策系统,它继承和发扬了毛泽东男女平等理论,丰富和发展了马克思主义男女平等理论,成为新时期促进我国男女平等和妇女继续解放

---

① 《邓小平文集》(1949—1974)中卷,人民出版社2014年版,第333页。
② 胡锦涛:《在纪念联合国第四次世界妇女大会十周年会议开幕式上的讲话》,《人民日报》2005年8月30日第1版。

与发展的指导原则,是当代中国特色社会主义男女平等观的直接理论依托。

(本文作者魏国英系北京大学校刊编辑部编审;仝华是北京大学马克思主义学院教授;王成英是北京大学马克思主义学院副教授;史春风是北京大学马克思主义学院副教授;冯雅新是北京大学马克思主义学院副教授)

Theoretical Basis of the Conception of Gender Equality under Socialism with Chinese Characteristics
Wei Guoying, Tong Hua, Wang Chengying, Shi Chunfeng, Feng Yaxin

Abstract: The theoretical basis of the conception of gender equality under socialism with Chinese characteristics is founded on the Marxist theory of gender equality and its interpretation in China. The source of the theoretical basis lies in the root causes for the oppression suffered by women as revealed by Marx, Engels and other Marxist theorists during the rise of capitalism, as well as the conditions and ways for women's emancipation. The theoretical cornerstone of its Chinese interpretation lies in the theories on gender equality proposed by the Communist Party of China with Mao Zedong as the main representative, namely, the characteristics, pathways and governing laws of Chinese women's emancipation. Its direct theoretical underpinning lies in the theories on gender equality proposed by the Communist Party of China with Deng Xiaoping, Jiang Zemin, Hu Jintao and Xi Jinping as the main representatives in the new era of the reform and opening-up, namely, women's development along the socialist path with Chinese characteristics.

Key words: Chinese characteristics, socialism, conception of gender equality, theoretical basis

北京大学亚太研究院 2015 年活动简报

北京大学亚太研究院是北京大学跨院系（所、中心）、跨学科的综合性研究机构。其宗旨是：加强和促进北京大学的亚太研究，推进中国亚太研究发展以及各国学者及研究机构的交流，增强相互间的理解与友谊，促进人类社会的繁荣与进步。

◆ 与各亚洲研究中心开展交流和合作
◎ 第十一届国内亚洲研究中心主任联席会议

由韩国高等教育财团和浙江大学主办、浙江大学亚洲研究中心承办的"第十一届亚洲研究中心主任联席会议"于 2015 年 8 月 20 日在敦煌举行，会议的主题是"亚洲研究的多学科发展"。北京大学外国语学院副院长、《亚太研究论丛》执行主编吴杰伟代表北大亚太研究院出席会议，并就 2014 年和 2015 年亚太研究院的工作作了汇报。

◆ 北京大学亚太研究院理事会第十五次会议

北京大学亚太研究院理事会第 15 次会议，于 2015 年 9 月 2 日下午在北京大学临湖轩举行。韩国高等教育财团朴仁国总长、北京大学林建华校长和吴志攀常务副校长等出席会议。常务副校长兼亚太研究院院长吴志攀教授就亚太研究院 2014 年和 2015 年上半年的工作以及 2015 年下半年的工作安排作了汇报。与会者围绕工作汇报展开讨论。朴仁国总长和林建华校长作了总结发言，对亚太研究院的工作予以充分肯定，并就今后的工作提出了建议。

◆ "亚太研究院各中心主任会议"

2015 年 11 月 30 日，北京大学亚太研究院各中心主任会议在北京大学国际关系学院 C103 会议室举行。各中心主任出席了会议，研究院负责人就 2015 年的工作作了总结，并布置了 2016 年的工作。各中心主任围绕研究院的各项工作和 2016 年的计划展开讨论。

◆ 学术会议

（一）国际学术会议

"性别知识的传播与实践：中国—墨西哥—德国"会议

2015年3月2—8日，会议由德国柏林自由大学性别研究中心、北京大学中外妇女问题研究中心和墨西哥国立自治大学性别研究中心共同主办，在墨西哥城的墨西哥学院（El Colegio de Mexico）举行。与会者围绕妇女和女权运动：历史、社会和政治发展，比较的方法，国际范围内的性别平等和性别主流化：在高校、政治领域和社会比较男女平等的政策，性别内部和跨国的迁移，全球化与性别：知识、媒体和文化习俗等议题展开讨论。

"北京世妇会＋20：我们在行动"国际学术研讨会

2015年5月21—22日，会议由北京大学中外妇女问题研究中心、香港中文大学性别研究中心/性别课程中心、韩国启明大学女性研究所共同主办。来自北京大学、澳门大学、台湾大学、韩国培花女子大学、美国得克萨斯州立大学的专家学者围绕女性与法律、女性与就业、女性与家庭、女性与暴力、女性与政治、女性与健康、女性与体育、性别与性、老年女性、女权主义方法论、性别平等观念等多项议题展开研讨。

"中日交流的回顾与展望：文化、教育、环境"学术会议

2015年11月7日在北京大学举行，会议由北京大学亚太研究院与日本樱美林大学共同主办。20余位中日专家学者出席了会议。北京大学和樱美林大学的6位教授分别在会上作了题为"日本大学教育""中国大学的改革——以学生发展为中心""城市水资源管理与污水回用发展""地球温暖化与气候变化——增进其理解的活动""日本的汉语、汉字研究"和"日本版古籍与北京大学图书馆"的主旨报告，与会者围绕这些报告展开热烈讨论。

（二）国内学术会议

"战后70年与中日关系"学术研讨会

2015年5月5日，会议由北京大学日本研究中心主办。来自日本东京大学、北京大学、南开大学、复旦大学的20余位学者出席了会议。有4位学者分别就"中日关系中的历史问题""影响日中关系的因素及其与日中关系研究的关系""中日关系研究中的动态""安倍首相访美及其对中日美关系的影响"作了主旨报告，与会学者围绕上述报告展开热烈讨论。

"海上丝绸之路建设与东南亚：历史与现实"学术研讨会

2015年5月9日，会议由北京大学东南亚学研究中心和北京外国问题研究会共同主办，北京大学海洋战略研究中心协办。40余位专家学者出席了会议，与会者围绕会议主题，从"一带一路"的大格局出发探讨了"一带一路"战略与东南亚的关系以及中国与东南亚关系的现状与未来发展。

"新世纪以来的朝韩关系与中国"学术研讨会

2015年5月30日，会议由北京大学韩国学研究中心主办。来自中国社会科学院、军事科学院、人民日报、新华社、中国国际战略学会、中共中央党校、浙江大学、北京大学等30余位专家学者出席了会议，会议围绕报告人的主旨报告和会议主题展开讨论。

"北京大学·复旦大学亚洲论坛（博士生）：重建关于亚洲的历史叙述"

2015年11月13日，在复旦大学举行，会议由北京大学亚太研究院与复旦大学亚洲研究中心共同主办。两校的20余位研究生出席了会议，与会者围绕历史上的亚洲交往史和交通史，亚洲各地的地方性知识，亚洲各国的宗教、社会、文学与文化等议题阐述了各自的见解，并展开讨论。

"当前的中日美经济关系"研讨会

2015年11月14日在复旦大学举行。会议由北京大学日本研究中心、北京大学美国研究中心、复旦大学日本研究中心和商业部研究院亚非研究所共同主办。

近20名学者出席了会议。11位学者围绕"中日韩FTA、TPP与亚太区域合作"和"日本经济与中美日经济关系"两个议题作了报告，与会者围绕会议主题和上述报告展开讨论。

"'守望相助'——中蒙人文交流"学术研讨会

2015年11月27日，会议由北京大学蒙古国研究中心主办。20余位来自大学、研究机构、政府部门和媒体的专家学者及有关人士出席了会议。与会者围绕中蒙文化交流和中蒙两国发展战略的对接等议题展开讨论，并就此提出了一些建议。

"北京大学·吉林大学东北亚论坛（2015）：战后东北亚国际秩序的延续与变化"

2015年12月5日，会议由北京大学亚太研究院和吉林大学东北亚研究院共同主办。会议的主题是"战后东北亚国际秩序的延续与变化"，分主题是"美日强化同盟对东北亚地区稳定的影响""朝韩关系对东北亚局势的影响""'一带一路'与东北亚""东北亚和平合作机制探索"。30 余位专家学者出席了会议,8 位学者作了主旨报告,与会者围绕会议主题及分主题以及主旨报告展开讨论。

◆ **名家讲座**

第十九讲

时间:2015 年 4 月 1 日

地点:北京大学法学院 303 会议室

主讲人:薛凤旋教授(香港浸会大学当代中国研究所原所长)

讲演题目:香港占中的原因及香港将来的发展

主办:北京大学港澳研究中心

第二十讲

时间:2015 年 11 月 3 日(星期二)上午 10:00—12:00

地点:北京大学外国语学院新楼 401 会议室

主讲人:Virginia Shih(加州大学伯克利分校东南亚系图书馆典藏主任、美国研究中心图书馆东南亚科研项目执行委员会主席)

讲演题目:北美的东南亚研究:科研资源、语言培训与全球链接

主办:北京大学亚太研究院

◆ **编辑、出版《亚太研究论丛》(年报)**

《亚太研究论丛》(第十二辑)北京大学亚太研究院编,执行主编李谋、吴杰伟,北京大学出版社,2015 年 12 月。

◆ **学术著作出版**

《孕哺与女性职业发展》,执行主编魏国英、周云,北京大学出版社,2015 年 2 月。

《未名亚太论丛》(第八辑),北京大学亚太研究院编,执行主编史阳,社会科学文献出版社,2015 年 8 月。

《亚太地区的文化理解与文化体验》,北京大学亚太研究院编,执行主编史阳,社会科学文献出版社,2015 年 9 月。

编 后 语

光阴荏苒，不知不觉又到了2016年《亚太研究论丛》年刊结稿发排的时间了。在亚太研究院的领导和所属各个中心大力支持下，本辑的编辑工作进行得格外顺利，且超过了我们的预期目标，如期完成了。

本辑共收录了21篇文章，分别列入专论、东北亚研究、东南亚研究、南亚研究、中亚研究、拉丁美洲研究和妇女问题研究等七个栏目之中。其中有12篇是北京大学校内师生写的，有2篇是国际友人提供的稿件，有5篇是兄弟院校或单位人士的论文，还有2篇是我校学者与外单位学者合作撰成的文章。特别值得一提的是本辑之中有5篇文章是多名学者合作的产物，充分体现了学者之间协作包容、取长补短、合作共赢的精神；还有4篇是我校国际关系学院博士生的习作，他们在老师的指导下写出了一些不俗的世人关心的某些问题的评论文章，他们的逻辑推理、评述和笔法，使我们这些老一辈学人深感欣慰，后继有人啦，同时也感到后生可畏，我们若不奋力研究继续努力，很快就会被他们超越了。

专论一栏中有两篇文章。一篇是我校常务副校长兼亚太研究院院长吴志攀教授题为《中国大学的改革：以学生发展为中心》的文章。文章指出：已持续了30余年的我国高校的改革，不论各个阶段在基本内容上有何变化，一个重要的原则不变，始终要以学生为中心。当前以互联网为主的信息科技革命时代对高校的改革带来了进一步的冲击。作者认为，当前我国高校存在的问题主要有两方面：一是大学资源相对较少的分配在学生发展方面；另一是研究生"科研助理化"的倾向日益明显。应改革的是：改变以单纯完整的专业知识为主的教学模式，更多地兼顾学生兴趣；大学在科研过程中应该更多地整合外部资源，积极跟上技术迅速换代的速度；大学从本科到博士不应再固定学制；进一步推动网上开放课堂的发展；大学要为学生提供免费使用的带有孵化器功能的科研平台，并对学生的科技开发项目给予资金扶持；积极与各级地方政府及企业合作，将校内外人才、金融、实验空间及市场推广等资源进行整合。另一篇是亚太研究院副院长、北京大学国际关系学院李玉教授与日本樱美林大学张平教授合作写成的题为《北京大学与日本樱美林大学的学术交流（1998—2015年）》的文章，对始于1998年的北京大学与日本樱美林大学的学术交流做了一个全面系统的总结。从1998年12月举行了首届樱美林大学·北京大学学术会议后，几乎每年都要举办两校学术会议，至2015年已举办过15届。这些学术会议的总主题是"中日关系的现状与展望"。而维系这个具有共同性和连贯性的总主题的是"新人文主义""共生"和"环境"三个主题词。作者还对历届研讨会上发表的论文做了具体的分析与归纳。

东北亚研究一栏中收录了6篇文章，其中关于日本的3篇，关于韩国的2篇，关于蒙古国的1篇。关于日本的文章，第一篇是历史学系宋成有教授的《"一带一路"战略与东北亚》，在1978年改革开放以来连续30年的经济高速发展的基础上，21世纪的中国正以全新的姿态出现在国际舞台。2013年"一带一路"经济开发战略的提出和2015年亚洲基础设施投资银行的设立，成为展现中国风采的两个显著标志。面对中国"一带一路"的新倡议和创设"亚投行"的新举措，与中国经济关系最密切的东北亚，却出现了极为复杂的局面。作者用具有现实意义的"一带一路"战略与东北亚为题，对"一带一路"战略及其与东北亚国家的关系进行了论述分析，试图回答为什么"一带一路"在东北亚地区面对各种相对比较复杂的局面，对我们了解"一带一路"战略本身及东北亚国家关系有一定参考价值。第二是日本樱美林大学教授寺井泰明所撰题为《日本汉字、汉语的现状与将来》的文章，作者以充分的资料为依据，阐述了日本接受汉字、汉语的历史和接受方法以及西方文明的传入与汉字、汉语的关系，并从音、形、义等角度概述了日本研究汉字的情况。指出"自古以来日本人通过汉字、汉语学习中国文化并吸收、消化，与日本传统文化相融合确立了自己独特的文化"以及依托汉字与汉语的"汉学"在日本古代国家的创立、制度的建立和接受佛教文化以及确立近世统治思想中所起的作用。论文还阐述了日本有关汉字、汉语的教育政策，指出由于种种原因目前虽然汉字、汉语教育有所衰退，但是汉字的表意和字形所具有的魅力使其仍然具有生命力，因此。在"漫长的历史过程中孕育出来的人们对汉字的喜爱以及汉字、汉语的文化"，"只要人类历史没有终结，无论在日本还是在中国，汉字汉语都不会衰竭"。同时作者也表达出对"日本汉文教育的低潮有可能带来文化整体的变质"的"忧虑"。此文有助于加深读者对日本接受汉字汉语的历史及其在日本文化发展中的作用以及日本汉字汉语教育的发展趋势的理解和研究。第三篇是北京大学图书馆副研究馆员王燕均写的《日本版古籍与北京大学图书馆》一文。和刻汉籍(或称日本汉籍)是中国文献在日本流传的一种特殊形式。它始于公元 8 世纪,于今已有 1200 多年的历史。13 世纪中后期的镰仓时代(1192—1333)至 16 世纪室町时代(1336—1573)后期,出现了以镰仓五山(建长、园觉、寿福、净智、净妙五寺)、京都五山(南禅、元龙、建仁、东福、相国五寺)为中心的刻版印本。它包括日本典籍,也包括中国典籍。在中国典籍中,绝大部分是宋元刻本的覆刻。从此之后,和刻汉籍日趋发展,出现了"博多版""俞氏版"(赴日元代刻工俞良甫覆刻的汉籍)等。江户时代(1603—1867)的印刷事业勃兴,刊印了大量的汉籍。北京大学图书馆收藏的日本版古籍,无论在数量上还是质量上,在全中国图书馆中均名列前茅,其中不乏珍本秘籍。和刻汉籍给日本文化史的发展增添了新的内容,促进了中日间的文化交流,加深了两国文化的相互理解。同时,这些和刻汉籍的一部分后来又通过各种方式传回中国并作为重要的文化财富被保存下来,而中国文化发展中的某些片段,又依赖于这些和刻汉籍得以传之后世,保存至今。因此,和刻汉籍的出现与发展是中日文化交流史上重要的篇章。对这种东传至日本之后再以新的姿态西传回中国的文化现象的研究具有特殊意义。作者在占有丰富资料的基础上简要地阐述了日本版古籍的产生、发展以及后来回传中国及其影响、价值等,同时也阐述和分析了北大图书馆藏日本版古籍的概况和价值。因此,该文对研究日本版古籍以及其在中日文化交流中的地位及作用很有参考价值,有助于该专题的深入研究。关于韩国的文章有两篇。第一篇是我校外国语学院韩朝语系教授沈定昌题为《美韩联合军演与朝鲜半岛》的文章。作者首先对美韩联合军演的历史与现状进行了回顾与阐述。作者认为:美韩联合军演的目的并非是单纯的威慑朝鲜几乎是公开秘密,它不仅有防范、威慑朝鲜的目的,也有遏制中国的企图。美韩联合军演期间的朝鲜半岛剑拔弩张的局势,引起东北亚各国的关注甚至担忧,对朝鲜半岛乃至东北亚地区形势产生了深远影响。美韩联合军演不仅激化了韩朝之间矛盾、引发朝鲜半岛军备竞赛、造成地区局势紧张,也影响了朝核问题的顺利解决。朝鲜半岛自朝鲜战争以来一直存在着军事对峙,朝核问题实际上是冷战对抗的延续。必须对这一问题予以关注。第二篇是陕西省作家协会会员姚诗聪先生所写题为《从地理、历史、宗教、文学诸维度看韩国与汉中的联系——兼论汉中与韩国建立经济合作关系的可能性》的文章。笔者提及：中韩两国都拥有名为汉江的重要河流，韩国汉江与中国汉江之间存在着深厚的历史渊源，并应因此得名。韩国与中国汉江流域历史渊源最为深厚的城市中，历史最悠久的便是汉中。不仅如此，韩国首尔在地理上与汉中也存在着较多的相似与联系。宗教上，滥觞、巩固于汉中并形成气候的五斗米教历史上也应传入韩国。文学上，韩国古代三大诗人之一的李齐贤来中国进香时曾到过汉中并留有诗作。基于此，再结合韩国首尔与汉中各自的经济优势及当下我国提出"一带一路"战略的时代背景，笔者认为汉中与韩国存在着建立经济合作关系的可能性。关于蒙古国的也有一篇，是北京大学外国语学院亚非系系主任兼北京大学蒙古学研究中心主任王浩教授所写题为《蒙古国"草原之路"倡议解析》的文章。文章对蒙古国草原之路倡议提出的过程及其进展情况进行了梳理，分析推进草原之路倡议的动因，提炼出草原之路倡议的基本思路框架和合作重点。本文认为战略考量是草原之路生成的外部推动因素，经济问题是草原之路倡议形成的内在需求因素。在推动草原之路与我国提出的丝绸之路经济带、跨欧亚运输大通道中、蒙、俄三方对接的过程中，应该充分重视和考虑到蒙古国的战略考量，有选择地对接草原之路提出的项目需求，才能稳步、务实地推进中蒙俄经济走廊建设。

  东南亚研究一栏中有 5 篇文章。第一篇是涉及整个东南亚地区的，另外四篇，有关缅甸、马来西亚、菲律宾和老挝的各一篇。北京大学国际关系学院教授翟昆与新华社广西分社记者潘强、韩国仁荷大学博士王维伟三人合作写成的题为《"一带一路"战略背景下中国企业走向东南亚的风险与对策》的文章。在今日我国推进"一带一路"战略的大背景下，作者此文有较大的现实意义。作者在占有大量的材料、数据的基础上进行了详尽的分析，认为伴随着"一带一路"战略的推进、东盟经济共同体的建成，中国企业在东南亚的直接投资领域、范围和规模都在不断扩大。但中国企业在走进东南亚的过程中面临着巨大风险，且投资存在着随机性和盲目性。这就需要一方面，在政府的指导下企业自身采取写必要措施，防范和规避在东盟各国的投资风险，另一方面，政府要与沿线各国建立起协调机制，以及鼓励企业"走出去"的立体化服务体系。第二篇是云南大学教授缅甸研究院院长李晨阳与他的博士研究生宋少军所写的题为《2015 年大选后的缅甸政治形势及其发展趋势》的文章。2015 年缅甸大选出现了大多数人意想不到的结果。所以，大选后缅甸政治局势的发展就成为东南亚学的学者们共同关心的热门话题。文章作者在详细了解了 2015 年缅甸大选的前前后后全过程之后,对这次大选后的形势与发展趋势做出了一个总体评估。认为:2015 年大选后缅甸国内政治形势发展总体稳定,各项改革进程持续推进。对今后局势的发展保持谨慎的乐观。作者分析了摆在民盟面前的新挑战,认为民盟执政前景仍存在很大变数。其中最重要的几点是:民盟政府能否用执政成绩回应外界对其执政能力的质疑,在经济改革领域能否取得突破性进展,国内各派政治力量能否就长期权力和利益分配达成共识,国内民族宗教问题能否得到有效控制和最终解决。文章最后又用了一定篇幅对缅甸的政党轮替对中缅关系的影响问题进行了分析,认为由于两国领导人始终高度重视两国关系的发展、中缅关系发展的基础依然十分稳固、中缅两国经贸领域合作潜力巨大、中国在缅甸大国平衡外交中的地位不可替代等原因,中缅友好的大局不会发生根本性改变。在当前"一带一路"重大构想付诸实施的大背景下,两国合作的空间会越来越广阔,中缅两国全面战略合作伙伴关系将得到巩固和加强。第三篇是北京大学历史学系包茂红教授的《菲律宾有机农业的兴起与发展》的文章。在绿色革命之后,菲律宾兴起了有机农业。有机农业是国内外多种因素共同作用的结果,是对现代工业化农业的超越,也是对传统农业的再发现。菲律宾大致形成了四种有机农业发展模式,虽然目前菲律宾有机农业种植面积、市场价值等方面都较弱小,但它昭示了菲律宾农业发展的方向与趋势。第四篇是广东外语外贸大学东方语言文化学院马来语系副教授李婉珺写的题为《一场财权博弈:海峡殖民地建立的必然与偶然》的文章。海峡殖民地作为英属马来亚成形的序幕,现有关于其历史的著述大部分借鉴依赖殖民地政府档案,将其建立的原因归结为英国的殖民地"前进运动",或者用英国东印度公司的资本主义扩张冲动来分析槟榔屿、马六甲和新加坡的殖民地化。如此一来,以船长为代表的英国殖民者成为了有血有肉的主角,以苏丹为代表的马来半岛社会却沦为面目模糊的小配角。笔者认为,上述写法固然有史料丰富的显著优势,却难以逃脱因视角片面而带来的偏颇。该文尝试以财权博弈为视角,摆脱囿于单一利益群体的惯性,梳理海峡殖民地从无到有的相关历程,分析这个独特岛链式殖民地诞生的必然性和偶然性。这将为我们认识和理解当今槟榔屿、马六甲、新加坡三城依然显著的开放多元和灵活善变气质,提供历史依据。第五篇是广西民族大学东南亚语言文化学院老挝语系讲师卢建家写的题为《略论九隆传说与佬族的起源》的文章。九隆神话传说是我国古代流传的关于哀牢民族起源的一个传说。到了近代有人将其与泰族、佬族的起源挂上了钩。一些佬族学者也接受了这种说法,把这个神话纳入他们民族起源的说法。此文作者就这一问题对九隆传说进行了考证,考证了它的最早源头,并查阅了老挝本土的资料。得出结论:葫芦里生人才是老挝民族起源的本土传说。九隆传说并非是佬族原有的传说,而是后人推断臆造与佬族起源有关的,不足信。作者此文引用史料较详,逻辑分析合理,对了解老族起源问题有一定意义。

南亚研究一栏只有一篇文章,就是北京大学国际关系学院国际政治专业2015级博士生张元写的题为《试析巴基斯坦俾路支分离主义势力的群际偏见——兼论对建设中巴经济走廊的建议》的文章。中巴经济走廊项目已经正式启动,俾路支是中巴经济走廊的终点,所以本文的选题具有重要现实意义。作者在国内学界已有相关研究成果的基础上,吸收英语学界的主要成果,用社会心理学和政治心理学的理论来分析当前俾路支问题的形成,并就其对中巴经济走廊的影响和中国的对策提出了自己的看法,言之成理。作者重点分析了俾路支分离主义势力对巴联邦政府和中巴经济合作持有的群际偏见,讨论了这种群际偏见的具体表现、产生及强化的原因,认为群际偏见的扭转存在一定困难,但可以减轻。因而,全面了解俾路支分离主义势力群际偏见产生的历史背景,寻找消解群际偏见的途径,对于中巴经济走廊的成功建设具有十分重要的意义。文章针对这一问题给出了某些建议。

中亚研究一栏中收录了3篇文章,都是北京大学国际关系学院博士生在老师指导下的新作。第一篇是才仁卓玛的《阿富汗政府权力分配:普什图人与其他民族的政治关系研究》。作者认为:在阿富汗政府权力分配当中,普什图人与其他民族的政治关系是不容忽视的重要因素。阿富汗建国以来,普什图人和其他民族的政治关系发生了演变,总体的趋势是普什图人政治优势的削弱和其他民族政治影响力的上升。在这个过程当中,普什图人的政治优势、以地域为基础的民族分布和跨界民族的存在,促使阿富汗维持了相对固定的民族格局。而政治合法性基础的变迁以及大国政治的影响,则使得民族力量的对比发生了变化,继而导致了民族政治关系的演变。在当前塔利班加大攻势的背景之下,阿富汗的和平只有通过政治和解才能实现,这是当前各方的一个基本共识。论文的创新之处就在于:抓住了权力分配这个事关当前和今后一段时期阿富汗和解的关键变量,并且回溯历史、划分阶段,梳理了普什图人和其他民族之间的政治关系。这篇文章有助于人们理解当前阿富汗问题的一个重要维度。第二篇是戴元杰的《塔吉克斯坦伊斯兰复兴党的合法化》。塔吉克斯坦伊斯兰复兴党是中亚典型的政治伊斯兰力量。它所参与并领导的塔吉克内战、它同拉赫蒙政府之间的复杂关系,都值得深入研究。国内相关的专门研究很少,所以该文选题具有重要价值。文章指出,塔吉克斯坦是中亚最小的国家,也是苏联解体后唯一陷入内战的中亚国家。塔吉克斯坦伊斯兰复兴党是内战主要参与方,其历史可以追溯到苏联时期中亚的伊斯兰复兴党。塔吉克内战之后,伊斯兰复兴党通过复杂的谈判获得合法地位。然而,合法参与政治进程并不意味着政党的兴盛。在实现合法化之后,该党没能在体制内发展壮大,而是面对重重困境。由于各种原因,该党在 2015 年 9 月卷入恐怖袭击案,随即被塔吉克政府再次宣布为非法政党。第三篇是周冰鸿的《2008年土耳其头巾运动始末初探》一文。土耳其的伊斯兰复兴态势在学界引起广泛关注,因此本文选题具有现实意义。作者认为,2008 年头巾运动的直接原因是,一个多世纪以来,尤其是近 30 年来,土耳其社会对头巾禁令的抗议持续加剧升温;深层原因则植根于土耳其政治的双重性。头巾佩戴的自由权已被土耳其民众普遍认可,因此头巾禁令并不具有社会基础。进一步地说,头巾问题是土耳其政治博弈的一个工具,反映了世俗与宗教的碰撞,及国内政治力量间的张力。

拉丁美洲研究一栏有两篇文章。其一是中国人民大学国际关系学院副教授、拉美研究中心主任崔守军与其硕士生张子阳的文章《中国与委内瑞拉能源合作:现状、模式与风险》。进入 21 世纪以来,中国与委内瑞拉的能源合作步伐很大,引起了各界的广泛关注。尤其是近年来油价下跌,委内瑞拉经济陷入困境,政局动荡,在这种形势下,两国能源合作的前景,特别是中国对委内瑞拉已投入的大量贷款的前景,成为社会各界关心的问题。该文选题具有很强的现实意义,分析比较全面,立论公允,有叙有论,具有问题意识。文章指出,中国是世界上最大的原油净进口国,石油对外依赖率不断攀升。委内瑞拉是世界上最大的石油储量国,重油资源丰富,开采潜力巨大。中委能源合作具有互补性和战略意义。从合作模式上看,"贷款换石油"模式对中委能源合作的推进起到了关键性的驱动作用。然而,油价暴跌引发的"蝴蝶效应"让委经济滑向崩溃的边缘,马杜罗政府不仅要面对因政策不当所引发的经济衰退,还要处理查韦斯时期所遗留的政治僵局。日益萎缩的外汇储备让委对华债务违约风险增大,党派博弈成为诱发地缘政治动荡的一个重要因素,中国应未雨绸缪,防范风险。其二是北京大学历史学系教授董经胜的题为《独立战争期间墨西哥农民运动的根源探讨》的文章。该文指出,18世纪后期墨西哥银矿业的增长、西班牙波旁王朝的自由贸易政策,刺激了对于农牧产品的需求,而人口的恢复改变了此前劳动力短缺的现象,大庄园的商品性经济得以增长,利润上升,而依附于大庄园的、以印第安人为主的农民处境恶化,尤其在18世纪晚期和19世纪初的饥荒期间更为明显。1810年墨西哥独立战争爆发后,巴希奥地区的庄园雇工和和哈里斯科地区的村社农民成为墨西哥农民运动的主力。从根源上分析,墨西哥独立战争时期的农民运动与1910—1917年革命时期的农民运动、1994年"萨帕塔民族解放军"领导的起义具有明显的相似性和连续性。

妇女问题研究一栏也有两篇文章。一篇是韩国启明大学教授兼启明大学妇女研究所所长曹珠铉写的《东亚式女性学方法论的实践性转换——以韩国为中心的考察》一文。建立一个适用于以韩国为中心的东亚语境的理论框架,一直被视为东亚女性研究最重要的任务之一。该文作者从方法论转换的视角论述了这一问题。作者认为,韩国女性学理论最初引入的是在西方的知识和文化环境下发展起来的理论框架,其地域文化的特性对韩国女性问题的分析无疑会有一定的局限性。同时,快速的社会与政治转型,在后殖民主义韩国,其女性研究并未发展出基于韩国女性自身经历的自己的方法论。以往的社会实践理论偏重于具体的问题意识,即语言、法律、市场等较为稳定的社会因素。若想系统、全面地建立基于韩国女性生存与发展现实境况的女性研究理论,需要整合已有的多种社会实践理论。由布兰顿(Brandom)提出的以规范性判断理论为中心建构的实践理论可以满足这些整合的要求。为此,作者分析了女性学者对哈丁和哈拉维研究的再阐释,从中探究方法论转换的可行性,并说明社会实践才是方法论转换的起点。同时,以韩国"性工作者运动""烛光示威""比基尼事件"为主要案例,具体论述了有关交战式政治在方法论上的调试和重整所呈现的理论启示,以及其对于在东亚语境下发展出本土女权主义方法论的可能影响。另一篇是北京大学校刊编辑部编审魏国英、北京大学马克思主义学院教授仝华、北京大学马克思主义学院副教授王成英、北京大学马克思主义学院副教授史春风和北京大学马克思主义学院副教授冯雅新等五人合作撰写的

《中国特色社会主义男女平等观的理论基础》。该文认为：中国特色社会主义男女平等观的理论基础是马克思主义男女平等理论及其中国化的成果：马克思、恩格斯等人在资本主义上升时期揭示妇女受压迫根源和妇女解放条件与途径的男女平等理论是理论基础的源头，以毛泽东为主要代表的中国共产党人揭示中国妇女解放特点、路径与规律的男女平等理论是本土理论基石，以邓小平、江泽民、胡锦涛、习近平为代表的中国共产党人在改革开放新时期提出的坚持走中国特色社会主义妇女发展道路的男女平等理论是直接理论依托。

为了广大读者了解我们北京大学亚太研究院举行过的主要学术活动，按照惯例在本辑最后刊登了北京大学亚太研究院2015年活动简报。

借此机会，我们谨向热情供稿的诸位学者、教授、学生，尤其是多次不吝赐稿的专家们表示由衷的谢意；对在百忙中帮助我们对来稿匿名评审的诸位专家、对协助本刊完成了许多琐碎的事务工作的亚太研究院学术秘书张岩及相关研究生们表达我们的感激之情。尤其是对我们的老搭档、北京大学出版社负责此刊，保证此刊在年内能准时出版的责任编辑胡利国先生表示深切的谢意。

执行主编　李　谋　吴杰伟
2016年6月23日

稿　　约

《亚太研究论丛》是北京大学亚太研究院编辑出版的学术年刊。力求能集中反映国内外亚太研究领域的最新学术成果。竭诚欢迎校内外专家学者惠赐大作，现将征稿事项说明如下：

一、栏目设置（每辑视情况作适当调整）

1. 综论或专论（全球化与亚太发展、亚太与世界、区域主义、多边主义与多极化发展、其他综合性专稿）

2. 区域合作（亚太区域合作、中国与亚太区域、东盟自由贸易区、东北亚地区合作、南亚区域合作、其他次区域合作）

3. 地区与国家研究（亚太各地区或国别的政治、经济、社会、历史、民族、宗教、文化、教育、华人华侨、妇女等问题研究）

4. 青年学者论坛

5. 学术著作评述

6. 本院年度学术活动简报和综合性学术动态评述

二、要求

1. 本刊每年出版一辑，一般为每年3月底截稿，年内出版，凡3月底以后来稿，将考虑推迟至下一年度刊用。由于出版周期较长，本刊不接受时效性强的文章。

2. 本刊实行专家匿名审稿制，通过评审拟刊用的稿件，编委会将把评审中的重要意见或建议适时与作者沟通，作为作者进一步改稿参考；未能通过评审者，一律退稿。

3. 文稿字数以一万字左右为宜，来稿请通过电子邮箱发来电子版。

4. 请注重学术规范，稿件需附中文、英文的标题、关键词和内容提要。引文准确并请详细注明出处，注释一律采用脚注方式。

5. 来稿请附上中英文的关键词和内容提要。

6. 由于编辑、篇幅等诸多原因，本刊编辑对有些来稿可能做些适当删节，请作者谅解。

三、联系地址

北京大学王克桢楼 516 室亚太研究院《亚太研究论丛》编辑部

E-mail：apri@pku.edu.cn

电话：010-62756800